Livelihood, Culture, Region, and Institution:
Aspects of the Socio-Economic History of China

by Chen Yande

厦门大学国学研究院资助出版丛书 ◎ 之四十二

民生・文化・区域・制度：
多角度透视中国社会经济史

陈衍德 著

厦门大学出版社
XIAMEN UNIVERSITY PRESS
国家一级出版社
全国百佳图书出版单位

内容简介

本书多角度多层面地探索了中国社会经济史的一些重要问题,以区域、制度作为具体论述的实体,以民生、文化作为蕴涵其间的灵魂,试图通过区域经济与制度经济的变迁及其对社会的影响,追寻其更具深层意义的内涵。

上编论述了唐代消费经济新的发展趋势、全面开发之下唐宋福建各社会经济领域的活跃与进步、明清至近现代浙闽粤社会经济文化中的一些独特现象、澳门港市诞生和发展过程中的社会经济兴衰与宗教文化嬗变。从环顾全国范围到聚焦东南区域,探察了民生与文化在不同时空条件下的要素作用。

下编论述了唐政府在变革汉制的基础上如何控制食盐的生产、销售与分配;唐政府对酒业和茶业的掌控;唐代盐酒茶专卖的推行与国计民生的相互作用;辽、元两朝赋役制度的推行及其对农业社会的适应。从国家与社会互动的视角,探究了作为内外两大要素的文化与民生对制度的张扬和规约。

序

郑学檬

一

衍德同志的《民生·文化·区域·制度：多角度透视中国社会经济史》一书获厦门大学国学研究院资助，即将出版。他请我作序，我欣然同意。他本科阶段曾听过我的课，算是我的学生；本科毕业后，继续师从韩国磐先生，攻读硕士学位，和我同在韩先生麾下的唐史研究集体里。研究生毕业留校工作后，也随我从事过几项科研工作。这样，我们便成为亦师亦友的同事。他为人质朴，言行无饰，文如其人。20世纪90年代中期，一个偶然的原因，他转至世界史教研室，从事东南亚史、华侨华人史的教学与研究，其后成绩颇为瞩目。

历史本来就是互相联系的，他先从事唐史研究、中国社会经济史研究，再转攻东南亚史、华侨华人史，都有所成，真所谓"机缘万途，化迹非一"。① 一个人若专致于自己热爱的事业，总是会有所获有所成的。他的成功印证了"有志者，事竟成"这句古话。我还想起了宋人谢枋得的诗句：

---

① 《法苑珠林》卷一〇，《述意第一》。

十年无梦得还家,独立青峰野水涯。
天地寥寂山雨歇,几生修得到梅花。①

二

我对《民生·文化·区域·制度:多角度透视中国社会经济史》一书的几组论文,是有所了解的,深感其蒐集资料之勤和论事视野之宽广。

第一组关于唐代消费经济的三篇论文,围绕当时的"消费经济"展开讨论,其论点颇得学术界同仁们的注意。如他在《唐代消费经济的发展趋势》一文,提出"价格与销售量成反比关系"问题,认为这是反映了"供求规律"的内容,对消费价格波动做出经济学分析。另外,他注意到唐代文化性消费,有助于了解唐代"文化产业"兴起和盛唐文明的关系。

第二组关于唐宋的福建社会经济,涉及农业、手工业、人口等方面,也提出一些值得重视的论点,如人口压力推动农业生产力向广度、深度发展,使得粗放经营比较快地向集约经营过渡;同时,南宋时即有迁出人口,以减轻生存压力之议论(叶适提出"分闽浙以实荆楚"),闽人迁台,也从这时开始;对福建手工业布局中的自然资源、人口资源和市场空间的关系做了深入分析,印证了作者在《绪言》中提出的"将不同视角的映像迭加在一起,其总体的把握也许就不是不可能的了"之方法,比较客观地概括了唐宋福建手工业发展的总体态势。还应指出本组论文中,作者搜集了丰富的资料,为其论点提供了充足的证据。

第三组关于明清和近现代浙闽粤社会经济文化的一些独特现象,如明代矿工农民起义与资本主义萌芽等。这一组文章出自作者之手,初看觉得有些不可思议,怎么他的研究范围如此"越界"? 敢于班门弄斧? 细想则理所当然。厦门大学历史系在20世纪50—60年

---

① 谢枋得:《武夷山中》。

代是资本主义萌芽问题研究的重镇,傅衣凌先生是这次论争的标志性学者。当时就有"越界"参加论争者。衍德同志的相关文章应是此遗风之延续,其实我本人也曾"越界",写过几篇这类文稿。历史研究的科学方法之一是"通"。古人有"不读三通,谓之不通"的箴言。国学大师陈寅恪亦是公认的魏晋南北朝隋唐史大师,而他的名著也包括揭露明末清初历史隐情的《柳如是别传》。此类例子不胜枚举。所以,应该肯定作者在历史研究中求"通"的努力和精神,何况他关于浙南闽北资本主义萌芽的论述言之成理。

第四组关于明清和近现代澳门的社会经济与宗教文化。本组文章当是作者学术研究转轨以后的成果。关于澳门史的研究,我知道中山大学历史系黄启臣先生等人有多种著作,作者的加入,以自己的特色丰富了这个领域的研究成果。如《澳门的渔业经济与妈祖信仰》、《澳门的商业经济与妈祖信仰》两文,不仅提出一些新鲜观点,还引入人类学分析方法,并以有福建特色的妈祖文化作为切入点。从这几篇文稿看,作者转轨后的研究方法在悄悄蜕变。应该说这是可喜的迹象,谁乐意"祖宗之法"不可变呢?

第五组关于汉唐食盐专卖制度的演变。作者曾和杨权同志合作出版《唐代盐政》(三秦出版社 1990 年版)一书,其《序》也是请我作的。这次收入本书的《汉唐食盐专卖之比较》等文是上书的扩充,对唐代盐的产销和盐利分割等问题,做了详尽论述,是一组很好的教研参考资料。

第六组关于唐代的酒类专卖与茶法。关于酒类专卖一篇文稿对榷酒钱的由来和性质做了考证,可备一说。茶法一篇,作者注意到茶法和盐、酒专卖比较的问题,以明茶利形成的依据。

第七组关于唐代的专卖制度与国计民生。本组除了论述专卖制度外,还专文论述唐政府和专卖商的关系,认为在专卖中形成一个有别于普通商人的专卖商阶层,其具有特殊身份。其中《专卖制度与唐后期阶级矛盾》则对盐酒茶的专卖制度之弊做了政治结论,这在 20 世纪 80 年代的学术界,是认可的观点。

第八组关于辽元的赋役制度与农村社会。这部分文稿应是作者参与我主编的《中国赋役制度史》(厦门大学出版社1994年初版,上海人民出版社2000年修订版)的第二篇第三、四、五章写作的遗珠。除了述论有关赋役内容外,还特别着重论述在这种赋役制度下的元代农村基层组织"社"的由来、性质及其与政府的关系,很有见地。

三

我特别感动的是他的敬业精神和不忘故旧。应该说他离开我们这个小小的唐史研究集体的时间,超过他和我们在一起的时间,但这些年来,不管阴晴圆缺,丝毫不减大家相互关心的情谊。结集出版以唐史研究成果为重要内容的论著,是对我们过去共同奋斗学术生涯的最好纪念。

学术研究是无止境的,本集文稿大多写于20世纪的80—90年代,时至今日,许多问题已有了新资料、新观点,值得我们继续关心,以便随时弥补自己的不足,不断完善、思考,以求止于至善。

2013年1月11日
于厦大点涛斋

目　　录

绪　言 ………………………………………………………… 1

上编　社会经济生活与区域经济文化

一　唐代的消费经济 ………………………………………… 8
　　唐代消费经济的发展趋势 ……………………………… 8
　　唐后期奢侈性消费的特点 ……………………………… 18
　　唐后期奢侈性消费的社会影响 ………………………… 30

二　唐宋福建的社会经济 …………………………………… 41
　　唐代福建的经济开发 …………………………………… 41
　　宋代福建人口问题 ……………………………………… 52
　　宋代福建各地农业经济的区域特征 …………………… 61
　　宋代福建手工业布局的几个问题 ……………………… 74
　　宋代福建矿冶业 ………………………………………… 88

三　明清和近现代浙闽粤的社会经济与文化 ……………… 106
　　明中叶浙闽矿工农民起义与资本主义萌芽 …………… 106
　　民国时期华侨在厦门经济生活中的作用 ……………… 119

  闽南粤东妈祖信仰与经济文化的互动……………… 133

四 明清和近现代澳门的社会经济与宗教文化……………… 148
  明清时期澳门商贸经济的发展……………………… 148
  澳门的兴衰与人口变迁……………………………… 159
  澳门的渔业经济与妈祖信仰………………………… 175
  澳门的商业经济与妈祖信仰………………………… 188
  从澳门民俗看当地居民的妈祖信仰………………… 199

下编 国家管控、制度变革与社会民生

五 汉唐食盐专卖制度的演变…………………………… 216
  汉唐食盐专卖之比较………………………………… 216
  唐代盐业生产的发展………………………………… 227
  唐代食盐专卖法的演变……………………………… 243
  唐代中央与地方分割盐利的斗争…………………… 254

六 唐代的酒类专卖与茶法……………………………… 266
  唐代的酒类专卖……………………………………… 266
  唐代的茶法…………………………………………… 280

七 唐代的专卖制度与国计民生………………………… 290
  唐代的专卖机构……………………………………… 290
  唐代的专卖收入……………………………………… 307
  唐政府与专卖商的关系……………………………… 322
  专卖制度与唐后期阶级矛盾………………………… 332

八 辽元的赋役制度与农村社会…………………………… 342
　辽朝的赋税制度………………………………………… 342
　元代农村基层组织与赋役制度………………………… 352

后　记………………………………………………………… 363

Contents

Introduction   1

Part One: Socio-Economic Life, Regional Economy, and Religious Culture

1. Consumption in the Tang Dynasty   8
   - ☆ The Trend of Consumption in the Tang Dynasty   8
   - ☆ The Characteristics of Luxurious Consumption in the Late Tang Dynasty   18
   - ☆ The Social Effects of Luxurious Consumption in the Late Tang Dynasty   30
2. Social Economy in the Fujian Area during the Tang and Song Dynasties   41
   - ☆ The Economic Development of Fujian Area in the Tang Dynasty   41
   - ☆ Population Problem of Fujian Area in the Song Dynasty   52
   - ☆ Regional Features of the Agricultural Economy in Fujian Area in the Song Dynasty   61
   - ☆ Notes on the Distribution of the Handicraft Industry in Fujian Area in the Song Dynasty   74
   - ☆ Fujian Mining and Smelting Industry in the Song Dynasty   88
3. On Certain Social, Economic, and Cultural Phenomena in Zhejiang, Fujian, and Guangdong Provinces in Late Imperial and Modern Periods   106

☆ Uprising of Miners and Peasants in Zhejiang and Fujian Provinces as well as Sprout of Capitalism in the Middle of the Ming Dynasty　　106
☆ Overseas Chinese Effects on Xiamen Economic Life during the Republic of China　　119
☆ The Interaction between Mazu Belief and Economical: Cultural Activities in Southern Fujian and Eastern Guangdong　　133
4. Society, Economy, and Religion in Macao from 16th Century to 20th Century　　148
☆ The Development of Trade and Commerce in Macao during the Ming and Qing Dynasties　　148
☆ The Rise and Decline of Macao and Population Change in the City　　159
☆ Fishery Economy and Mazu Belief in Macao　　175
☆ Commercial Economy and Mazu Belief in Macao　　188
☆ Mazu Belief of Local Residents in Macao: Seen from the Folklore　　199

Part Two: State Control, Institutional Change, and People's Livelihood

5. The Evolution of Salt Monopoly from the Han to Tang Dynasties　　216
☆ The Comparative researches in the Salt Monopoly in the Han and Tang Dynasties　　216
☆ Development of Salt Production in the Tang Dynasty　　227
☆ Development of the Salt Monopoly in the Tang Dynasty　　243

☆The Struggle for the Division of the Benefits Arising from the Salt Business by Central Government and Localities in the Tang Dynasty   254
6. The Liquor Monopoly and the Tea Control Regulation in the Tang Dynasty   266
☆The Liquor Monopoly in the Tang Dynasty   266
☆The Tea Control Regulation in the Tang Dynasty   280
7. Monopoly System, State Finance, and People's Livelihood during the Tang Dynasty   290
☆The Monopoly Organizations in the Tang Dynasty   290
☆The Monopoly Income in the Tang Dynasty   307
☆The Relationships between Tang Government and Monopoly Businessmen   322
☆The Monopoly System and Class Contradiction in the Late Tang Dynasty   332
8. Taxation, Labor Service, and Rural Society during the Liao and Yuan Dynasties   342
☆The Taxation System in the Liao Dynasty   342
☆Primary Organization of Rural Area and Its Taxation and Labor Service in the Yuan Dynasty   352

Acknowledgement   363

绪 言

社会经济生活就像一个万花筒，光怪陆离而又瞬息万变，然而也因此较难从总体上对其加以把握。不过万花筒总有定格于一时的瞬间，此刻或许能从某一视角窥测其内涵。将不同视角的映像迭加在一起，其总体的把握也许就不是不可能的了。对中国社会经济史的研究，似乎也可以用这样的办法。

本书就是从多角度透视进而剖析中国社会经济史的一种尝试。总体的思路是，从消费、开发、港市、专卖、赋役、信仰等几个视角切入，然后汇聚于民生、文化、区域、制度这四个焦点，纵横交错地勾勒出某些时段、某些空间的社会经济轮廓，之后再探讨其动因与效应。希望这样能描绘出中国社会经济发展过程中的某些纵、横切面，并由此引发一些思考。

就民生、文化、区域、制度这四个焦点而言，则有虚实之分。区域、制度为实，民生、文化为虚。区域、制度作为具体论述的实体，而民生、文化作为蕴涵其间的灵魂。当然，这里的虚与实不是绝对的，在论述区域和制度时，也会涉及实实在在的民生和文化问题。但总体而言，民生和文化是作为更具深层意义的内涵而存在的。

本书上编论述了区域社会经济的发展和演变。唐宋以来中国社会经济在生产力发展和一系列变革的推动下迈上了一个新的台阶。生活消费在社会消费总量中的比重扩大并出现了商品性和奢侈性的趋向。经济重心南移背景下东南地区人口增加,农业和手工业随之快速发展。明清时期东南地区首先出现了资本主义萌芽。近现代东南海港城市在中外互动中应运而生。以此为大背景,上编第一部分论述了唐代消费经济新的发展趋势,着重讨论了奢侈性消费的问题;第二部分论述了全面开发之下唐宋福建各社会经济领域的活跃与进步,重点探讨了人口、农业、手工业以及与此相关的生产力布局等问题;第三部分论述了明清至近现代浙闽粤社会经济文化中的一些独特现象,包括含有新要素的矿夫农民起义、华侨对城市经济的推动、民间信仰与社会经济的互动等;第四部分论述了澳门港市诞生和发展过程中的社会经济兴衰与宗教文化嬗变,涉及人口、民俗、商贸、渔业等领域的问题,并探究了妈祖信仰在其中的作用。

  本书下编论述了国家制度的管控与民间社会的回应。汉代以来封建政府即对社会经济予以强力干预,并出现拓展非农业税源的趋势。唐政府对事关国计民生的重要商品之垄断性经营达到相当成熟的水平,寓税于价的专卖制度对国家财政与社会民生均产生重大影响。而北方游牧民族政权在与中原王朝对峙或入主中原时,既促生了混合型的社会组织形态以维系各方利益,又模仿借鉴了以农立国的赋役制度以适应经济的发展。以此为大背景,下编前三个部分论述了唐政府在变革汉制的基础上如何控制食盐的生产、销售与分配;唐政府对酒业和茶业的掌控;唐代盐酒茶专卖的推行与国计民生的互动。贯穿此三部分的主线乃是制度调适、机构效率、民间回应三者对资源分配之正、负面效应。最后一个部分探讨了辽、元两朝赋役制度的推行及其与社会组织形态的关系。此一部分之主线则是,少数民族政权的经济制度与中原农业社会的传统是如何在冲突与妥协中相互适应的。

  下面试图以虚实相交、互为表里的方法,简要阐述民生、文化、区域、制度这四个要素,是如何形构本书总体思路的。

  首先,民生与文化是如何成为区域经济史之要素的?

  中国东南地区一般指今江苏南部、浙江、福建、广东(以上为沿海),以及安徽南部、江西、湖南(以上为内陆)。本书讨论区域问题时,以沿海的福建、广东为对象,间或也涉及浙江。汉晋时期北方人口开始南迁,至唐宋时期移民规模进一步扩大。这些南来的劳动力,与东南沿海独具特色的农业资源结合在一起,发展起精耕细作的农作方式,加上山区和海洋资源的利用,兼有了山海之利,工商业随之发展。这里的关键是移民。"民生在勤,勤则不匮。"① 历经淘汰又迫于生计的南来移民创造出了比在北方时更高的生产力。人们经常惊叹,近现代移居海外的华人为何能创造出如此巨大的财富,其中的道理同样能用来说明唐宋乃至更早的南迁移民在发展生产力方面的作为。而海外华人实际上也是那些古代移民的后代。此种一脉相承的被环境逼出来的勤奋,实乃其被人惊叹之真正缘由。

在此一过程中,一种勇于进取的开拓精神油然而生。与北方那种守旧型的生活方式不同,传统束缚较小加上沿海环境的诱导,不甘心走老路的思想扩散开来。明清以来,在人口继续增加、人均耕地日益减少的情况下,工商业的比重越来越大了。在近海而实际上仍拥有陆地资源的地方,有人开始挣脱束缚开拓另类的生存之路,其中包含了某些生产关系新要素。虽然最后失败了,但毕竟是一种探索。在海边生活的人们,有许多干脆离开本土奔向海外,这就是最早的华侨。接下来顺理成章的是海港城市的形成。港市的出现当然有西人东来的因素,但本土的条件亦不可或缺,如华侨与港市的关系,因为当时华侨之根仍植于本土,并非连根拔起。最后但并非最不重要的是,海洋文化的形成。其中的海神信仰尤令人关注。在没有民权作保障时,民生是脆弱的。而在缺乏现代民权观念的情况下,人们唯有求诸于神了。文化与民生成为区域经济史之要素,在上述时段和空间均得以窥见。

其次,民生与文化是如何成为制度经济史之要素的?

中国封建政府的财税来源,历来以农业税为重,不过工商之税也

---

① 《左传·宣公十二年》。

越来越重要。汉唐时期兴起的以资源垄断为基础的专卖制度,则形成封建社会中后期的另一财税支柱。在各项专卖品中,又以盐最为大宗。自西汉盐铁会议以后,盐作为一种特殊商品,便具有了政治色彩。盐的人均消费量虽小,却不可一日无之,而盐业资源亦非无处不在。当中央政府不去垄断它时,地方割据势力便会去独占它。经过反复变迁,到唐代,由中央政府掌握食盐专卖的制度终于稳定下来。安史之乱以后,中国进入封建社会后期。在从前期到后期的一系列制度变革中,专卖首当其冲。盐这种商品在此间可谓牵一发而动全身。在农业税被地方军阀瓜分大半的情况下,盐的收入变得无比重要。恰在此时,人才辈出的唐朝理财家群体应运而生,他们将官商混合专卖与盐铁转运使这两种制度结合起来,使全国大部分盐利归于中央。这种财政输血,是使唐朝奇迹般地延续下来的重要原因。至于其利弊如何,虽历来有争论,但它使整个国计民生都深深卷入其中,却无法否认。同时它又体现了封建后期的制度文化变更,亦即将使用行政干预手段与顺应商品经济潮流这两种看似相悖的政策融为一体。

　　如果说农业税关系到构成民众主体的农村人口,那么"专卖税"更将其覆盖面扩大到了城镇人口,亦即它关系到了每一个编户齐民。就此而言,专卖制度与国计民生的关联是空前的。正因如此,其社会反应才会涉及每一阶层,直至升斗小民。盐价的起伏涨落关乎千家万户,"虽贵数倍,不得不买",[①]盐利的多寡则关系到国库盈虚甚至王朝兴亡。另一方面,盐利的分配也事关每一个参与其间的利益集团:财税系统与专卖机构、中央政府与各地藩镇、特许专卖商与走私集团,等等。如果再把酒和茶这两种被政府不同程度掌控的商品也考虑进去,那么唐后期专卖制度与国计民生的关联度之高,确为前代所无法比拟。然则这一系列现象背后隐藏着什么社会文化要素呢?简言之,由于国家的触角伸展到了社会的每一个角落,从而形成了国

---

① 《汉书》卷二四下,《食货志下》。

家与社会的高度重叠；再者，社会经济生活的一体化继续得到加强，几乎每一项基本的消费品都被纳入了统一的国计民生体系之中。在这里，家国同构的文化一统性，通过制度性的安排，得到了具体的体现。

概言之，当区域经济史与制度经济史被赋予了灵魂——民生和文化时，它们便不再是了无生气的历史，而是展现在人们面前的具体生动的物质和精神生活。当然，上文所言尚未完全覆盖本书的所有内容，因此有必要再做些补充。

首先是消费经济与民生、文化的关联。就本书而言，就是唐代尤其是唐后期的消费生活是否反映或折射出这一历史时期的民生和文化？答案应该是肯定的。消费既是生产的终点又是生产的起点，它与民生息息相关是不言而喻的，而消费方式本身就是文化模式的某种体现。虽然本书这方面的论述重点在于唐后期的奢侈性消费，但由少部分人参与的这一特殊的消费领域，却是建立在同一历史时期整个消费经济发展变化的基础之上的，因此它也就具有了由点及面的意义。

其次是赋役制度与民生、文化的关联。就本书而言，就是辽代和元代的赋役及其相关问题是否反映或折射出此二时期的民生和文化？答案应该也是肯定的。辽、元二朝的特殊性在于，它们是与中原王朝对峙或最终入主中原的北方少数民族政权。然而也正因如此，其赋役制度体现了农牧混合型民间经济与过渡形态的社会组织之特色。而民间经济与社会组织则对应了民生与文化这两个本书的焦点。这一部分的论述，可说是从一个独特的角度去透视非传统的经济制度之尝试。

万千涓涓细流汇聚成江河湖海，万千历史细节支撑了宏观大历史。笔者希望，本书对区域经济史和制度经济史的微观探讨，将会对中国社会经济史的宏观论述，做出些许贡献。

上编 社会经济生活与区域经济文化

一　唐代的消费经济

唐代消费经济的发展趋势

处于中国封建社会转型期的唐代,消费经济出现了新的发展趋势,大致而言,就是商品性、文化性和奢侈性的趋势。以下分别论述之。

一、唐代消费经济的发展趋势之一:商品性消费

商品性消费是相对于自给性消费而言的。虽然整个封建时期自给性消费始终占主导地位,唐代也不例外,但商品性消费在唐代的异军突起,则是前所未有的。商品性消费是商品生产者和非商品生产者的产品进入市场的结果,而这种消费反过来又促进了商品生产(广义的商品生产)的发展。

唐代出现的大宗商品化消费品中,茶叶是最具代表性的。长庆元年(821年)李珏上疏反对榷茶时说:"茶为食物,无异米盐,于人所资,远近同俗。既祛竭乏,难舍斯须,田间之间,嗜好尤切。今增税既

重,时估必增,流弊于民,先及贫弱。"①在广大的茶叶消费者中,他特别强调了农村的和贫穷的消费者,这是最基本的消费者,而他们消费的茶叶都是购自市场,所以税茶才会损害其利益。在茶叶价格与销售量的关系上,他指出:"价高则市者稀,价贱则市者广。"②这里他接触到一个重要的经济规律,即价格与销售量的反比关系,这也是供求规律的基本内容。③而供求规律是在市场条件下才起作用的。这说明唐代茶叶的供给与需求完全是通过市场来实现的。

茶叶取得和米、盐一样的地位究竟始于何时？唐以前见于记载的饮茶者主要是上层人士;饮茶主要流行于南方,北方不产茶且饮茶者甚少;唐以前亦未见人工栽培茶树之记载。④到了唐代情况大变。唐代茶叶产地遍布秦岭——淮河以南各州,除南方盛行饮茶外,因茶叶自江淮以南源源运来,北方饮茶者亦极多,"自邹、齐、沧、棣,渐至京邑,城市多开店铺,煎茶卖之",⑤"茶贱三文五碗"。⑥可见茶成为人们日常生活消费的大宗商品,是在唐代。这种情况对唐代的消费经济具有什么意义呢？首先,就消费品结构而言,商品性消费品的比重因茶的出现而增大了。其次,就消费品的商品化程度而言,茶显然胜过米,茶的自给性消费的比率是很低的。最后,就消费对商品生产的刺激而言,茶叶消费对茶叶生产的刺激,也是其他商品难以比拟的。

任何时候,除了有以物品形式存在的消费品外,还有以服务形式存在的消费品,亦即消费服务。⑦唐代的社会化消费服务发展迅速,

---

① 《旧唐书》卷一七三,《李珏传》。
② 《旧唐书》卷一七三,《李珏传》。
③ 胡寄窗:《中国经济思想史简编》,北京:中国社会科学出版社,1986年,第299~300页。
④ 张泽咸:《汉唐时期的茶叶》,《文史》第11辑,北京:中华书局,1981年。
⑤ 《封氏闻见记》卷六。
⑥ 《敦煌掇琐》上辑,琐一四。
⑦ 马克思:《剩余价值理论》第1册,北京:人民出版社,1975年,第160页。

而社会化消费服务亦属商品性消费。随着城市消费量的增加和商品货币经济的发展,唐代城市的饮食、娱乐等行业发展十分迅速。饮食业的发达,既表现为店肆楼堂里的综合服务,又表现为承办酒席,送菜上门等新的专项服务。德宗时,长安"两市日有礼席,举铛斧而取之,故三五百人之馔,常立可办也"。① 娱乐业方面,唐代城市中聚居着众多的乐工、舞姬以及击球、斗鸡之徒,为有闲阶级提供内容广泛的服务。一些高度专门化的与娱乐有关的服务行业也应运而生,如制作、修理乐器的行业;制作球杖的行业等等。②

唐代商品性消费服务的发展特点是开始突破封建城市对商业经营的时间与空间的限制。从突破时间限制来看,扬州有"夜市千灯照碧云,高楼红袖客纷纷"之景;金陵有"烟笼寒水月笼沙,夜泊秦淮近酒家"之状;汴州有"水门向晚茶商闹,桥市通宵酒客行"之景;成都有"锦州夜市连三鼓,石宝书斋彻五更"之状。③ 夜市的出现,使禁止夜间经营的规定成为具文。商品性消费服务的增加,构成夜市繁荣的主要动因与内容。

从突破空间限制来看,以洛阳为例,除东、北、南三市外,新的消费场所正不断出现。如殖业坊有酒家、客舍(旅店);修善坊有酒肆、车坊;绥福坊有饮食店;毓财坊、履道坊有酒肆;清化坊、归德坊有旅店;会节坊有裁缝店;等等。地处三市之外的这些经营场所,为洛阳居民及过往客商提供各式各样的商品性消费服务。此外,会节、立德、修善三坊皆有波斯胡寺,为商胡祈福之所,祈福时"烹猪杀羊,琵琶鼓笛,酣歌醉舞",坊间必然为其提供相应的服务。④ 市外经商的动力与内容,商品性消费服务同样是重要的构成因素。

---

① 《唐国史补》卷中。
② 妹尾达彦:《唐后期的长安与传奇小说》,《日野开三郎博士颂寿纪念论集》(日文版),福冈:中国书店,1987年;妹尾达彦:《唐代长安市场的繁荣(上)》(日文版),载《史流》第27号,1986年。
③ 张邻:《唐代的夜市》,载《中华文史论丛》1983年第1辑。
④ 陈有忠:《隋唐时期的洛阳商业》,载《郑州大学学报》1983年第2期。

从以茶叶为代表的大宗商品化消费品,到以突破坊市制度为特征的商品性消费服务,可见唐代的商品性消费趋势之一斑。以往,人们在考察历史上新的大宗商品的出现时,多从商品生产的角度加以阐述。但若不从消费的角度论述其市场需求,就无法解释这些商品是如何在供与求的互动中应运而生的。而人们在探索经济制度的变迁时,亦鲜有从消费经济的角度考虑问题的,这也就忽略了需求动力在经济史上的重要作用。

二、唐代消费经济的发展趋势之二:文化性消费

文化性消费,或曰精神性消费,是相对于物质性消费而言的。随着封建经济的发展和物资的充裕,文化生活必然趋于活跃,人们既追求物质上的满足,也追求精神上的满足,从而导致文化性消费的增长。唐代是科举制兴盛、文学艺术繁荣、宗教生活丰富多彩、中外文化交流频繁的时代,其文化性消费大大胜过前代,是毫无疑问的。以下仅就唐人在书籍、字画等方面的消费略述一二,以窥其文化性消费之一斑。

唐代藏书之风甚盛,公私购求图书秘籍的耗费均十分巨大。太宗、玄宗曾广泛搜集图籍,"购求至宝,归之如云,故内府图书谓之大备。或有进献以获官爵,或有搜访以获锡赉"。[1] 隋朝曾遣人搜访图书秘籍,每获一卷,赏绢一匹,由此可以推想唐朝这方面耗资之巨大。秘籍既奇货可居,价格遂扶摇直上。而官僚士大夫亦以藏书万卷为荣。如王方庆"聚书甚多,不减秘阁,至于图画,亦多异本";[2]李范"多聚书画古迹,为时所称";[3]韦述"家聚书二万卷","虽御府不逮也",其"古碑、古器、药方、格式、钱谱、玺谱之类,当代名公尺题,无不

---

[1] 《历代名画记》卷二。
[2] 《旧唐书》卷八九,《王方庆传》。
[3] 《旧唐书》卷九五,《李范传》。

必备";①王涯"书数万卷,侔于秘府"。② 其他如李元嘉、李袭誉、吴兢、蒋乂、苏弁、韦处厚、柳仲郢、段成式等人,或藏书数万卷,或多奇篇秘籍。甚至连武人如田弘正亦"于府舍起书楼,聚书万余卷";③罗威亦"聚书至万卷"。④ 可见购书藏书在唐代已蔚为风尚。官僚阶级如此,民间亦未必不如是。在洛阳、成都这样的大城市里,商业区中都少不了书肆、书斋,⑤可见书籍消费亦根植于民间,而不局限于社会上层。

书法作为一门艺术,至唐已日臻成熟。唐人购求珍藏书法作品蔚然成风,遂使前代、当代名人作品身价倍增,所谓"书即约字以言价"⑥是也。官僚士大夫中有不惜破产倾资购求前代珍品者,如尚书钟绍京"不惜大费,破产求书。计用数百万贯钱,唯市得右军行书五纸,不能致真书一字"。⑦ 当代名家作品也是一字千金。如褚遂良的作品为世人所珍爱,被誉为"贵千金"⑧之作,然尚有超乎其上者。一次褚遂良问虞世南:"吾书何如智永?"虞答曰:"吾闻彼一字直五万,君岂得此?"⑨上述诸例都反映购求书法名品的花费之巨大。请名家题写碑颂,是追求珍稀墨迹的另一种形式。此时虽不似约字言价那样公开买卖,但馈赠碑颂书写者的花费亦颇巨。如著名书法家柳公权"为勋戚家碑板,问遗岁时巨万"。⑩ 用于购求书法作品的花费,构

---

① 《旧唐书》卷一〇二,《韦述传》。
② 《旧唐书》卷一六九,《王涯传》。
③ 《旧唐书》卷一四一,《田弘正传》。
④ 《旧唐书》卷一八一,《罗弘信传附罗威传》。
⑤ 《全唐诗》卷三七一,吕温:《上官昭容书楼歌》;《方舆胜览》卷五一,《成都志载古诗》。
⑥ 《历代名画记》卷二。
⑦ 张怀瓘:《书估》。
⑧ 《新唐书》卷一九九,《孔若思传》。
⑨ 《新唐书》卷一九八,《欧阳询传附欧阳通传》。
⑩ 《旧唐书》卷一六五,《柳公绰传附柳公权传》。

成唐代文化性消费的相当突出的一个部分。

绘画作为一门艺术,至唐亦进入一个新阶段,而鉴赏品评收藏绘画作品,亦为朝野上下所普遍爱好。名画之价因而大增,正如张彦远《历代名画记》所说:"必也手揣卷轴,口定贵贱,不惜泉货,要藏箧笥。则董伯仁、展子虔、郑法士、杨子华、孙尚子、阎立本、吴道玄屏风一片,值金二万,次者售一万五千。其杨契丹、田僧亮、郑法轮、乙僧、阎立德一扇,值金一万。"① 除了私人购买收藏的绘画外,唐代的宗教壁画也盛极一时,这些壁画大多是高官显宦、富商巨贾捐资绘制的,费赀亦以千万计。如宝应时越州观察使皇甫政之妻陆氏为"祈一男",以钱百万募画工绘神仙像。② 而仅以晚唐蜀中佛寺壁画而言,即"皆一时绝艺,格入神妙","度所酬赠,必异他工,资费固不可胜计矣"。③其势之盛,为崇尚佛教的南朝所不能比。④ 购求绘画作品及制作壁画的费用,同样构成唐代文化性消费的令人瞩目的一个部分。

以书籍、字画消费为代表的唐代文化性消费,展示了如下事实,即相对于物质性消费而言,精神性消费的比重有所上升。本来对书籍、字画的爱好和追求是文化素养提高的表现,但当这种"爱好准则被染上了金钱荣誉准则的色彩"⑤时,书籍、字画的价格被无限地抬高,从而使这种文化性消费带上了浓厚的商业色彩。研究消费经济领域内这种文化性与商业性的交渗互动,有助于理解唐代文化性消费趋于扩张的错综复杂的原因与背景。

三、唐代消费经济的发展趋势之三:奢侈性消费

奢侈性消费是相对于必要性消费而言的。虽然整个封建时期都

---

① 《历代名画记》卷二。
② 《太平广记》卷四一,《黑叟》。
③ 天启《成都府志》卷四三,引李之纯《大圣慈寺画记》。
④ 潘天寿:《中国绘画史》,上海:上海人民美术出版社,1983年,第60页。
⑤ 凡勃伦著,蔡受百译:《有闲阶级论》,北京:商务印书馆,1983年,第107页。

存在着奢侈性消费,但唐代的奢侈性消费有其自身的特点。首先,地主阶级的消费有公共消费与个体消费之性质上的区分。在唐代,公共性质的奢侈消费趋于淡化,个体性质的奢侈消费则凸显了出来。其次,地主阶级作为奢侈性消费的主体,在各个历史时期,其参与此种消费的人员和阶层有着增减与更替之变化。在唐代,参与奢侈性消费的人员增多了,并出现了参与此种消费的新的阶层。

地主阶级的公共消费除了官俸、军费及例行礼仪之外,有许多是不必要的奢侈性消费,如以炫耀、享乐为目的的土木工程及巡游活动。唐前期虽国力强盛,统治阶级间或亦大兴土木,但比之秦、汉、隋等王朝已稍逊色。唐后期国力已衰,兴建大型工程已非必需亦无可能,故此举更属罕见。至于巡游活动,唐代亦不如前代。另一方面,具有个体消费性质的地主分子的侈靡耗蠹,唐代则略胜前代一筹。这种情况与公共消费转化为个体消费密切相关,其中既有必要的公共消费转化为奢侈的个人消费;也有奢侈的公共消费转化为奢侈的个人消费。

在封建官僚机构中,个人既可充分享用组织所占有的权力,那么利用其组织成员资格占有组织拥有的消费资料,便成必然之势。这样,公共消费转化为个体消费的情况便屡见不鲜。以皇室消费而言,唐前期随着皇室开销的增大,国库中供其支取的部分不敷所需,玄宗时便出现的天子的私藏,以"额外物"的名义"贮于内库"。[1] 玄宗后期的挥霍浪费,便是以此为财源的。安史之乱后,又连续二十年出现了"以天下公赋为人君私藏"[2]的局面。皇室个人消费既与国家公共消费混淆不清,遂给最高统治者的骄侈淫逸大开了方便之门。如代宗于"七月望日于内道场造盂兰盆,以饰金翠,所费百万";[3]为"资章

---

[1] 《旧唐书》卷一〇五,《王鉷传》。
[2] 《旧唐书》卷一一八,《杨炎传》。
[3] 《旧唐书》卷一一八,《王缙传》。

敬太后冥福","尽都市之财不足用"。① 后虽经杨炎改革,公赋复归左藏库,形式上恢复了国家消费与皇室消费的区别,但直至唐末,实际上前者仍不断转化为后者。如僖宗"荒酣无检,发左藏、齐天诸库金币,赐伎子歌儿者日巨万,国用耗尽"。② 所以皇室个人消费在许多情况下是从国家公共消费转化而来的。

以官僚消费而言,官俸作为官员本人及其家庭生存性消费的来源,本属必要的公共消费。但当它超过一定限度时,会部分地转化为享受性的个人消费。而当官俸低于维持生存的水平时,则意味着必要的公共消费之减少。在唐代,上述两种情况成为官僚消费的一体两面。一方面是高官显宦和要剧之官俸禄丰厚,生活阔绰;另一方面是中下级官员和闲散之官俸禄微薄,生活拮据。史载"权臣月俸有至九千贯者,列郡刺史无大小给皆千贯",③中下级官员则"俸薄",④"料钱绝少"。⑤ 再者,"闲剧之间,厚薄顿异",⑥"官秩等而禄殊",⑦差别亦甚。而居高位者尚能获不时之赏,如玄宗赐其宠臣,肃、代、德各朝赏平叛诸将,皆无所吝惜。居要职者或"将阙官职田禄粟入己费用",⑧乃至利用"名存职废,额去俸存"⑨之机侵吞空额;或家人数百皆仰给官司,⑩乃至州钱百万入为私藏。⑪ 当朝廷因财政困难而削减官俸时,高官厚禄者的奢侈消费并未因此稍减,而低职薄俸者的基

---

① 《资治通鉴》卷二二四,代宗大历二年。
② 《新唐书》卷二〇八,《田令孜传》。
③ 《旧唐书》卷一四,《宪宗纪上》。
④ 《旧唐书》卷一三,《德宗纪下》。
⑤ 《旧唐书》卷一八上,《武宗纪》。
⑥ 《新唐书》卷一四六,《李栖筠传附李吉甫传》。
⑦ 《白居易集》卷六四,《策林三·使官吏清廉》。
⑧ 《旧唐书》卷一六八,《冯宿传附冯定传》。
⑨ 《旧唐书》卷一四,《宪宗纪上》。
⑩ 《旧唐书》卷一三三,《李晟传附李愿传》。
⑪ 《新唐书》卷一六六,《令狐楚传》。

本生活则会大受影响。可见部分官僚的奢侈性消费在不少情况下是以必要的公共消费之减少为代价的。

以军士消费而言,军队给养超过一定水平时,也会部分地由必要公共消费转化为奢侈性的个体消费。唐前期军费开支已逐渐上升,至后期更是十分浩大,成为国家财政支出的最大项目。① 这当中,给养丰厚是一个重要因素。再者,唐后期镇兵尤其是节帅亲兵因截留财赋而所入颇丰,如浙西观察使李锜的亲兵皆"禀给十倍"。② 朝廷还不时以大笔赏赐笼络之。如元和七年(812年)魏博镇获赏钱一百五十万贯;元和十五年(820年)成德镇获赏钱一百万贯;长庆元年(821年)卢龙镇获赏钱一百万贯。③ 朝廷每次调集诸道行营将士出征,亦必有丰盛犒劳。凡此种种,造成军士的挥霍无度。而军费激增之同时,必然是其他费用的减少。可见军士的奢侈性消费在许多情况下也是以必要的公共消费之减少为代价的。

唐代虽然有不少没落的士族地主退出了奢侈性消费的行列,但却有更多的新兴庶族地主加入了奢侈性消费的行列。史载"凡为度支胥吏,不一岁资累巨万,僮马第宅,僭于王公";④ "及第登科,倾资竭产,屋地竞逾于制度,丧葬皆越于礼仪",⑤皆可为证。人数众多的新兴庶族地主登上历史舞台,使参与奢侈性消费的人员大大膨胀了。

唐代新出现的奢侈性消费的参与者中,有一个十分独特的阶层——节帅亲兵。当安史之乱后藩镇割据局面形成时,藩镇将帅精心培植并赖以割据一方的亲兵集团也渐次形成了。所谓"以钱买健儿取旌节",⑥就是这一新兴阶层存在的特殊历史条件。节帅以丰给厚赐固亲兵之心,却养成其不胜骄横之习。节帅动辄以巨额钱物赏

---

① 《唐会要》卷二六,《待制官》。
② 《新唐书》卷二二四上,《李锜传》。
③ 《旧唐书》卷一五,《宪宗纪下》;《旧唐书》卷一六,《穆宗纪》。
④ 《旧唐书》卷一二三,《班宏传》。
⑤ 《唐大诏令集》卷七二,僖宗:《乾符二年南郊赦》。
⑥ 《旧唐书》卷一四五,《陆长源传》。

赐亲兵,如田悦"悉出府库所有及敛富民财,得百余万以赏士卒";①或纵容亲兵恣意挥霍,如王思礼部数月间将其"丰实军储""费散殆尽"。② 到后来亲兵演变为一股异己的力量,以致以滥杀来无端索求时,节帅也只能以滥赏来应付滥杀,从而使亲兵的侈欲进一步膨胀。节帅亲兵作为地主阶级的附属阶层加入奢侈性消费的行列,唐代奢侈性消费的主体因而进一步扩大了。

消费活动性质的转化实际上是资源利用的转化。封建国家的公共消费转化为地主分子的个人消费,而且是奢侈性的消费,导致更多的资源无益消耗。而参与这种无益消耗的人员之膨胀、阶层之增多,更说明社会人口与资源配置之间的错位正进一步加剧。这就是从唐代奢侈性消费的发展趋势中得到的启示。

综上所述,商品性、文化性和奢侈性是唐代消费经济的三大发展趋势。每一个时代的社会经济都是推力和拉力综合作用的结果,推力是推动社会经济前进的力量,拉力则反乏,是阻滞的力量。这在生产、分配、交换和消费领域,无不有所表现。而消费领域的表现,又可以折射出其他三个领域的情况。唐代消费经济的发展趋势所折射出来的,正是封建社会动荡转折时期各经济领域新旧交替、损益错杂的种种侧面和断面。

(原载《中国古代社会研究:庆祝韩国磐先生八十华诞纪念论文集》,厦门:厦门大学出版社,1998年)

---

① 《资治通鉴》卷二二七,建中三年正月。
② 《旧唐书》卷一一〇,《邓景山传》。

唐后期奢侈性消费的特点

公元755年至907年,唐王朝的后半期,是一个充满矛盾的动荡时代。中国封建社会前期的帷幕刚刚降下,后期的帷幕刚刚拉开,新旧交替,风云激荡。这一时期生产、分配、交换的特点,已为人们所关注并多有探讨。但是,消费领域的情况却鲜为人重视。

消费既是生产的目的和终点,又是重新引起生产的动力和起点。一个时期的消费特点,往往是该时期生产、分配、交换诸特点的综合反映。不研究消费这个社会经济链条上的重要环节,就难于全面地理解和把握其他经济环节。

地主阶级的奢侈性消费构成封建社会非生产性消费的重要部分。处于中国封建社会后期初始阶段的安史之乱后的唐朝,其奢侈性消费已表现出种种不同于以往的特点。本文试图对这些特点做一些初步探讨,以期抛砖引玉,引起对这方面研究的重视。

一

封建社会地主阶级的消费有其发展规律。首先,封建地主占有土地、坐享地租的经济职能,使他们的收入除一部分用于购买土地以扩大地租来源外,其余必尽耗于生活消费,而且所入愈多,侈欲愈旺。因此,奢侈化是地主阶级消费的必然发展趋势。其次,当一个封建王朝由盛转衰后,地主阶级及其政权的腐朽、它们对农民的无止境的盘剥,以及为它们服务的工商业的畸形繁荣,势必造成一方面生产萎缩,一方面消费膨胀的奇特反差。

唐后期地主阶级的消费除了受上述普遍规律的支配外,还受到表现在政治、经济、思想文化诸方面的时代特征的影响。其中以下几点是应该特别注意的。

第一,租佃关系的普遍发展,使自给自足的农奴式庄园日益瓦解,地主经济与市场的联系大大加强了。唐后期,地主出售粮食和其他农副产品的情况已相当普遍。① 货币收入的增加,使地主的商品性消费相应扩大。与自给性消费相比,商品性消费更易于向奢侈化发展。另一方面,以两税法的制订为中心的赋税制度的改革;以推行专卖为重点的非农业税源的拓展,使封建国家财政收入中货币部分所占的比例大为增加,从而使地主阶级政权商品性消费的能力大为增强。这对奢侈化浪潮无疑起了推波助澜的作用。

第二,庶族地主的广泛崛起,最终取代了士族地主,成为地主阶级的主要成分。唐后期庶族地主活跃于各经济领域,积累了大量钱财,其社会地位也日益提高。与此相反,士族地主在经济上、声望上都日趋没落。随着士、庶势力的消长和合流,经济实力逐渐取代政治特权,成为地主阶级扩大消费的主要依据。谁拥有更多的钱财,谁就可以过着比别人更奢华阔绰的生活,身份地位的贵贱与消费标准的高低之间不再有必然的联系。这样,消费程度的提高及其所涉及的社会范围的扩大,势必突破旧有的种种限制而获得空前的发展。

第三,中唐以后,社会文化由盛转衰,道释思想多方渗透,以儒学为核心的封建正统思想受到有力挑战。儒家崇俭抑奢的消费观念虽然仍作为地主阶级治国安邦的指导原则,但对于身处黑暗政局、深感命运无常的士大夫们来说,已失去了往日的吸引力。他们耐不住心头躁乱的欲火,止不住纵情享乐的企望,纷纷卷入了及时行乐的潮流之中。尽管唐后期还不曾有人公然打出异端的崇奢论的旗帜,尽管士大夫们口头上仍然谴责奢靡,标榜节俭,但是,竞相追求高水平的消费生活,却已成为唐后期的社会风尚。

---

① 郑学檬等:《简明中国经济通史》,哈尔滨:黑龙江人民出版社,1984年,第195页。

二

　　安史之乱以后,侈靡之风愈炽。此所谓"世愈乱,奢侈愈甚"①也。皇室将相、武夫文人,乃至贾贩走卒,骄奢淫逸者,有增无已。物欲横流,溃决不止,耗蠹之甚,倍于往昔。唐后期奢侈性消费在不断膨胀的过程中,表现了一系列不同于往昔的特点,以下分论之。

　　第一,从消费品和消费服务的来源结构来看,购自市场、得自交换的奢侈品,相对于自产自用的奢侈品,比重有所上升;社会化消费服务,相对于家内消费服务,比重也有所上升。魏晋南北朝时期地主阶级消费的奢侈品,绝大多数是无偿地取自受其奴役的农奴。谢灵运所说的"谢工商与衡牧";②颜之推所说的"闭门而为生之具以足",③典型地反映了这种自给自足的消费品来源结构。爰及隋代和唐前期,这种结构并无重大改变。到了唐后期,虽然产品仍是消费品的主要来源,但商品的比重明显地增大了。

　　从饮食消费来看,唐后期地主阶级对于这方面的奢侈性需求,有相当一部分是从市场上得到满足的。比如酒,魏晋南北朝时期地主、官僚之家大多自酿美酒,以备饮用。④ 唐后期,地主阶级对于酒类的需求开始越来越多地仰赖市场。当时长安等大城市"私酿至多",⑤"酒价尤贵"。⑥ 这里私酿主要不是为了自用,而是为了出售,所以才会与酒价的波动发生联系。⑦ 官府和豪门则是酒类的最大购买者和

---

① 吕思勉:《隋唐五代史》下册,上海:上海古籍出版社,1984年,第856页。
② 《宋书》卷六七,《谢灵运传》。
③ 《颜氏家训》卷一,《治家》。
④ 《太平广记》卷二三三,《酒》。
⑤ 《全唐文》卷七五,文宗:《太和八年疾愈德音》。
⑥ 《唐大诏令集》卷一一二,《禁京城酿酒敕》。
⑦ 参见陈衍德:《唐代的酒类专卖》,载《中国社会经济史研究》1986年第1期。

消费者,唐后期经久不衰的宴饮之风便可为证,史称"自天宝以后,风俗奢靡,宴处群饮……公私相效,渐以成俗"。① 除了酒之外,盛宴所需果蔬鱼肉,也有许多是购自市场的。有关此间各种奢华宴会的记载,往往都提及它们所花费的金钱。如郭子仪入朝,元载、王缙等人盛宴款待,"各出钱三十万";② 及第进士宴请宾朋,"一春所费,万余贯钱"。③ 可见宴飨所需之物多以货币购自市场。

服饰消费方面,唐后期"长裾大袂"的宽博衣裙取代了窄袖胡服,成为上层社会的流行服装。衣裳质地、装饰也日益考究。玄宗和贵妃幸温汤所御的饰以金乌的锦袍,至大和年间已是"富家往往皆有"。④ 此类高级服饰,自须专业化程度较高的工匠方能制作。而都市中往往聚集着这类工匠,为富家大户缝制其所需服装。如大和年间,汴州光德坊有名阿贺者,"以女工致利",出卖缝纫技术为生,后移居洛阳会节坊,富人们多"雇其纫针",缝制高级服饰。⑤ 据记载,长安等城市中分布着许多衣肆、鬻衣之店,⑥足见地主阶级服饰消费依赖市场的程度有所增强。

再看住宅消费,唐后期许多地主不再住在乡村的庄园中,而是常年居于都市,那里豪华第宅的买卖因而兴旺起来。有的官僚、军阀甚至分别在几个城市里购置第宅。如宪宗时,许多藩镇将帅除了在本镇拥有私宅外,还动辄以数十万贯钱币于京师"竞买第屋"。⑦ 唐后期,都市私宅转让易手的情况是屡见不鲜的。甚至一些为政清廉的官员也在都市内或近郊购置竹木池馆、园林别宅。可以这么认为,这些耗资甚巨的不动产,实际上是作为奢侈品,通过交换的渠道,成为

---

① 《唐会要》卷五四,《省号上·给事中》。
② 《旧唐书》卷一一,《代宗纪》。
③ 《唐大诏令集》卷一〇六,《厘革新及第进士宴会敕》。
④ 《旧唐书》卷一七三,《郑覃传附郑朗传》。
⑤ 段成式:《酉阳杂俎·续集》卷三。
⑥ 《太平广记》卷四五二。
⑦ 《全唐文》卷六二,宪宗:《禁私贮见钱敕》。

地主阶级的消费对象的。

任何时候,除了有以物品形式存在的消费品外,还有以服务形式存在的消费品,①亦即消费服务。魏晋南北朝时期,为地主阶级服务的消费性劳务,基本上是家内劳务,其承担者乃奴婢僮仆。所谓"僮仆成军,闭门为市",②便是典型写照。隋代及唐前期亦大体如是。唐后期,社会化消费服务发展迅速,它在为地主阶级提供的消费性劳务总量中所占的比例明显增大。社会化消费服务也属商品性消费,它的发展程度是与消费品的商品化程度相一致的。

这种消费服务在一些含有享受成分的行业中发展尤其迅速,如城市中的饮食、娱乐等行业。唐后期都市饮食业日趋发达,出现了承办酒席、送菜上门的专项服务,如德宗时长安"两市日有礼席,举铛斧而取之,故三五百人之馔,常立可办也"。③ 饮食和消遣娱乐日趋结合,中晚唐诗人用大量篇幅描绘了酒肆倡楼里拥妓行令、一掷千金的生活,为我们展示了一幅唐后期地主阶级纵情声色的行乐图。显然,这是一种建立在社会化消费服务基础上的侈靡生活。此外,唐后期在各个城市中聚居的乐工、舞姬,以及击球、斗鸡之徒,也比以往为多。他们为城居的官僚、地主、商人提供内容广泛、耗资甚巨的消遣娱乐服务。社会上还出现了专门制作、修理乐器的职业,甚至宫廷乐器也有送往彼处修理的。制作球杖的职业也出现了,金涂银裹、饰以雕文的球杖售价昂贵。④ 由于这些器具构成有关的消遣娱乐服务的一部分,因此不妨将其修造视为消费服务的一项内容。

以上我们从消费品和消费服务来源的角度,考察了唐后期奢侈

---

① 马克思:《剩余价值理论》第 1 册,北京:人民出版社,1975 年,第 160 页。

② 葛洪:《抱朴子·吴失篇》。

③ 李肇:《唐国史补》卷中。

④ 妹尾达彦:《唐后期的长安与传奇小说》,《日野开三郎博士颂寿纪念论集》(日文版),福冈:中国书店,1987 年;妹尾达彦:《唐代长安市场的繁荣(上)》(日文版),载《史流》第 27 号,1986 年。

性消费的特点。应当指出,得自海外贸易和长途贩运的奇珍宝货,构成地主阶级所享用的奢侈品之一部分,此乃唐后期与前代的共同点。超出正常生活和娱乐需要的消费品和消费服务,有越来越多的部分来自市场和交换,则是唐后期比较独特的现象。其原因除了地主的货币收入增加,增强了其商品性消费的能力之外,还有工商业畸形繁荣,为地主阶级提供了更多的享受资料和服务这一因素在内。

第二,从消费活动的内容结构来看,精神消费相对于物质消费,比重有所上升。魏晋南北朝时期地主阶级的腐朽生活主要侧重于物质享受。诸如裸身狂醉、与猪共饮;毙吹笛女伎、杀行酒美人等事例,均可反映此间地主分子心灵的空虚与精神生活的贫乏。魏晋人掇辑的《列子·杨朱篇》说:"为欲尽一生之欢,穷当年之乐,唯患腹溢而不得恣口之饮,力惫而不得肆情于色。"活生生地刻画出地主分子以肉体享受为最高追求目标的形象。到了唐代,尤其是唐后期,这种单纯追求物欲满足的倾向,已逐渐被既追求物质享受又追求精神享受的倾向所取代。

唐后期官僚士大夫不吝千金地购求名人字画,成为一时风尚,正如张彦远《历代名画记》所说:"书即约字以言价,画则无涯以定名……必手揣卷轴,口定贵贱,不惜泉货,要藏箧笥。"① 比较典型的事例有:宰相王涯对于珍稀字画"人所保惜者,以厚货致之";② 尚书钟绍京"不惜大费,破产求书,计用数百万贯钱,惟市得右军行书五纸"。③ 著名书法家柳公权"为勋戚家碑板,问遗岁时巨万"。④ 字画购求者在这方面的开销,构成其消费支出的重要部分。字、画是由精神生产领域提供的产品,因此它们的消费是一种精神消费。本来对字、画的爱好和追求是文化素养提高的表现,但当这种"爱好的准则

---

① 《历代名画记》卷二,《论名价品第》。
② 《旧唐书》卷一六九,《王涯传》。
③ 张怀瓘:《书估》。
④ 《旧唐书》卷一六五,《柳公绰传附柳公权传》。

被染上了金钱荣誉准则的色彩"①时,字、画的价格被无限地抬高,它们本身也就成了奢侈品。

除了私人收藏的字画外,唐后期以道释人物为主题的壁画也盛极一时。这些壁画大多是高官显宦、富商巨贾捐资绘制的,费赀亦以千万计。如宝应时越州观察使皇甫政妻陆氏为"祈一男",以钱百万募画工绘神仙像;②晚唐蜀中佛寺壁画,"皆一时绝艺,格入神妙","度所酬赠,必异他工,资费固不可胜计矣"。③ 即便是佛教兴盛的南朝,也不曾有这等情况。④ 此亦属奢侈性精神消费的范围。

以上主要通过艺术品制作和购求方面开销的增长,论证了精神消费比重上升这一唐后期奢侈性消费的特点。应当指出,地主阶级对精神产品的追求以往并非没有,只不过远不如唐代普遍罢了。唐后期精神消费领域的活跃及其奢侈化倾向的加强,是以地主阶级物质消费力和精神消费力的提高为基础的,同时也与唐代文化的多元化有关。

第三,从消费活动性质的转化来看,由公共消费转化而来的个体消费特别突出。封建国家的公共消费与个体消费并无不可逾越的界限。在封建官僚机构中,个人既可充分享用组织所占有的权力,那么利用其组织成员资格占有组织拥有的消费资料,便成必然之势。这样,公共消费转化为个体消费的情况便屡见不鲜。不过,在一般情况下,最高统治者虽然拥有支配任何消费资料的权力,但是皇室消费与国家消费毕竟在原则上有所区别;⑤官俸和军费中虽有一部分会转化为个人的奢侈性消费,但这部分还不至于失去控制地膨胀起来。

---

① 凡勃伦著,蔡受百译:《有闲阶级论》,北京:商务印书馆,1983年,第107页。
② 《太平广记》卷四一,《黑叟》。
③ 天启《成都府志》卷四三,引李之纯《大圣慈寺画记》。
④ 潘天寿:《中国绘画史》,上海:上海人民美术出版社,1983年,第60页。
⑤ 胡寄窗:《中国经济思想史》中册,上海:上海人民出版社,1978年,第403~404页。

然而,在唐后期特殊的历史条件下,封建国家的公共消费资料却漫无限制地转化为统治阶级各成员的个人消费资料,从而进一步加剧了奢侈性消费的膨胀。

安史之乱后,度支使第五琦慑于京师豪将的无节求取,乃自左藏库悉移租赋入于大盈内库,形成了此后二十年中"以天下公赋,为人君私藏"①的局面。由于皇室消费与国家消费连形式上的区别也不复存在,就给了最高统治者的挥霍以更大的便利。代宗在宰相王缙纵容下"减诸道军资钱四十万贯修洛阳宫",②挪用军费兴建皇宫;又"七月望日于内道场造盂兰盆,饰以金翠,所费百万",③动用国库钱物用于宗教仪式,都是国家消费转化为皇室消费的典型事例。凡此种种,积习成风,虽经杨炎改革财政,公赋复归左藏库,形式上恢复了皇室消费与国家消费的区别,但最高统治者任意支取国家钱物的做法,并无根本改变。

肃、代之际兴起的地方节度使进奉之风,使公共消费资料转归皇室的趋势愈发不可遏止。所谓进奉,乃是地方军政大员在克扣公赋、中饱私囊的基础上,将部分所得进献皇帝,以满足其侈欲来换取其宠信。进奉之物,有相当部分本身即为奢侈品。如大历元年(766年)十月,代宗生日,诸道献金帛、器服、珍玩、骏马;④大历二年(767年)二月,汴宋节度使田神功献名马、金银器、缯彩;同年六月,山南剑南副元帅杜鸿渐献金银器、锦罗、麝香脐。⑤ 这些奢侈品,既有额外搜刮来的,也有以正赋转市而来的。至德宗朝,诸道节度使"皆竞为进奉,以固恩泽"。⑥ 此风长盛不衰,使大量本应供给封建国家必要性消费的资金转化为专供皇室奢侈性消费的资料。

---

① 《旧唐书》卷一一八,《杨炎传》。
② 《旧唐书》卷一一,《代宗纪》。
③ 《旧唐书》卷一一八,《王缙传》。
④ 《资治通鉴》卷二二四,大历元年十月。
⑤ 《册府元龟》卷一六九,《帝王部·纳贡献》。
⑥ 《旧唐书》卷四八,《食货志上》。

官俸作为官僚机构费用的一部分，本属必要的公共消费。但当它超过维持官员本人及其家庭生存的限度时，会部分地转化为奢侈性的个人消费。而当它仅及或低于维持生存水平时，也意味着必要公共消费的不足或减少。唐后期高级官员和要剧之官的俸禄比中下级官员和闲散之官要高出许多，前者能过着阔绰奢华的生活，后者若仅靠俸禄只能勉强维持生计。一方面是"权臣月俸有至九千贯者，列郡刺史无大小给皆千贯"，①另一方面是"京官俸薄"，②"诸道正官料钱绝少"。③ 二者形成鲜明的对照。唐后期最高统治者常因财政困难而减省官俸，如大历十四年(779年)七月德宗"诏国用未给，其宣王已下开府俸料皆罢给"；④建中三年(782年)正月又"减堂厨百官月俸，请三分省一以助军"。⑤ 然而，皇帝对功臣权贵的赏赐却毫不吝啬。同是德宗，仅赐给平叛将领李晟就有京师永崇里第宅及泾阳上田、延平门之园林、女乐八人等。⑥ 居高位要剧者，还经常利用部下官员"名存职废，额去俸存"⑦的机会，侵吞空额，中饱私囊。广大中下级官员微薄的俸禄不断受到侵削的同时，高官显贵在高俸禄之外又得到大笔赏赐和其他收入，这一事实说明，唐后期维持官僚机构正常运转的必要的公共消费正在不断被转化为高级官僚们奢侈性的个人消费。

军队给养作为军费的一部分，本来亦属必要的公共消费，但当它超过一定的水平时，也会转化成个人的奢侈性消费。唐后期藩镇将帅及其人数众多的亲兵不仅从截留中央赋税中得到丰厚的收入和给养，而且还经常得到朝廷出于笼络和姑息的目的而给予的大笔赏赐。

---

① 《旧唐书》卷一四，《宪宗纪上》。
② 《旧唐书》卷一三，《德宗纪下》。
③ 《旧唐书》卷一八上，《武宗纪》。
④ 《旧唐书》卷一二，《德宗纪上》。
⑤ 《旧唐书》卷一二，《德宗纪上》。
⑥ 《旧唐书》卷一三三，《李晟传》。
⑦ 《旧唐书》卷一四，《宪宗纪上》。

如魏博镇元和七年(812年)十一月得赏钱一百五十万贯;①成德镇元和十五年(820年)十一月得赐钱一百万贯;②卢龙镇长庆元年(821年)三月得赏设钱一百万贯。③ 这些赏赐大部分都以各种形式挥霍掉了。朝廷每次调集诸道行营将士参与军事行动,也必定以大批绫绢、银两进行宴赏犒劳。节度使及其亲兵骄奢淫逸的生活,证明他们耗费了比一般士兵多得多的消费资料,而这又是在必要公共消费相应减少的基础上实现的。

以上我们从消费活动性质的转化这一角度考察了唐后期奢侈性消费的特点。安史之乱后,唐王朝由盛转衰,以建大型公共工程来显示国力的强盛和皇权的显赫,已失去其必要性和可能性。地主阶级各集团、各成员之间深刻的矛盾和错综复杂的关系,又必然导致它们竞相把封建国家的资金和物质"化公为私",乃至相互争夺和转让。这就是此间公共消费转化为个体消费特别突出的社会背景。

第四,从参与消费的人员和阶层的变动来看,虽然有一些没落士族丧失了奢侈性消费的能力,但是有更多的庶族地主乃至地主阶级的附属阶层加入了奢侈性消费的行列。魏晋南北朝时期,士族地主政治、经济上的特权给他们带来了消费上的特权,因此士族地主的骄奢放荡是那个时代的特征。唐前期士族地主的政治经济实力依旧强大,他们仍然是参与奢侈性消费的最活跃的阶层。到了唐后期,尽管大部分士族出身的官僚地主依然过着骄侈淫逸的生活,但是他们当中正有越来越多的人在趋于没落的过程中逐步丧失其维持奢华生活的能力。例如,魏征的第宅被其子孙"质卖更数姓,析为九家",元和四年(809年)宪宗访知后,"出内库钱二百万缗赎之";④德宗赐给段秀实的长安崇义坊宅诸院,被其子孙典在人上,计钱三千四百七十五

---

① 《旧唐书》卷一五,《宪宗纪下》。
② 《旧唐书》卷一六,《穆宗纪》。
③ 《旧唐书》卷一六,《穆宗纪》。
④ 《唐会要》卷四五,《功臣中》。

贯",宣宗时乃赐钱收赎。① 而朝廷未能赐钱收赎的名臣第宅,其数更多。至于隋代旧族第宅至唐后朝仍归原主的,更是凤毛麟角,诚如贞元时柳浑所言,"隋时旧第,惟田(季羔)一族耳"。② 由于住宅消费最能显示一个家族的荣辱兴衰,所以上述事例典型地说明了没落士族丧失其奢侈性消费能力的情况。

  与此同时,大批庶族地主凭借其积累起来的钱财,过着比以往更奢华阔绰的生活,不少人的消费水平甚至超过了世代为宦的势家大族。出身卑微的中下级官员虽然俸禄微薄,但许多人通过贪污受贿等手段,却能获得超过俸禄几倍乃至几十倍的额外收入,因此他们也得以过起锦衣玉食的生活,例如,"凡为度支胥吏,不一岁,资累巨万,僮马第宅,僭于王公"。③ 那些通过科举考试而进入仕途的寒素子弟,尽管财力并不雄厚,也竭力与他人一比高低,"及第登科,倾资竭产,屋地竞逾于制度,丧葬皆越于礼仪"。④至于那些发家致富的工商地主,更是颐指气使地过着挥金如土的生活,"恣其乘骑,雕鞍银镫,装饰焕烂,从以童骑,最为僭越"。⑤ 文宗在敕令中曾强调:"庶人所造堂舍,不得过三间四架,门屋一间两架,仍不得辄施装饰"。⑥社会上高水平的住宅消费之不可遏止,恰恰反映了广大庶族地主日益成为参与奢侈性消费的最活跃的阶层这样一个事实。

  安史之乱后的唐朝,还出现了一个新兴的奢侈性消费集团——藩镇将帅的亲兵。这些骄兵悍将是节帅精心培植并赖于割据一方的核心力量。节帅以丰给厚赐固其心,却养成其不胜骄宠的习气。节帅动辄以巨额钱物赏赐亲兵。如田悦曾"悉出府库所有及敛富民财,

---

① 宋敏求:《长安志》卷七,《崇义坊》。
② 《旧唐书》卷一四二,《柳浑传》。
③ 《旧唐书》卷一二三,《班宏传》。
④ 《唐大诏令集》卷七二,《乾符二年南郊赦》。
⑤ 《唐会要》卷三一,《舆服上》。
⑥ 《唐会要》卷三一,《舆服上》。

得百余万以赏士卒";①或纵容亲兵恣意挥霍,如王思礼部"数月之间"即将其"丰实军储""费散殆尽";②直至亲自参与亲兵们的挥霍活动,如田牟"每与骄卒杂坐,酒酣抚背……其徒日费万计"。③ 当欲壑难填的亲兵得不到满足时,便"喧噪邀求,动谋逐帅",④以至节帅举族被害,演变成一股异己的力量。节帅为使其重新为己所用,也只能以滥赏应付滥杀,从而使亲兵的挥霍纵欲进一步恶性膨胀。古代普通士兵的薪饷一般都被压低到最低限度,只决定于其再生产所必需的费用。⑤ 但唐代藩镇将帅亲兵的情况截然不同,其消费有相当部分属奢侈性的。这些父子相袭、亲党胶固的亲兵集团,实际上是作为地主阶级的附属阶层而加入唐后期奢侈性消费行列的。这种现象在历史上即使不是绝无仅有,也是十分独特的。

以上通过庶族地主取代士族地主成为参与奢侈性消费最活跃的阶层,以及藩镇将帅亲兵这一地主阶级的附属阶层加入奢侈性消费的行列等事实,揭示唐后期奢侈性消费这样一个特点:参与这种消费的人员比以往大为增多;阶层比以往更为广泛。等级和特权对消费水平的制约越来越不起作用,而侈靡作为特殊情况下达到一定目的的手段——使部属为己所用——则被自觉或不自觉地采用着,乃是促使唐后期奢侈性消费的主体结构发生变动的重要因素。

上述唐后期奢侈性消费的特点,乃是相对于封建社会前期而言,从某种程度上来说,它们也是封建社会后期地主阶级奢侈性消费的共同特点。

(原载《中国社会经济史研究》1990年第1期)

① 《资治通鉴》卷二二七,建中三年正月。
② 《旧唐书》卷一一〇,《邓景山传》。
③ 《旧唐书》卷一九上,《懿宗纪》。
④ 《旧唐书》卷一九上,《懿宗纪》。
⑤ 《马克思恩格斯全集》第46卷上册,北京:人民出版社,1979年,第466页。

唐后期奢侈性消费的社会影响

唐王朝的后半期是一个充满矛盾的动荡时代,新旧交替,风云激荡。这一时期生产、分配、交换的情况及其影响,已为人们所关注并多有探讨,但消费领域却鲜为人重视。

事实上,消费既是生产的目的和终点,又是重新引起生产的动力和起点。忽视消费对生产的反作用,忽视它对分配和交换这些社会经济活动中间环节的影响以及它对上层建筑的影响,就难于客观地解释一个时代的社会变迁。

奢侈性消费是一种非必要性消费,但自人类进入阶级社会后却始终存在,并且随着社会的发展演变而起伏涨落。处于封建社会前、后期交替阶段的唐后半叶,诸种社会因素将奢侈性消费推向一个高峰,并出现了以下特点:一、从消费品和消费服务的来源结构来看,购自市场、得自交换的奢侈品,相对于自产自用的奢侈品,比重有所上升;社会化的消费服务,相对于家内消费服务,比重也有所上升。二、从消费活动的内容结构来看,精神消费相对于物质消费,比重有所上升。三、从消费活动性质的转化来看,由公共消费转化而来的个体消费特别突出。四、从参与消费的人员和阶层的变动来看,在一些没落地主分子丧失奢侈性消费能力的同时,更多的新生地主分子乃至地主阶级的附属阶层参与了奢侈性消费的行动。[①]

唐后期奢侈性消费的膨胀及其特点深刻地影响着社会生活各领域:生产出现停滞萎缩,分配与再分配中的矛盾加剧,社会风气被毒化,封建统治本身也受到强烈冲击。本文拟就这几个方面的问题展

---

① 参见陈衍德:《试论唐后期奢侈性消费的特点》,载《中国社会经济史研究》1990年第1期。

开论述。

首先,奢侈性消费膨胀影响了社会再生产的正常进行。这是因为,剩余劳动中直接或间接表现为奢侈品形式的部分过大,必定会妨碍积累和扩大再生产。①

唐后期消费结构中奢侈性消费资料所占比例的扩大,使各级政府财政结构中生产性开支的比例呈下降趋势。建中二年(781年)左拾遗沈既济言财计时指出:中央的财政开支"最多者兵资,次多者官俸,其余杂费,十不当二事之一"。② 用于生产的支出本十分微小,兵资和官俸又有相当部分所用非当。如唐中央给各藩镇的大笔赏赐,大部分都被节帅镇兵以各种形式挥霍掉。又如唐后期"受禄者渐多……虚设群司……所费至广",③其中非必要性开支乃至奢侈性开支,所在多有。兵资和官俸作为必要的公共消费,对封建国家来说本来是不可或缺的,因所用非当而导致不足,若不重敛于民,就只能占用其他开支(包括生产性开支)予以补足。如此则用于生产的开支便进一步缩小。地方财政方面,因侈靡挥霍而入不敷出的情况亦属常见。如长庆时先后出任宣武、河中节度使的李愿,"恣其奢侈,门内数百口,仰给官司,不恤军政",又对权幸厚行赂遗,致使"赋入随尽,军府萧然";④开成时为江西观察使的吴士矩,"饗宴侈纵,一日费凡十数万",离任时府库钱财减少2/3。⑤ 上述情况导致的财政困难,使各级政府无法正常履行兴修水利等经济职能。据统计,唐代水利工程十分之七建于安史之乱前。⑥ 唐后期不仅水利工程数目骤减,而且

---

① 马克思:《剩余价值理论》第3册,北京:人民出版社,1975年,第269页。
② 《唐会要》卷二六,《待制官》。
③ 《唐会要》卷六九,《州府及县加减官》。
④ 《旧唐书》卷一三三,《李晟传附李愿传》。
⑤ 《新唐书》卷一五九,《吴凑传附吴士矩传》。
⑥ 冀朝鼎:《中国历史上的基本经济区与水利事业的发展》,北京:中国社会科学出版社,1981年,第102页。

大都规模狭小,效益不著。① 农业生产的发展因而深受制约。

我们还可以从人口结构与消费结构的关系这一视角,来考察奢侈性消费所引起的再生产萎缩。生产者和非生产者的比例,是衡量生产发展程度的重要标尺。生产者人数多,便有较大量的年收入是为了再生产而消费,因而每年会生产较大量的价值,非生产者人数多则反之。② 在古代尤其如此。唐后期人口社会构成的变化趋势,是地主阶级及其为他们服务的非生产性人口,在总人口中的比重日益增大。从元和到长庆,短短十几年中,兵额就从八十三万增加到九十九万。③ 官吏、僧道人数的增加也很快。李吉甫说,军士、商贩、僧道、杂入色役及不归农桑者,占总人口的十分之五六,"是天下以三分劳筋苦骨之人,奉七分待衣坐食之辈"。④ 所言虽未免夸张,却大致反映了这一趋势。人口结构中非生产者比例的增大,意味着参与奢侈性消费的人数的增加,因而消费结构中享受性资料的比例必然相应增大。同时,它还意味着生产者负担的加重,因而剩余产品中投入再生产的部分必然相应减少。唐后期一名士兵的年费用为二十四贯左右。而一户"中人赋"的两税负担为十二贯左右,"率以两户资一兵"。⑤ 僧、道的生活开支也十分惊人,"一僧衣食,岁无虑三万,五夫所不能致"。⑥ 从中不难看出,农民在负担各类非生产者的浩繁开销的同时,维持简单再生产已十分不易,要扩大再生产就更加困难了。

"古代国家灭亡的标志不是生产过剩,而是达到骇人听闻和荒诞

---

① 傅筑夫:《中国封建社会经济史》第 4 卷,北京:人民出版社,1986 年,第 282 页。
② 马克思:《剩余价值理论》第 1 册,北京:人民出版社,1975 年,第 302 页。
③ 《旧唐书》卷一四,《宪宗纪上》;《旧唐书》卷一七下,《文宗纪下》。
④ 《唐会要》卷六九,《州府及县加减官》。
⑤ 《旧唐书》卷一四,《宪宗纪上》。
⑥ 《新唐书》卷一四七,《李叔明传》。

无稽程度的消费过度和疯狂的消费。"① 封建社会的生产力难于随地主阶级消费力的增长而增长,本已潜伏着危机。当超过一定限度的消费导致再生产停滞萎缩时,潜伏的危机就会变成现实的危机。不过各时代具体情况不同,危机到来的方式也不同。唐后期地主阶级的超限度消费,主要不是表现为封建帝王大规模调动人力物力一呈己欲,如秦、隋等朝代那样,而是表现为地主阶级各成员的骄奢耗蠹,纵恣无极。奢侈性消费的分散性而非集中性,使危机的到来呈渐进式而非突发式。这也是二者之间的因果关系不易被人察觉的原因所在。

其次,奢侈性消费膨胀不仅加剧了社会财富分配中的阶级对立,而且激化了地主阶级内部由财富再分配所引发的矛盾和斗争。这是因为,漫无止境的侈欲会促使剥削者加紧盘剥劳动人民,还会促使剥削者之间加紧相互争夺。

唐后期地主阶级在剥削农民、聚敛财富的基础上,疯狂地挥霍享受。过度的消费必然导致入不敷出,于是他们复加紧对劳动者的盘剥。正如时人指出:各级官府"费用滋广","物力既困于公家,诛敛终归于百姓";②各级官吏"以其禄俸自给尚且不足,必欲重敛于人以继之",③"长藩镇服大僚者,率多骄淫不道,诛求自封"。④ 侈欲扩大,挥霍升级,诛敛加重,便是必然的发展过程。如地方当局为满足皇室侈欲而进奉的金银宝货及其他"新样难得、非常之物",⑤许多便来自对管内百姓的搜刮。代宗时宰相常衮说:"今诸道馈献,皆淫侈不急,而节度使、刺史非能男耕而女织者,类出于民。"⑥所言是也。官僚地

---

① 《马克思恩格斯全集》第 46 卷上册,北京:人民出版社,1979 年,第 424 页。
② 《唐会要》卷一九,《诸使下》。
③ 《全唐文》卷七四五,舒元褒:《对贤良方正直言极谏策》。
④ 《唐会要》卷八〇,《谥法下》。
⑤ 《唐大诏令集》卷七一,《太和三年南郊赦》。
⑥ 《新唐书》卷一五〇,《常衮传》。

主们享受费用的增长也是靠增加剥削量、增辟剥削途径来维持。昭宗时,身为宰相的杜让能同时还经商、放高利贷,所获良多,以呈己欲。① 至于一般地主巧取豪夺以填欲壑者,更是不胜枚举。反复的掠夺为地主阶级不断升级的奢靡生活积聚了巨额消费资料,却造成了农民和其他劳动者的赤贫。历仕玄、肃、代三朝的独孤及便尖锐地指出:当时一方面是富者"第馆亘街陌,奴婢厌酒肉",另一方面是"贫人羸饿就役,剥肤及髓"。② 穷侈极靡和极端贫乏形成鲜明的对照。"奢侈之甚,由贫富之不均,非由物力之丰足也。"③以对抗性的分配关系为基础的地主阶级消费力的恶性膨胀,反过来又加剧了社会财富分配中的阶级对立。

过度的消费还激化了地主阶级瓜分剥削所得的斗争。地主阶级政权与其个体成员之间在经济利益上的冲突不断加剧。各级官吏为满足私欲纷纷利用职权,贪赃枉法。奢风愈盛,贪污愈烈。上至中央大员,下至州官县尉,贪赃者比比皆是,贪污数额从数十万到数百万不等,举凡府库钱财、盐铁官利、公廨本钱等,无不成为吞侵的对象。元和时京兆府万年县尉韩晤坐赃竟达三百万;④宝历时福建盐铁院卢昂亦坐赃三十万,其家又有金床、瑟瑟枕大如斗;⑤大历时刑部尚书王昂"专事奢靡"、"乃鬻公廨菜园,收其价钱以自润";⑥宝历时郢州刺史冯定"将阙官职田禄粟入己费用"。⑦ 如此等等,不一而足。其中理财官吏贪赃侈汰尤为严重。诚如贞元时盐铁使张滂所发问:

---

① 《唐大诏令集》卷一二七,《诛杜让能宣示天下诏》。
② 《新唐书》卷一六二,《独孤及传》。
③ 吕思勉:《隋唐五代史》下册,上海:上海古籍出版社,1984 年,第 856 页。
④ 《旧唐书》卷一六七,《窦易直传》。
⑤ 《旧唐书》卷一六三,《卢简辞传》。
⑥ 《册府元龟》卷四八二,《台省部·贪黩》。
⑦ 《旧唐书》卷一六八,《冯宿传附冯定传》。

小小的度支胥吏竟能富比王侯,"非盗官财,何以致是?"①面对这种情况,封建国家自然不能坐视其财源流失,贪污愈盛,追赃愈烈。唐后期因贪赃被治罪的官员数目惊人,史不绝书。作为地主阶级内部瓜分财富的一种斗争形式,贪污与反贪污始终随奢侈性消费的升级而发展。地主阶级各集团、各成员之间的夺利之争也此伏彼起。每当一个政治集团得势,其成员必为经济上的暴发户,无不穷侈极靡。而失势之后,也必将遭到经济上的剥夺,无不倾家荡产。无论是以侈汰铺张闻名的元载、王缙集团,还是以追逐财利著称的郑注、王涯集团,都脱离不了这一运行轨迹。地主阶级各个体成员之间在侈欲驱使下争夺财富的斗争更是屡见不鲜。如代宗时神策军都虞侯刘希暹"罗织城内富人,诬以违法,捕置狱中,忍酷考讯,录其家产,并没于军"。②德宗时马燧"赀货甲天下",其子马畅"承旧业,屡为豪幸邀取","晚年财产并尽";③穆宗时横海节度使李全略觊觎德州刺史王稷之财,"密教军士杀稷,屠其家,纳其女为妾";④僖宗时监军朱敬玫"数杀大将、富商,故积贿,每曝衣,纨绣不可计"。⑤此类勒索屠戮往往是在侈欲与嗜利之心的驱使下干出来的。总之,侈风影响所及,物欲为之增长,地主阶级内部由财富再分配所引发的斗争,也就愈演愈烈了。

再次,奢侈性消费的膨胀不仅驱使地主阶级的生活态度变得更加注重享受和唯利是求,而且毒化了整个社会风气,使越来越多的人受到腐蚀而坠入侈汰的深渊。当封建国家的抑奢政策与地主阶级侈靡的生活方式发生矛盾时,空洞的说教总是阻挡不了物欲的洪流。于是,奢风禁不胜禁,社会风气也就每况愈下了。

---

① 《旧唐书》卷一二三,《班宏传》。
② 《旧唐书》卷一八四,《鱼朝恩传附刘希暹传》。
③ 《旧唐书》卷一三四,《马燧传附马畅传》。
④ 《资治通鉴》卷二四二,长庆二年九月。
⑤ 《新唐书》卷一八六,《陈儒传》。

唐后期侈靡之风席卷官场，使那些为政清廉、崇尚名节的官僚士大夫也不免受其影响。如杜佑、白居易、李德裕等人，亦竞相以"广陈妓乐"，购置"竹木池馆"、追求"树石幽奇"为乐。① 其余"贵官清品，溺其赏宴而游，不惮清议"②者，更是不乏其人。尽管个别执政大臣力图做出表率以扭转奢风，但所起的作用极为有限。如代宗时以俭朴著闻的杨绾入相，中书令郭子仪、御史中丞崔宽、京兆尹黎幹等奢华之辈均有所收敛，"其余望风变奢从俭者，不可胜数"。③ 然而为时不久，故态复萌，郭子仪辈仍过起"声色珍玩、堆积羡溢，不可胜纪"④的生活。尽管最高统治者也不时惊呼"侈靡之风，伤我俭德"，⑤并屡下崇俭抑奢的诏令，但他们大多是心口不一，其动听言辞自然无补于实际。地主阶级的创业精神进一步衰退了，代之而起的是唯财是取，以呈己欲的生活追求。史载"时风侈靡，居要位者尤纳贿赂，遂成风俗"，⑥便是这一态势的反映。封建家庭和家族的内部关系也日益受到奢风的侵蚀破坏，同财共居、敦睦和谐有被代之以析产分居、聚讼纷纭的危险。如马畅"家富于财，以酒色自娱"，"生前与孤侄寡妇分居析财"，"殁后使孽子孀妾被奸挟讼"；⑦唐扶"身殁之后，仆妾争财，诣阙论诉，法司按劾，其家财十万贯，归于二妾"；⑧李伊衡"费散田宅，仍列讼诸兄，家风替矣"。⑨ 如此等等，便是奢风侵袭下封建家族关系危机露头的表现。地主阶级唯利是求的面目从而更加公开地暴

---

① 《旧唐书》卷一四七，《杜佑传》；卷一六六，《白居易传》；卷一七四，《李德裕传》。
② 《旧唐书》卷一五一，《王锷传附王稷传》。
③ 《旧唐书》卷一一九，《杨绾传》。
④ 《旧唐书》卷一二〇，《郭子仪传》。
⑤ 《旧唐书》卷一四六，《杨凭传》。
⑥ 《旧唐书》卷一六七，《宋申锡传》。
⑦ 《唐会要》卷八〇，《谥法下》。
⑧ 《旧唐书》卷一九〇下，《唐次传附唐扶传》。
⑨ 《旧唐书》卷一八八，《李日知传》。

露出来。

　　侈靡之风还通过居于统治地位的地主阶级扩散到其他阶级和阶层中去。在阶级社会中,各阶级的消费需求有很大差异,但作为消费者的人具有共同的生理和心理机能,在某些方面可能产生近似的需求。当人们的模仿和攀比心理在地主阶级生活方式诱导之下发生作用时,奢侈之风就会在社会上蔓延开来。统治集团各成员的地位和影响,决定了其消费行为对他人所起的示范作用比一般人为大。诸如豪饮、雕饰、厚葬等奢华之风的形成,无一不是众人仿效其所为的结果。长庆时给事中丁公著指出,天宝以后酗酒之风滋长蔓延,乃是"居重位秉大权者"始作其俑,尔后"公私相效,渐以成俗"。① 那些高踞封建金字塔巅峰的权威人士,其行为更易被效法。大历时宰相裴冕喜宴饗,自创式样新奇的餐巾,未几风靡长安市肆,众人呼为"仆射样",②便是模仿权威者的大众心理在起作用。凡此种种,同时也是攀比效应——在消费水平上,不仅同一阶层的人相互比较,而且低阶层的人向高阶层看齐——作祟的结果。唐后期农民人身依附的程度有所减弱,他们一般能自主地进行消费活动。在商品经济发展的情况下,农民的消费还出现了商品化的苗头。因而此间农民有可能参与少量奢侈性消费。如一些地方的百姓"殁以厚葬相矜","于道途盛设祭奠兼置音乐等","习以为常,不敢自废",致有"生业以之皆空"者。③ 应该看到,如果没有地主阶级的提倡诱导,以致形成某些消费规范,造成某种社会压力,经济脆弱的小农是不会冒着倾家荡产的危险,去硬撑门面,参与某些奢侈性消费活动的。在这里,地主阶级腐朽浪费的生活方式对社会风气的腐蚀毒化,不是很清楚吗?

　　最后,奢侈性消费膨胀使封建统治受到强烈冲击。限制消费以维持生产和消费的平衡,是自然经济的基本原则。过度的消费必然

---

① 《唐会要》卷五四,《省号上》。
② 《旧唐书》卷一一三,《裴冕传》。
③ 《唐会要》卷三八,《葬》。

使建立在自然经济基础之上的封建统治受到摇撼。

工商业的畸形发展刺激了奢侈性消费的膨胀,这种膨胀又促进了享受性、寄生性消费行业的发展。这集中体现于唐后期城市的畸形繁荣。城市是剥削阶级聚居的地方,大部分商品性消费集中于此。适应剥削阶级对腐朽生活方式的追求,城市中各项服务及消遣娱乐行业日益发展。其特点是,一反自然经济的实用原则,讲究舒适豪华:"异彩奇文,恣其夸竞",①"相高以华靡之利"。② 这种情况必然与传统的城市管理体制相抵触,进而突破其限制。如坊市制度的渐趋弛废,主要原因固然是城乡商品交换关系的发展,但生活消费的促进,尤其是享受性消费的刺激,不能不是重要因素。唐后期享受性消费突破坊市制度空间限制的事例屡见不鲜。官僚豪富之家开设"向街门户",或"起造舍屋,侵占禁街","侵街打墙,接簷造舍",③甚至"建造楼阁,临视人家"。④ 诸如此类,政府屡禁而不止。为奢侈性消费服务的商业活动不仅限于市内,在坊中也出现了。如长安宣阳坊有綵缬铺、延寿坊有卖金银珠玉的。⑤ 享受性消费突破坊市制度时间限制的事例也所在多有。不仅坊门"或鼓未动即先开,或夜已深犹未闭",⑥而且某些消费活动通宵达旦地进行,如"长安坊中,有夜栏街铺设祠乐者,迟明未已"。⑦ 至于夜市的盛行,唐后期更是普遍现象。各地夜市中,酒肆娼楼是生意最兴隆的行业之一。⑧ 凡此种种,不正反映了不受任何约束、恣欲纵情的消费倾向吗?再者,一大批为

---

① 《唐大诏令集》卷一〇九,《禁大花绫锦等敕》。
② 《唐大诏令集》卷一〇九,《禁车服第宅踰侈敕》。
③ 《唐会要》卷八六,《街巷》。
④ 《唐会要》卷三一,《舆服上》。
⑤ 徐苹芳:《唐代两京的政治、经济和文化生活》,载《考古》1982 年第 6 期。
⑥ 《唐会要》卷八六,《街巷》。
⑦ 《唐语林》卷二,《政事下》。
⑧ 张邻:《唐代的夜市》,载《中华文史论丛》1983 年第 1 辑。

有闲阶级服务、寄生于其奢侈性消费之上的斗鸡走狗之徒麇集城市，成为封建城市不安定的因素之一。如长安"两坊市间行不事家业、黥刺身上、屠宰猪狗、酗酒斗打，及伪构关节、下脱钱物、樗蒲赌钱人等"，①多有所见。有人把城市治安欠佳、商业秩序混乱归咎于这里"人杂五方，淫巧竞驰，侈伪成俗"，②实有其道理。官僚、地主、商人是城市居民中消费力最强的部分，唐后期的城市基本上是适应其需要，按照商业消费城市的方向发展的。城市里为地主阶级奢侈性消费服务的行业和人员越多，其畸形繁荣的色彩也就越浓。而作为封建统治中心的城市所受到的腐蚀也就日益增大了。

与城市繁荣形成鲜明对照的是，作为地主阶级立足点的农村，由于农业生产面临重重困难而日趋萧条，"室家相吊，人不聊生"。③ 这当中，封建地主的挥霍浪费是一个重要因素。封建地主出佃土地，坐取租谷，并不了解商品的生产费用。当他们出卖租谷购买奢侈品时，不可能比较二者的价值。在侈欲推动下，他们总是以较低的价格出卖租谷，以较高的价格购入奢侈品。④ 在入不敷出的情况下，地主势必加紧剥削佃农，导致佃农再生产能力的下降。大历时泾州大将焦令谌出租土地，与佃农"约熟归其半"，适逢大旱，"农告无入"，其答复是："我知入，不知旱也"，遂"责之急，农无以偿"。⑤ 事情的发展尚不止于此。消费支出的不可逆性，使地主于收入水平下降时，仍欲维持过去的较高的消费水平。这样，坐吃山空，走向破产，便势在难免。如东川节度使李叔明"积聚财货"，"田园极膏腴"，然"子孙骄淫"，不久便"遗业荡尽"；⑥富豪屈突仲任，其父遗业"资数百万，庄第甚众"，

---

① 《唐会要》卷六七，《京兆尹》。
② 《全唐文》卷二七九，杨虚受：《请禁恶钱疏》。
③ 《旧唐书》卷一〇，《代宗纪》。
④ 胡如雷：《中国封建社会形态研究》，北京：三联书店，1979年，第209页。
⑤ 《新唐书》卷一五三，《段秀实传》。
⑥ 《册府元龟》卷四五五，《将帅部·贪黩》。

然其"纵赏好色,荒饮博戏",不断"货易田畴,拆卖屋宇",遂将家产挥霍净尽。① 过度的消费促使地主的经济实力趋于衰弱,地权转移的频繁则使得地主经济更加动荡不稳。封建统治的基础,因而受到摇撼。

奢侈性消费的膨胀不仅破坏了生产与消费的平衡,而且破坏了社会关系的稳定,从而使封建统治受到强烈冲击。但是,它不可能从根本上动摇封建统治。首先,它不是一种正常的消费,不会发展成巨大而持久的社会需求,从而促使生产力的更新,并促使新的经济成分在封建经济的母胎里生成。其次,当生产力承受不了消费的压力而彻底破坏时,过度消费也就失去了物质基础,生产和消费的平衡会在社会动乱—平息的过程中得到恢复,社会关系也会重新稳定下来,以自然经济为基础的封建统治随之会得到重建。因此,奢侈性消费的膨胀不会推动社会向前发展,它至多只是封建王朝周而复始的兴衰更替的一股推力。唐后期地主阶级过度消费所产生的影响,同样不会超出这个范围。

(原载《中国社会经济史研究》1991 年第 2 期)

---

① 《太平广记》卷一〇〇,《屈突仲任》。

二 唐宋福建的社会经济

唐代福建的经济开发

　　福建地处东南一隅,与中原山海阻隔,迟迟得不到开发。福建的开发,是从闽北开始的。继之,人们沿闽江顺流而下,并随着闽浙海路的逐渐开通,使开发范围扩展到闽东。与此同时,闽南的晋江下游也渐次得到开发。此外,江西南部和闽北的移民,也开发了闽西的部分地区。这就是汉至隋福建开发的大致经过。由于福建多属山地丘陵,到处覆盖着荆棘林莽,农田垦辟投入的劳动量远比一般平原地区要多,而唐以前福建人口密度又远低于黄河、长江流域诸平原,作为古代生产力发展基本要素的人力资源,就显得更加不足,生产力水平低下,尚处于开发的初始阶段。

　　入唐后,中国经济重心的南移加快了其进程。南方诸地区的生产力得到迅速发展,政治、经济的发展,为福建开发提供了有利的环境和条件。而福建人口的迅速增加,则为开发提供了强大的原动力。唐代福建户数增长最快的时期,一是开元、天宝年间,天宝末达

93535 户,①是隋代的七倍多;一是唐末五代期间,宋初达 467815 户,②是唐元和时的六倍多。这正与唐代两次移民入闽高潮的时间相吻合,说明外地入闽人户占了大部分。这些移民一类是政府组织的,大多伴随着军事行动,如高宗武后期间陈政、陈元光父子在镇压闽南"蛮獠"反抗过程中,率领大批将吏、府兵及其眷属进入九龙江流域。一类是自发的"盲流",大多是逃避赋役的外地农民和躲避战乱的北方仕民,如开元、天宝时逃亡农民聚集于闽西、闽中诸"山洞";又如唐末王绪率河南光、寿二州仕民避乱南走入闽。这些具有先进生产经验和技术的移民,为福建开发提供了素质较高的人力资源。

唐代福建山区和沿海经济的发展是不平衡的,地形、水文、气候、资源的差异是形成不平衡的重要原因。下面结合这些地理因素,在探索经济开发的具体过程中,力求找出二者各自具有的特点。本文所指的沿海,乃是福建沿海平原及其附近的丘陵地带,大致包括唐代的长溪、连江、闽县、侯官、长乐、福唐、莆田、仙游、南安、晋江、龙溪、漳浦诸县;所指的山区,乃是除上述地带之外的山地丘陵地区,大致包括唐代的建安、浦城、邵武、将乐、建阳、长汀、沙县、宁化、尤溪、古田、永泰、龙岩诸县。

农业是福建开发的主要内容。先谈山区农业。山区农业首先是从河谷盆地发展起来的。例如闽北地区,沿着建溪、富屯溪及其支流,分布着一连串盆地,这些面积不大的河谷盆地在唐以前已基本垦殖殆尽。入唐后,以此为中心,向四周丘陵扩展。据史载,唐德宗建中年间,建州刺史陆长源"明法令,均赋役,辟田畴,课农桑"。③ 这里的"辟田畴",就是营造梯田,向丘陵要地。闽中尤溪,"山洞幽深,溪滩险峻,向有千里,诸境逃人,多投此洞",开元二十八年(740 年)因

---

① 《通典》卷一八二,《州郡一二》。
② 《太平寰宇记》卷一○○~卷一○二,《江南东道》一二~一四。
③ 嘉靖《建宁府志》卷四,《陆长源传》。

置为县,①这是山区高山、河谷同时垦辟,人口聚集的显例。

山区农业发展与水利灌溉条件分不开。山区降水丰富,山地坡度大,不透水岩层又使水分下渗较少,因此河流具有水流急、流量大、汛期长的特点,加以河网密度大,因而为农田建设和农副产品的加工提供了丰富的水源。② 有的学者认为,宋代福建水利工程的分布,沿海多于山区,但山区有溪涧之利,作堤、砌坝、拦水灌田,工程易成,小型方便,为沿海所不及。③ 考其源,这种格局的形成,当始于唐代。

山区的主要粮食作物是水稻。河谷盆地中的冲积平原包括位于盆地中央的州、县城郭四周附郭之洋田,经长期耕种,已成良田,是山区水稻生产的主要基地。而分布于山间窄谷和浅丘中的"坑田"和"垌田"以及新开发的梯田,都种植有水稻,但限于当时的技术水平,各种水田多种植单季稻,因水利条件好,故粮食尚能自给。

山区物产资源丰富,为多种经营创造了条件。以林木、茶叶为例。隋末唐初,闽西宁化就有人"开山伐木,泛筏于吴,居奇获赢",④展开了商业性的采伐活动,林木逐渐成为山区经济的一大收入。建茶和武夷茶都萌兴于唐代,对于武夷茶,当时精于茶道的诗人徐夤认为是"臻山川精英秀气所钟,品具岩骨花香之胜",给予极高评价。⑤

再谈沿海农业。福州平原的开发,晋代成效颇著,福州郡城东、西二湖的开凿,"所溉田不可胜计",⑥即为一例。唐中叶大和年间,

---

① 《太平寰宇记》卷一〇〇,《江南东道》一二。
② 《中国自然地理》,北京:高等教育出版社,1984 年,第 228 页;《中国自然地理·总论》,北京:科学出版社,1985 年,第 277 页。
③ 郑学檬、魏洪沼:《论宋代福建山区经济的发展》,载《农业考古》1986 年第 1 期。
④ 同治《宁化县志》卷一,《建邑志》。
⑤ 陈彬藩:《茶经新篇》,香港:香港镜报文化企业有限公司,1980 年,第 57 页。
⑥ 《闽都记》卷一六。

李茸于闽县、长乐县令任上数次筑堤捍潮,改造沿海滩涂,①说明福州平原内陆腹地已垦殖殆尽,不得不向沿海拓展耕地了。漳州平原的开发,直到陈元光治漳期间才大规模展开。经过一番治理,平原及四周丘陵得以成为"山川清秀,原野坦平"②的新兴农业区。武则天垂拱二年(686年)漳州的设置是其开发的必然结果。兴化、泉州平原的开发却是另一番情形。兴化平原在隋代尚是蒲草丛生的沼泽地。唐初贞观元年至五年(627—631年)相继建造了国清、永丰、诸泉、历屿、横塘、瀨洋等六座塘;③唐中叶"长官吴兴始堤延寿(陂)、杜塘而开北洋,观察使裴次元复堤东角遮浪而开南洋"。④ 这些工程总共使约两千顷土地免受海潮泛滥,并得到淡水,以冲洗斥卤和灌溉作物。这样,丘陵与平原(当时大部分尚浸于海水)相交地带咸淡水混合的状况得到局部改变,"向之咸地,悉为沃壤",⑤兴化平原形成的基础也因此得以奠定。泉州平原的情况大致相同。晋江"以晋南渡时衣冠避地者,多沿江而居,故名",⑥沿江而居而非聚集河口,说明当时晋江河口尚未形成广阔的冲积平原。唐贞元至大和年间,先后筑成尚书塘、仆射塘、天水淮、东湖,六里陂等捍海灌溉工程,⑦才使大片斥卤之地变为良田。泥沙淤积也是兴化、泉州平原形成的原因之一。唐以前木兰溪、晋江上游尚未开发,故水土流失并不显著,唐以后上游渐次开发,水土流失日益严重,河口冲积平原自然加速扩展。

沿海水利设施的特点,是和围海造田工程紧密结合在一起,这一点从以上论述中看得十分清楚。水利设施的种类,有塘、陂、堤、堰

---

① 《新唐书》卷四一,《地理志五》。
② 《全唐文》卷五一三,吴舆:《漳州图经序》。
③ 《八闽通志》卷二四《水利》;弘治《兴化府志》卷五三,《水利》。
④ 《莆田水利志》,自叙。
⑤ 《莆田水利志》卷八。
⑥ 道光《晋江县志》卷一,《舆地志》。
⑦ 乾隆《泉州府志》卷九,《水利》;《新唐书》卷四一,《地理志五》。

等。塘、陂为捍海而筑,兼有潴水功能;堤即筑于滩涂沼泽外围之海堤;堰乃堰闸斗门,为调节进出水的装置,李茸于长乐海堤"立十斗门以御潮,旱则潴水,雨则泄水"①即是。

沿海的主要粮食作物也是水稻,大部分是单季稻,仅沿海个别地区种上了双季稻。唐以前福建就有了双季稻,入唐后,种植面积有所扩大。随陈元光开发漳州的丁儒有诗曰:"杂卉三冬绿,嘉禾两度新",②说明新开发的九龙江下游也种上了双季稻。不过双季稻栽种面积在当时所占比例很小,至宋方有较大扩展。冬小麦的种植,表明稻麦复种制已得到推行。以双季稻和稻麦复种为标志的沿海农业精耕区的面积虽小,但意义重大。首先,表明福建农业已从粗放经营向集约经营过渡。其次,经济重心正从闽北山区转移到闽东、闽南沿海。这一点从县的设置和人口分布也可得到印证。唐代福建12个沿海县中,有7个为本朝设置;而12个山区县中,只有5个为本朝设置。其中人口在六千户以上的"上县"有7个,沿海县占了5个;人口不满三千户的"中下县"有11个,山区县占了8个。③可见沿海人口的增长超过了山区,而人口增长是受粮食产量制约的。据此似可断定,沿海粮食产量高于山区。咸通四年(863年),唐政府还由海路从福建向广州调运稻米,④从运输成本的角度考虑,这些稻米产自沿海的可能性比山区大,此亦为沿海粮食自给有余之旁证。

多种经营方面,沿海除有鱼盐之利外,经济作物的发展也很突出。丁儒诗中提到的水果有荔枝、龙眼、芭蕉、柑、桔等,种类不少,产量可能也不低。当时气候较今天温暖,所以北至福州沿海仍得以大规模种植荔枝,足见唐代适宜种植热带水果的地域较现今为广。属水果类作物的还有橄榄,栽种于福州,天宝时被列为贡品。蔬菜方

---

① 《新唐书》卷四一,《地理志五》。
② 《全唐诗外篇·补逸》卷一七,丁儒:《归闲诗二十韵》。
③ 《新唐书》卷四一,《地理志五》。
④ 《资治通鉴》卷二五〇,咸通四年七月。

面,本出西域颇波国(伊朗)的菠薐菜(菠菜)于唐时传入福建,沿海的砖红壤性土壤和沙壤均适合栽种,很快便普及开来。还有姜,栽种于福州,元和时被列为贡品。这些都是唐以前福建所没有的蔬菜种类。纺织原料方面,泉州的纻麻、福州的白蕉,都曾作为贡品,质量均属上乘。木棉的栽培也始见于沿海。其他经济作物如茉莉花等,也有不少为沿海所独有。因福建沿海大都属南亚热带气候,故经济作物种类比山区多,其多种经营的发展也就显示出有别于山区的另一番特色。

综上所述,福建农业发展的情况,有如下值得注意的发展动向:第一,在逐渐增大的人口压力下,面对可耕地面积短少这一自然条件,人们一方面向山要田、与海争地,一方面深挖地力,精耕细作,从而使农业生产力在广度和深度上得到发展。就粗放经营向集约经营过渡的快慢而言,福建的确快于其他经济区。而后世福建人均耕地的少于他处,实肇始于唐。第二,以农业生产为主要内容的经济开发,具有从西向东、自北向南的空间扩展趋势,随着时间的推移,其经济重心也就从闽北转移到闽东和闽南。虽然宋代出现了山区、沿海同步发展的局面,且山区粮食生产盛于沿海,但从广义的农业(包括农、林、牧、副、渔)来说,沿海仍优于山区,这一格局延续至今,亦肇始于唐。

不可否认,唐代福建农业存在着弱点和局限,一是福建山地丘陵间耕地的拓展是以毁坏天然植被为代价的。虽然当时毁林开荒远未达到破坏生态平衡的严重程度,但因毁林范围日益扩大,不走农、林、牧并举的道路,却走上了侧重发展种植业的老路。这一不良开端不能不是源于唐代。二是植被破坏导致畜牧业的落后。贞元中,福建观察使柳冕以"闽中南朝放牧之地,畜羊马可使孳息"[1]为由,"奏置万安监牧于泉州界,置群牧五"。然而"期年无所滋息",[2]永贞元年

---

[1] 《全唐文》卷五六〇,韩愈:《顺宗实录》。
[2] 《旧唐书》卷一四九,《柳登传附柳冕传》。

(805年)遂罢之。畜牧业无法为农业提供足够的耕畜,限制了农业的发展。宋代情况有所好转,南宋初福建还能向外地提供水牛。① 但畜牧业不发达的状况并未根本改观,此亦唐代开发时未能农牧并举之结果。

手工业的发展也构成唐代福建开发的重要内容。在山区,丰富的水力和物产资源为家庭手工业提供了动力和原材料。造纸业,从"建安自唐为书肆所萃"②的情况来看,唐代福建山区,尤其闽北,造纸业必盛。又如制茶业,唐德宗建中年间,福建观察使常衮改革制茶工艺,"始蒸焙为饼样",③即茶叶经蒸造之后,又研末制饼,再加烘焙。这样造出来的"片茶",比仅经蒸造的"散茶"质量要高出许多,然而耗工亦多,自然只有官营制茶业才办得到。再如矿冶业。据《新唐书·地理志》记载,唐代福建有九县产金、银、铜、铁,其中七县属山区,它们是将乐(产金银铁)、建安(产银铜)、邵武(产铜铁)、宁化(产银铁)、长汀(产铜铁)、沙县(产铜铁)、尤溪(产银铜铁)。④ 由于福建山区金属矿藏具有矿体小的特点,政府对此既未征税更未实行官营。然而矿冶业所需投资毕竟较大,非富有之家不易办到,故唐代福建矿冶业当多为民间富家经营,且宋代福建普遍存在经营矿冶的"有力之家",⑤亦可为证。与矿冶业密切相关的铸钱业,首次出现于唐会昌年间,⑥这表明,唐后期福建金属开采和冶炼专业化水平均有提高。

制盐业为福建滨海地区独有的手工业。《新唐书·地理志》记福建海盐产地为闽县、长乐、连江、长溪、晋江、南安六县,实际当不止于此。大历年间刘晏主持盐政,于江淮设十盐监,其中之一设于福建侯

---

① 《宋会要辑稿·食货》六三之九六～九七。
② 《书林清话》。
③ 《画墁录》;《能改斋漫录》。
④ 其余二县为南安(产铁)、福唐(产铁),属沿海地区。
⑤ 陈衍德:《宋代福建矿冶业》,载《福建论坛》1983年第2期。
⑥ 道光《重纂福建通志》卷五三,《钱法》。

官;①元和时,又将此监升格为院,表明闽盐地位的提高。宝历时,该院官吏有贪赃达三十万者,②足见闽盐收入数目可观。唐代对食盐实行专卖,但实际上是以民制官收商销为主,是一种半官营手工业。福建造船业历史悠久,孙吴曾于闽东设典船校尉和温麻船屯,工徒众多,颇具规模。自隋禁江南民间私造大船,福建民营造船业亦受影响。中唐后随航海与外贸之发展,福、泉二州渐成造船重要基地,但仍以官营为主,咸通时唐与安南交战,政府"造千斛大舟,自福建运米泛海,不一月至广州"。③ 这种载重量大,航速快的大船,至少有一部分是在福建沿海建造的。直至宋代,民营造船业才超过官营。制瓷业,在唐代多分布于沿海地区。这从近年唐瓷(属青瓷系统)出土地点多分布于沿海一带可以佐证。唐代福建青瓷在形制方面较前代进步尤著,出土的三层灯座、羽觞、博山炉、三足火盆等,均属复杂精致之作。特别是一种塔式多嘴谷仓模型,别致新奇,为前所未见。④ 作为农民家庭手工业的纺织业在唐代较为发达,布匹的产量和质量都在提高。如泉州"唐初土贡甚少,有蕉布、生苎布各一十匹,及绵、丝……末年……有圣节、大礼、供军等名,宋裁损其数,而名尚未尽革",⑤即为一例。

　　综上所述,福建手工业的发展,有如下值得注意的发展动向:第一,手工业的行业专业化水平提高较快,这与唐代市场扩大、新商品增多,以及先进技术和工艺的传入都有关系。如茶叶在优良的植茶环境下,经制作工艺改革,为闽茶在后世的地位奠定了基础。其他如矿冶、造船等都是在唐代的基础上发展起来,至宋代进入黄金时代。第二,手工业几乎和农业处于同步发展的状态,这与福建耕地垦辟艰

---

① 《新唐书》卷五四,《食货志四》。
② 《旧唐书》卷一六三,《卢简辞传》。
③ 《资治通鉴》卷二五〇,咸通四年七月。
④ 福建省博物馆:《福建福安、福州郊区的唐墓》,载《考古》1983年第7期。
⑤ 乾隆《泉州府志》卷二一,《历朝上供》。

难,须增加谋生手段有关,也得自老经济区的技术支援。从唐代出现的介于乡、县之间的政区单位——镇、场在福建的设置来看,不少就是农业与手工业同步发展的结果。如归化镇,"本将乐县地,古之金银场,唐末于此立归化镇";①小溪场,"唐咸通五年(864年)析南安县西界西乡置",②此地"民乐耕蚕,冶有银铁,税有竹之征",③因而设场。唐代于福建所设十几个镇、场中,这类情况不少,足见手工业在经济开发中的重要性。

农业和手工业的发展,为商品交换的扩大打下了基础,加以交通条件的逐步改善,唐代福建地区内部的商品交换、与其他经济区之间的商业往来,以及对外贸易,都有长足发展。

福建崇山阻隔,交通闭塞,自古有名,史称"狭多阻"。直至唐中叶,福建各州县之间的交通大多仍依赖以水路为主的自然道路,而本区河流多独流入海,是典型的多元水系,未形成统一的水运网。中唐以后,各级官吏开始重视整治交通,除拓展水路外,还开拓陆路,如元和中福建观察使陆庶鉴于联系闽北、闽东的交通动脉闽江水急滩多,常有覆舟,遂于其间开陆路四百余里,④"以夷易险",⑤提高了运输效率。《元和郡县志》卷二九《江南道五》所载福建各州县之间的距离,有的明确指出是"水路"或"水陆路"距离,有的则说明以"水陆相兼屈曲"而计里程,可见亦为交通线距离,足证元和时各州县间水陆交通网已初步形成。并且这一交通网还进一步向毗邻的两浙、江西、岭南诸州县延伸,改善了福建对外联系。与此同时,海路也得到进一步开通。

唐代闽浙一带,"齐民往往投镃錤而即铲铸,损丝枲而工拏撅,乘

---

① 《太平寰宇记》卷一○一,《江南东道》一三。
② 《太平寰宇记》卷一○二,《江南东道》一四。
③ 康熙《安溪县志》卷一○,《风俗人物》,詹敦仁:《初建安溪县记》。
④ 《三山志》卷五,《驿铺》。
⑤ 《白居易集》卷五七,《与陆庶诏》。

时诡求,其息倍称",①从事工商业者日益增多,反映了商品经济随着开发的深入而逐步发展。各级官吏也注重通商,如陈元光在漳州"通商贾",②"兴贩陶冶";③陆长源在建州"修城郭","立市廛"。④ 各级市场得以发展。农村市场的基层是墟市。如"开元初立市于龙岩县之太平乡,以便贸易",⑤即为乡村墟市。按唐政府规定,"诸非州、县之所不得置市",⑥福建却得以在乡村立市,可能是政府对新开发地区采取灵活政策的结果。比墟市高一级的是镇市,上文提及的唐代于福建所设十几个镇、场,便具有镇市的性质。县城则是最高一级的农村市场。山区运销沿海的木材等山货,沿海运销山区的鱼盐等海货,都以县城为集散地。地处闽浙、闽赣、闽粤边区的县城,还成为福建与毗邻地区货物转运的中心。滨海的县城,也成为海陆货运的枢纽。货币流通是商品流通的最高形式。会昌年间唐政府于福建设监铸钱,所铸钱以"福"字为背文,这是历史上福建铸钱业的首次出现,⑦反映各级市场货币需求量的增大。

对外贸易发展方面,泉州作为外贸大港,也是在唐代崛起的,其时阿拉伯、波斯商人频繁往来于泉州与海外各国之间,福建沿海的青瓷等手工业品开始外销。大和八年(834年)文宗下诏指示岭南、福建及扬州节度观察使招徕"南海蕃舶"、"除舶脚收市进奉外,任其来往通流,自为交易,不得重加率税",⑧显示泉州港的地位已与广、扬二州相近。福建进口商品也转销内地,如"饶江其南导自闽,颇通商,

---

① 《刘宾客文集》卷一〇,《答饶州元使君书》。
② 《闽书》卷四一,《陈元光传附陈珦传》。
③ 《闽书》卷四一,《陈元光传》。
④ 嘉靖《建宁府志》卷四,《陆长源传》。
⑤ 《元一统志》卷八,《汀州路·建置沿革》。
⑥ 《唐会要》卷八六,《市》。
⑦ 道光《重纂福建通志》卷五三,《钱法》。
⑧ 《全唐文》卷七五,文宗:《大和八年疾愈德音》。

外夷波斯、安息之货,国人有转估于饶者"。① 所以福建又是联系内地与海外贸易的通道。

唐代福建的商业交通,各地发展不平衡,地处交通要道的一些城市发展较快,如号称"江海通津"的福州,中唐以后已是繁华的商业都会。而地处山区的一些县份,交通仍很闭塞,如永泰县"南北俱抵大山,并无行路";尤溪县"县东十五里至山,险绝无路",②其商品交换不发达之状,可以想见。商业活动频繁之处,已大量使用货币,而广大的农村市场,尤其是墟市,基本上仍是物物交换。考察福建的商品经济,必须注意这一点,以免偏颇。

政治是经济的集中表现。唐代福建各级政区设置的完备以及福建政治地位的提高,集中反映了福建开发的程度和规模。唐初福建仅有福、建、泉三州,唐中叶相继增设漳、汀二州。县的增设更多,唐代福建24县中,本朝新设达12县,自汉至唐,唐代是福建设县最多的时期。此外还设置了十几个镇、场。这样,最终形成了一个遍及各地的、多层次结构的行政管理网络,表明唐以前晋江上游、九龙江流域、闽西闽中山区等偏僻荒凉之地,均已列入开发范围,而唐以前经济已有不同程度发展的地区,也得到进一步的开发。开元二十一年(733年),唐政府设立福建经略使,乃是"福建"这一名称的首次出现。上元元年(760年),福建更自成一道。元和二年(807年),宰相李吉甫上《元和国计簿》,指出在藩镇割据的局面下,朝廷"每岁赋税倚办止于浙江东、西,宣歙,淮南,江西,鄂岳,福建,湖南八道四十九州"。③ 福建在唐朝统治者心目中地位的提高,表明其开发确实卓有成效。

唐代福建的开发是整个江南开发的一个组成部分,但又自具特色。毗邻福建的两浙、江西,岭南地区,就自然条件而言,虽有不少丘

---

① 《全唐文》卷七三八,沈亚之:《表医者郭常》。
② 《元和郡县志》卷二九,《江南道》五。
③ 《资治通鉴》卷二三七,元和二年十二月。

陵山地，但它们分别拥有杭嘉湖平原、赣江平原和珠江三角洲等大片平坦而适宜农耕的土地。相比之下，分布于仅占总面积百分之五的河谷盆地和平原，以及丘陵斜坡地之上的福建耕地，其零碎程度远大于上述三地区。与此相关，居民点的分散，山岭阻隔，交通的闭塞，河流又单独入海，所以对内对外联系都有诸多不便。以上两点的共同结果，是福建开发地域从点到面的形成过程相对缓慢延迟；由于面上拓展不易，促使点的开发向纵深发展，从而导致不平衡性的加剧。这是唐代福建开发与其他地区不同的特点。

唐代福建的开发是古代福建经济发展的一个重要阶段。经济开发是一个历史过程。如果没有唐代开发而形成的福建地区自身的经济技术基础，宋代福建的大规模开发是不可能的。另一方面，自然条件施加于唐代福建经济的种种影响，虽因后世生产力的发展而有程度不同的减弱，但诸如土地利用的不合理所引起的自然环境的变化这类问题，自唐以来却有日益严重的趋势。因此总结唐代福建开发的正反两面经验，不无现实意义。

（原载《福建论坛（文史哲版）》1987年第5期）

宋代福建人口问题

唐中叶以后，数量激增的人口对福建经济的发展曾经是一股强大的推动力。唐元和年间（806—820年）福建仅有74467户，[1]到北宋太平兴国年间（976—983年）增至467815户，[2]增长了528％。在增加的户口中，北方移民占了大多数。他们不断涌入福建这一新开

---

[1] 《元和郡县志》卷二九，《江南道》五。
[2] 《太平寰宇记》卷一〇〇～卷一〇二，《江南东道》一二～一四。

发区域,对于促进该地区的资源开发和经济发展,发挥了一定的作用。

入宋以后,福建人口仍呈不断上升趋势。元丰初(1078年后)福建户数已增至1043839,①比太平兴国年间又增长123%。福建路除邵武、兴化二军外,其余六州增长幅度均在100%以上,而漳、汀二州竟高达318%和239%。南宋初,金兵南下,不止一次侵入江、浙、赣,使这些地区的人民大批涌入福建。历史上再次出现移民入闽的高潮。南宋绍兴三十二年(1162年),福建户数为1390566,口数为2808851,②分别比北宋元丰三年(1080年)增长了33%和37%。此后宋金战争时断时续,逃避战火的人民仍不断进入福建。到嘉定十六年(1223年),福建户数和口数已分别为1599214和3230578,又各比绍兴三十二年(1162年)增长了15%。这种增长幅度在长江南岸各路中是名列前茅的。由于宋代人口统计不计入女口,福建每户平均口数仅两口多。显然,宋代福建的实际人口数字比官方的统计又要高出许多。从人口密度来看,嘉定十六年(1233年)福建每平方公里口数比元丰三年(1080年)增长了58.75%,这一增长幅度位居南宋境内各路之首。

那么,福建的土地资源承载能力和社会经济环境是否能使当时人口容量继续扩大?回答是否定的。以下从四个方面加以阐述。

首先,福建的自然地理环境决定了在当时的生产力水平下难于容纳过多的人口。福建地形的特点是多山少平原,海拔500米以上的山地、丘陵占土地总面积的36.12%,海拔500米以下的丘陵占58.88%;平原仅占5%。③这种地形特点,对农业生产的垦殖指数、复种指数、单产水平等指标具有很大的限制性,福建人口容量因此深

---

① 《元丰九域志》卷九,《福建路》。
② 梁方仲:《中国历代户口、田地、田赋统计》,上海:上海人民出版社,1980年。下文数字凡未注明出处者,均据此书。
③ 陈及霖:《福建经济地理》,福州:福建科技出版社,1984年,第1页。

受制约。就垦殖情况而言,占福建面积大部分的山区,农田多集中于自成一个个自然单元的山间盆地,人口亦与此一致作点状分布。由于山间盆地一般面积不大,限制了耕地的扩展,因此无法容纳太多的人口。地处武夷山麓的崇安县便是"地狭人稀"之处多而"地旷民聚"之处少①的典型的山区农田与聚落分布的状况。就复种情况而言,双季稻连作和稻麦复种多集中于狭窄的沿海平原,复种指数随海拔的升高而急剧下降。即使滨海的县份,如宁德,也只有"近海平田,岁可二稔","山高水寒不能早植"之地,皆"一稔之田也",②其人口容量自然受到限制。至于单产水平,山区农田受日照、气温、土壤肥力诸因素的制约,粮食亩产一般较平原为低。福建主要由山区构成,其单产水平自然不可能太高,所能供养的人口数量势必因此受到限制。

其次,上述地形特点,必然导致不断增多的人口与耕地不足、粮食匮乏产生日益尖锐的矛盾。元丰三年(1080 年),仅拥有北宋垦田总数 2.4% 的福建路,却拥有其总户数的 6.3%,平均每户只拥有耕地 10.6 亩。而同时期的两浙路、江南东路、江南西路的户平均耕地分别为 20.4 亩、38.1 亩和 35.1 亩。可见福建人多地少的程度远高于江南人口稠密地区。这种情况随着南宋初移民再次大量入闽而更趋严重。如邵武军,该地因"宋都杭,入闽之族益众,始无不耕之地"。③ 大体在移民首先进入的闽北诸山间盆地及闽东、闽南沿海平原,人地矛盾尤为突出。如邵武军自崇宁年间(1102—1106 年)至咸淳年间(1265—1274 年),户数从 87594 增至 212953,④而同期内这一地区的耕地面积显然无法作如是增长。耕地既无法与人口作同步

---

① 顾祖禹:《读史方舆纪要》卷九七,《福建三·建宁府崇安县》。
② 乾隆《宁德县志》卷一,《舆地志·物产》。
③ 嘉靖《邵武府志》卷五,《版籍》。
④ 嘉靖《邵武府志》卷五,《版籍》。

增长,单产水平提高所起的弥补作用亦十分有限,①粮食供求矛盾因而日炽。粮价的昂贵集中反映了粮食的需求大于供给。绍兴二十八年(1158年)臣僚奏曰:"福建折纳米价,每斗至于八百有奇",②当时江西饶州"科抑米每斗四百五十",③亦仅及福建一半稍多。折纳米价的高昂反映了市场粮价的高昂。这还仅是平常年景的情况,若遇歉收,更是粮价飞涨。《三山志》说福州"岁小俭,谷价海涌"。④ 可见粮价昂贵的情况在福建具有普遍性。总之,从粮价昂贵这一事实,可见当时粮食供求矛盾是人地矛盾的必然结果和反映。就此一矛盾的程度而言,沿海较山区更为严重。

  再次,上述情况表明,福建的农业基础相对薄弱。然而,受商品交换和海外贸易的刺激,在宋代,福建的商品生产和经济作物的种植以及矿冶、烧瓷、制茶等,都颇为兴旺发达。其结果,一方面是就业机会的扩大使部分闲散劳力得以被吸收。如南剑州诸矿场"聚四方游黥",⑤汇集了许多流民从事采矿冶炼;建州各地遍布茶园,有官私茶焙1336所,⑥种茶、制茶之人数量众多。另一方面是与粮争地的情况日益严重。种植经济作物所获利润较高,对农民颇具吸引力。如蔗糖这一新出现的商品,市场需求量日增,以致不少地方弃稻为蔗。仙游县"田耗于蔗糖,岁运入淮浙者,不知其几千缸",时人因而疾呼:"蔗之妨田固矣!"⑦建宁之境"游手末作,颇不务本,往往冒法禁以种

---

  ① 北宋比汉代每人平均粮食占有水平有所提高,其中靠单产提高的部分仅占16.7%。参见吴慧:《中国历代粮食亩产研究》,北京:农业出版社,1985年,第165页。
  ② 《宋会要辑稿·食货》一○之八。
  ③ 《宋会要辑稿·食货》一○之八。
  ④ 《三山志》卷六,《地理类六·海道》。
  ⑤ 蔡襄:《蔡忠惠公文集》卷三四,《尚书都官员外郎致仕叶府君墓志铭》。
  ⑥ 宋子安:《东溪试茶录》。
  ⑦ 方大琮:《铁庵方公文集》卷二一,《上乡守项寺丞书》。

瓜植蔗"，①亦颇为时人所虑。此外焙制茶叶、建窑烧瓷、采矿冶炼等都要占用不少土地。凡此种种，都使本已十分紧张的耕地不断被挤占。种粮用地的减少，不仅抵消了商品生产发展和谋生机会增多所起到的扩大人口容量的作用，而且进一步限制了福建本已不大的人口容量。

最后，地主兼并土地，官府寺院占田，加剧了农民无地少地的矛盾；非生产性人口数量庞大，使农民负担加重，生活恶化，也是福建人口容量狭小的重要原因。元丰三年（1080年），福建路客户占总户数的44%，不仅高于两浙（20%）、江东（18%）和江西（35%）诸路，而且高于各路的平均水平（34%），说明福建农民无地的情况相当严重。自耕农的土地则时有被地主兼并的危险，南宋时龙溪"县城旁陂，旧称溉万顷，豪党私以为田，陂浸坏"。②公有的湖陂尚且被地主豪强占据为田，农民的小块土地自然更易被其侵夺。宋代福建八州、军皆设有官庄。天圣四年（1026年），福州12个县共有官庄104处，占田137584亩，分租与22300户佃农耕种，③平均每户仅6.17亩。其中可能有一部分是半自耕农租佃少许土地以补己地之不足，但福建小农经济的单薄脆弱毕竟于此可见。福建路寺院占田也十分突出。淳熙年间（1174—1189年），福州寺田竟占该州垦田总数的1/5。④福建农民所受剥削本来就比他处为重，如身丁钱始终不废。而非生产性人口数量庞大，更加重了农民的负担。除了众多的官僚、军队之外，南宋初又有大批宗室人口迁入福建。西外、南外宗正司随之移驻福、泉二州。后者建炎时（1127—1130年）有宗子三百多人，绍定时（1228—1233年）增至三千多人，百年中增加十倍。在福建人口趋于相对饱和的南宋中后期，地主阶级的人口却仍保持高速增长，其需求

---

① 韩元吉：《南涧乙稿》卷一八，《建宁府劝农文》。
② 叶适：《水心文集》卷二一，《徐文渊墓志铭》。
③ 《宋会要辑稿·食货》一之二三。
④ 《三山志》卷一〇，《版籍类一·僧道》。

逐渐超过社会所能负担的限度,结果必然是农民的生活日益恶化。当时福建出现了一方面农民无地可耕,一方面农民弃田逃亡的奇怪现象,原因在于沉重的赋役剥削甚于剥夺其土地,如"德化县田逃徙太半",一旦减免赋税,则"逃田尽复"。①总之,经济单薄、负担沉重的福建农民,着实供养不起过多的人口,此乃福建人口容量狭小的社会因素。为此,人口高速增长便成为宋代福建经济发展过程中亟待解决的问题。

面对这一严峻的问题,当时人试图以各种办法加以解决。其一是继续扩大耕地。在平地、缓坡垦耨殆尽的情况下,向山要田、与海争地是这一扩耕运动的主要发展方向。人们营造梯田,把深山幽谷中的边角之地都利用起来。《三山志》说当时"人率危耕侧种,塍级满山,宛若缪篆";②《上杭县志》说当地"高山巉石豁谷,可耕之土十不获一二。其间窄塍险棱,望之如欹尾,如叠鳞,如层梯,累级而上者不一"。③人们惜土如金,寸土必争的情形,跃然纸上。甚至人迹罕至的山巅平旷之地也开发利用起来。如晋江五洋山"高顶中有田千亩,宋时有五姓居此";④建阳西山"四面壁立,山顶平旷,中有良畴数十亩,可耕可桑",⑤皆为宋人所开发。人们还围海造田。莆田平原的形成,与宋代的围垦有很大关系。⑥宋代福建沿海居民移居海岛者日多。如海坛岛"皇祐中(1049—1053年)许民耕垦,淳熙中(1174—1189年)有三千余户",至元"民户尝满四万"。⑦总之,在当时所能允许的条件下,凡能利用的土地都被利用上了。《宋史·地理志》说

---

① 叶适:《水心文集》卷二○,《宝谟阁直学士赠光禄大夫刘公墓志铭》。
② 《三山志》卷一五,《版籍类六·水利》。
③ 《上杭县志》卷三,《田赋》。
④ 顾祖禹:《读史方舆纪要》卷九九,《福建五·泉州府晋江县》。
⑤ 顾祖禹:《读史方舆纪要》卷九七,《福建三·建宁府建阳县》。
⑥ 林汀水:《从地学观点看莆田平原的围垦》,载《中国社会经济史研究》1983年第1期。
⑦ 顾祖禹:《读史方舆纪要》卷九六,《福建二·福州府福清县》。

福建路"土地迫隘,生籍繁伙,虽跷确之地,耕耨殆尽",是对宋代福建耕地扩展的最好概括。然而,盲目垦殖的结果,虽暂时缓和了无地少地的矛盾,收获了一些粮食,却因生态平衡的破坏,酿成无穷祸害。如在陡坡上开辟梯田,天然植被毁坏后引起水土流失,土地使用寿命往往不长;废湖为田则使湖泊丧失调节水流的功能,易致旱涝之灾。因此,所得远未能偿所失,最终仍无法解决粮食短缺的问题。

其二是自外地输入粮食。南宋时光靠扩展耕地已不敷应付迅速膨胀的人口之粮食需求,于是福建开始了依赖外地输入米粮的历史。运粮入闽有两种方式:一是政府调拨。如绍兴初(1131 年后)"有诏差纲措置,分委官于沿海产米州县,随市价收籴粮斛一十五万石……由海道般运至福、泉、漳州交割"。① 除正常调拨之外,饥荒来临,粮食紧缺之际,还有临时紧急调拨。如绍定四年(1231 年)"以建、剑秋霜害稼,令诸司措置搬运广米,应济市粜"。② 二是商人贩运。南宋时福建沿海诸平原人口密度急剧提高,粮食需求迅速增长,刺激了米商贩运,终于在这一带形成商品粮销售市场。然因运输成本较高,又受其他因素的干扰,自外地输入粮食并无法从根本上解决福建粮食短缺的问题。而福建人口数量超过本地产粮所能负担的程度这一事实,则从反面证明了当时福建的人口已近乎相对饱和状态。

其三是降低人口出生率。人口自然增长率的提高是宋代福建人口大幅度增长的一个因素。而当物质条件无法养活日益增加的人口时,人们会自发地采取各种措施来限制人口的自然增长。当时福建较为流行的方法是溺婴。宋人王得臣说:闽人生子至第三或第四胎,"往往临蓐以器贮水,才产即溺之","为其赀产不足以赡也"。③ 尽管政府明令禁止溺婴,但收效甚微,因为经济单薄的小农家庭确实抚养不了太多的人口。嘉定七年(1214 年)臣僚奏曰:"福建地狭人稠,岁

---

① 《宋会要辑稿·食货》四〇之二〇。
② 民国《福建通志》总卷一七,《仓储志》。
③ 王得臣:《麈史》卷上。

一不登,民便艰食,贫家得子,多弃不举,法令有不能禁",①明确指出溺婴者多为贫苦之家。福建溺婴之风盛于他处,时人指出:"不奉子之习,惟闽中为甚。"②这恐怕与福建征收人头税性质的身丁钱有关,同时也说明福建的人口压力较他处为甚。必须指出,溺婴是在缺乏科学避孕方法的古代,人们采取的限制人口增长的消极办法,无论在生理上还是在心理上,对人们都是有害的。

其四是向外地迁出人口。由于移民迁入促使宋代福建人口急剧增长,因而使人们认为,迅速缓和人满为患的局面之有效办法乃是迁出人口。南宋学者叶适提出"分闽浙以实荆楚"③的建议,就是居于这样的认识。金兵南侵,使浙江东路、浙江西路及福建路南宋时人口比北宋约增加1/3,而荆湖北路约减少2/3。叶适认为,人口"偏聚而不均"的结果,是闽浙虽"凿山捍海,摘抉遗利",终因"地之生育有限"而使不少人无以为生,湖北一带却"数千里无聚落",土地得不到利用,因此,徙民"去狭而就广",乃当今之急务也。④ 这一调剂各地人口密度,使其均匀分布的建议若付诸实施,福建人口问题当会得到很大缓解。但南宋政府并未有组织地移民出闽。宋代闽人外迁的去处大致有三:广东、台湾和海外。北宋末南宋初,闽人开始流向台湾(当时称流求)。据《德化使星坊南市苏氏族谱》所载七世祖苏钦撰于绍兴三十年(1160年)的序文,苏氏一族在此前后已有迁居台湾者。这是目前见诸谱牒最早的迁台闽人。⑤ 这类记载此后渐多,可见闽人迁台者日益增多了。宋代闽人也不断移居海外。绍兴二年(1132年)臣僚奏:福建民家有"往海外不还"者。⑥ 福建籍华侨多分布在朝鲜、日本和南洋群岛一带。1972年在文莱发现一方刻着"有宋泉州

---

① 《宋会要辑稿·食货》六二之五〇。
② 陈渊:《默堂先生文集·策问》。
③ 叶适:《水心别集》卷二,《进卷·民事中》。
④ 叶适:《水心别集》卷二,《进卷·民事中》。
⑤ 徐本章:《台湾唐山是一家》,载《泉州文史》1977年第1期。
⑥ 《宋会要辑稿·食货》五〇之一三。

判院蒲公之墓,景定甲子(1264年)男应甲立"的碑石,应甲为其父立墓碑,可知当为华侨。另据朝鲜郑麟趾编纂的《高丽史》记载,前往朝鲜的福建籍"宋人"和"宋商人"有22起,有的一起就有上百人。这些人有的由暂居而久居,遂为当地华侨。① 这些自发的移民出闽,均为小规模、分散进行,比之大规模、集中的移民入闽,实乃微不足道,因而所起的减轻人口压力的作用也就很有限。但福建人口从宋以前的只迁入不迁出,到宋以后的既迁入又迁出,毕竟是一大变化。这表明福建的人口压力正日益改变着其境内外移民的流动方向。

上述诸项措施,扩大耕地和输入粮食乃着眼于寻求新的生活资料来源;节制生育和迁出人口乃着眼于减少生活资料的消耗,目的都在于缓和人口与资源的矛盾。虽然不能说这些措施对减轻人口压力毫无作用,但是,人口问题是一个复杂的自然—社会问题,需要综合治理。而这些措施大多是人们自发地、孤立地实施的,相互之间缺乏内在的联系,更谈不上通盘规划。并且,这些措施本身也存在着一些不合理性和副作用。这一切都不能不使其实施效果大为逊色。总之,历史的局限决定了宋代的人们不可能从根本上解决福建的人口问题。

宋代福建既难于承受高速增长的人口,又不可能找到根本缓和人口压力的有效办法,人口与资源的不平衡状况便日益严重,日益成为经济发展的包袱。以往人们论及宋代福建经济发展时,多片面强调人口增长的促进作用,而未能指出当人口增长超过了土地资源所能负荷的程度,便会对经济发展产生不利影响。我们认为,在宋代福建这样的老开发区域,更应强调适度人口,以适应土地资源近于开发殆尽(在当时的生产力水平下)这一实际情况。这也是本文所要特别强调的。

(原载《人口与经济》1988年第3期)

---

① 林金枝:《闽南侨乡族谱中的南洋华侨史实》,载《福建论坛》1983年第1期。

宋代福建各地农业经济的区域特征

宋代福建各地农业经济在不同的发展速度、规模和方式中,逐渐形成各自的区域特征。研究这些特征,有助于我们全面地、客观地认识福建农业生产的历史和现状,以及二者之间的联系,从而为区域经济的规划和生产结构的调整提供有益的参考和借鉴。

按照自然、经济条件大致相同这一原则,我们把宋代福建划分为四个区域。一是闽北,包括建州、邵武军全部、南剑州北部;二是闽西,包括南剑州南部(含尤溪县)、汀州全部、漳州西部(含龙岩县);三是闽东,包括福州全部、兴化军北部;四是闽南,包括兴化军南部(含莆田、仙游县)、泉州全部、漳州东部。

农业经济的区域特征具体表现在土地利用、水利建设、粮食生产、农业结构等几个方面。以下我们就从这几个方面来探讨上述四个区域的农业经济特征。

一、宋代福建各地土地开发利用的特点

土地是农业的基本生产资料,一个地区的农业生产有别于其他地区,首先表现为土地开发利用的方式和程度不同。

福建95%的地区为山地丘陵,河流多短小且单独入海,山间河谷盆地狭小,沿海平原亦被丘陵所分割。这种自然地理环境造成了耕地的零碎化。汉代以来,福建土地开发由点到面的扩展十分缓慢。① 入宋以后,耕地扩展的速度大大加快了,和全国其他地区相比,福建的垦殖指数虽仍偏低,但土地的有效利用程度却是较高的。

---

① 陈衍德:《唐代福建的经济开发》,载《福建论坛(文史哲版)》1987年第5期。

《宋史·地理志》说福建"虽硗确之地,耕耨殆尽",足资佐证。由于福建各地自然条件不同,原有的农业基础不同,所以各地对于土地的开发利用又各具特点。

闽北是福建开发最早的地区,唐以前这里的山间盆地已基本垦耨殆尽,入唐后耕地拓展即以营造梯田为主。宋代闽北土地开发利用的特点,一是梯田建造进一步向高处发展;二是平田开拓向人迹罕至的山间、山顶扩展。南宋祝穆说,经过百多年的营建,邵武军境内到处呈现"田高下百叠"的景象。① 时人陈藻在其《剑建途中即事》诗中说,路过建州、南剑州,所见尽是"田敷百级阶"的壮观图景。② 梯田营建由山腰向山峰发展,由低山向高山发展,是遍布崇山峻岭的闽北扩展耕地的主要手段。与此同时,人们也不放弃深山老林中的旷土,如建安县孤山,"在环嶂之间,基地坦平,悉是沟塍阡陌";③建宁县奖山,"其山峭拔入云,山顶凹处有田百亩",④这些都是唐宋之际或入宋之后被人们垦辟为田的。

闽西是开发较迟的地区,其宜于农耕的山间盆地之数目与面积,又均较闽北为少。因而宋代闽西土地开发利用的特色,主要表现为见缝插针,寸土必争。以上杭县为例,所谓"杭地广袤数百里;高山巉石溪谷,可耕之土十不获一二",⑤比之闽北"田居其间,裁什三四"⑥的情况,可耕地又少一至二成。所以这里的人们惜土如金的程度更甚于闽北。在陡峭的溪涧沿岸,人们于"其旁隙地,壅为甽亩,千塍百圩,仅如盘盂"。⑦ 在高耸的群山之侧,人们拓地为田,"其间窄塍险

---

① 《方舆胜览》卷一○,《邵武军》。
② 《乐轩先生集》卷一,《剑建途中即事》。
③ 《舆地纪胜》卷一二九,《建宁府》。
④ 嘉靖《建宁府志》卷三,《山川》。
⑤ 赵宁静:《上杭县志》卷三,《田赋》。
⑥ 道光《重纂福建通志》卷五七,《风俗》。
⑦ 王世懋:《闽部疏》。

棱,望之如欹尾、如叠鳞、如层梯,累级而上者不一"。① 不放弃可资利用的方寸之地,实乃闽西土地开发利用的一个特色。

闽东的开发虽迟于闽北,然而晋唐间其开发程度已赶上闽北。唐宋之际福州平原成为福建的政治、经济中心,带动了整个闽东地区农业的发展。与山水争田夺地成为宋代这一地区土地开发利用的主要特点。《三山志》说"闽山多于田,人率危耕侧种,塍级满山,宛若缪篆",②所指实乃福州属下各县之情形。闽东山区梯田营建本身并无甚特色,重要的是它与围海围湖造田一起,形成全方位拓展耕地的局面。在江水夹带的泥沙和人工垦辟的共同作用下,闽江下游及其入海口形成了许多江涨沙田和海退淤田。绍圣年间(1094—1097年),政府下令此类"海退泥沙淤塞,瘠卤可变膏腴"之地,"许民陈请,依法成田请税"。③ 说明经过改造,这些土地已具备了种植作物的条件。在福州平原还出现了不惜废湖为田的情况。淳熙十年(1183年),赵汝愚奏请兴复开浚西湖,"接濠而通南河",使其得以重新"潴蓄灌溉,旱运涝泄"。④ 可见此前西湖已有部分被湮没为田。到了南宋末,东湖、南湖也相继废为耕地。废湖为田之举固不足取,然而人们对耕地的极度需求亦此可见。总之,向山要田,与水争地,不惜代价,全面拓展,乃是闽东土地开发利用的一个特点。

闽南的开发迟于闽北、闽东而早于闽西,由于自然条件优越,这里的农业发展很快。宋代闽南土地开发利用的特征,一是围海造田规模宏大;二是山田垦辟寸土不遗。地处兴化军南部的莆田南、北洋的围垦,始于唐代,完成于宋代。以木兰陂的建成并发挥效益为转机,南洋为田"殆及万顷"。⑤ 泉州晋东平原的围垦亦始于唐代,至南

---

① 赵宁静:《上杭县志》卷三,《田赋》。
② 《三山志》卷一五,《水利》。
③ 《三山志》卷一二,《海田》。
④ 《三山志》卷四,《地理》。
⑤ 周瑛:弘治《兴化府志》卷二九,引林大鼐:《李长者传》。

宋乾道年间(1165—1173年)筑海岸长堤,才最终使大片盐碱地变为良田,所获耕地"殆千余顷"。① 仅此二例,便可见围海造田的面积之广大。其他如漳州海澄一带,"昔为斗龙之渊,浴鸥之渚,结菜而居者,不过捕鱼纬萧沿作生活",宋代谢伯宜组织围垦,使斥卤之地悉为沃壤,所辟耕地亦为数不少。② 在闽南内陆丘陵山地,人们与山争地亦不遗余力。如多山的安溪县,人们附山而居,依山累石开垦,层层营建梯田。宋代安溪知县黄锐在《题大眉小眉山》一诗中写道:"一岭复一岭,一巅复一巅,步丘皆力穑,掌地也成田。"③热烈地赞颂人们开山造田、寸土不遗的壮举。

二、宋代福建各地水利建设的特点

水是农业的命脉。一个地区水利工程的数量、类型和规模,因该地区土地利用、作物种植情况的不同而不同,并且受该地区利用各种水资源的形式的制约。因而水利建设状况构成农业经济区域特征的一项内容。

福建耕地的零碎化决定了水利设施的小型化,而水稻作为主要的粮食作物又决定了水利工程分布广、数量多。据统计,福建水利工程的数目居宋代各路之冠。④ 福建降雨量的地域分布有显著的差异,自东南沿海向西北山区呈递增之状。而山区地表水源也较沿海丰富。从而导致利用水资源的形式各异,使得福建各地的水利灌溉事业各具特色。

闽北是闽江水系各溪流发源和汇集之处,河网密布,河水落差

---

① 方鼎:《晋江县志》,引蔡清:《海岸长桥记》。
② 乾隆《海澄县志》卷一五,《风土》。
③ 嘉靖《安溪县志》卷七,《文章》。
④ 冀朝鼎著,朱诗鳌译:《中国历史上的基本经济区与水利事业的发展》,北京:中国社会科学出版社,1981年,第36页。

大,径流量丰富,因而这里作堤砌坝,拦水灌田,工程易成,小型方便。① 庆历时(1041—1048年),建宁县令赵抃"以邑多水患,乃垒石为堤,以遏其冲,遂开陈湾陂","又从县西凿陂于星阳,溉田甚广"。②崇安、浦城诸县亦有不少此类陂、堰。其中建安县所建水利工程最多,据《八闽通志》统计,宋时所建陂达215所之多,陂址、陂名俱详。陂者,障水以入田也。可见闽北水利建设的特点乃是因势利导地建筑小型水坝,拦水溉田,从而使这类小型水利设施星罗棋布地遍布山区各处。

闽西的地表水源略逊于闽北。在地势低缓之处,一般是利用自然流入的溪涧泉水进行灌溉,如长汀县万斛泉,泉水从"石洞中喷出,流为小涧,溉田数十亩";③宁化县万玉泉,"溉田数千亩"。④ 在地势高昂之处,人们充分利用山区丰富的竹木资源,制造各种提水工具,进行灌溉。如水车的使用,不仅有从河中转水灌溉高岸之田的,而且有把低处水源引向高处山田的。在宁化县,人们"揉竹木为轮,激而可山者,又为机甚巧,而灌溉于田,为利又甚博也"。⑤ 利用溪涧泉水与使用水利工具相结合,乃是闽西水利灌溉的一个特色。

闽东的降水和地表水均不如闽北、闽西丰富,因此有"饮天之地,寸泽如金"⑥的说法。对于这一地区来说,水不再是随时随处可得的,因而蓄水成为闽东,特别是福州平原水利建设的一个重点。宋代在前代的基础上,于此地区修复和扩建了许多湖、塘。最著名的有福州的东、西湖和南湖。它们在天旱时"发其所聚",使"高田无干涸之

---

① 郑学檬、魏洪沼:《论宋代福建山区经济的发展》,载《农业考古》1986年第1期。
② 嘉靖《建宁府志》卷三,《山川》。
③ 曾曰瑛:《汀州府志》卷三,《山川》。
④ 《读史方舆纪要》卷九八,《汀州府》。
⑤ 曾曰瑛:《汀州府志》卷三,《山川》。
⑥ 《三山志》卷一五,《水利》。

忧",遇雨潦则起蓄洪排涝的作用。① 由于盲目扩大耕地,一些湖塘湮没为田,使福州"稍遇旱干,则西北一带高田,凡数百亩,皆无从得水"。② 鉴于东南诸路皆有此类情况,朝廷中的有识之士提出"罢东南废湖为田者,复以为湖"的建议,③福州的湖塘于是重新得到疏浚和修复。地处闽江入海口附近的长乐县,"滨海而泉微,故潴防为坝特多",所筑湖、陂、圳、塘、堰亦不少,"毋虑百五十处"。④ 此外,闽东山区的人们也充分利用天然水源,使用各种水利工具灌溉山田,如《三山志》所说,"水泉自来,迂绝崖谷,轮吸筒游,忽至其所"。⑤ 总之,以蓄水为中心,广泛利用各类水源,乃是闽东水利建设的特点。

闽南沿海位于台湾岛的雨影区之内,是福建降水最少的地区。而这里不仅需要农田灌溉用水,而且需要大量淡水用于冲洗围海所得斥卤之地,因此兼有灌溉农田,改良土壤乃至捍御海潮等数重功能的较为大型的水利工程,几乎都分布于这一地区。这种水利工程以陂为代表。这里的陂不同于山区的陂,它不是一个单一的设施,而是有沟渠、水闸等各种配套设施的综合性工程。如著名的莆田木兰陂,其建筑之初,就形成完备的潴灌系统,有堤、港、塘、沟、圳、泄(闸门)等设施,"因天时与地形以纵闭"。⑥ 又如晋江县最大的清洋陂,熙宁间(1068—1077年)县令危雍所筑,"修小陂于支流者五,为陡门于下游者七",⑦溉田达1800顷。由于靠降雨及地表水满足不了农业用水,闽南还是福建利用地下水最普遍的地区。人们"各于田塍之侧,

---

① 《三山志》卷四,《地理》。
② 《三山志》卷四,《地理》。
③ 《宋会要辑稿·食货》七之四〇。
④ 《三山志》卷一六,《水利》。
⑤ 《三山志》卷一五,《水利》。
⑥ 《莆田水利志》卷八,引郑寅:《重修濠塘泄记》。
⑦ 乾隆《泉州府志》卷九,引万历《泉州府志》。

开掘坎井,深及丈余",①"辘水而灌"。②使用桔槔汲水也很普遍,如惠安县"常病于旱",人们以桔槔汲水,"声达昼夜"。③可见闽南水利建设的特点乃是农田灌溉与围海造田、改良土壤紧密结合,在集中力量兴建具有综合效益的为数不多的大型工程之同时,也努力挖掘包括地下水在内的各类水资源。

三、宋代福建各地粮食生产的特点

传统农业的主要部门是种植业,而种植业又以粮食作物为主,因此,粮食生产状况是一个地区农业经济水平及其特征的重要表现。

宋代福建粮食生产总的情况是:沿海平原和山间盆地的垦殖指数、复种指数、单产水平均高于丘陵山地,因而成为粮食生产较为集中地区。但因各地平原、盆地与丘陵、山地所占比例及开发程度不同,人口密度不同,因而粮食产量和自给程度有着不少差异,并表现出各自的特色。

闽北是宋代福建粮食生产最多的地区。时人方大琮说:"闽上四州产米最多。"④实际上,南剑州南部及汀州开发程度较低,不能算是产粮多的地区。从所能养活的人口来看,建、南剑、邵武三州、军拥有福建总户数的37.71%,⑤扣除地处南剑州南部的尤溪县(户数当不多),闽北在福建四个地区中所拥有的户数仍然是最多的,这里才是产粮较多的地区。所以笼统地说上四州(建、剑、邵、汀)产粮最多,是不确切的。闽北产粮多,其原因一是诸山间盆地垦殖指数高,山地丘陵也多有开垦种粮,如邵武军,"民随高下而田之,高不惧涝,低不惧

---

① 《宋会要辑稿·瑞异》二之二九。
② 《古今图书集成·职方典》卷一〇三二,《福建总部·杂录》。
③ 嘉靖《惠安县志》卷四,《风俗》。
④ 方大琮:《铁庵方公文集》卷二一,《上乡守项寺丞书》。
⑤ 梁方仲:《中国历代户口、田地、田赋统计》,上海:上海人民出版社,1980年,第147页。

旱,故无大饥岁",①至南宋"殆无不耕之地"。② 二是闽北虽不宜种植双季稻,但稻麦复种、间种以及粟、豆等其他粮食作物的种植却较普遍,如建州,"高者种粟,低者种豆。有水源者乞稻,无水源者布麦"。③ 三是单产水平亦不低,这从闽北向本地大批工匠及沿海地区提供数量可观的商品粮可以得到证明。所以,粮食生产自给有余是闽北农业经济的一个特点。

闽西的粮食生产远不如闽北。汀州户数仅占福建总户数的 7.8%,④加上尤溪、龙岩二县,亦不会超过 10%,因而闽西在福建四个地区中所拥有的户数是最少的。从所能养活的人口来看,闽西粮食生产水平是不高的。闽西山高水冷,当时尚无种植双季稻的能力,自不待言。即使粟、豆、麦等,亦无普遍种植,故直至清代,人们记载长汀的粮食生产情况时,仍说当地"稻、糯稻而外,土无所宜"。⑤ 根据有限的史料,我们只能说,当时闽西粮食大约仅能勉强自给。这或许是宋代闽西农业经济的一个特点。

闽东的水稻生产,可分为沿海平原的双季稻种植区和内陆山区的单季稻种植区。南宋时卫泾说,福州十二县,"濒海者三之一,负山者过半。山之田岁一收,濒海之稻岁两获"。⑥ 不过即使滨海县份,如宁德,也只有"近海平田,岁可二稔","山高水寒不能早植"之地,皆"一稔之田也"。⑦ 因此双季稻种植区仅限于面积不大的沿海低缓之地。值得注意的是,当时双季稻的收获量并非一定高于单季稻,还存

---

① 道光《重纂福建通志》卷五七,《风俗》。
② 嘉靖《邵武府志》卷五,《版籍》。
③ 韩元吉:《南涧甲乙稿》卷一八,《建宁府劝农文》。
④ 梁方仲:《中国历代户口、田地、田赋统计》,上海:上海人民出版社,1980 年,第 147 页。
⑤ 《古今图书集成·职方典》卷一〇七四,《汀州府部·风俗考》。
⑥ 《后乐集》卷一九,《福州劝农文》。
⑦ 乾隆《宁德县志》卷一,《物产》。

在"二熟所入不如一熟"的现象。① 这主要是由于尽管引进了耐旱的占城稻新品种,但沿海缺水问题仍较突出,一旦供水不足,双季稻产量难免下降。所以当时闽东单季稻种植仍占很大优势。由于粮食产量无法与人口数量作同步增长,②人口稠密的沿海地区不时会出现粮食供不应求的情况,从外地调入粮食便势不可免。如乾道七年(1171年)闽东天旱,"米价翔涌",薛居实从建州拨出"常平粟万斛,顺流而下",接济福州。③ 可以说,粮食产量虽有增长,但仍不能自给,是闽东农业经济的一个特点。

闽南的稻米生产在宋代有很大进步。闽南是福建历史上最早种植双季稻的地区。北宋初占城稻引进的最初落脚地,以泉州的可能性最大。④ 这种生长期短而又耐旱的新品种,使双季稻在闽南的进一步推广成为可能。沿海平旷沃衍的"洋田",也为双季稻的种植提供了较好的条件。如莆田南、北洋,时人徐象鉴曾称道:"莆邑负山滨海,中间平畴数十里……稻收再熟,岁屡丰年。"⑤宋人常将福建沃壤与江浙膏腴相提并论,如秦观说:"今天下之田称沃衍者为吴越闽蜀";⑥陈傅良说:"闽浙上田,收米三石,次等二石"。⑦ 确切地说,闽地沃壤只限于沿海洋田与山间盆地中常年垦殖的熟田,而前者又占优势。所以为宋人所称道的福建高产丰穰之地,主要是集中于沿海,特别是自然条件优越的闽南。但是,与闽东一样,闽南也存在缺水问题,而且经济作物的与粮争地又甚于闽东,所以粮食自给程度又逊于闽东。特别是人口稠密的闽南诸沿海平原,到南宋中期,开始出现常

---

① 真德秀:《真文忠公文集》卷四〇,《福州劝农文》。
② 陈衍德:《宋代福建人口问题》,载《人口与经济》1988年第3期。
③ 民国《福建通志》总卷三五,《名宦传》卷四,《薛居实传》。
④ 魏洪沼、郑学檬《宋代福建沿海地区农业经济的发展》,载《中国社会经济史研究》1985年第4期。
⑤ 《莆田水利志》卷七,引徐象鉴:《募修木兰陂引》。
⑥ 《淮海集》卷一五,《财用》。
⑦ 《止斋先生文集》卷四四,《桂阳军劝农文》。

年仰赖外地粮食供应的局面。真德秀指出:"福、兴、泉、漳四郡,全靠广米以给民食。"①淳熙时(1174—1189年)两广大旱,广米不至,大理正奏请"于沿海平江、镇江等处朝廷封桩米内支拨和籴米五万石付泉、福、兴化州军赈粜"。② 可以说,粮食产量增长与自给程度下降并存,是闽南农业经济的一个特点。

四、宋代福建各地农业生产结构的特点

农业生产结构是指一定地域范围农业内部各生产部门的组成及其相互关系。由于存在自然环境和社会经济的地域差异,各地适宜于发展的农业生产门类互不相同,因此农业内部各部门之间的比例关系,只能是因地而异的。这样,一个地区的农业生产结构必然显示出有别于其他地区的特点。

宋代福建农业的主要生产部门是种植业,但是,林、牧、副、渔等部门所占的比例有扩大的趋势,种植业内经济作物所占的比例亦不小。由于福建各地有不同的山、海资源,商品经济发展的水平也不同,因此农业生产结构也就各具特点。

闽北的经济作物种植以茶叶最为大宗。从唐末五代开始发展起来的闽北植茶业,至南宋达到极盛。据南宋《中兴会要》记载,茶树种植遍布闽北所属15个县,仅建州的茶叶产量就占福建总产量的95%。③ 闽北是福建最重要的林区之一,宋代这里已开始了有计划的人工造林。如淳熙初,建宁府(建州)太守、吏部尚书韩元吉曾在州境内北冈栽松一万余株。④ 绍兴末年起,崇安、松溪、建阳、建安、瓯宁等县皆开始征收木材过境税,⑤也反映了闽北木材生产和运销的

---

① 真德秀:《真文忠公文集》卷一五,《申尚书省乞措置收捕海盗》。
② 《宋会要辑稿·食货》四一之九。
③ 《宋会要辑稿·食货》二九之三,引《中兴会要》。
④ 嘉靖《建宁府志》卷二〇,《古迹》。
⑤ 《宋会要辑稿·食货》一七之四四。

情况。此外,竹、桐、油茶在闽北的种植也很普遍。可以说,植茶业和林木业成为农业生产结构的重要成分,是闽北农业经济的一个特点。

闽西在福建四个地区中是农业经济比较单一化的地区,经济作物所占比重很小。如果说有什么值得一提的林牧产品的话,那就是竹木了。史称汀州处于"深林茅竹之间",①竹木资源是比较丰富的。宋代名臣苏颂之子苏师德,遭秦桧陷害,被"削籍编管汀州",便于此地"买地种竹,葺茅读书"。② 但是人工栽培竹木的情况相对闽北来说,要少见得多。可以说除了稻米之外,尚未有任何一项农林牧产品在农业生产结构中占有重要地位,此乃闽西农业经济的特点。

闽东兼有山海之利,林果与渔业生产颇具规模。《三山志》记淳熙时(1174—1189 年)福州有垦田 62600 余顷,有园林、山地、池塘、陂堰等 62500 余顷。③ 从各种农用地的比例来看,经济作物栽培与水产养殖在农业生产结构中的比重是相当引人注目的。水果是闽东的大宗产品。福州各县生产的水果就有荔枝、龙眼、橄榄、橙、橘、柚、枇杷、甘蔗、李、梨等 26 种。④ 其中,荔枝是闽东水果的典型产品。蔡襄《荔枝谱》说福州的荔枝种植"延驰原野","郁为林麓","一家之有,至于万株"。北宋末福州上贡的圆荔枝在不长的时间内由 10 万颗增至 20 万颗。⑤ 经由海、陆路销往北戎、西夏、新罗、日本等处者,更是不计其数。闽东的水产养殖和近海捕捞也发展很快。例如,随着平潭岛的开发,当地以渔为业者在宋元之际即达 4 万人,所产紫菜等海产也颇负盛名,有的还成为贡品。⑥ 可以说,果木栽培和水产海产成为农业生产结构的重要成分,是闽东农业经济的一个特点。

闽南属亚热带气候,水果栽培的规模和种类又胜过闽东。其典

---

① 《舆地纪胜》卷一三二,《汀州》。
② 民国《福建通志》总卷三四,《宋列传》卷二,《苏绅传附苏师德传》。
③ 《三山志》卷一〇,《垦田》。
④ 《三山志》卷四一,《物产》。
⑤ 《三山志》卷三九,《土贡》。
⑥ 民国《平潭县志》卷四。

型产品,除与闽东齐名的荔枝外,还有龙眼、甘蔗。泉州龙眼的种植"诸县都有,郡中尤盛"。① 宋代有不少赞赏闽南龙眼的诗篇,如王十朋诗云:"实如益智无非药,味比荔支真是奴"。② 甘蔗的广泛种植,已到了与粮争地的程度。南宋时,"仙游县田耗于蔗糖,岁运入淮浙者不知其几千坛"。③ 惠安县"宋时王孙走马埭及斗门诸村皆种蔗煮糖",④泉州其他各县也"往往有改稻田种蔗者"。⑤ 足见闽南水果种植的比重又超过了闽东。闽南还有一项重要的经济作物——木棉。所谓"闽岭以南多木棉,土人竞植之",⑥反映了这里植棉业的兴盛。漳、泉二州,植棉尤其多。朱熹《漳州劝农文》特别倡导人们"多种吉贝(木棉)";⑦南宋时泉州每年上贡的木棉布即达五千匹。⑧ 此外,莆田一带也是"家家余岁计,吉贝与蒸纱"。⑨ 以上情况表明,水果和木棉的种植在农业生产结构中的比重显著,是闽南农业经济的一个特点。

五、宋代福建各地农业经济特征概括

现将宋代福建各地农业经济的区域特征概括如下:

闽北。耕地开拓由盆地中央向边缘扩展;由人口集聚之处向人迹罕至之处扩展。小型水利工程星罗棋布,使丰富的地表水源得到较充分的利用。粮食自给有余。植茶、林木业在农业结构中的比重显著。在当时的生产力水平下,这是一种开发程度较高的山区经济。

---

① 弘治《八闽通志》卷二六,《物产》。
② 弘治《八闽通志》卷二六,《物产》。
③ 方大琮:《铁庵方公文集》卷二一,《上乡守项寺丞书》。
④ 嘉靖《惠安县志》卷五,《物产》。
⑤ 《古今图书集成·职方典》卷一〇五二,《泉州府部·杂录》。
⑥ 彭乘:《续墨客挥犀》卷三。
⑦ 朱熹:《朱文公文集》卷一〇〇。
⑧ 乾隆《泉州府志》卷二一,《田赋·历朝上供》。
⑨ 《龙云集》卷七,《莆田杂诗二十首》。

闽西。人们不放弃任何可资利用的方寸之地,耕地的零碎化程度高于其他地区。利用溪涧泉水与使用水利工具相结合,使位于复杂地形的各处耕地大都能得到灌溉。粮食勉强自给。农业结构比较单一,稻米生产占绝大的比例。这是一种开发程度不高的山区经济。

闽东。向山海湖泊争田夺地,形成全方位拓展耕地的局面。以蓄水为中心,广泛利用各种水源灌溉农田,以解决农业对水的需求与缺水的矛盾。双季稻种植有所发展,但单季稻仍占很大优势。粮食产量虽有增长,但仍不能自给。果木栽培与水海产养殖捕捞,是农业结构的重要成分。这是一种发展中的山区经济与沿海经济并重的农业格局。

闽南。大规模围海造田是拓展耕地的主要方式,其次才是开垦山田。水利灌溉事业与围海造田、改良土壤紧密结合,地下水的利用也很突出。本区沿海是福建单产水平较高的良田沃土的主要集中之地,双季稻的种植面积和产量均令人瞩目。但因缺水和人口增长等原因,粮食自给程度却低于其他地区。亚热带水果和木棉的种植在农业结构中的比重颇为显著。这是一种发展中的沿海经济稍重于山区经济的农业格局。

封建的农业经济基本上是一种自给自足的自然经济,农业生产在地区间没有明显的分工。本文所论述的基于自然条件的差异、农业生产的不平衡之上的农业经济的区域特征,与现代意义上的农业生产区域化,亦即利用本地优势,专门从事几种农产品的生产,从而形成商品农产品的集中产区,是有本质区别的。但是,两者之间存在着某种必然联系,后者是前者发展的必然结果。

(原载《厦门大学学报(哲社版)》1990年第2期,本文第二作者为张天兴)

宋代福建手工业布局的几个问题

生产力布局对于区域经济的发展具有重要意义。本文拟考察资源、人口、市场与宋代福建手工业布局的关系,以便从一个新的角度探讨宋代福建地区经济的发展。

一、从资源分布的角度考察宋代福建手工业的布局

手工业的自然资源可分为矿物资源、森林资源、农业资源三大类。《宋史·地理志》说福建"有银、铜、葛越之产,茶、盐海物之饶";《宋史·食货志》说福建"山林险阻,连亘数千里"。可见宋代福建这三类自然资源都很丰富。下面就来看看这些资源的分布如何制约着当时福建各手工行业的分布。

(一)矿冶业

宋代福建各类有色金属矿产资源的分布特点是上四州(建州、南剑州、邵武军、汀州)远远多于下四州(福州、兴化军、泉州、漳州)。换言之,在当时的勘探水平下,人们所能发现的有色金属矿藏大部分分布于上四州,只有少部分分布于下四州。这一特点决定了上四州的有色金属矿场设置数目和密度大大高于下四州。例如,浙西闽北地区是一个重要的银、铜、铅等多金属矿群分布区,这些金属矿群的特点是矿体较小,但含量丰富。①早在唐代就已陆续得到开采。到了宋代,这个地区内的各种坑冶星罗棋布。据统计,北宋时福建上四州有

---

① 夏湘蓉等:《中国古代矿业开发史》,北京:地质出版社,1980年,第292～293页。

银场(一场单产)26所;铜场(一场单产)5所;银铜场(一场数产)11所;银铜铅场(一场数产)15所。而同一时期下四州仅有银场2所;银铜场4所;银铜铅场1所。①

黑色金属当中最重要的是铁,其矿藏分布在福建比较普遍,因此上四州和下四州铁场的数目相当。今泉州市西北的矽卡岩铁矿开发于宋代,当时泉州号称"锭铁之薮",②设有倚洋、青阳、赤水、五华4所铁场。③闽东沿海一带磁铁矿砂分布较多,④唐代已有产铁,宋政府于福州宁德县设有关隶铁场。上四州方面,则有铁场5所,其中建州2所(浦城、建阳);邵武军2所(宝积、万德);汀州1所(莒溪)。⑤

森林作为矿物冶炼的主要燃料来源,其分布对于矿冶业的分布也有很大影响。福建山区森林资源丰富,尤其是上四州,所以各种矿场多分布于深山老林之中。如建州松溪县瑞应银场,"去郡二百四十余里,在深山中","初,场之左右皆大林木,不二十年,去场四十里皆童山"。⑥越靠近沿海平原,林木越少,矿场数目亦随之减少。

(二)制瓷业

福建瓷土分布广,资源多。但是,大量生产多种优质瓷器的基地,其分布受到优质原料分布的限制。对优质瓷土的一般要求是:质地坚硬细腻,均匀性好,杂质少,进行焙烧时能保证颜色不变。这种优质瓷土主要分布于建州和泉州。所以这两个地方也就成为宋代福建瓷窑分布特别集中的地区。建州瓷窑主要分布于建阳县、崇安县等地。以烧制黑瓷而颇负盛名的建窑,位于建阳县水吉的池中、后井

---

① 据《宋会要辑稿·食货》三三;《元丰九域志》卷九,《福建路》;《宋史》卷八九,《地理志五·福建路》等综合统计得出。
② 《中国古代矿业开发史》,第232页。
③ 《宋会要辑稿·食货》三三之三。
④ 《中国古代矿业开发史》,第236页。
⑤ 《宋会要辑稿·食货》三三之三。
⑥ 赵彦卫:《云麓漫钞》卷二。

附近,新中国成立后在这一带发现的宋代废窑堆达二十余处。① 崇安县星村附近的遇林亭,宋代窑址的范围也很大,约有三千平方米。② 泉州瓷窑主要分布在德化、南安、晋江等县。到1977年为止,德化共发现古窑址188处,其中宋窑30多处;南安共发现古窑址53处,其中宋窑47处。③ 以生产青瓷著名的晋江磁灶也发现有宋窑多处。除建州、泉州之外,瓷土资源还分布于邵武军光泽县、福州宁德县及福清县等地,所以这些地方也都发现有不少宋代的窑址。黑瓷和青瓷的颜色主要是由釉中铁元素的含量决定的,建州和泉州是铁矿蕴藏丰富之地,黑瓷和青瓷多产于此二州与此也有一定关系。

(三)造纸业

福建是我国重要的竹、木产区,造纸原料十分丰富。宋代福建造纸业以竹为主要原料。山区的竹林多于平原,上四州的竹林多于下四州,决定了当时造纸业的分布山区多于平原,上四州多于下四州。《闽产录异》曰:"延、建、邵、汀皆做纸。凡篁竹、麻竹、绵竹、赤棍竹,其竹穰皆厚,择其幼稺者制上等、中等(纸);麻头、桑皮、楮皮、薄藤、厚藤、葛皮、稻稿之柔韧者,制下等(纸)。"④所说各种原料一般具有纯纤维素高,纤维长度、韧性、强度符合造纸要求的特点。《三山志》曰:"竹穰、楮皮、薄藤、厚藤,凡柔软者,皆可以造纸。竹纸出古田、宁德、罗源村落间……楮纸出连江西乡,薄藤纸出侯官赤岸,厚藤纸出永福辜岭。"⑤各地因地制宜,就地取材,用不同的原料制出各种类型的纸。

---

① 叶文程:《建窑初探》,《中国古代窑址调查发掘报告集》,北京:文物出版社,1984年,第146~154页。
② 叶文程:《建窑初探》,《中国古代窑址调查发掘报告集》,北京:文物出版社,1984年,第146~154页。
③ 晋江地区文管会编:《晋江地区文物考古普查资料》。
④ 民国《福建通志》总卷二三,《物产志》卷二《纸类》,引《闽产录异》。
⑤ 《三山志》卷四一,《土俗类三·物产》。

造纸业对水资源的依赖较大。一是制纸浆需要大量净水;二是春捣竹丝往往用水碓,需要以水为动力。山区水力资源较平原丰富,上四州水资源亦较下四州多,也决定了宋代福建的造纸业山区多于平原,上四州多于下四州。史称"闽中水碓最多,然多以木柜运轮,不驶急溪中,壅激为之则佳。顺昌人作纸,家有水碓"。① 闽江上游水流急,落差大,为当时的造纸业提供了取之不尽的水源和动力,使闽北成为宋代福建造纸业最发达的地区。《闽书》说:"福、兴、泉、漳之间以竹为器;延、建、汀、邵之间以竹为纸。"② 反映出下四州因水资源较缺乏,不利于造纸业的发展,竹的用途逐渐有所改变。

(四)制茶业

制茶业的分布与产茶区的分布是一致的,因为古代茶叶的加工是直接在产茶区进行的。闽北、闽西、闽东为宋代福建的产茶区。闽北山区许多地方具有适宜茶叶生长的生态气候特征,是当时福建制茶业最发达的地区。据南宋《中兴会要》记载,植茶制茶之地遍布建宁府(建州)所属的建阳、崇安、浦城、松溪、政和、瓯宁、建安七县;南剑州所属的将乐、尤溪、剑浦、顺昌、沙县五县;邵武军所属的泰宁、邵武、建宁、光泽四县。③ 其中,建州从唐末五代以来就是名茶产区,入宋以后茶焙密布,有官焙32所;私焙1336所。④ 著名的北苑茶焙,便是专为皇室焙制名品的御用茶焙。建州茶叶产量占福建的95%,⑤ 建茶的质量在宋代一直保持着全国领先的地位。闽西茶叶产地分布亦广,据《中兴会要》,汀州所属的宁化、上杭、清流、武平、长汀、连城六县均产茶。但闽西茶叶产量、质量均远不如闽北,⑥ 显然,

---

① 《古今图书集成·职方典》卷一〇七〇,《延平府部·杂录》。
② 《闽书》卷一五〇,《南产上·竹》。
③ 《宋会要辑稿·食货》二九之三,引《中兴会要》。
④ 宋子安:《东溪试茶录》。
⑤ 《宋会要辑稿·食货》二九之三,引《中兴会要》。
⑥ 《宋会要辑稿·食货》二九之三,引《中兴会要》。

植茶较少是制茶量小的直接原因。闽东茶区又次于闽西茶区,南宋时仅福州古田一县产茶,产量亦很少。① 总之,像制茶业这种直接以某种经济作物为原料的加工业,其分布状况便取决于该种经济作物的分布及相关的自然条件。

(五)制盐业

福建内地没有盐池盐井,所以制盐业是沿海独有的手工业。由于宋代尚未发明晒盐之法,生产海盐全靠煎煮,从生产成本的角度考虑,就必须对生产地点作严格的选择。海水浓度是海盐生产布局的主要依据,而气温、日照、降水量、蒸发量等自然条件又是决定海水浓度的诸项因素。宋代福建海盐产地主要集中分布于闽江口以南、九龙江口以北的海岸线,因其处于台湾雨影区内,降水量明显偏少,海水浓度较大。北宋元丰年间,长乐、福清、莆田、惠安、晋江、同安六县共有盐场5所;盐亭290个;盐仓2处。② 此外,九龙江口以南的龙溪、漳浦二县有盐场4所。③ 闽江口以北由于海水浓度较低,产盐之地最少,仅长溪、罗源二县各有盐场1所。④ 海盐产地分布疏密悬殊,正是盐业生产受自然条件的影响特别强烈的表现。

(六)纺织业

古代纺织业的布局具有分散性的特点。从资源分布的角度来看,这是由于天然纤维分布比较普遍的缘故。宋代福建纺织业按原料和产品的性质主要可分为棉纺织、麻纺织、丝纺织等类。宋代福建棉花种植区域较广,所谓"闽岭以南多木棉,土人竞植之"⑤即是。综

---

① 《宋会要辑稿·食货》二九之三,引《中兴会要》。
② 《元丰九域志》卷九,《福建路》。
③ 《元丰九域志》卷九,《福建路》。
④ 《元丰九域志》卷九,《福建路》。
⑤ 彭乘:《墨客挥犀》卷一。

合各种史料的记载,宋代福建确有种棉的地方是建州、南剑州、兴化军、泉州、漳州。① 泉、漳二州,植棉尤多。这是由于闽南一带,木棉可一年两熟,沿海的冲积土层,亦适宜棉花生长。因此,棉纺织业在漳泉一带特别兴盛。绍兴时,南宋政府令泉州"上木棉布五千匹",以后成为惯例。② 朱熹《漳州劝农文》也说:"多种吉贝……免被寒冻。"③

福建种植葛、麻历史悠久,其品种有葛、大麻、苎麻、蕉麻等。虽然宋代麻纤维的大宗衣料地位开始被棉花所取代,但此类作物多喜温湿,且宜纺夏布,故福建种植仍十分广泛,麻纺织业亦广为分布。据《元丰九域志》载,福建路作为土贡的蕉、葛、纻等纺织品,出自福州、泉州、邵武军、兴化军,④则此四州军应为麻纺织业较为兴盛之处。其中,福州以大麻为原料的纺织业分布尤广。《三山志》说大麻在福州各县均有种植,而"连江、福清、永福出麻布尤盛"。⑤ 这可能与福州植棉少甚或不植棉有关。福州和泉州在宋代还是利用蕉麻纤维于纺织的著名区域。⑥

宋代福建丝织业的分布范围和规模均不如棉织业和麻织业,这与福建"厥土不宜桑,蚕桑事殊难"⑦有关。北宋元丰时,福建仅泉州、兴化军贡丝绵;建州贡练。⑧ 福州则"桑叶小不甚宜蚕,得丝蚕才

---

① 蓝兆雄:《宋代福建植棉、纺织业的发展及其社会经济影响》,载《福建史志》1987年第5期。
② 乾隆《泉州府志》卷二一,《田赋·历朝上供》
③ 朱熹:《朱文公文集》卷一〇〇,《漳州劝农文》。
④ 《元丰九域志》卷九,《福建路》。
⑤ 《三山志》卷四一,《土俗类三·物产》。
⑥ 陈维稷主编:《中国纺织科学技术史(古代部分)》,北京:科学出版社,1984年,第135页。
⑦ 《闽书》卷一五〇,《南产上》,引宋人谢枋得诗。
⑧ 《元丰九域志》卷九,《福建路》。

可为紬",①此为南宋淳熙时事。尽管泉州等地的官营纺织业能织出高级丝织品,却不能代表当时福建丝织业的一般水平。总之,作为纺织业的原料,天然纤维虽然分布较广,但各种天然纤维对自然条件和生产技术的要求是不同的,表现在地理分布上就显示出一定的地域性,从而制约着相应的各类纺织业的布局。

综上所述,宋代福建各手工行业的分布,程度不等地受到各类自然资源分布的制约。其中,以矿物资源为原料的手工行业所受制约的程度最高,如矿冶业(制瓷、制盐亦可归入此类)。因为就开采利用价值、运输成本而言,在古代的生产力水平下,此类手工业能够选择的余地是非常小的。以森林资源为原料的手工行业所受制约的程度在其次,如造纸业。因为古代森林覆盖率总是比较高的。以农业资源为原料的手工行业所受制约的程度较轻,如制茶业、纺织业。因为经济作物的生长固然有赖于自然环境,却也会由于人工培育而改变习性、产生新品种。若将福建划分为内地山区(包括上四州全部和下四州的内陆山地丘陵)和沿海平原两个区域,可以看出两地各有其建立在资源优势上的行业优势。矿冶、制瓷、造纸、制茶方面,内地山区占优势;制盐、纺织方面,沿海平原占优势。

二、从人口分布的角度考察宋代福建手工业的布局

人口分布与产业布局(包括农业、手工业、商业)是互为因果的,下面侧重分析人口分布在手工业(这里主要指专业化的手工业)布局形成过程中的作用。

手工业所能容纳的人口,其密集程度远高于农业。人口分布的疏密,是制约手工业布局的重要因素。

我们以北宋末年为例来看看宋代福建人口的分布状况。崇宁元年(1102年)福建路八州、军中,户数最多的是福州和泉州,均在20

---

① 《三山志》卷四一,《土俗类三·物产》。

万户以上,分别占全路总户数的近 20% 和近 19%。其次是福宁府(建州),有 19 万多户,占 18% 强。复次是南剑州,有近 12 万户,占 11% 强。又复次是漳州,有 10 万多户,占 9% 强。其余汀州、邵武军和兴化军,前二者各有 8 万多户,后者有 6 万多户,所占比重在 8% 至 5% 之间。① 按政和元年(1111 年)的政区划分,福、汀、漳三州面积最大,建、南剑二州位居其次,泉州又次之,邵武军复次之,兴化军最小。② 综合户数和面积两方面的情况来看,北宋末年福建人口密度以泉州、兴化军为最高,福州、建州次之,南剑州、邵武军又次之,漳州、汀州最低。大体上可以说,闽北、闽东和闽南北部的人口密度高于闽西和闽南南部。

但是,这种以州军为单位求出的人口密度,无法显示出同一州军中人口分布的差异。所以我们还必须根据各州军县治的位置,结合各地的地理环境和自然条件,进一步考察人口分布的疏密状况。

从下四州来看,县治位于沿海平原者远比位于内陆丘陵山地者为多。如福州 12 县,有 9 县分布于沿海平原;泉州 7 县,有 4 县分布于沿海平原。可见福建狭长的沿海平原,尤其是闽江下游的福州平原和晋江下游的泉州平原到宋代已成为人烟稠密之地。从上四州来看,大部分都位于山间的河谷盆地中。如建州 7 县中的 5 县;南剑州全部 5 县,均位于闽江水系各河谷盆地中。可见福建山区各盆地,尤其是闽北诸盆地,到宋代也已成为人口密集地区。总之,各州军内人口的分布是很不平衡的,人口多聚集于平原和盆地,丘陵和山地的人口则较为稀疏。

综上所述,宋代福建已形成几个人口较为密集的地带:(1) 福州(闽县、侯官)—长乐—福清—兴化军(莆田)—惠安—泉州(晋江);

---

① 参见梁方仲:《中国历代户口、田地、田赋统计》,上海:上海人民出版社,1980 年,第 157 页。

② 参见《中国历史地图集》第 6 册,北京:中华地图学社,1975 年,第 29~30 页。

(2)崇安—建阳—建州（建安）—南建州（剑浦）—沙县；(3)光泽—邵武军（邵武）—顺昌。在这几个地带，人口逐渐从点状分布过渡到线状分布。其他地区的人口相对来说较为稀疏，人口基本上还是点状分布。

上述人口分布的疏密状况如何制约着宋代福建手工业的布局呢？

首先，手工业生产具有集中的特点，特别是古代手工业，无一例外都是劳动密集型的，而宋代福建人多地少的程度为全国之最，在历次移民定居最多的闽北诸河谷盆地以及福、兴、泉等沿海平原，人地矛盾更十分尖锐。① 因此，在这些人口稠密地区，劳动力从农业转向手工业或其他行业，成为社会经济发展的必然趋势。在开发各地资源中建立起来的各手工行业，得到大量劳动人手的有力支持，更加蓬勃地发展起来，终于形成各自的分布格局，并进而形成各手工行业的综合布局。

从建州、南剑州的情况来看，沿着建阳溪（今建溪）、邵武溪（今富屯溪）及其支流，分布着一连串盆地，它们既是农业开发的中心，也是人口聚集的中心。② 当这里有限的可耕地垦辟殆尽，地主对土地的兼并又趋激烈时，劳动人手从农业中游离出来的情况便日益严重。蔡襄说："七闽之地……土地硗确，所居之地，家户联密，有欲耕而无尺土者。"他特别指出："建安之郡、延平之壤……强宗右族，力于兼并，游手惰农，因之以流荡。"③ 曾丰也说："闽地偏，不足以衣食之也，于是散而四方。"④ 这里不仅有跃迁扩散（迁往他路他州），而且有近邻扩散（在本州范围内迁徙）。这些人口以河谷盆地为中心向四周辐

---

① 参见陈衍德：《宋代福建人口问题》，载《人口与经济》1988年第3期。
② 参见陈衍德：《唐代福建的经济开发》，载《福建论坛（文史哲版）》1987年第5期。
③ 蔡襄：《蔡忠惠公文集》卷二四，《上运使王殿院书》。
④ 曾丰：《缘督集》卷一七，《送缪帐干解任诣铨改秩序》。

二 唐宋福建的社会经济

射,除一部分进入深山垦荒外,其余则转化为非农业人口,分布于农业区的边缘及四周。山区手工业的布局,便是在吸收这些劳动力的基础上形成的。这方面,矿冶业和制茶业表现得尤为明显。

宋政府鉴于闽地"山林险阻","无赖桀黠轻死冒利之人比于他路为多",①把募民开矿冶铸作为招抚流亡的一种手段。② 如南剑州"出铜、银,冶场凡三十余所,聚四方游黠"。③ 而矿冶业从找矿、采掘到选矿、冶炼,劳动都十分繁重,是一个能吸收大量劳动力的行业。因此,到元丰年间,建、剑二州遂成为福建矿冶业分布最密集的地区,共拥有金、银、铜、铁、铅等各类矿场(包括一场单产和一场数产)34所,占全路矿场总数的46％强。④ 宋廷设于建州的北苑茶焙,是专为皇帝精制名品的御用茶焙,每当采茶之际,就要雇佣"采茶工匠几千人"。⑤ 其制茶工序有采茶、拣茶、蒸茶、榨茶、研茶、造茶等十几道,⑥所需劳力之多,可以想见。从北苑一处,可以推知建州一千多处官、私茶焙所需要的劳动人手,数目当十分庞大。而采茶制茶的季节性又极强,工匠须临时雇佣。如果该地区不存在大量闲散劳力(包括在其他季节兼营别业者),⑦则宋代建茶的生产简直不可能进行。建、剑二州的其他手工行业,如造纸、制瓷等,也无一不是建立在劳力充足的基础之上的。

从福州、泉州的情况来看,这里和山间盆地一样也出现了人口扩散,所不同者,其扩散方向多朝沿海。这些迁徙人口除一部分开发沿海滩涂和岛屿,继续从事农业外,其余亦转事他业,散居沿海各地,从

---

① 民国《福建通志》总卷一,《通纪·宋一》。
② 参见陈衍德:《宋代福建矿冶业》,载《福建论坛》1983年第2期。
③ 蔡襄:《蔡忠惠公文集》卷三四,《尚书都官员外郎致仕叶府君墓志铭》。
④ 据《宋会要辑稿·食货》三三,《元丰九域志》卷九,《福建路》;《宋史》卷八九,《地理志五·福建路》等综合统计得出。
⑤ 庄绰:《鸡肋篇》卷下。
⑥ 赵汝砺:《北苑别录》。
⑦ 韩元吉:《南涧甲乙稿》卷一八,《建宁府劝农文》。

而促使了沿海手工业布局的形成。这方面,造船业表现较为突出。

苏辙说,福州"工商之饶,利尽山海,然以地狭,故民多不足"。①谢履《泉南歌》曰:"泉州人稠山谷瘠,虽欲就耕无地辟。州南有海浩无穷,每岁造舟通异域。"②反映了福、泉二州农业人口向工商业、特别是造船业转移的情况。建造海船在当时是一项耗资巨大的事业,③必须雇佣许多工匠。而福建沿海,尤其是福、泉二州所造海船数目又十分巨大。仅绍兴十年(1140年)闰六月,南宋政府一次就在福州"大治海船至千艘"。④ 如果没有散处沿海各地的工匠和游手,造船业要形成如此巨大的生产能力是不可想象的。当时福建造船业之所以多聚集于闽江和晋江入海口一带,⑤除了作为造船材料的山区木材顺流而下、运输方便之外,此二地区劳动力资源丰富也是重要原因。福、泉二州的其他手工行业,如制盐等,亦建立于劳力充足的基础之上。

总之,人口稠密地区劳力资源丰富,存在非农业人口的就业问题,因此手工业作业点在资源条件允许的情况下,多聚集于这些地区及其附近。

其次,人口相对稀疏的地区虽然也面临着可耕地短少(主要是山田垦辟不易)的问题,但人地矛盾远非人口稠密地区那么严重。劳动力从农业转向手工业或其他行业的要求也就不那么迫切,因此一般没有形成密集的手工业布局。个别地区虽然居于资源优势而形成某一行业的优势,但也没有出现如人口稠密地区那样的多种行业同步发展的局面。

---

① 苏辙:《栾城集》卷三〇,《林积知福州》。
② 《舆地纪胜》卷一三〇,引《泉南歌》。
③ 《续资治通鉴长编》卷三四四,元丰六年四月丁未条载,某海商死亡,其船作价二千缗。
④ 《续宋编年通鉴》。
⑤ 见《三山志》卷七《公廨类三》所载庆历、治平、淳熙年间福州船务、场、所的分布。又,泉州湾为宋代海船建造基地亦为考古发掘所证实。

从人口密度最低的漳、汀二州来看。漳州户数约当泉州之半而面积却比泉州大。漳州南部的漳浦县一带,人口尤为稀疏,经常有成群的野象出没。① 因此漳州的手工业作业点分布是十分稀疏的,除有矿场 5 所、盐场 4 所外,制瓷、造纸、制茶几乎是空白,造船业也不甚发达,唯有棉织业分布较广。汀州的面积比邵武军大一倍以上,户数却比邵武军少,史称汀州"在深山穷谷之中",②是福建路人口密度最低的州。汀州因矿藏资源丰富,拥有的矿场数目仅次于南剑州而位居福建路第二,然其产量却位居第五。③ 汀州所属诸县虽均产茶,但制茶量仅占全路百分之几。④ 汀州手工作业点的分布虽不十分稀疏,但生产能力都相当有限,归根结底在于受投入劳动量的制约。

综上所述,宋代福建手工业分布的疏密,与人口分布疏密基本上是一致的。

三、从市场分布的角度考察宋代福建手工业的布局

封建社会的手工业,尤其是民间手工业,基本上是商品生产,因此,手工业布局与市场分布关系密切。下面着重分析市场在手工业布局形成过程中的作用。

首先,市场的集散功能吸引手工业向市场集聚,形成市场在空间上与手工业集聚的城镇相互重叠。宋代福建手工业市镇的形成,无一不体现了市场的种种作用。以印刷业著称的建州建阳县麻沙镇,便是一例。宋代福建与北方的陆路交通线主要有两条。一条是经崇安县分水关至江南东路铅山县河口,河口为南北商货集散之地。建

---

① 彭乘:《续墨客挥犀》。
② 《两朝纲目备要》卷一,《光宗纪》。
③ 据《宋会要辑稿·食货》三三;《元丰九域志》卷九,《福建路》;《宋史》卷八九,《地理志五·福建路》等综合统计得出。
④ 《宋会要辑稿·食货》二九之三;之四。

阳与崇安有建溪相连,两地交通畅达,位于其西侧的麻沙遂得其利。另一条是光泽县杉关至江南西路建昌军,建阳至邵武乃宋代闽北交通走廊,麻沙位于它的中点,西走邵武北上光泽极为便利。优越的地理位置使麻沙易于成为货物集散地,促使闽北印刷业向该处集聚,从而使麻沙镇成为书籍印刷和销售的中心。①

其次,市场决定着生产规模,从而也决定了地区手工业布局的容量。宋代福建手工业规模的大小,在很大程度上取决于市场对商品的吸收能力,因此手工业的区位选择和区域布局,也在很大程度上以市场供求为转移。例如泉州冶铁业的生产规模是较大的,山区各铁矿的开发与国内外对生铁、铁制品的需求,便是以泉州港为中介而联系起来的。北宋时泉州有铁场4所,占全路的40%。清溪县(今安溪县)青阳场置于咸平二年(999年);永春县倚洋场置于庆历六年(1046年);德化县赤水场、五华场分别置于嘉祐八年(1063年)和熙宁八年(1075年)。② 虽然泉州市舶司正式设于元祐二年(1087年),但早在此前,"泉人贾海外,春去夏返"③的情况已大量存在。此后泉州各县所产铁鼎、铁针及生铁更是"海舶飞运",畅销南洋。④《安溪县志》将铁列为古代输出海外"东南夷人"的"五大物产"之一。国内对泉铁的需求量亦大。庆历时两浙运司奏,当地"自来不产铁,并是福、泉等州转海兴贩"。⑤ 绍兴时"福建路产铁至多,客贩遍于诸郡",⑥泉铁亦占相当比例。以泉州港为渠道而形成的海内外广阔的销售网,极大地促进了戴云山麓冶铁业生产规模的扩大及其分布格局的形成。

---

① 方品光:《浅谈福建古代的刻书》,载《福建师范大学学报》1978年第1期。
② 《宋会要辑稿·食货》三三之三。
③ 《永乐大典》卷三一四一,陈瓘:《先君行述》。
④ 赵汝适:《诸蕃志》。
⑤ 《三山志》卷四一,《土俗类三·物产》。
⑥ 《建炎以来系年要录》卷一七七,绍兴二十七年五月庚午。

最后,手工业布局过程中对行业结构的选择,是以市场上产品供求情况为依据的。在一个地区内,当一种商品的消费刺激了与之相关的其他商品的需求时,生产这种商品的行业会带动相关的行业共同发展,从而形成地域组合基础上的行业组合。例如,茶叶的消费刺激了饮茶器具的需求,蔡襄《茶录》曰:"茶色贵白……建安人开试,以青白胜黄白。"又曰:"茶色白,宜黑盏。建安所造者绀黑……最为要用,出他处者……皆不及也。"建茶的消费刺激了对黑瓷的需求,于是制茶叶带动了制瓷业的发展,从而形成建州手工业布局中具有特色的制茶与制瓷的行业组合。当一个行业以另一个行业的产品为生产资料时,市场的作用也会使这两个行业互为促进,协调发展,并形成二者的行业组合。例如印刷业与造纸业,建州一带生产的竹纸称扣纸,有建阳扣者,"土人呼为书纸,宋元麻沙板书,皆用此纸。"①被生产资料市场联系起来的造纸业和印刷业,便在建州手工业布局中形成了颇具特色的行业组合。

综上所述,市场对手工业在空间的集聚,对地区手工业布局的容量以及布局中行业结构的选择,均发生着重要的乃至决定性的影响。

手工业生产力布局的形成,有赖于具有地区差异的自然、社会、经济诸条件。在古代,无论哪一个手工行业,自然界均作为环境和资源参与着。手工业布局这一人类主观努力的产物,是在自然界所提供的客观基础上形成的。自然界先天的地域差异,被纳入了人类后天的地域分工之内。② 人作为劳动者,是手工业生产力的最重要的组成部分,其分布对于手工业布局的意义是不言而喻的。人口的集聚和扩散,或成点状分布,或成线状分布,都对手工业布局产生深刻

---

① 民国《福建通志》总卷二三,《物产志》卷二,《纸类》。
② 参见杨吾扬、梁进社:《地域分工与区位优势》,载《地理学报》第43卷第3期,1987年。

的影响。作为商品的手工业产品,是为满足市场的需要而生产的,各地的生活资料与生产资料市场对产品种类和数量的需求不同,也制约着各种手工业的分布和规模。宋代福建手工业的布局,便是资源、人口、市场三方面因素综合作用的结果。

(原载《中国社会经济史研究》1989年第1期)

宋代福建矿冶业

两宋时,福建呈现出一派"矿石云涌,炉炭之焰,未之有熄"的景象,①矿冶业有了迅速的发展,并在全国占有重要的地位。本文拟就宋代福建矿冶业的发展概况、原因和影响做一些初步的探索,以期为发展我省矿冶业提供历史借鉴。

一、福建矿冶业发展的原因

矿冶生产,福建古已有之。福州古称"冶城",即"以越王冶铸为名"。② 中唐以后,福建矿冶业虽有一定发展,但在全国仍不著名。五代时,王审知治闽,"三十年间,一境晏然",③福建经济开始逐步发展,矿冶业也渐次勃兴。

入宋以后,福建矿冶业便迅速发展起来。究其原因,从全国来说,首先,北宋的统一,结束了五代以来割据与混乱的局面,使全国经

---

① 李觏:《直讲李先生文集》卷一六,《富国策第三》。
② 《太平寰宇记》卷一○○,《江南东道一二·福州》。
③ 《旧五代史》卷一三四,《王审知传》。

济得到恢复和发展。由于农业和手工业的持续发展,需要越来越多的金属工具,而一些新发明和革新的金属工具的涌现,如踏犁、鐾刀等,都使农业和手工业部门对金属的需求日益增长。其次,商品经济日趋发达,货币需求量日益增大,"钱币底铸造,历代中便以宋代最为繁多",①以及统治阶级竞尚奢靡,"乘舆之器,享燕之用,内赏赐群臣,外交通四夷,必不可毋用金银",②而外患迭起,边事频繁,兵器盔甲亦大有消耗。凡此种种,无不极大地刺激了矿冶生产。加以科学技术的进步,政府的提倡,矿冶业便很快兴旺发达起来。以福建而论,则又有其特殊原因:(1)"闽地负山滨海,平衍膏腴之壤少而崎岖硗确之地多,民之食出于土田而尤仰给于水利"。③ 有宋一代,福建沿海和山区不断得到开发,人们兴建梯田,围海造田,兴修水利等等,都需要使用大量的铁工具。(2)入宋以后,福建对外贸易日益兴盛,银铜铁器"海舶飞运",④深受南洋各国欢迎,⑤而"铜钱之泄尤甚",⑥官府禁不胜禁。此二因素对福建矿冶生产的刺激作用,无疑十分巨大。(3)福建矿物资源十分丰富,"有银、铜……之产"。⑦ 闽北的多金属矿群,银、铅的含量尤富。⑧ 泉州则以"锭铁之数"而著称。⑨ 这是福建矿冶业发展的物质基础。(4)唐末以后闽地人口成倍增加,"地狭人稠"⑩的情况迫使大批农民转而从事各种手工业劳动,而矿

---

① 王志瑞:《宋元经济史》,上海:商务印书馆,1935年,第84页。
② 李觏:《直讲李先生文集》卷一六,《富国策第三》。
③ 顾炎武:《天下郡国利病书》卷九一,《福建一》。
④ 《宋史》卷一八六,《食货志下八·互市舶法》。
⑤ 赵汝适:《诸蕃志》卷上,"阇婆国"等条。
⑥ 《宋史》卷一八六,《食货志下八·互市舶法》。
⑦ 《宋史》卷八九,《地理志五·福建路》。
⑧ 夏湘蓉等:《中国古代矿业开发史》,北京:地质出版社,1980年,第293页。
⑨ 夏湘蓉等:《中国古代矿业开发史》,北京:地质出版社,1980年,第232页。
⑩ 《宋史》卷一七三,《食货志上一·农田》。

藏的丰富使得人们"尤取资于坑冶";①政府鉴于闽地"山林险阻,连亘数十里,无赖桀黠轻死冒利之人比于他路为多",②也把募民开矿作为招抚流亡的一种手段,这都为矿冶业提供了大批劳动力。综上所述,宋代福建矿冶业之繁荣昌盛,实为势所必然。

二、福建矿冶业的规模和特色

北宋初期,福建矿冶业颇具规模,有银场二十七处,铁场二十处,铜、铅场各二十八处,均居全国首位。③

宋初至熙宁、元丰年间(1068—1085年)是全国矿冶业的上升时期,也是福建矿冶生产发展最快的时期,其间福建增设矿场相当多,占据全国重要地位。见表1(另有表3显示全国各路矿场设置情况)。

表1 宋初至元丰初福建路矿场设置表

	金	银	铜	铁	铅	锡
矿 场 数 目	4	72	44	11	31	5
在全国所居位次	2	1	1	2	1	4
占全国总数的%	26.7	37.5	62.0	13.9	39.7	8.1

注:1.本表根据:银、铜据胡寄馨:《宋代银铜矿考》(《社会科学》第2卷第1、2期合刊,1936年);金、铁、铅、锡据《宋会要辑稿·食货》三三及《元丰九域志》,并参考《宋史·地理志》。
2.在全国所居位次及占全国总数的百分比参见表3。

与宋初相比,原无金、锡矿场的福建此时也设置了金场四处、锡场五处。银、铜、铅场则分别增加了166%、57%和11%,都居全国首

---

① 顾炎武:《天下郡国利病书》卷九一,《福建一》。
② 民国《福建通志》总卷一,《通纪·宋一》。
③ 《文献通考》卷一八,《征榷考五·坑冶》。

位。唯有铁场减少多处。

宋代福建路矿冶的产量史籍没有明确记载,只能从岁课量中推算出来。北宋熙、丰年间有关史料曾对各路岁课分别作了统计,见表2(另有表4显示全国各路金属矿岁课情况)。

表2 熙宁、元丰年间福建路金属矿岁课表

		岁课量	在全国所居位次	占全国总岁课量的%
金(两)	熙宁年间	167	2	2.2
	元丰元年	151	3	1.4
银(两)	熙宁年间	45869	4	11.1
	元丰元年	69000	1	32
铜(斤)	熙宁年间	462197	2	4.3
	元丰元年	380542	3	2.6
铁(斤)	熙宁年间	31581	9	0.6
	元丰元年	32652	9	0.6
铅(斤)	熙宁年间	972162	2	11.7
	元丰元年	1095459	2	11.9
锡(斤)	熙宁年间	—		
	元丰元年	—		

注:1. 本表根据《宋会要辑稿·食货》三三。
  2.《宋会要辑稿·食货》三三中,"(元丰)元年收"若干之上均有"原额"若干,考"原额"之年代当为熙宁年间,详见表4注2。
  3. 宋代一两合37.30克;一斤合596.82克(据吴承洛:《中国度量衡史》)。
  4. 在全国所居位次及占全国岁课总量的百分比参见表4。

从表2可以看出,元丰元年(1078年)与熙宁年间(1068—1077年)相比,金、铜岁课额减少而银、铁、铅增加。特别是银,在全国总课额比过去减少近一半的情况下,福建反而增长了50%,其所占全国比例也从 11.1% 跃至 32%,位居第一。铅课额亦颇可观,仅次于广南东路而位居第二,其增长幅度亦大于全国。此外,金、铜亦均名列全国第三,铁在全国也算中等水平(以上均参见表4)。不过,锡场已于熙、丰间全部停闭,所以无课额可计。总之,熙、丰间福建已成为全国主要矿区之一,而银、铅之产量尤高,其生产规模与唐代相比,实有天壤之别。

现在我们试从上述所列的一些金属的岁课额,推算一下当时的产量。根据"金银坑场……十分为率,官收二分,其八分许坑户自便货卖"的"熙丰法",①可知其税率为20%;又据熙、丰年间(山东)莱芜吕氏冶铁坊自用发卖的情形,可知除铜以外的其他金属政府均允许"自便货卖"。② 据此,我们可以推知,元丰元年福建路下列金属的产量分别为:金 755 两;银 345000 两;铜 380542 斤;铁 163260 斤;铅 5477295 斤。在距今近一千年的古代,这些产量应该说是相当可观的。还应该指出,因为当时政府无法完全禁止私自采炼,其实际产量,当比这些统计数字更高一些。其中,铜的产量,因为它是当时铸币的主要原料,政府除抽分而得课税之外,其余亦全部收购,不得自由买卖,所以铜课量即原铜的产量。③

蓬勃发展的宋代福建矿冶业具有自己的特点:

首先,开发范围。八州、军中只有辖区最小的兴化军④无矿场设置,其矿场分布率高达 87.5%,为全国之冠(矿冶业堪称发达

---

① 《宋会要辑稿·食货》三四之一六。
② 华山:《宋代的矿冶工业》,载《山东大学学报(历史版)》1959 年第 2 期。
③ 胡寄馨:《宋代银铜矿考》,载《社会科学》第 2 卷第 1、2 期合刊,1936年。
④ 据《宋史》卷八九,《地理志五·福建路》,各州、军所辖县数分别为:福州十二,建州七,泉州七,南剑州五,漳州四,汀州五,邵武军四,兴化军三。

表3 宋初至元丰初全国各路矿场设置表

矿场数目＼矿场种类＼路别	金	银	铜	铁	铅	锡
京东东	1	1		1		
京东西				2		
京西北		1		1		1
京西南		3		2		2
河北东						
河北西		1		5		1
河 东	1	1		3		
永兴军		5	2	8	1	9
秦 凤		16	2	4		
淮南东						
淮南西						
两 浙		9	2		6	3
江南东	5	5	3	3	2	
江南西	1	9	5	17	2	8
荆湖北	1				1	1
荆湖南		24	5	4	2	2
福 建	4	72	44	11	31	5
利 州			1	1		1
夔 州						
潼川府			1	6		
成都府			1			
广南东	1	38	5	10	30	28
广南西	1	7		1	3	1
合 计	15	192	71	79	78	62

注：本表根据与表1同。

表4 熙丰年间全国各路金属矿岁课表

类别 路别	金(两)		银(两)		铜(斤)	
	熙宁年间	元丰元年	熙宁年间	元丰元年	熙宁年间	元丰元年
京 东 东	8050	9582	412	637		
京 东 西						
京 西 北						
京 西 南	66	57	720	400		
河 北 东						
河 北 西						
河 东						
永 兴 军	39	56	44370	32602	7417	6392
秦 凤			79529	5584	9019	9019
淮 南 东						
淮 南 西						
两 浙			9821	5492	68566	47511
江 南 东	34	35	105550	37202	740	1608
江 南 西			12901	7588	674	130
荆 湖 北						
荆 湖 南	132	84	47258	33001	5647	1082684
福 建	167	151	45869	69000	462197	380542
利 州					154049	277328
夔 州						
潼 川 府					365	365
成 都 府						
广 南 东			45516	23911	10002795	12808430
广 南 西			754	20028	3684	
合 计	7597	10710	411420	215385	10711466	14605969

铁(斤)		铅(斤)		锡(斤)	
熙宁年间	元丰元年	熙宁年间	元丰元年	熙宁年间	元丰元年
7455	8065				
696000	550000				
69360	84410	1572	696		
3530674	4144202	500891	951997		
728282	258384				
152050	168850				
77380	85068	13513	9736		
		121635	282590		
3133	3133	25363	1320		
130481	100808	5193	3985	592682	454380
504	504	115243	205164	237769	248354
31581	32652	972162	1095459		
7006	7549				
52531	52831	3918287	3202777	1132589	1619173
500	860	92199	48893		
5482770	5501097	8326737	9197335	1963040	2321898

注:1. 本表根据与表2同。
2. 参见表2注2,"原额"之年代为熙宁年间。因为,全国"原额"总量与至道、天禧、皇祐、治平间全国总岁课量(见《文献通考》卷一八,《征榷考五·坑冶》均不符;又,有些矿场的设置年代为熙宁年间(见《宋会要辑稿·食货》三三之一~一七)。

的广南东路,其矿场分布率亦仅80%[①]。因此,开发范围极其广泛,是福建矿冶业的一个特点。

其次,矿场种类。许多矿场都是数种金属并产,其中,银铜铅锡并产二场;银铜铅并产十六场;银铜锡并产二场;银铅锡、铜铁铅、金银铅并产各一场;银铜并产十五场;银铅并产六场;铜铅并产二场;金铜、金银并产各一场。合计共四十八场,占福建矿场总数的51%,[②]在全国亦名列前茅(广南东路相同的比例为30%[③])。因此,数种金属同场并产的现象比较普遍,是福建矿冶业的另一个特点。

再次,矿场规模。据有关资料,并参阅《宋会要辑稿·食货》三三,可知元丰元年建州八铜场共产铜71260斤,平均每处不到一万斤;福州二铜场是年共产铜95308斤,平均每处亦不过四万多斤。又元丰初以前福建路共设铜场四十四处,广南东路共设铜场五处,而元丰元年福建铜课量仅及广东的3%。福建各铜场规模之小,由此可见。再看铅矿,元丰初以前闽、粤所设场数大致相同(闽三十一,粤三十),然元丰元年闽铅课量仅及粤之34%,足见福建铅场之规模亦不大。综观福建各金属矿场数目与各金属矿岁课量在全国所占之比例,后者远低于前者(以上参见表1~表4)。因此,大多数矿场规模不大,是福建矿冶业的又一个特点。

---

① 据《宋史》卷九〇,《地理六·广南东路》,该路共十五府、州,其中十二府、州有矿场之设置。

② 以各类金属分别统计,福建共有167场。然数种金属同场并产者实为一场,故福建实有94场。

③ 广南东路实有83场,其中数种金属同场并产者24场(根据与表3同)。

最后，矿场兴废情况。北宋末叶，由于官府控制和剥削的加强以及各地矿源久经大量开采普遍发生产量递减成本递增的现象，全国矿冶业由盛转衰。① 福建矿冶生产也从熙、丰年间的高峰上跌落下来。但是，其衰落程度不如别地严重，新矿场仍时有兴发，如元祐中兴发的宁德宝瑞银场，至靖康中虽关闭了 3/4 的矿坑，"岁犹收千二百六十七两"，②福州各县政和以后兴发的铁坑为数亦不少。③ 到了南宋初期，全国矿冶业进一步衰落。旧有矿场或矿源枯竭，或毁于战火，"铜铁铅锡坑冶者……渡江后，其数日减"。④ 绍兴三十二年（1162 年）全国矿场停废率竟高达 43%，是年福建矿场的停废率仅 19%，可见其衰落幅度远低于全国。此后福建除有些旧矿场仍继续开采外，新矿场也不断兴发。如福州各县于绍兴、乾道、淳熙年间（1131—1189 年）共兴发铁场十九处，且大多有实际课额。⑤

还可以从持续生产能力来看福建矿冶业的另一个特点。南宋的矿冶产量，从全国来看，绍兴间矿场数虽多于北宋，其产量却不如北宋；乾道间产量继续大幅度下跌。就福建来说，总的趋势也是下降，据统计，南宋初福建铜、铁、铅产量分别为元丰元年的 28.5%、122.5%、5.1%，全国同样的百分比则分别为48.3%、39.3%、34.9%。乾道二年（1166 年）福建铜、铁、铅产量分别为南宋初的 11.4%、100%、23.2%，全国同样的百分比则分别为 3.7%、40.7%、6.0%。南宋初福建铜、铅下降的幅度大于全国，此后则小于全国。南宋初福建铁即超过元丰元年，此后亦无下降，而全国则一降再降。可见全国矿产下降的幅度是越来越大，而福建下降的幅度是越来越小。再以福建和他路相比较：元丰元年荆湖南路的铜产量近三倍于福建，至乾道二年

---

① 《宋会要辑稿·职官》四三之一二七，政和二年十二月十六日尚书省言。
② 《三山志》卷一四，《版籍类五》。
③ 《三山志》卷一四，《版籍类五》。
④ 李心传：《建炎以来朝野杂记》甲集卷一六。
⑤ 《三山志》卷一四，《版籍类五》。

其铜产量仅及福建的28%。上述情况表明,新矿源不断发现,新矿场不断兴发,具有较强的生产潜力与持久力,是两宋福建矿冶业的又一特点。

在此还须稍提一下的是,宋代福建矿冶业开采的技术水平是相当先进的。在采掘方面,已采用了"烧爆法",即利用热胀冷缩的原理对矿石火烧、水泼而使其剥落,其效率数倍于人工挖掘。在冶炼方面,炼银的"吹灰法",炼钢的"灌钢法"和炼铜的"胆水浸铜法"等,也得到了应用。

三、福建矿冶业的经营方式

宋代矿冶业的经营方式大致可分为三类:官营、半官营及民营。官营矿冶劳动生产率低而获利甚微,故设置甚少。民营矿冶或为百姓、商人非法私自采炼;或为政府在矿苗细微和发生饥荒时放任私采。① 此外,王安石变法期间曾提倡过私人开采,但其数量并不多。大量存在的是半官营矿冶,又称"官督民办",即在官府监督下,以私人力量进行采炼。它与官营的区别在于,政府并不直接参与生产的组织与管理;它与民营的区别在于,政府派出官员进行监督,并掌握其大部分产品的支配权。以下着重论述福建半官营与民营矿冶的生产关系。

"宋初,旧有坑冶,官置场、监;或民承买,以分数中卖于官。"② 就是说,或官府设监、冶、场、务,招人采炼;或由有财力之人租下官地,进行采炼。这是宋初较普遍的两种经营方式。大抵置监之处必有

---

① "政和元年,张商英言:'湖北产金,非止辰、沅……其峡州夷陵、宜都县……皆商人淘采之地'";"靖康元年,诸路坑冶苗矿既微……悉令蠲损……";"景祐中,登莱饥,诏弛金禁,听民采取,俟岁丰复故。"(《宋史》卷一八五,《食货志下七·坑冶》)。

② 《宋史》卷一八五,《食货志下七·坑冶》。

冶,设务之处多有场。① 监、务的官员只对场、冶等生产单位起监督作用,并向其课税、征购,而不对其生产负责,至多不过预支给本钱而已。② 由民承买者亦须接受官府监督。不论是被招致者还是承买者,均须预定每年采炼的数额,尔后据此数额缴纳分成租,其余的或全部或部分以官定价格卖给政府,称"中卖",就政府方面而言,称"和买"或"拘买"。③ 可见,此两种经营方式均属半官营性质。

宋初,政府对矿冶生产的控制尚不太严,有时还允许民间私采。④ 对徒有虚名而课额犹存的矿场亦予以裁撤,如至道元年(995年)太宗从福建转运使牛冕之请,下令停闭"虚有名额,并无坑井"而困扰百姓的邵武军归化县金场,"工匠悉放归农"。⑤ 对矿冶产品流通的控制亦不太严,直至庆历初,民间兴贩仍颇兴盛,福建从海路贩往两浙的生铁数量相当可观,⑥即为一例。可见此时福建官府对铁的拘买量尚不多,否则闽铁大量外贩的情况就不可能出现。

熙、丰年间,曾实行一种"二八抽分制"的办法,"召百姓采取,自备物料烹炼。官收二分,其八分许坑户自便货卖"。⑦ 即官府只收取坑户20%的产品作为税收,其余皆许坑户自由发卖。又熙宁八年(1075年)曾"令近坑冶坊郭乡村并淘采烹炼,人并相为保,保内及于

---

① 夏湘蓉等:《中国古代矿业开发史》,北京:地质出版社,1980年,第86、89页。
② 《宋会要辑稿·食货》三四中屡有"召百姓采取,自备物料烹炼"、"其告发人等坑户,自备钱本采炼"、"检踏官吏……支给本钱"等记载,反映了这种情况。
③ 华山:《宋代的矿冶工业》,载《山东大学学报(历史版)》1959年第2期。
④ "至道二年,有司言:'定州诸山多银矿,而凤州山铜矿复出……请置官署掌其事。'太宗曰:'地不爱宝,当与众庶共之。'不许。"(《宋史》卷一八五《食货志下七·坑冶》)
⑤ 《宋会要辑稿·食货》三四之一三。
⑥ 《三山志》卷四一,《土俗类三·物产》。
⑦ 《宋会要辑稿·食货》三四之一六。

坑冶有犯，知而不纠或停盗不觉者，论如保甲法"。① 显然，这是将保甲法推行于坑冶户之中，而不是派官监督。可见此法实为民营法。它作为王安石变法的一项经济政策，对矿冶生产的推动是不容忽视的。由于坑冶户在生产上获得了较大自由，并能支配其大部分产品，因而生产积极性大为提高，从而促使熙、丰年间的矿冶生产趋于鼎盛。全国的铜、铅、锡产量此间均达到历史最高水平，②福建的银、铁、铅产量则在数年内分别增长了 50.4%、3.4% 和 12.7%（见表2）。或称此法"经久可行，委实利便"，③实非过誉。然而此法在各地推行的情况不甚一致，有的地方仍派官监督，如福州永福县黄洋场与长溪县玉林场分别于熙宁五年（1072年）和七年（1074年）"置监官"，④这些地方实行的只能算是不完全的民营法。

随着王安石变法的失败，矿冶民营法也被废止了。⑤ 北宋末年，政府"广搜利穴，榷赋益备"，⑥视矿冶业为弥补亏空与填塞欲壑之重要财源，对其控制变得严厉起来。大观二年（1108年），令知县、县丞兼监坑冶。⑦ 政和八年（1118年），"令诸路铁仿茶盐法榷鬻……私相贸易者禁之"。⑧ 而福建某些地方实行榷铁则更早，如福州长溪县师姑洋坑政和三年（1113年）"佃户岁二分抽收铁七百斤，八分拘买二千八百斤"。⑨ 因"承买者立额重，或旧有今无，而额不为损"，⑩致

---

① 《宋史》卷一八五，《食货志下七·坑冶》。
② 将至道、天禧、皇祐、治平年间各金属矿岁课量（见《文献通考》卷一八，《征榷考五·坑冶》）与熙、丰年间各金属矿岁课量（见表4合计栏）相比较，即可显见。
③ 《宋会要辑稿·食货》三四之一六。
④ 《三山志》卷一四，《版籍类五》。
⑤ 华山：《宋代的矿冶工业》，载《山东大学学报（历史版）》1959年第2期。
⑥ 《宋史》卷一八五，《食货志下七·坑冶》。
⑦ 《宋史》卷一八五，《食货志下七·坑冶》。
⑧ 《宋史》卷一八五，《食货志下七·坑冶》。
⑨ 《三山志》卷一四，《版籍类五》。
⑩ 《宋史》卷一八五，《食货志下七·坑冶》。

使坑户得不偿失,故福建出现了无人承买的现象。如福州古田县宝兴场铜坑建中靖国元年(1101年)兴发,"岁课六十一千五百文省,后歇,累减分数,竟无佃者"。① 政府加强剥削与控制,已开发的矿源又不少趋于衰竭,故北宋末叶各地矿冶业便由盛转衰了。

南宋初,政府为振兴矿冶业,曾于一些地区恢复过"二八抽分制"。② 福建有无实行,不见记载。即使有,时间亦不长,官府很快又加强了剥削。隆兴初,建宁府瑞应场所产银,官府"与坑户三七分之,官收三分,坑户得七分;铅从官卖,又纳税钱,不啻半取矣"。③ 炼银用的铅须从官买,买铅要纳税钱,这样,连同"官收三分"的实物税,剥削量是很重的。

但是,此时矿冶业的生产关系也出现了一些值得注意的变化。如北宋末年在福建个别地方出现的定额税制,④此时被推广开来。以福州长溪县为例,坑户有纳定额税钱的,如"东山小乾铁砂坑,淳熙三年(1176年),佃户岁输钱二万二千五百五十文省";⑤冶户也有按其生产能力大小而缴纳不等的定额税钱的,如该县"高炉八,岁输各三千一百一十七文省;平炉四,岁输各一千九百五十文省;小炉一,岁输一千三百文省"。⑥ 定额税取代分成税,货币税取代实物税,无疑都是一种进步。

南宋官府对矿冶业生产的监督比较严密。《宋会要辑稿·食货》三四载,嘉定十四年(1221年)七月十一日臣僚所言福建某铜矿的情形,就是一个典型:"……旧来铜坑必差廉勤官吏监辖,立'隔眼簿'、'遍次历',每日书填:某日有甲匠姓名,几人入坑及采矿几箩出坑;某日有矿几箩下坊碓磨;某日有碓了矿末几斤下水淘洗;某日有净矿肉

---

① 《三山志》卷一四,《版籍类五》。
② 《宋会要辑稿·食货》三四之一六。
③ 赵彦卫:《云麓漫钞》卷二。
④ 《三山志》卷一四,《版籍类五》。
⑤ 《三山志》卷一四,《版籍类五》。
⑥ 《三山志》卷一四,《版籍类五》。

几斤上炉烹炼。然后排烧窑次二十余日。每铜矿千斤,用柴炭数百担,经涉火数敷足,方始请官监视,上炉匣成铜……每日抄转簿、历,逐季解赴泉州稽考……"①这样,坑冶户组织和管理生产的权力受到了越来越多的限制,其生产积极性也就越来越小了。

  南宋时期福建的坑冶户又可分为两类。一类是所谓"有力之家",即有财力的地主豪绅。他们以租佃的方式从官府取得开采权,自备工本进行采炼,以产品卖纳入官或缴纳定额税钱。②他们本人当然并不参加生产,是招致工匠替他们采炼的。这些工匠的情况又有不同。一种是网罗来的无业游民和破产农民,他们除了经济上受主人剥削之外,人身上还对其存在有一定的依附关系;③一种是雇来的工匠,主人对他们是付给工钱的。④这种"有力之家"经营的矿冶业,其内部已有一定程度的分工。⑤另一类坑冶户本身即劳动工匠,他们多是"无籍之徒"⑥被官府招致,预支给本钱,进行采炼,官府拘

---

  ①　《宋会要辑稿·食货》三四之二三～二四。

  ②　"官地给有力之家……自备钱本采炼,卖纳入官。"(《宋会要辑稿·食货》三四之一九)"(宋)高宗、孝宗时福州还有一些铜、铁、铅矿,由所谓'有力之家'的坑户向官府承佃经营,交纳定额的税钱。"(蔡美彪等:《中国通史》第5册,北京:人民出版社,1978年,第376页)

  ③　淳熙年间舒州汪革"招合流徒"冶铁,后来这些"逋逃群盗"还随他起兵抗官军(见岳珂:《桯史》卷六,"汪革谣谶"条),说明其间实有依附关系。福建的"有力之家",与网罗来的无业游民、破产农民之间的关系,本质上与此同。

  ④　广东韶州岑水场的坑户(相当于福建的"有力之家")以卖铜所得钱付"雇工价"(见《宋会要辑稿·食货》三四之二二),虽无福建矿冶业在经营中雇工付值的明确记载,但以福建矿冶业的发展水平及商品经济发展水平不亚于广东,且矿冶业中已出现货币税而论,雇工付值之现象当亦存在。

  ⑤　见《云麓漫钞》卷二所载,南宋时建宁府瑞应银场之采炼过程;又见《宋会要辑稿·食货》三四之二三～二四所载嘉定十四年七月十一日臣僚言福建某铜矿之生产情形。

  ⑥　《宋会要辑稿·食货》三四之二四。

买产品偿付其值时扣除本钱。① 他们的生产规模比"有力之家"小得多。如淳熙元年(1174年)福州古田县坑户李某仅纳铅二十斤,② 故其内部不可能有细致的分工。官府对上述两类坑冶户都重加盘剥。"有力之家"由于负担繁重的课额和贪官污吏的敲诈勒索境况愈益艰难。③ 至于本身即劳动工匠的坑冶户其处境就更为悲惨了。④ 这样,坑冶户得不到实际的经济利益,矿冶生产便失去了持续发展的动力。这就是宋代福建矿冶业无法累进地发展的根本原因。

四、福建矿冶业发展的影响

宋代福建矿冶业的发展对社会经济所起的促进作用是十分显著的。

首先是促进了农业的发展。铁产量的增加,冶炼技术的进步,使得铁农具在数量、质量上都有了很大提高,人们得以广泛地使用优质铁农具来兴建梯田、围海造田,从而大大扩展福建的耕地面积。元丰年间,福建路垦田已达110919顷90亩。⑤ 宋时福建兴建水利工程之多,居全国之冠,⑥ 这与铁工具的普遍使用关系甚大。

其次是促进了手工业的发展。如铸钱业,唐时"天下炉九十九"

---

① "冶户无力兴工,许借常平司钱,俟中卖,于全价内克留二分填纳。"(《宋会要辑稿·职官》四三之一四四)

② 《三山志》卷一四,《版籍类五》。

③ "诸处检踏官吏大为民殃,有力之家悉从辞避……间有出备工本为官开浚……未享其利而讹徒诬胁,检踏官吏方且追加重囚,黥配估籍,冤无所诉。"(《宋会要辑稿·食货》三四之二三)

④ "检踏官吏既加虐遇,而坑户复非土著,又不及时支给本钱……一听官吏掊剋,所得一半本钱,坏销解放之外,尚觊余利赡食。"(《宋会要辑稿·食货》三四之二四)

⑤ 《文献通考》卷四,《田赋考四·历代田赋之制》。

⑥ 唐代福建兴建水利工程仅29项,而宋代竟达402项,远远超过其他各路。见李剑农:《宋元明经济史稿》,"唐至宋水利事业发展表",北京:三联书店,1957年,第18页。

以铸钱,福建并无一处。① 入宋后,太平兴国五年(980年)"泉州青阳铁冶大发",转运使遂"置铁钱务于泉";② 八年(983年),朝廷又"令于建州铸大铁钱"。③ 咸平二年(999年),更正式设丰国监于建州,④其为宋初全国四大铜钱监之一,⑤年铸铜钱量为二十万贯至三十四万贯不等。⑥ 南宋初,四大监中的江州广宁和池州永丰均被裁并,而丰国监铸钱量仍颇为不少。⑦ 福建铸钱业的历久不衰,实得益于各种铸币金属的源源供应。又如造船业,宋时福、泉等地所造大船既多且好,⑧获得了"海舟以福建为上"⑨的美称。发达的造船业正是依靠矿冶业所提供的铁来制造锚、钉以及兵船上的铁甲的。

再次是促进了商业的繁荣。北宋时,"福建路产铁至多,客贩遍于诸郡"。⑩ "自来不产铁"的两浙即仰赖"福、泉等州转海兴贩"。⑪ 到了南宋,"福、兴、漳、泉四郡,全靠广东以给民食",⑫ "米船不至,军民便已乏食,籴价翔贵,公私病之"。⑬ 这说明,矿冶业等手工业的发展吸纳了大量非农业劳动人口,从而使福建逐渐成为商品粮的消费地区。总之,矿冶业在促进福建商品经济的发展,在加强福建与其他

---

① 《新唐书》卷五四,《食货志四》。
② 《宋史》卷一八〇,《食货志下二·钱币》。
③ 李焘:《续资治通鉴长编》卷二四。
④ 王应麟:《玉海》卷一八〇,《钱币》。
⑤ 《文献通考》卷九,《钱币考二·历代钱币之制》。
⑥ 《文献通考》卷九,《钱币考二·历代钱币之制》;又见《宋会要辑稿·食货》一一之一~三。
⑦ 《文献通考》卷九,《钱币考二·历代钱币之制》。
⑧ 见徐兢:《宣和奉使高丽图经》卷三四;《宋会要辑稿·食货》五〇之一三;之二二。
⑨ 徐梦莘:《三朝北盟会编》卷一七六。
⑩ 李心传:《建炎以来系年要录》卷一七七,绍兴二十七年纪事。
⑪ 《三山志》卷四一,《土俗类三·物产》。
⑫ 真德秀:《真文忠公文集》卷一五,《申尚书省乞措置收捕海盗》。
⑬ 真德秀:《真文忠公文集》卷一五,《申枢密院乞修沿海军政》。

地区的商业联系从而促进区域性市场的形成方面,都起了重要的作用。

最后是促进了对外贸易的发展。宋时金银铜铁及其制品已成为福建出口的重要商品。铜钱更被私商大量运往海外,有时一次就用船载十余万缗入海。① 南宋后期,泉州凌驾于广州之上而成为全国第一大港,各国海舶辐辏,盛极一时,福建的海外贸易进入了鼎盛时期。矿冶业既为对外贸易提供了出口商品,又为其提供了货币手段,实为福建海外贸易发达的重要原因之一。

总而言之,宋代福建经济的巨大进步,实与该地区矿冶生产的迅速发展有着密切的关系。

(原载《福建论坛》1983年第2期)

---

① 李心传:《建炎以来系年要录》卷一五〇,绍兴十三年纪事。

三 明清和近现代浙闽粤的社会经济与文化

明中叶浙闽矿工农民起义与资本主义萌芽

明朝正统年间浙南闽北①的矿工农民起义,是封建社会晚期发生于商品经济较为发达地区的一场起义斗争,因而有别于旧式的农民起义。将这次起义置于当时的社会经济背景之下加以考察,并进而分析起义领导者和参加者的情况,可以发现这次起义与资本主义萌芽的出现有密切的关系。研究这一地区性民众斗争的前因后果,亦有助于我们认识封建时代社会经济发展的不平衡性和曲折性。

明正统九年至十四年(1444—1449年)叶宗留领导的矿工起义与邓茂七领导的农民起义,波及浙、闽、赣三省,而以浙南、闽北、赣东北为活动中心。明朝政府用了很大的力量才将这次起义镇压下去。为节省篇幅、集中地讨论问题,本文在分析起义的社会经济背景时,

---

① 本文所指的浙南闽北地区,包括明代浙江的温州府、处州府及衢州府南部;福建的邵武府、建宁府、福宁府、福州府、延平府及汀州府北部。

主要讨论浙南闽北的有关情况。

浙南、闽北同属东南丘陵这一地理单元,有的学者且把历史时期的浙江南部、福建及广东东部划归同一个经济区。① 无论如何,浙南、闽北的自然地理环境与社会经济生活确有其共同之处。以丘陵山地为主的这一地区,固然有其比较闭锁的一面,但因其具有资源丰富的优越条件,却也呈现出商品经济较为发展的另一面。在此基础上,本地区社会经济新因素的端绪,借叶、邓起义而得到了表现。

叶宗留出身矿工,"常为矿盗";②邓茂七亦"尝盗冶",③也有盗矿的经历。而叶宗留率领的起义队伍,其主要成分乃是矿工,邓茂七的队伍中也有一些炉丁、矿工。这便提示我们应该首先注意浙南闽北的矿业经济。

历史时期浙南闽北是一个矿业经济发达的地区。这里矿物资源丰富,其银、铜矿分布区,早在唐代就已经开采,到了明初,这个地区内的银矿坑冶星罗棋布。这里的多金属矿群,虽然矿体都不大,但矿石含银量都很富。④ 宋代福建路的银产量一直居全国首位,铜、铅的产量也不小。地处闽北的建州、南剑州、邵武军所产的各种金属矿则占了福建路的大部分。⑤ 宋代两浙路的矿冶业虽不如福建路兴盛,却也颇具规模。明代浙闽矿冶业继续发展,明前期浙南闽北银的产量占了全国很大一部分(详下文)。

浙、闽两省山区多平原少,人口多耕地少,大批劳动人手从农业中游离出来,因此经济结构中非农业成分占有相当大的比重。其中矿冶业又特别突出。诚如顾炎武所说:"闽地负山滨海,平衍膏腴之

---

① G. W. Skinner: The Structure of Chinese History, *Journal of Asian Studies*, Vol. 44, No. 2, 1985, 2.

② 《天下郡国利病书》卷九〇,《浙江八》。

③ 《天下郡国利病书》卷八二,《江西四》。

④ 夏湘蓉等:《中国古代矿业开发史》,北京:地质出版社,1980年,第292~298页。

⑤ 陈衍德:《宋代福建矿冶业》,载《福建论坛》1983年第2期。

壤少而崎岖硗确之地多……民之货出于物产而尤取资于坑冶……非独民赖以生,而土贡财赋亦由是而出焉。"①明代史书亦曰:"浙江处州山多田少,民无以为生,往往于福建、江西诸银、铁、铅场盗采……"②于本省境内采矿者亦不少。浙南其他州府也有这种情况。宋元以来浙、闽两省的商业及海外贸易均较发达,对货币的需求甚大,因而作为贵金属的银便备受重视。早在宋代,"缗钱已不能独占法币之地位,其地位且将由银取而代之也"。③ 到了明英宗即位之后,"弛用银之禁,朝野率皆用银,其小者乃用钱,钞壅不行"。④ 白银成了主要的货币。此等情况都大大刺激了浙、闽两省银的生产,使银的开采冶炼在浙南闽北的矿业经济中占有突出的地位。

当明朝前期出现了中国封建社会最后一个采银高潮时,主要银场乃分布于浙、闽、川、滇四省。而景泰以前以开采浙、闽银矿为主。浙、闽银矿又多集中于浙南、闽北一带。"福建尤溪县银屏山银场局炉冶四十二座,始于洪武十九年(1386年),浙江温、处、丽水、平阳等七县,亦有场局","永乐间……又开福建浦城县马鞍等坑三所"。⑤ 以后又不断增多。此间浙闽主要银矿场分布于温州、处州丽水岩泉山、平阳、青田、景宁鹤溪镇、泰顺;尤溪银屏山、浦城马鞍、政和、松溪、南平、宁化、将乐、沙县等处,其地理位置多属浙南闽北。

景泰以前,浙闽银产量在全国一直名列前茅,且占很大比重。现将洪武至正统间浙闽岁课银列表如表1。

表1显示,洪武至宣德间浙闽银课额处于上升趋势,其实际产量当亦有所增加。正统年间因盗矿、起义不断发生,故银课额有所下降。《明英宗实录》缺正统六年至八年全国银课额之记载,究其原因,

---

① 《天下郡国利病书》卷九一,《福建一》。
② 《明实录·英宗实录》卷一五二。
③ 李剑农:《宋元明经济史稿》,北京:三联书店,1957年,第82~83页。
④ 《明史》卷八一,《食货志五·钱钞》。
⑤ 《明史》卷八一,《食货志五·坑冶》。

表 1　洪武至正统间浙闽岁课银

年代 \ 岁课银及比重 \ 地区	浙江		福建	
	岁课银(两)	在全国所占比重(%)	岁课银(两)	在全国所占比重(%)
洪武年间(1368—1398)	2800	11.5	2670	10.7
永乐年间(1403—1424)	82070	36.9	32800	14.7
宣德年间(1426—1435)	94040	29.9	40270	12.8
正统九年(1444)	41700	62.1	21120	31.4

注:浙闽两省岁课银数额均据《钦定续文献通考》卷二三,《征榷考六·坑冶》,其于全国所占比重,据《明实录》所载全国岁课银总额计算得出。

恐怕也是当时浙闽银矿变乱之故。可见二省银产量在全国占有举足轻重的地位。如表所示,正统九年二省银课额合计占全国93.5%,比例不可谓不大。浙闽两省岁课银大部分又出自浙南闽北。处州府丽水等县、温州府平阳等县,洪武年间岁办银2870余两,永乐年间增至77050余两,宣德年间又增至87500余两,正统年间减为38930余两,①分别占同时期浙江岁课银之大部乃至全部。闽北岁办银虽缺乏系统的统计资料,但从个别银矿的数额来推测其总额,当亦不小。如建阳县武仙山银坑岁办银1300余两;②尤溪县银屏山银矿岁办银2100两。③闽北诸州县几十处银矿的数额加起来,恐亦占福建岁课银之大部。

明代浙闽两省的采炼技术亦较发达。曾任浙江参政的明朝士大夫陆容记载了当时矿业生产的情况:探矿、开采、选矿、冶炼等各道工序都有明确的分工,每道工序又进一步细分为几个步骤进行,如银的

---

① 《西园闻见录》卷九二,《工部六·坑冶》。
② 《明大政纂要》卷二三。
③ 《钦定续文献通考》卷二三,《征榷考六·坑冶》。

冶炼分四个步骤:从矿石中选精矿;把真矿变成窖团;把窖团变成铅驼;从铅驼中提出纯银。各道工序多有采用先进技术的,如采矿,"旧取矿携尖铁及铁鎚,竭力击之,凡数十下,仅得一片。今不用鎚尖,唯烧爆得矿"。① 这是利用热胀冷缩的原理,火烧水泼,加快矿石的剥落。近年对浙南遂昌明代银矿洞——黄岩坑的实地考察,不仅证实了史籍中的有关记载,如采矿中的"烧爆法"等,而且提供了更多的实物佐证,展示出当时矿业生产的先进技术,如运用龙骨水车分级连续扬水的矿洞排水法,以及一系列巧妙的矿洞通风、照明、排碴、运矿的方法。② 在技术发展的基础上,明代浙南不少矿冶生产规模宏大,人数众多,各司其责:"凡取矿先赁地脉租赁他人之山,入穴深数丈,远或至一里。矿尽又穿他穴……既得矿,必先烹炼,然后入炉。煽者、看者、上矿者、取钩沙者、炼生者,而各有其任,昼夜番换约四五十人。若取矿之夫、造炭之夫,又不止。是故一炉之起,厥费亦重"。③ 闽北矿冶生产技术在宋代已有引人注目的进步。④ 爰至明代,闽北矿冶业中也不乏生产规模大、分工细密的工场作坊。如万历时政和知县车鸣时在《申革炉议》中说:"今据炉户何浦、程正大等告:起铁炉二座于东平等处……每炉一座,做工者必数十百人,有凿矿者、有烧炭者,有煽炉者。其余巡炉、运炭、运矿、贩米、贩酒等役,亦各数十人。是以一炉常聚数百人。"⑤ 所说虽为万历年间事,但从发展的眼光看问题,不能说早些时候这里就完全没有此类工场作坊。

上述明代浙南闽北矿冶业生产力的状况告诉我们,该行业已经具备了产生资本主义萌芽的物质条件。因为生产技术的进步、生产规模的扩大、分工的发展,乃是资本主义性质的工场手工业产生的历

---

① 《菽园杂记》卷一四。
② 《宋明时期遂昌银矿洞——黄岩坑调查记略》,载《杭州大学学报(哲社版)》1978年第4期。
③ 《天下郡国利病书》卷八八,《浙江六》。
④ 陈衍德:《宋代福建矿冶业》,载《福建论坛》1983年第2期。
⑤ 道光《政和县志》卷一〇,《文艺》。

史前提。下面我们进一步考察明代浙南闽北矿冶业生产关系的诸问题。

浙闽两省,尤其是浙南闽北,矿业经济发达,而产银尤多,明朝政府必然严加统制。矿业生产乃属于商品经济体系,而商品经济能对封建的自然经济起分解作用。封建政权基于这一点,是反对开发矿业的。但是商品经济的发展刺激了封建主的享乐欲望,对于贵金属的追求又促使其发展矿业。明朝政府对银矿时开时禁,对开采亦多方干涉控制,根本原因乃在于此。明初官府对银矿的统制较松,偶尔也允许民间开采,但要缴纳实物税,如"永乐间,福建尤溪县民朱得立于山开坑采银,岁纳三十六两"。[①] 后来官府统制渐严,银矿均归官办,如上述尤溪县铁矿,"宣德间设官局",银矿一般不得民营。正统年间,统制愈加严厉,"正统三年(1438年)定私煎银矿罪,凡福建、浙江等处军民私煎银矿者,处以极刑,家口迁化外,其遁逃不服追问者,调官军剿捕。至五年(1440年),又定聚众偷挖者,发云南边卫充军"。[②] 正统以前,官办银矿中的民丁矿夫尚是招募而来。正统以后,则改为征发:或按户抽丁,编为矿夫,或将农户编为坑户,这些都是贫苦农民,而富户则为矿头或坑首,负责指挥和管理。官府又派员前往督办,称为提督。正统九年(1444年)浙江按察使等奏:"复开银场虽一时之利,然凡百器具皆出民间,恐有司横加科敛……"[③]可见矿夫、坑户要自备生产工具,其负担是很重的。随着官府对银矿的统制渐严,其对矿夫、坑户的盘剥亦愈加厉害。官府不问实际的开采情况如何,要矿夫、坑户缴纳定额的银课。经过长年开采,"各场所产,有仅足额者,有不足额者,有矿尽绝者",然而在朝廷的严令之下,"闸办官督令坑首、冶夫纳课,不敢稍失岁额,赔累之民,富者困敝,贫者

---

① 《明大政纂要》卷二三。
② 《钦定续文献通考》卷二三,《征榷考六·坑冶》。
③ 《钦定续文献通考》卷二三,《征榷考六·坑冶》。

逃亡"。① 官吏责成矿头,矿头又责成矿夫,真正吃亏的是无钱无势的矿夫。如正统十四年(1449年)五月福建建阳县耆民林惠奏:"本县武仙山银坑,年远湮塞,比因本县里长虚报额办课银一千三百余两,俱是煎夫甲首赔纳。乞于原额减除什五,以甦民困。"②前述洪武至宣德间浙闽两省银课直线上升,正是在这种背景下实现的,故史称"自是地方竭而民不堪矣"。正统年间因坑冶变乱不断,一度禁采。而后英宗又"命(王)质往经理,合福建岁课银二万一千一百二十余两,浙江四万一千七百余两,虽较宣德时减半,而较洪武时已增十倍矣!至内外官属供亿费殆过公税,厥后民困而盗众"。③

浙南闽北的矿业经济受到明朝政府统制和盘剥的严重束缚,然而商品经济毕竟有其自身的发展规律,必定会寻找机会表现自己。当生产者对封建生产关系的承受程度超过了极限,就会以某些薄弱环节为突破口,寻求生存和发展。因此,明中叶浙南闽北不堪盘剥的矿工纷纷逃亡,他们失去了生活的手段,于是逃向深山大谷,利用自己所拥有的工具及掌握的技术,偷掘矿坑,盗采矿物。"温、处二府严水、青田、瑞安、平阳等县,鲲村、浮云、沐溪、罗洋等处,僻在万山,产有银矿,顽民自置兵器,偷矿争坑","偷矿之徒置有皮甲、笕帚、刀钩、叉撑"。④ 处州盗矿尤烈,史称"处州多银坑,民无赖者并缘为奸利";⑤"处州人善炼矿,以强悍闻"。⑥ 他们不仅盗采本地矿坑,如"永丰有银场,处州民盗发之",⑦而且足迹遍及四邻,如福建松溪、政和等处矿坑均常被其盗采。盗矿活动又吸引了成千上万失去土地的流民。于是,矿工与流民结合在一起,盗掘矿坑,并抗拒官兵的剿捕。

---

① 《钦定续文献通考》卷二三,《征榷考六·坑冶》。
② 《明大政纂要》卷二三。
③ 《钦定续文献通考》卷二三,《征榷考六·坑冶》。
④ 《西园闻见录》卷九二,《工部六·坑冶》。
⑤ 《鸿猷录》卷一〇,《平处州寇》。
⑥ 《天下郡国利病书》卷八七,《浙江五》。
⑦ 《明史》卷一七二,《张瓒传》。

如上述处州永丰银矿一度"聚数千人,将士惮其骁犷,不敢剿"。①

正统年间,浙南闽北矿区小规模的冲突不断发生,终于酿成了叶宗留领导的大规模的矿工起义,随后又有邓茂七领导的农民起义与之呼应。起义首先以武装盗矿的形式在浙闽边区爆发:"正统七年十二月,丽水盗陈善恭、庆元盗叶宗留合众盗福建宝峰场银冶,命浙江、福建有司捕治之"。② 起义斗争的爆发源于封建生产关系的严重束缚,而社会经济中,特别是矿业经济中新的生产关系的萌芽,则借此机会得到了表现。下面我们就从起义斗争的领导者与参加者的情况入手,对这一问题加以分析。

叶宗留"常为矿盗,习武艺。后充处州府隶役,官有远行者,辄用之以自卫。积久玩肆多不法,恐见收逮,遂率众为乱"。③ 出身矿工的叶宗留曾为矿盗,充官府隶役后又曾四出远行过,因此他的思想意识不同于一般农民。他率众武装盗矿,并非因生活所迫,而是出于一种发财的欲望。正统十二年(1447年)二月,"叶宗留盗掘小(一作少)阳坑,雇矿手二百余人,开坑大作,官不能禁"。④ 显然,在此之前,他非但不是贫困之人,而且积有些许钱财,否则无法雇佣这许多人手。这种有财力之人聚众开矿并与官府对抗的事,并非明代才有,前代也出现过。问题在于,叶宗留的所作所为是否具有新的意义?试将叶宗留起义与南宋淳熙八年(1181年)舒州铁冶主汪革起兵抗官军一事加以比较对照,或许可以从中找到答案。

汪革"本严遂安人……以财豪乡里……闻淮有耕冶可业,渡江至麻地,家焉……有山可薪,革得之,稍招合流徙者,治炭其中,起铁冶其居旁。又一在荆桥……别邑望江有湖,地饶鱼蒲,复佃为永业。凡

---

① 《明史》卷一七二,《张瓒传》。
② 《明史纪事本末》卷三一,《平浙闽盗》。
③ 《天下郡国利病书》卷九〇,《浙江八》。
④ 《西园闻见录》卷九二,《工部六·坑冶》。

广袤七十里,民之以渔至者数百户,咸得役使。革在淮仍以武断称"。① 可见汪革本人既是铁冶主,又是称霸一方的豪强地主。他对待那些"招合"来从事采矿冶炼的人,必然像对待那些渔户一样,也采用"役使"的方式。矿冶工匠与汪革的关系,乃是封建的依附关系。当汪革起兵抗拒官军时,"分命二子往起炭山及二冶之众。炭山皆乡农,不肯从,争迸逸。惟冶下多逋逃群盗,寔从之"。② 可见汪革手下这些手工工匠当中,有一部分并未完全与土地脱离关系,然而也不能自由地离开铁冶主,因此既不愿跟着造反,就只能逃逸而去;另一部分则完全处于附属地位,其所以跟着造反,实为封建从属关系所支配,不得不如此。

　　将叶宗留与汪革加以比较对照,我们可以发现在他身上以及在他与手下工匠的关系中,具有一些新的因素:第一,叶宗留本身不是封建主,却拥有一些资本,且具有商人的思想意识,因而具备了早期资产者的身份。第二,以叶宗留当时的地位和处境,他是无法强迫"矿手"们为他劳动的,也无法使他们与自己结成强固的封建从属关系,因此他与他们的关系只能是自由的雇佣关系。而那些"矿手"则是劳动力的出卖者,并且还可能是对开矿有经验的工匠。可见叶宗留实行的是新的经营方式。第三,既然"矿手"们是来去自由的劳动力出卖者,那么他们跟随叶宗留盗矿并抗拒官军,就不是被迫的、受到裹胁的,而是比较自愿地参加进来。这样,他们的斗争就具有了早期无产者协助雇主反抗封建主的性质。除此之外,还有一点,在叶宗留起义中提出了矿场"听我采取"③的口号,也完全不同于农民的要求,而具有市民阶级要求冲破封建束缚发展经济的意向。以上诸点中,最重要的是叶宗留与"矿手"们的关系是自由的雇佣关系这一点。马克思指出:"直接生产者、劳动者,只有当他不再束缚于土地,不再

---

① 岳珂:《桯史》卷六,《汪革谣谶》。
② 岳珂:《桯史》卷六,《汪革谣谶》。
③ 《明大政纂要》卷二三。

隶属或从属人的时候,才能支配自身",①而"只有在工人有人身自由的地方,国家范围内的雇佣劳动,从而还有资本主义生产方式,才是可能的"。② 至此我们可以得出结论:叶宗留与"矿手"们的关系,已经具有资本主义生产关系萌芽的性质。

叶宗留起义震动了浙闽两省,明政权在福建以组织农民、强化农村统治去对付他们,却因而触发了邓茂七起义。邓茂七幼年至青年一直在江西建昌等地过着浪荡的生活,并且也有过盗矿的经历:"广信、上永二县所辖铜塘、平洋地方……正统中闽贼邓茂七等盖尝盗冶其中"。③ 后来因为杀了人,他逃到福建宁化,一面为人佃耕,一面经营一点小商业,与陈政景"聚众为墟,集会常数百人,巡按御史柴之显立为会长,远近商贩皆咨焉"。④ 后来又到了沙县,正值官府为防范叶宗留起义波及闽北,"编乡民为什伍,茂七与弟茂八皆编为长"。⑤ 邓茂七率众起义的直接原因是反抗地主的超租额剥削和超经济强制:"乡旧有例,佃人之田者,岁还租谷外,有鸡鸭之类,以馈田主,辞曰冬牲。茂七倡乡人革之,田主不敢与之较。既而又倡议,以为乡民佃田,其合还之租,各令田主自负脚力,担负以归,不许辄送其家。田主因诉县逮之,茂七等率众拒捕不服",⑥ 终于走上武装抗击官军的道路。以邓茂七的经历及当时的社会情况来看,起义又有其更为深刻的政治经济背景,那就是:邓茂七代表着发展商品经济的新生势力的变革要求,而反对超租额剥削和超经济强制是这一变革行为的前提条件,也是过渡到资本原始积累的起码条件。这一点恰恰和叶宗留的武装盗矿归结于同一社会根源,使两宗起义事件之间产生了有

---

① 《马克思恩格斯全集》第23卷,北京:人民出版社,1972年,第783页。
② 马克思:《剩余价值理论》第3册下,北京:人民出版社,1975年,第476页。
③ 《天下郡国利病书》卷八二,《江西四》。
④ 《沙县志》卷二,《大事记》。
⑤ 《明史纪事本末》卷三一,《平浙闽盗》。
⑥ 《天下郡国利病书》卷九二,《福建二》。

机的联系。这样一个受社会发展规律支配的运动,就直接说明了邓茂七何以从被支配、被利用来反对叶宗留而变成与叶宗留相呼应、相联合。

起义的领导者邓茂七兼有矿盗和商人的本色,那么起义的参加者情况又如何呢? 起义队伍开始无疑是以农民(特别是佃农)为主,而随着起义的发展,各种成分的人亦相继加入,"凡远近至者,皆附其党",①"他县游民,皆举金鼓器械应之"。② 特别值得注意的是,手工场主率领的城镇居民和手工业工人的队伍踊跃加入起义军。如尤溪炉主蒋福成因不堪福建参政宋彰的"贪渔"与"课外索赂",率领炉丁、市民、"无赖"、农村贫民等,占据尤溪县城,③"与茂七声相闻",继而"与茂七合"。④ 可见这次起义的参加者也不完全等同于以往的农民起义。

尽管尚无证据显示邓茂七与其手下人具有某种新型的关系,但是邓茂七以商贩集会的方式与封建统治者进行公开合法的斗争,却是资本主义萌芽时期新的斗争方式,他反对封建土地所有制所派生出来的特权,反对给地主"送租"的劳役及"冬牲"的剥削,也是资本主义萌芽因素渗透到农村,地主与佃农的关系发生变化的反映;手工工场主、手工业工人、市民等加入邓茂七的队伍,也说明他代表了他们的利益,而这些人正是资本主义萌芽产生的社会基础。因此,邓茂七起义与资本主义萌芽的出现之间,也蕴含着某些若隐若现的关系。

以上我们从明中叶浙南闽北矿工农民起义的领导者与参加者入手,分析了资本主义萌芽是如何借助这次起义斗争的机会得到表现的。必须指出,本文所论述的浙南闽北社会经济,尤其是矿业经济中的资本主义萌芽的出现,决非孤立的偶然的现象。如果把它置于更

---

① 《天下郡国利病书》卷九二,《福建二》。
② 《全边略记》卷一一。
③ 《皇明世法录》卷八二,《平福建寇》。
④ 《明史纪事本末》卷三一,《平浙闽盗》。

为广阔的社会经济背景之下加以考察,就不难发现它具有普遍的意义,并且是社会发展的必然结果。明中叶以来在江南的手工业中首先出现了资本主义萌芽,以后这一萌芽历尽艰难,相继在更广大的地区、更多的社会经济领域中产生。这符合封建社会被资本主义社会取代的必然规律。只是浙南闽北与苏南浙北的自然资源、产业结构不同,因此资本主义萌芽不是首先从纺织业中产生,而是首先从矿冶业中产生,这是其特殊性。并且,矿冶业既和其他手工行业一样,属于商品经济体系,又独具某些产生新的生产关系萌芽的有利条件:生产规模大,技术要求高,分工较细密,生产地点偏僻,不易为封建政府控制,具有商人本色的矿主只能雇佣自由出卖劳动力的矿工和流民从事采炼。透过明中叶浙南闽北矿冶业的资本主义萌芽之特殊性,看到其中所包含的普遍意义,才能使我们更清楚地认识到这一现象所反映出来的历史必然性。至于浙南闽北农业经济中的资本主义萌芽,则是在更迟一些才出现的。这是因为"资本主义生产方式开始于手工业,只是到后来才使农业从属于自己",[1]且"资本主义之渗入农业是特别缓慢的"。[2] 所以明中叶浙南闽北矿工农民起义所反映出来的,主要是手工业中资本主义萌芽的生长。而这次起义与农业资本主义萌芽的关系,只能说起义斗争为农业资本主义萌芽的生长开拓了道路。

中国资产者和无产者的前身既已出现,本应进一步发展壮大。然而整个社会经济并没有为此提供必要的条件。在封建统治的重压下,它们不是先天不足,就是走向夭折。叶宗留及其"矿手"们以开矿求生存发展的企图破灭后,逐渐向流窜、劫掠这方面发展,其目标转而为推翻现政权。这样,他们也就走向以往农民战争的老路,而起义最初具有的新的意义也就消失殆尽了。处于同一时代条件之下的邓

---

[1] 马克思:《剩余价值理论》第 3 册下,北京:人民出版社,1975 年,第 443 页。
[2] 《列宁全集》第 3 卷,北京:人民出版社,1963 年,第 148 页。

茂七起义军,也不可避免地走上失败的道路。尽管如此,终明一代,浙闽两省的盗矿之风仍蔓延不息。傅衣凌先生指出:"明代中叶以后中国各地'盗矿'斗争的剧烈与地主阶级的一再反对开矿,实质上反映出这么一个问题:地主阶级不让农民自由离开土地,而矿商和矿夫为争取这个自由,常采取盗矿的形式进行斗争,其结果每以矿商失败而告终。这不足以证明明代中叶以后没有出现资本主义雇佣劳动的萌芽,而只是说这一种新因素尚是很脆弱的,禁不起封建势力的摧残,所以它的生产形态,也是不够完全的。"①封建时代社会经济发展的曲折性,于此可见一斑。

另外,中国幅员广大,有的地区发展较快,绝大多数地区则仍是非常闭锁的自给自足的经济单位,因此新的生产关系的萌芽之在全国各地就呈现出一种犬牙交错、参差不齐的状态。明中叶浙南闽北矿工农民起义既未得到相邻地区的广泛响应,叶、邓两股义军之间亦未实现事实上的联合,故封建史家庆幸道:"所幸者,闽寇自闽,浙寇自浙,地虽旁掠,势不交通,取虔取虢,此成擒耳。"②叶、邓两股义军虽有联合起来共同行动的思想基础,却未能实现之,终被各个击破,其根本原因乃是"中国的强大的封建势力切断了各地区之间的经济联系,加强了分割性与区域性,把一切活动停留于地方性的范围之内,于是封建势力包围中的资本主义萌芽因素便成为孤岛,而处于孤立无援之境"。③ 封建经济的地区性与不平衡性的特点,亦于此可见一斑。

明中叶以后工商业的发展,一方面产生了脱离了土地的劳动力出卖者,一方面又产生了从事新的经营方式的作坊主和商人,他们与

---

① 傅衣凌:《我对明代中叶以后雇佣劳动的再认识》,载《历史研究》1961年第8期。
② 《明史纪事本末》卷三一,《平浙闽盗》。
③ 傅衣凌:《关于中国资本主义萌芽的若干问题的商榷》,载《文汇报》1961年12月21日。

封建统治者之间的矛盾冲突越来越尖锐,终于演化为一系列手工业工人与市民的反封建斗争。浙闽矿工农民起义从性质上说应属于这类斗争。由于这次起义尚属此种具有新的性质的斗争之初级阶段,所以在活动空间上仍以农村为主,在斗争形式上仍未能从农民起义的模式中脱胎出来,因而仍带有许多旧式农民武装斗争的印记。尽管如此,发生于资本主义萌芽时期、反映了新的生产关系因素的这一次起义斗争,仍应引起我们的重视并予以深入研究。

(原载《中国社会经济史研究》1993年第3期)

民国时期华侨在厦门经济生活中的作用

在鸦片战争后中国被迫开放的东南沿海五个通商口岸中,厦门具有明显的特点。首先,"同外贸相比,对厦门城市发展影响更大的是厦门及福建南部持续不断地向海外移民"。其次,厦门是"中国东南沿海城市中一个典型的消费型商业城市"。① 而后者是由前者派生出来的,因为侨汇及华侨出入国与消费生活之间、华侨投资与城市建设及工商业之间,都有极大的相关性。因此,如果没有华侨这一因素,近代厦门的经济生活会是一个什么样子,将是很难想象的。过去的研究大多将重点放在华侨在厦门的投资方面,而本文将注重华侨在整个经济生活中的作用。经济生活是由生产、流通、消费诸环节组成的,因而本文将注意从宏观上把握华侨对经济生活诸领域的综合影响。至于为什么选择民国时期的厦门作为研究对象,那是因为这一时期是华侨在经济生活中最活跃的时期,尤其是抗战前的十几年

---

① 张仲礼主编:《东南沿海城市与中国近代化》,上海:上海人民出版社,1996年,第17页。

当中。

一、华侨在民国时期厦门消费生活中的作用

消费是经济生活诸环节的终点,又是其起点,没有消费就没有生产和交换,前者对后二者起着促进或阻滞的作用。由于近代厦门是中国最大的华侨出入口岸之一,过往的华侨在厦门有着庞大的消费;又由于华侨资金的流入以侨汇(华侨用以赡养国内亲属的汇款)为最主要形式,而厦门又是侨汇最主要汇入地之一,所以华侨对厦门消费生活的影响,实超过对其他经济领域的影响。这也是近代厦门之所以成为一个典型的消费型商业城市的主要原因。

必要消费是城乡居民维持生活的基本消费,因而华侨对厦门居民必要消费的影响,最能说明华侨在厦门消费生活中的作用。厦门居民中有一部分为华侨眷属(侨眷)和回国定居的原华侨(归侨),他们的生活主要靠侨汇,侨汇决定了他们的消费能力。据1957年的统计数字,厦门市有侨眷、归侨4万人,占本市居民总数的13.47%。[①] 民国时期虽无此类统计数字,但据其他数据,再参考上述1957年的数据,可推测一个大概。据1912—1921年的厦门海关十年报告,厦门及周围地区人口的估计数之中间值为80万。[②] 民国时期归侨、侨眷所占人口比例较新中国成立后为大,一是因为民国时期移居海外的人数远较新中国成立后为多,所以侨眷也就多;二是因为此间归侨人数也相当多,如清末民初由厦门前往南洋各地的移民之回归率约为50%至65%。[③] 若按总人口的15%计算(这是比较保守的),则20世纪20年代前期厦门及周围地区的侨眷、归侨大致为12万人。

[①] 林金枝等:《近代华侨投资国内企业史资料选辑(福建卷)》,福州:福建人民出版社,1985年,第26页。

[②] 厦门市志编纂委员会等:《近代厦门社会经济概况》,厦门:鹭江出版社,1990年,第367页。

[③] 厦门市志编纂委员会等:《近代厦门社会经济概况》,厦门:鹭江出版社,1990年,第358页。

又据郑林宽《福建华侨汇款》一书中的资料,1905—1926年间,厦门华侨汇款年均为1220万美元,①按上述20世纪20年代前期厦门归侨、侨眷人口推算出其户数为24000户(每户以五口计),则每户每年平均收到侨汇约为508美元。又据笔者对厦门市郊12个自然村的调查,民国时期每户侨眷每月收到的侨汇,少者为20～30银元(约当5.9～8.85美元),多者为200～300银元(约当59～88.5美元)。②据此则每户侨眷年均收到侨汇为486.75美元,与上述平均数极为接近。来自文献的数据与得自实地调查的数据十分接近,说明它们是比较可信的。

由于侨汇的缘故,侨眷的生活水平便高于一般居民,因为"侨汇使用主要是消费性的"。③据陈达于20世纪30年代对闽南和粤东侨乡的调查,非华侨家庭和华侨家庭生活消费的恩格尔系数(食品支出占消费支出的比重)分别为65.13%和60.09%,而后者用于食品消费的开支是前者的2.5倍以上。④这说明侨眷的生活水平高于一般人,亦即其消费能力高于一般人,从而其对消费经济的影响也大于一般人。换言之,其人均(或户均)消费高于一般人,因而其消费的变动也就对消费经济产生更大的影响。如民国时期厦门绸布的销路,随着侨汇的增减所导致的侨眷消费力的升降而波动,抗战期间"厦门

---

① 厦门市档案局等:《近代厦门经济档案资料》,厦门:厦门大学出版社,1997年,第634页。

② 调查时间为1991年11月至1992年2月。12个自然村是:后坑、祥店、寨上、高林、钟宅、仙岳、莲坂、吕厝、殿前、何厝、前埔、岭兜。银元与美元的比价,据孙健:《中国经济史·近代部分(1840—1949)》,北京:中国人民大学出版社,1989年,第443～444页。

③ 章振乾等:《福建主要侨区农村经济探论》,载《厦门大学学报(社会科学版)》,1957年第1期。

④ 陈达:《南洋华侨与闽粤社会》,上海:商务印书馆,1938年,第110～111页。

绸布商业遭到很大困难","侨汇断绝是导致市场衰落的重要原因"。① 所以,通过侨眷的消费所表现出来的华侨对厦门消费生活的作用,是至为明显的。

华侨频繁出入厦门口岸,也是影响厦门消费经济的一个极其重要的因素。除了抗战时期,厦门是福建省华侨唯一的出入口岸。闽南各地华侨回乡经过厦门时,都要在厦门购买各种物品以馈赠亲友;返回海外居住地时,又要在厦门采购其所需物品。这样一进一出,就极大地扩充了厦门的消费品市场。仍以绸布业为例,民国时期厦门绸布业零售商经营的主要对象除了侨眷以外,就是过往华侨这一流动人群。据20世纪50年代的调查,在民国时期的正常年代,厦门绸布业的零售额一般在350万元(折合人民币,下同)左右,其中过往华侨的消费约在100万元左右,占28.75%。据调查,绸布是归侨购买的主要商品之一,每位华侨平均购买额约为15美元(按20世纪50年代汇率,折合人民币36元)。如以平常年份华侨每年回国人数3.5万人计,则其消费量约在126万元,约占绸布业全市零售营业额的1/3左右。而据厦门历史上著名的同英布店的账目,其零售业务60%销给本市,40%销给流动人口。后者的主要构成为出入境华侨。② 无论哪种估算法,都证明了出入厦门口岸的华侨给厦门的绸布消费带来了繁荣。

除了回乡探亲,闽南华侨还因各种原因回国,也都在厦门有许多消费。如当时旅居东南亚的华侨未婚男子大多有回乡成亲的习惯,他们往往要在厦门采购结婚用品。福建省档案馆的一份题为《胡赞成诉巨款被辛清祥等窃取》的案卷有如下记载:1947年12月间,旅菲华侨胡赞成由友人陪同,携款"计美钞三千六百零柒元,菲币壹千

---

① 厦门市政协文史委等:《厦门工商史事》,厦门:厦门大学出版社,1997年,第82页。

② 厦门市政协文史委等:《厦门工商史事》,厦门:厦门大学出版社,1997年,第82~83页。

柒百元","往厦预备购办婚礼应用物品",不幸遭窃……①笔者在对厦门市郊仙岳村的一次调查中,也获悉一位叶姓老华侨于1948年春返厦时,为给其谊子办婚事,就花了数千美元。②上述二例说明,华侨回乡办婚事之类的消费,也对厦门的消费经济有相当程度的刺激和促进。

二、华侨在民国时期厦门工商业活动中的作用

华侨在厦门工商业活动中的作用可分为直接和间接两种。直接作用指华侨以资金投入厦门工商业,其投资行为直接在社会经济中产生效用。间接作用指华侨虽未直接投资,但其消费行为或其他活动间接引起社会经济的变化。本文所谓的工商业活动是广义的,包括房地产业和金融业等。因为商业性投资占房地产投资的很大比例,而房屋的建造和房地产的交易也属工商业活动的范围;金融业则构成近现代工商业活动的基础,二者密不可分。

近代华侨在国内的投资场所主要在城市。根据1958年的调查,1875—1949年间,华侨在厦门的投资占福建省的62.88%,占全国的12.49%。"如果以城市为单位来比较,那华侨在厦门的投资是列第一位的,可见它在福建以及全国的投资地位是非常重要的"。其中,1875—1919年间的投资额仅占这74年总投资的9.49%,所以绝大部分投资是在1919—1949年间进行的,尤其是在1927—1937年间的投资高潮期,其投资额占74年总额的60.97%。③

近代华侨在厦门投资的行业分布按其金额多寡依次为:房地产、商业、工业、金融、交通和服务业,各行业投资金额占总投资额的比例

---

① 《(民国)福建省政府秘书处档案》,全宗号1,目录号6,案卷号1784。
② 陈衍德:《采访叶建文、叶建智谈话记录》,1992年1月21日,厦门市仙岳村。
③ 厦门市档案局等:《近代厦门经济档案资料》,厦门:厦门大学出版社,1997年,第627~628页。其中,9.49%和60.97%据第628页的表格数据得出。

如表1所示:

表1 1875—1949年间华侨在厦门投资行业分布表

单位:折合人民币元

行　　业	投资金额	比例(%)
房地产	57 025 000	65.17
商业	11 500 000	13.14
工业	11 050 000	12.62
金融	5 800 000	6.62
交通	1 600 000	1.84
服务业	510 000	0.58

资料来源:林金枝:《近代华侨在厦门投资概况及其作用》,《厦门文史资料》第11辑。

房地产业在民国时期华侨发挥作用的厦门各行业中可谓成绩最显著者,华侨的投资实乃近代厦门城市形成的最大推动力。诚如1937年4月《厦门市政府公报》第24期所言,"查厦岛自开辟马路,改良新市区,旅外华侨不惜以多年勤劳积累之金钱,返回投资,重金购买地皮,建筑新式房屋,繁荣市区……如非华侨热心桑梓,踊跃投资,则建设新厦门恐非易事"。[①] 根据1958年的调查,整个厦门房地产业有60%~70%是华侨投资的。20世纪30年代,厦门有私人楼房一万多座,属于华侨所有的即有五千多座。[②] 如果再加上华侨投资建成后出售的楼房,其数量就更多了。华侨投资的房地产业,除了

---

① 厦门市档案局等:《近代厦门经济档案资料》,厦门:厦门大学出版社,1997年,第638页。

② 厦门市档案局等:《近代厦门经济档案资料》,厦门:厦门大学出版社,1997年,第638页。

大型公共工程如码头、道路、公园、市场等之外,最主要的还是自住房屋,其次是用于出租或出售的房屋,再次是作为娱乐场所或服务设施的建筑。福建省档案馆有一份题为《各属侨胞在厦业产被占情况》的案卷,很能说明问题,现据该案卷中资料列如表2。

表2 1946年11月厦门市海外华侨协会报告华侨房产被占情况表

序号	侨胞姓名	侨居地	所拥有楼房的坐落	座数
1	郑妈士	菲律宾	大同路419号	1
2	侯金庆	菲律宾	民国路108号	1
3	洪耘年	菲律宾	思明西路37号	1
4	欧阳厥祥	荷属东印度	小走马路武当分镇28号	1
5	雷藻源	法属印支	晨光路49号	1
6	刘育才	荷属东印度	镇邦路74号	1
7	何水镢	荷属东印度	思明东路110号	1
8	许经撇	未详	后厅衙巷17、19号	2
9	许志北	菲律宾	打铁街157号	1
10	曾国聪等	荷属东印度	思明戏院	1
11	林淑董	英属马来亚	思明南路327、329、331号	3
12	林淑董	英属马来亚	中山路119号	1
13	曾江水	英属马来亚	海后路42号	1
14	林朝茂等	英属马来亚	思明南路、鹭江道、开禾路、典宝街等处	18

资料来源:《(民国)福建省政府秘书处档案》,全宗号1,目录号6,案卷号1860。

表中所列各项,第10项为娱乐场所,第8、11、14项有可能出租,其余各项既可能自住也可能出租。可见华侨所投资的房地产业,除满足自己及眷属所需外,还有其他各种用途,为活跃厦门的社会经济生活作出了贡献。此外,表中所示华侨房屋的坐落,遍及今厦门老市区各处;侨胞的由来,则遍布东南亚各主要侨居地。这两点均可说明华侨参与房地产业的广度。这里要特别指出的是,侨房出租在厦门是非常普遍的,这不仅活跃了房地产市场本身,而且带动了商业等各行各业的发展。笔者在菲律宾对闽南籍华侨华人的调查显示,这些人中有相当多在厦门置业,其主要用途之一便是出租取利。如旅菲侨商林云梯、林珠光父子名下的楼房就有48座,近年落实侨房政策即归还林氏家族17座房子,其中位于大同路的10座,位于镇邦路的3座,还有其他街区的,这些楼房在1949年以前大多是出租与人作各种用途。①

商业在民国时期华侨发挥作用的厦门各行业中仅次于房地产业。据1931年的调查,厦门城区的商店共有10718家,而当时的城区面积仅为1平方公里左右,②其密集程度不可谓不高。又据1933年的调查,厦门城区(不包括鼓浪屿与禾山区)的从业人口共计56371人,其中商业(店主)9215人;店伙(店员)15012人,③分别占16.35%和26.63%,分列第二位和第一位。换言之,当时厦门城区的从业人口中有40%以上是属于商业领域的。上述数字凸显了在厦门这样一个不大的城市中商业占有的地位。《1931—1933年厦门商业概况》报告说:"促成厦门商业如此兴盛的,的确是华侨的力量。"④前文所述侨眷将侨汇用于生活消费,以及出入国华侨的各种消费,已从消费的角度论及了华侨对厦门商业的间接促进作用。以

---

① 陈衍德:《采访林聚彪谈话记录》,1993年2月26日,菲律宾马尼拉市。
② 厦门市档案局等:《近代厦门经济档案资料》,厦门:厦门大学出版社,1997年,第83、119页。
③ 厦门市档案局等:《近代厦门经济档案资料》,厦门:厦门大学出版社,1997年,第647页。
④ 厦门市档案局等:《近代厦门经济档案资料》,厦门:厦门大学出版社,1997年,第83页。

下再简要谈谈华侨对厦门商业的直接促进作用。

据《厦门华侨志》的资料,1913—1935年间36家华侨投资(独资)的商业企业中,投资金额最多者为20万银元,最少者为2万银元;涉及的行业包括进出口贸易、医药、百货、茶叶、家具、布业、粮食等;投资人来自缅甸、菲律宾、印尼、新加坡等地。[①] 可见此间华侨投资的商业企业虽然规模一般不大,但于国计民生都是必需的。华侨企业在各行业中的比重及其与非华侨企业相比的情况,以布业为例,1949年以前厦门市华侨资本的绸布商共计18家(批发、零售各9家),占全市绸布商家总数的16.6%;华侨资本的绸布店投资总额为345239元(折合人民币),占全市绸布店投资总额的18.2%。[②] 华侨企业在投资额上所占的比重,大于其在商家户数上所占的比重,可见其资本一般较非华侨企业雄厚。

工业在民国时期华侨发挥作用的厦门各行业中又次于商业。由于民国时期的厦门是典型的商业消费城市,所以工业在这一时期厦门经济生活中地位并不高。但就工业本身而言,"厦门工厂大多为华侨投资",[③]则是不争的事实。与此同时,华侨和侨眷的消费需求,也是刺激厦门的工业与手工业多少有所发展的一个动力。1937年8月5日和6日连载于厦门《江声报》的一篇题为《厦门手工业概况》的文章中,有一段文字就很典型地说明了厦门的工业、手工业与南洋华侨的千丝万缕的关系,现摘引如下:

> 绒拖(鞋)一物发明于菲律宾,体式新颖,为暑天吾人之必需品。是故侨胞每次回国,时有购置,于是尽人皆知,多乐穿之,尤以妇女特别欢迎。因之本市百货店,即群向菲岛厂家贩运来厦

---

① 本书编委会:《厦门华侨志》,厦门:鹭江出版社,1991年,第160～164页。

② 厦门市政协文史委等:《厦门工商史事》,厦门:厦门大学出版社,1997年,第81页。

③ 厦门市档案局等:《近代厦门经济档案资料》,厦门:厦门大学出版社,1997年,第34页。

出售。迨至民国十年间,始有致中和来厦创设分行于开元路,专营绒拖……至民国十二年间,复有活源之设……致中和及活源等,后乃创设工场,召工在厦自行制造。出品式样,与菲产无异,其产品种类有珠面、绒面、绒四条带、皮四条带等,且珠面之绣花莫不日新月异,争奇斗艳,以迎合顾客采择之心理。日后营是业者,如雨后春笋,计有福泉益、协晋、金山、图南、福建硝皮厂、福泉春、永和昌等相继开设。今年来复有坤记、永川、协源等之开业……①

这当中既有华侨和侨眷的消费对该行业的刺激作用,亦即间接的作用,也有华侨投资对该行业发展的促进作用,亦即直接的作用。而该行业在厦门的出现和发展,完全是二者共同作用的结果。

这里要特别指出的是,华侨厂商在菲律宾经营绒拖鞋的产销,当发现了国内市场之后,复又投资于厦门,这种回国投资于同行业的情况,与华侨回国进行跨行业投资相比,其收益当会更快一些。这种情况也并非仅限于绒拖鞋业。下面再举一例,以说明同行业投资并非个别情况。1946年1月,菲律宾华侨施维熊倡议筹资组织华侨烟草公司,行址设于厦门,"得各热心菲侨认股筹备完竣,乃于本年二月间将一切制烟机械原料购备,连同所向菲律宾岷市大成烟叶公司采办之烟叶一千捆待船运来……"后因烟叶进口在海关受阻,施维熊特申诉于福建省主席,省政府很快批复准予进口,解决了其开业问题。②从现存的档案材料可以判明,入股设于厦门的华侨烟草公司的菲律宾华侨厂商中,有一些原本就是经营烟草业的,故亦可将其归之于同行业投资。

金融业在华侨发挥作用的各行业中虽然排在房地产、商业和工

---

① 厦门市档案局等:《近代厦门经济档案资料》,厦门:厦门大学出版社,1997年,第6页。

② 福建省档案馆:《福建华侨档案史料(上)》,北京:档案出版社,1990年,第824~825页。

业之后,但侨资银行在厦门银行业中的地位并非不重要。1934年开设于厦门的10家本国银行中,有3家为侨资银行;1家为国内与华侨合资的银行。3家侨资银行的情况依次为:

中南银行,是闽南资本家黄奕住所创办,总行设在上海,资本金750万元。厦门设分行,鼓浪屿设有办事处,有发行纸币权,兑换券通行甚广,仅次于中国银行。中兴银行,总行设于美属菲律宾首府岷里剌(马尼拉),实收资本1140余万元。美汇情形,比较熟悉,外商银行以外,押汇此行最多。华侨银行,总行设于新加坡,资本1000万余元。从1932年1月1日起已宣布和资本2000万余元的华商、资本800万余元的和丰银行合并。华侨银行是有限公司,是南洋华侨金融的总汇机关。① 另有一家"本地人和侨商所组织的"厦门商业银行,资本60万元,在上海设有分行,"对于各种储蓄,也颇致力,和钱庄业往来不少"。② 上述几家银行在厦门的国内外贸易中都发挥了不可或缺的作用。

由于民国时期汇入福建的侨汇绝大部分是在厦门结转的,因此厦门的侨批业也十分发达,而侨批业亦属广义上的金融业。在《厦门侨批业简史》一文中有如下记载:

> 20世纪以后侨汇迅速增加,据估计,1905—1919年间,厦门承转侨汇(包括当地解付部分)一般保持在1800万银元(下同)左右。第一次世界大战结束后,南洋经济逐渐恢复,华侨出国人数也增多,1921年侨汇激增至4400多万元,1928—1931年间,银价大幅度下跌,有利华侨汇款回国,又值厦门大兴建设,华侨竞相汇款投资房地产开发与其他工商业,侨汇节节上升。1932年高达9000多万元。厦门是闽南经济金融中心,是华侨出入口

---

① 厦门市档案局等:《近代厦门经济档案资料》,厦门:厦门大学出版社,1997年,第320页。

② 厦门市档案局等:《近代厦门经济档案资料》,厦门:厦门大学出版社,1997年,第320页。

岸和国际邮递口岸,闽南侨汇承转局均设在厦门,1936年登记营业的头二盘承转局达84家。①
侨汇在厦门的资金融通、汇兑及对外贸易中都发挥着很重要的作用,如果没有这些外汇源源不断地进入厦门,厦门的城市建设和工商业发展将大为逊色,厦门的外贸赤字也将无法得到弥补。由此可见承担侨汇业务的侨批业之重要性。

民国时期厦门海陆交通的发展,华侨的因素也不可忽略,仅举二例于下。其一是1926年马来亚华侨黄晴辉发起投资兴办厦门岛美仁宫至江头的公路客运,之后又成立了全禾汽车股份有限公司,"一些禾山籍华侨为便利地方交通、本乡里繁荣和自己的利益,都乐于认股和投资"。在随后进行的公路续建和新建中,华侨亦大力出资,其中大桥头至曾厝垵全线的筑路费由马来亚华侨曾国办独立出资;莲坂至何厝线、江头至寨上线由菲律宾华侨林云梯和马来亚华侨陈有才出资协助修建。② 其二是1925年华侨王鼎坤等集资24万银元创办泰利轮船公司,先后购置"鹭江"、"驾鳌"、"永宁"、"捷安"等轮船川走温州、汕头、涵江、泉州和香港,依靠地方势力,开拓新航线,业务发展很快,获得巨利。③

民国时期厦门服务业的发展,既得益于华侨的投资建设,又得益于华侨出入国的消费刺激。厦门的娱乐服务设施大都是华侨出资兴建的,如思明戏院、中华戏院、鼓浪屿戏院、新世界娱乐场等。④ 而厦门的旅店和客栈在很大程度上是因华侨出入国而兴起的,这些旅店、客栈有许多是闽南各侨乡的人在厦门开办的,而且主要是为本乡的

---

① 中国银行泉州分行行史编委会:《闽南侨批业史记述》,厦门:厦门大学出版社,1996年,第38页。
② 厦门市政协文史委等:《厦门工商史事》,厦门:厦门大学出版社,1997年,第111~112页。
③ 陈逢源:《近代厦门港口的航运》,《厦门文史资料》第17辑。
④ 本书编委会:《厦门华侨志》,厦门:鹭江出版社,1991年,第207~208页。

华侨出入国服务的。其服务不可谓不周到,旅客吃、住均可赊账,店主还代旅客购买车票、船票,甚至代办出国手续。①

综上所述,在民国时期厦门的工商业活动中,华侨这一因素实为重要的甚或主要的促进因素。实际上,华侨的作用尚不止这些,还可以列举其他行业的情况。如远洋航运,戴一峰的《闽南海外移民与厦门兴衰》一文就详尽论述了华侨出入国带动下的厦门远洋航运业的发展。② 因篇幅所限,本文不再赘述。

三、对民国时期华侨在厦门经济生活中的作用之综合评价

民国时期厦门的生产、流通和消费等经济生活诸领域受华侨这一因素的影响是至为明显的。华侨对上述诸领域所发生的作用,以消费领域最大,流通领域次之,生产领域最小。其合力作用的结果是,厦门成为一个消费型商业城市。1905—1926年间,厦门的华侨投资总数仅占其华侨汇款总数的1.86%;1927—1938年间投资总数也只占侨汇总数的3.41%。③ 厦门本岛缺乏资源,其经济腹地闽南交通不便,市场狭小,因而妨碍了华侨对厦门的生产性投资,进而使华侨的影响偏重于流通和消费。

从时间上来说,民国时期华侨对厦门经济生活发生最大作用的时段是在1927—1937年间。1927年以前华侨的影响不如自1927年始的那10年,1938—1945年间厦门沦陷时期,华侨在经济生活中的作用更是处于低潮。1946—1949年间华侨的影响虽又上升,但为时甚短,且不稳定。从空间上来说,民国时期华侨对厦门城市经济所

---

① 陈衍德:《采访杜金枝、陈文辉、刘浩然谈话记录》,1991年12月21日,泉州市。
② 载香港《二十一世纪》1996年6月号,第49~51页。
③ 厦门市档案局等:《近代厦门经济档案资料》,厦门:厦门大学出版社,1997年,第634页。

发生的作用大于农村经济，而这一时期厦门的市区只占了本岛面积的很小部分。虽然厦门籍华侨主要来自禾山区，亦即当时岛内的乡村地区，但是他们在家乡除了建房置地外，很少对农业生产进行投资。据笔者调查，菲律宾华侨叶朝君于1931年在其祖籍地禾山区后坑村投资兴办的侯卿农牧股份有限公司，是为数很少的几个华侨投资农业生产的例子之一。①

从华侨资金的来源来说，除了用于生活消费的侨汇之外，投资于厦门的华侨资金主要来自非厦门籍的华侨。如最大的房地产及城市建设投资者之一、菲律宾华侨李岷兴、李清泉父子祖籍为晋江；最大的金融业投资者之一、印尼华侨黄奕住祖籍为南安；最大的食品工业企业陶化大同公司的投资者、马来亚华侨杨格非祖籍为同安。厦门籍华侨在本岛的投资因而相形见绌。据笔者调查，厦门籍华侨在海外的最大聚居地为菲律宾宿务市，而厦门的华侨投资却鲜有来自该市者。②

作为厦门经济腹地的闽南，虽然无法对厦门的发展起较大的推进作用，但因其为福建的主要侨乡，而由于民国时期乡里不靖，时有匪患，故闽南籍华侨和侨眷都视厦门为国内最佳的落脚点，大量游资随之聚集于厦门，使厦门经济受益于此。从近代华侨投资在福建的分布来看，厦门占了全省的62.88%，几近全省的2/3。③ 这一点可部分地解释非厦门籍华侨投资在厦门华侨中占主导地位的现象。

作为近代五口通商口岸之一的厦门，是五口中唯一的海岛城市，经济规模小，城市历史也很短，然而却成了华侨在地方经济中发挥作用最突出的城市，实乃天时地利人和使然。不过人们也不能因此就

---

① 陈衍德：《热心公益事业的实业家——叶朝君》，《湖里文史资料》第2辑，第65~67页。
② 据笔者1993年1月在菲律宾宿务市对厦门籍华侨华人的采访记录。
③ 林金枝：《近代华侨投资国内企业概论》，厦门：厦门大学出版社，1988年，第38页。

华侨对厦门经济的影响作过高的评价,而要实事求是地看到其局限之所在。

(原载《中国社会经济史研究》2000年第2期)

闽南粤东妈祖信仰与经济文化的互动*

闽南、粤东为分属福建和广东的相邻地区。二者在经济文化上有许多相似之处:均为沿海平原,农工商发达,但人口密集、土地狭迫,人们以海为田,同时大批移居海外.两地区的方言同属闽南语系,历史上在吸收中原文化的同时,形成了具有地方特色的闽南文化和粤东文化,其共同特点是民间乡土文化与海洋商业文化的融汇整合。本文拟剖析历史时期与现实生活中此二地区妈祖信仰与经济文化的互动,以期对东南沿海经济发达地区的文化流变作深层次的探究。

一、闽南粤东的妈祖信仰与社会经济的互动

自从北宋时期发轫于福建莆田的妈祖信仰在我国南北各地广为传播以来,这一女神便具有了海洋经济开拓者保护神的性质。商业和渔业为海洋经济的两大支柱,商人和渔民出于其经济动机对妈祖倍加崇信,从而推动了妈祖信仰的传播。

妈祖从一个具有神异性的里中巫转化为神女,其本质乃是庶民性的神祇。而自古以来,女神即和水与舟的关系密切,以女神为船灵,中外莫不如此。清人王韬在论及妈祖信仰时说:"天一生水,水为

---

* 本文中闽南仅指漳厦泉地区,粤东仅指潮汕地区。

天之妃,故曰天妃。"①和水与舟的关系最密切之民众,莫过于渔民,这些生活于海上的人们把命运寄托于海上保护神妈祖,从而产生一种安全感,是很自然的。漳厦泉紧邻于妈祖信仰的发祥地莆田,是最早被纳入其信仰圈的地区之一,该地区的渔民在推动妈祖崇拜的传播方面占有特殊地位。地处莆田之南的惠安崇武,"以渔为业者,不忍忘后之德,相与建后之庙于法江矣"。日后地方官绅倡议重修,"众议捐袖俸资,共募渔人乐利。举凡舟商之过客,环海之居民,食后德而服先畴者,有求辄输,毅然乐助",②渔民仍扮演着重要角色。从中可以发现,业渔者乃是妈祖信仰最初的推动力量。清道光年间厦门岛上单独奉祀妈祖的庙宇有 9 座,与保生大帝(吴真人)合祀者有 18 座,各乡社祀妈祖之社神祠尚不计在内,这与当时厦岛居民"耕而兼渔,统计渔倍于农"③的情况有密切关系。始建于明末的厦港福海宫,为渔民出海前祈愿于妈祖之处,显然与渔业密切相关。该庙于民国二十二年(1933 年)再翻建,至今庙址周围仍是渔民聚居区,且建有渔船避风坞。

潮汕的情况稍有不同。追溯广东的历史,最早奉祀的海神并非妈祖而是南海神。但妈祖信仰一经传入,南海神便屈居其下,继而被融入其中。始建于明洪武三年(1369 年)的厦岭妈祖庙是汕头沿海最早的妈祖庙,厦岭原属揭阳县,"揭有沿海而村曰厦岭者,以渔为业"。④ 厦岭妈祖庙的创建者最大可能是渔民。嘉靖四十二年(1563 年)厦岭划归澄海县,史志载"澄海县有天妃宫在厦岭,或曰天妃南海神"。⑤ 可见原有的南海神信仰已被融入妈祖信仰之中。明代潮阳

---

① 王韬:《瀛壖杂志》,转引自《妈祖文献资料》,福州:福建人民出版社,1990 年,第 340 页。
② 刘有成:《崇武所城志·碑记》,转引自《妈祖文献资料》,第 210 页。
③ 周凯:道光《厦门志》卷二,《分域·祠庙》;卷一五,《风俗记》。
④ 《李翔送陈暄书》,转引自《潮汕胜迹:汕头天后宫与关帝庙》,汕头:汕头大学出版社,1994 年,第 50~51 页。
⑤ 乾隆《潮州府志》卷二五,《祀典》。

县的天妃庙,"凡乡人有祷辄应,航海者奉之尤谨",创建者当亦沿海渔民。时人谈及此庙亦曰:"或天妃即南海神也",①此亦可证南海神已被妈祖所取代。爰至清代,史志所载潮汕妈祖庙,或有指出何处专供渔民祭拜者。如光绪《潮阳县志》卷七《坛庙》曰:"天后庙……一在招都下尾之溪岸,渔船祀之……一在达壕埠,埠众渔船共祀之。"所举两处妈祖庙,当为渔民所建无疑。潮汕沿海居民接受了妈祖信仰,其原先信奉之南海神渐被取代。这种民间神祇的置换,反映出民众对神明的选择与偏好,其依据乃是唯灵是从的原则。由于妈祖灵验,对满足沿海以渔为业者的需求具有更大的吸引力,所以他们选择了妈祖。正是这种经济动机推动了妈祖信仰在粤东的传播。

闽粤沿海通商贸易全赖船运,海上风涛变幻与商人生意好坏、事业兴衰乃至身家性命息息相关,所以商人在敬奉妈祖的广度和深度上又比渔民更胜一筹。特别是在妈祖信仰被官方认可,妈祖女神完成了其"正祀化"②过程之后,绅商阶层在推动这一信仰的传播中逐渐扮演起主要角色。商人的财力与官绅的势力结合在一起,其作用是一般庶民无法比拟的。闽南诸商港妈祖庙的兴盛无不得益于此。如泉州天后宫,宋时乃"海舶蚁聚"之处,"香火最盛",至清代仍是士商往来,备受感应之所在。嘉庆二十年(1815年)泉州知府徐如澜倡议重修,"邦之人……竞于趋事赴功焉……计糜制钱三百余万",③若非绅商捐赀,其功恐难成。又如"龙溪县天妃宫在华龙招善寺故址之右;海澄县天妃宫在港口,凡海上发舶者皆祷于此",④亦赖舶商得以兴盛。再如奉祀妈祖的厦门鼓浪屿三和宫,嘉庆十八年(1813年)福建水师提督王得禄倡议重修,王氏"谨捐廉俸,鸠工庀材,而行户巨

---

① 隆庆《潮阳县志》卷一〇,《坛庙》。
② 李丰懋:《妈祖与儒释道三教》,(台湾)《历史月刊》第63期,1993年。该文将地方神通过士绅阶层与地方官僚合作报准敕封称为"正祀化"。
③ 道光《晋江县志》卷一六,《祠庙》。
④ 万历《漳州府志》卷三一,《古迹·坛庙》。

商,亦各喜檀施,共襄盛举",①功得以成。商港繁盛之处妈祖庙亦兴盛,绝非偶然现象。

粤东情况亦大体如此。揭阳县南关外天后庙,乃乾隆二年(1737年)"各洋商呈明知县张薰,建庙三栋,两旁从屋大厅一十三间,后靠城垣,前临南河,横直十五丈",②规模甚大。这完全是商人倡建并出资的。潮阳县坐落于"邑北后溪之港口"的天后庙,历代数次重修改建,其中光绪九年(1883年)那一次系由"绅商改建"。③ 商人亦是主持修建的主要力量。潮阳县另一处"在招都河渡"的天后庙,乃专供"商船祀之",④当亦商人所建。澄海县位于南门外火神庙旧址的天后宫,建于乾隆三十四年(1769年),"费皆出自邑商",⑤也是全部由商人出资的。特别值得一提的是,乾隆二十二年(1757年)潮州各地商民在澄海县樟林镇兴建一座规模宏大的天后庙,具备大型庙宇完整的建筑规制,包括山门、前殿、正殿、后殿等。这座潮汕地区最大的妈祖庙,历时14年方建成。⑥ 建于当时出海港口樟林镇的这一妈祖庙,既是潮州商帮经济实力强大的表现,也是商业经济推动妈祖信仰的重要佐证。商人不仅因其财力雄厚,而且因其足迹遍天下,得以在妈祖信仰的传播中扮演重要角色。清代潮州帮、福建帮商人在各地建造的会馆中多奉祀妈祖,客观上促使妈祖信仰在各地更广泛深入地传播开来。在这一传播过程中,妈祖也逐渐兼备了商业型神明的身份和功能。

经济发展推动妈祖信仰,妈祖信仰反过来又促进了经济发展。这种互动关系,在闽南粤东的中心城市——厦门与汕头的早期历史

---

① 王得禄:《重兴鼓浪屿三和宫记》碑铭,转引自《妈祖文献资料》,第285页。

② 乾隆《揭阳县志》卷七《坛庙》。

③ 光绪《潮阳县志》卷七,《坛庙》。

④ 光绪《潮阳县志》卷七,《坛庙》。

⑤ 嘉庆《澄海县志》卷一六,《祀典》。

⑥ 嘉庆《澄海县志》卷一六,《祀典》。

中,得到充分的表现。厦门岛的开发是自北向南推进的,北部的高崎、五通至薛岭一带,是厦门城市的发祥地,那里是由同安内陆入岛的交通要冲,聚落兴旺,故较早建有妈祖庙,如高崎村奉祀妈祖和吴真人的万寿宫始建于元代,是厦门岛上年代最早的妈祖庙。明洪武二十七年(1394年)建厦门城,当时还只是一个海防哨所,之后其附城四社随着海商贩洋兴起而发展,城镇才渐具规模。天顺年间于今黄厝村建迎祥宫(因黄家舍地,俗名黄厝宫);成化年间于今市区外清巷建前园宫。万历至明末,又有养元宫、养真宫等相继建立。上述宫庙均奉祀妈祖和吴真人。① 我国早期的城市是以宫室和宗庙作为主要标志的,这主要是就中原城市而言,南方城市远离政治中心,但也是以官府衙门和神庙作为其标志的。上述养元宫建于户部衙边;养真宫建于关帝庙边,这说明至迟到明中后期,以官府衙门和诸神庙为轴心的厦门城已颇具规模了。

　　明末清初,厦门"服贾者以贩海为利薮,视汪洋巨浸如衽席……有倾产造船者……舵水人等藉此为活以万计","田少海多,以海为田,自通洋驰禁,夷夏梯航,云屯雾集"。道光年间,厦门已是"人民、商贾、番船辏集,等诸郡县"。② 在这一具有浓厚海洋经济色彩的城市的发展过程中,妈祖信仰起着凝聚和感召的作用。有的妈祖庙成了社会经济活动的场所,如凤凰山下岛美路头后街奉祀妈祖与吴真人的和凤宫,康熙二十八年(1689年)重修,乾隆四十一年(1776年)以洋商恒借此宫为议事所,改建;嘉庆、道光年间又多次重修,殿后为行商会馆;近代此宫则为落海理货工会会址。有的妈祖宫庙的名称成了所在地的地名和路名,如怀德社、和凤社、前园保、黄厝保、丹霞

---

① 方文图等:《厦门地区吴真人宫庙调查报告》,《吴真人研究》,厦门:鹭江出版社,1992年,第206~217页。
② 周凯:道光《厦门志》卷一五,《风俗记》。

宫路、福海宫巷等。① 凡此种种，均显示出妈祖信仰在推动厦门这一海洋商业型城市发展中的作用。

汕头原是韩江入海口一渔村，唐代尚一片蛮荒，至宋代才有渔民在此捕鱼、聚居，逐渐形成渔村。清乾隆、嘉庆年间始开发为埠市，因其为冲积沙土所形成，故名曰"沙汕头"。其地当时属澄海，在县城西南35里外，"有淤泥浮出沙汕数道，乃商船停泊之总汇……为海防要隘"。② 为求"海不扬波，埠众日旺"，汕头天后宫（俗称老妈宫）与左邻的关帝庙遂缘起于埠市形成初期。汕头埠未形成时，妈祖乃由沙汕海僻（今商平路一带）渔民所敬奉，后迁至可避海潮之处（今升平路头），于嘉庆年间就地建起天后宫。从此过往船只、商人百姓都到这里朝拜妈祖，宫前海湾便成为舟舶客商聚集之所，潮梅人士出洋者亦从此处下船，从而成为汕头城市的发祥地。

咸丰十一年（1861年）汕头正式开埠后，随着市区的扩大，为繁荣埠市，老妈宫与关帝庙于光绪五年（1879年）重建成现今规模。其时老妈宫左侧营地为海防要冲，设立了海关、行署，修起了码头、仓库、邮电局，建起了会馆、商行……各行各业亦如雨后春笋般竞发，使汕头港迅速发展为粤东主要对外门户和经济贸易中心。由此可见，汕头老妈宫及其周围街市乃是一个"以庙带市"的民间商业发展的典型，老妈宫对开发汕头埠所产生的凝聚力和感召力是至为明显的。③

综上所述，闽南、粤东经济的发展，特别是渔业和商业的发展，推动了妈祖信仰的传播，而妈祖信仰在经济生活中又起着一种凝聚和感召的作用。探究二者之间的这一互动关系，可以发现，东南沿海商品经济发达地区的人们，逐渐从重利思想中滋生出一种唯灵是从的

---

① 方文图等：《厦门地区吴真人宫庙调查报告》，《吴真人研究》，厦门：鹭江出版社，1992年，第206～217页。

② 嘉庆《澄海县志》卷七，《山川》。

③ 杨木芳：《汕头老妈宫与妈祖信仰古今谈》，《潮汕胜迹：汕头天后宫与关帝庙》，汕头：汕头大学出版社，1994年，第44～49页。

崇拜神明的原则,而唯灵是从原则说明人神关系完全受人的希望所支配。乾隆时揭阳知县刘业勤在"天后庙重建碑记"中说:"夫人受庇于神,而神实依于人。"① 神既依存于人,就必须为人服务。人最基本的要求是生存,继而是发展,所以妈祖信仰在沿海人民求生存和发展的经济生活中产生并普及,渔商经济愈发展,崇拜愈升级,以至于人们把虚幻的寄托转化为信心,反过来又推动了经济生活的运行。妈祖信仰与经济生活的这种互动,虽然在闽南、粤东有其独特的表规形式,却具有普遍的意义。

二、闽南粤东的妈祖信仰与社会文化的互动

妈祖信仰本身就是一种文化现象,但对神明的崇拜仅是社会文化的一个结构成分,后者应是对人类社会行为施加的全部影响的总和。神明崇拜与社会文化的其他成分也存在着种种互动关系。以下拟对闽南粤东的妈祖信仰与此二地区的民俗、宗教、作为社会活动角色的妇女以及社区生活之间的关系,做一些初步的探讨。

(一)妈祖信仰与民俗

民俗是社会生活与思想信念相结合的产物,是源于历史积淀的习惯性行为。一个地区的人们接受了妈祖信仰之后,其民俗便会受到影响,而民俗的传承则会加深妈祖的信仰,二者从而产生互动。

在闽南沿海岛屿,妇女成家后,发式多梳成蓬形髻,俗称"妈祖髻",以示纪念妈祖并求妈祖佑护出海的丈夫平安无事。② 在一些沿海渔村还有这样的习俗:每当喜事或节庆时,那些丈夫健在的老年妇女就穿起红衣红裤。传说妈祖升天显灵时常穿"朱衣",人们说红衣

---

① 乾隆《揭阳县志》卷八,《艺文》。
② 郑明忠等:《妈祖神话传说对社会习俗的影响》,《妈祖研究论文集》,厦门:鹭江出版社,1989年,第225页。

裳是妈祖赐予的,穿红衣的习惯是为了纪念妈祖。①

在粤东,阴历三月二十三日"妈生"时民间普遍吃炒面,潮语称面条为面线,棉纱也称纱线,两者形似名近,使人联想到妈祖神话中的渔网线。传说林默娘升天前在家纺纱织网,每当亲人出海遇险时,她便拉紧纺车,挽紧纱线,闭目入神,海船上的桅索便不会被风暴撕断,得以逢凶化吉,平安返航。"妈生"吃妙面,意在消灾解厄,祈求平安。②

社会心理学认为,人们在想象中,会根据自身需要,利用已有的认知结构,产生对某种无关刺激物的同化作用。上述民俗现象,就是由于妈祖成为人们心目中的偶像,从而与之有关的事物的形状、颜色乃至名称,都被人们同化为妈祖预示平安的信息。而妈祖信仰,也就伴随着这种社会心理需要而不断强化、深入。

(二)妈祖信仰与佛、道二教

闽南、粤东的民间信仰是与传统宗教相互杂糅混合的。一方面,这与此二地区在接受南传的中原文化之同时,保持了原有的"巫文化",并使二者融合这一历史背景有关。另一方面,道教以其特有的包容性而囊括了大部分民间信仰,佛教为适应地域文化的特性也兼容了各地的神明。这两方面的因素造成了妈祖信仰与佛、道二教的交渗和互动。

清道光年间厦门岛上 27 所主要的妈祖庙中,有三分之二是共祀保生大帝的。保生大帝是闽南民众信奉的医药之神,它与作为平安之神的妈祖在救苦救难的神性和广受民众尊崇的人民性方面,都是一致的,因而统合在道教范畴内的民间信仰中,有其必然性。闽南民

---

① 丁毓玲:《妈祖民俗文化的社区分析》,《海内外学人论妈祖》,北京:中国社会科学出版社,1992年,第90~91页。
② 杨秀雁:《汕头老妈宫与潮汕民俗》,《潮汕胜迹:汕头天后宫与关帝庙》,汕头:汕头大学出版社,1994年,第59~60页。

间不仅有此二神共祀的现象,而且有保生大帝向妈祖求婚的传说,都体现出信徒们宗教感情的一致。① 二神的信徒是传说的传播者,也是传说的集体创作者,从中反映出二神的祭祀圈、信仰圈在闽南一些地区的交涉与叠合,并显示了信徒之间具有密切的互动关系。道教诸神中与妈祖关系最密切者要数关帝。闽南、粤东妈祖庙有不少是与关帝庙相邻或相近的,其中最典型的莫过于与汕头老妈宫紧邻的关帝庙。据笔者实地观察,并列而建的二庙从外观上看几乎完全一致,祭拜妈祖者也必定祭拜关帝,不仅显示出二神神格的一致,而且显示出潮汕海洋文化与客家内陆文化的融汇与整合。②

佛教里的观音因其女性的外表和大慈大悲的神性而与妈祖有着相似之处,同时妈祖因普受信奉而分香各处也犹如观音之千亿化身,因此二神亦有被共祀一庙的。如同安县五显庙,"在县太师桥东里余……明万历壬午年(1582年)邑人陈以廉重建,左祀天后,右祀观音"。③ 这是妈祖信仰与佛教的交涉在闽南的例证之一。闽南民众对包括妈祖在内的诸神除各以专称称之外,还以"佛祖"统称之,亦可证该地区民间信仰与佛教的统合。在粤东,有些妈祖庙径为僧人所倡建或住持,庙内亦并祀妈祖与佛陀。如坐落于澄海县城外校场的天后庙,"正殿祀天后,后殿设佛像,乾隆二十七壬午(1762年)副将陈应钟率庙僧晓昙募建"。④ 而澄海县另一座称为"四座宫"的庙宇,则奉祀关帝、玄天上帝、妈祖和佛祖,并有僧人住持,⑤可谓佛、道、民间信仰的大融合。凡此种种,均使妈祖信仰蒙上佛教色彩。

---

① 罗耀九:《清初妈祖与吴真人崇拜的比较观》,《吴真人研究》,厦门:鹭江出版社,1992年,第124页。
② 陈衍德:《汕头老妈宫考察记录》,1995年8月7日。据《潮汕胜迹:汕头天后宫与关帝庙》,关帝崇拜是随客家人移居潮汕而传入的,相对于本地的海洋文化而言,乃外来的大陆文化之象征(见该书第67页)。
③ 民国《同安县志》卷二四,《祠祀·坛庙》。
④ 嘉庆《澄海县志》卷一六,《祀典》。
⑤ 嘉庆《澄海县志》卷一六,《祀典》。

闽南、粤东妈祖信仰与佛、道二教的交涉,既是传统宗教吸纳民间信仰,又是庶民社会参用制度化宗教的双向互动,其中亦折射出此二区域多元文化的丰富内涵。

(三)妈祖信仰与妇女

由于妈祖是具有慈母神格的女神,所以特别受到妇女的崇拜。又由于闽南粤东男子多出洋谋生或出海捕鱼,所以在家妇女出于对亲人安全的关切,对妈祖尤为虔信。

20世纪30年代社会学家陈达在调查闽粤侨乡社区的拜神费用时,以某家庭为个案做如下论述:"对于神佛的崇拜,妇女特别虔诚:'妈生拜神费九毛五分,此妈生即天后圣母,其诞日每年在夏历三月二十三日,某华侨社区对此妈生日,人家多有备办面粿及牲礼纸钱香烛等物。往拜者,尤以妇人为甚。此家全系妇人,且以老妇主家,其对于此事当必极其诚意,揣其实在之用费,想不止此九毛五分也'。"①九毛五分乃该社区各家庭妈生拜神费用的平均数,陈达认为妇女主家者当超出此数。由此可见妇女对妈祖之虔信超乎男子之上。

台湾人类学者对当今本岛妈祖信仰中两性差别的调查也发现,"平日来妈祖庙烧香烧金的以妇女居多,在仪式行为方面,卜杯和求签诗的信徒中,也以妇女居多";"在进香活动中,'苦行'的'散香'也以妇女居多"。② 台湾民间信仰习俗多承自闽南,因而可推知闽南妈祖信仰中妇女也扮演着同样的角色。

在粤东同样如此。每逢妈祖诞辰之日,"信女们一早就都梳妆打

---

① 陈达:《南洋华侨与闽粤社会》,上海:商务印书馆,1938年,第269~270页。

② 黄美英:《香火与女人——妈祖信仰与仪式的性别意涵》,(台湾)《寺庙与民间文化研讨会论文集》下册,1994年,第534、540页。

扮,手挽花篮,携带香烛粿品'落宫'去",①显示出比男子更大的热情。笔者对汕头老妈宫的实地观察也发现,在这座常年香火不断的妈祖庙中,烧香祭拜者大多为中老年妇女。该宫在妈祖神像两侧还配祀注生娘娘(左)和珍珠娘娘(右)。② 此二女神分别掌管婴儿的出生和抚育,体现了妈祖对人间妇女生儿育女的关怀,不啻是对妇女虔信妈祖的最好诠释。

总之,在那些倾注热情于妈祖信仰的妇女身上,正体现出与男性不同的生活经验和社会地位。在闽南粤东这一海洋商业文化占重要地位的区域,因男子的出外谋生而使妇女的生活担子更重,也促使她们更专注于对妈祖的崇拜。

(四)妈祖信仰与社区生活

社区是指聚集在某一地域里,在生活上相互联系,具有一定社会关系的人群。社会活动都是在具体的社区里进行的,因此社会现象可以在社区里反映出来。闽南粤东的自然村都有相对独立的生活方式,可视为一个社区。通过各社区内妈祖崇拜的种种表现形式,可以发现妈祖信仰是一种根植于社区生活中的民俗文化和生活方式。

笔者对厦门岛上3个自然村的妈祖庙进行了调查,它们是思明区曾厝垵村福海宫、湖里区乌石埔村洞炫宫、思明区何盾村顺济宫。

福海宫以地方神武烈尊侯为主神,并祀保生大帝和妈祖。但是,宫内唯一的石刻楹联为"女中尧舜众中母,世上鹊佗天上仙";咸丰七年(1857年)"重建福海宫碑记"则有"厦地官商舟舰咸设醮祈安,每大彰报应……阖厦舟楫以及外邦经营,未尝不为神灵所庇佑"等语;乡里老大也承认本宫原先似应以妈祖为主神,且指称单祭妈祖的厦港福海宫(本文前已提及)是从本宫分香而立的。所以该宫无疑应视

---

① 杨秀雁:《汕头老妈宫与潮汕民俗》,《潮汕胜迹:汕头天后宫与关帝庙》,汕头:汕头大学出版社,1994年,第59~60页。
② 陈衍德:《汕头老妈宫考察记录》,1995年8月7日。

为妈祖庙,只是日久与地方神庙合而为一,成为社区活动的中心。据乡里老大说,每逢阴历三月十五日、二十三日保生大帝与妈祖诞辰,各要演戏三天,前者由全村人出钱,后者由村民中的业渔者出钱。此中是否蕴含着这样一个事实,即该村原先为沿海渔村,后业农者渐多,福海宫才由单纯的妈祖庙演变为多神并祭的地方神庙。这虽然尚等考证,但无论如何,此地的妈祖崇拜随着社区生活的变迁而发生某种变化,则是毋庸置疑的。①

洞炫宫并祭保生大帝和妈祖。当乡里老大被问及何者为主时回答说:"二神应是平等的,只因保生大帝是男神,所以排在大位(左边)。"在被问及该宫组织的祭拜妈祖活动时,他们说一年中最重要的活动是前往湄洲妈祖庙进香,并举例说1994年本村有两三百人于阴历三月二十日乘十几辆汽车前往湄洲,大部分为农家自有的货车,因为不能每家的车都去,而村民都争着出车,所以要抽签决定用谁家的车。另外,本村每年还与相邻的佘厝村妈祖庙(亦并祭保生大帝)互请对方的神像到各自村里举行游神活动。可见该宫不仅是所在地域的社区活动中心,还是联络相邻地域的枢纽。②

顺济宫是单祭妈祖的。据宫中主持人说,其始建年代仅比湄洲妈祖庙稍迟,且厦门地区许多妈祖庙是从本宫分香而立的。又说本宫每年阴历正月十六日组织妈祖游神活动,均由邻近的关帝庙的关帝爷前来"邀请"妈祖一起出游,因为在本地人眼中妈祖的地位高于关帝爷。笔者曾亲眼看到壬戌年(1992年)正月十六日的游神,由四个未婚的男性青年以"神轿"抬妈祖神像绕村游行,轿夫行进时走两步退一步,一步一摇晃,再伴以锣鼓器乐的有节奏的韵律,甚是有趣。据宫中主持人说,本村渔民仍有每逢阴历初一、十五或初二、十六到宫里来烧香祭拜的习惯。据此推测,这是一处渔业经济仍占重要地位的滨海社区,故妈祖崇拜仍保持纯粹性与单一性,而未与其他神明

---

① 陈衍德:《曾厝垵福海宫调查记录》,1995年6月29日。
② 陈衍德:《乌石埔洞炫宫调查记录》,1995年6月30日。

崇拜相混杂。①

上述三个自然村的妈祖庙虽各有相异之处,但都扮演了社区文化生活倡导者与组织者的角色,从而在某种程度上成为社区活动的中心和枢纽。其妈祖崇拜的不同形式,则是各社区生活方式的差异使然。考之于方志记载:"各乡社俱有社神祠……皆祀天后、吴真人……厦门迎神赛会,动费多金,穷极奢靡,各庙必以时出巡",②说明这种以妈祖庙为中心的社区活动自古以来在厦门就相当普遍。推而广之,闽南地区当亦如此。

笔者虽未对粤东自然村的妈祖庙进行调查,但从有关的文献资料来看,它们同样发挥着社区活动中心的作用。以澄海县为例,方志载:"里社庙,邑无虑数百",里社便是自然村,而其庙多单祭某一神祇,当中也有奉祀妈祖的,如"三妃宫,祀天妃,在城内北隅社";"天后庙,在盐灶乡社"。方志又载:"澄俗社多迎傩,费金不赀",③傩即傩戏,是古老的巫戏,亦即与宗教祭祀关系密切的地方戏曲,在潮汕乡村十分盛行。时至今日,每逢某一神祇的诞辰日,奉祀该神祇的村落庙宇仍要举行迎神赛会,游神队伍一般都要配上高灯、彩旗、马头锣、仪仗队、标旗队、潮乐队、锣鼓队。还要演"大戏",亦即请戏班到庙宇所在地演出地方戏曲。由于潮汕村落多有以妈祖为保护神的,所以这类活动中有一定比例是与妈祖有关的。④

综上所述,闽南粤东民俗体现了作为精神生活的妈祖信仰对人们行为模式的形塑和构建;佛、道二教对妈祖信仰的吸纳则显示这一信仰的开放性和掺和力;从闽南粤东妇女特有的崇拜方式中还折射出妈祖的母性神格;社区生活中妈祖的尊崇地位则昭示了这一信仰

---

① 陈衍德:《何厝顺济宫调查记录》,1995年8月12日。
② 周凯:道光《厦门志》卷二,《分域·祠庙》。
③ 嘉庆《澄海县志》卷一六,《祀典》。
④ 隗芾:《论潮汕民俗中的傩形态及其改造》;周镇昌:《略论潮汕祭神民俗的传承与变异》,《潮汕文化论丛·初集》,广州:广东高等教育出版社,1992年,第203、211页。

与社会组织的密切关系。所有这一切,都是妈祖信仰与社会文化的各个结构成分产生双向互动的结果和表现。

明清时期,闽南、粤东作为沿海商品经济发达地区,其区域经济发展的轨迹基本上是相同的,亦即海洋渔商经济与内陆农业经济共同得到发展。近代以至于今,此二地区又同为门户开放和对外交流的前沿地带。闽南、粤东的民间信仰因此有许多类似之处。本文所论述的妈祖信仰即为明证。但推动此二区域经济发展的内外因素以及文化渊源不尽相同,因此民间信仰也存在同中有异的情况。在结束本文之前,拟就此再做一粗线条的勾画。

首先,近代以还,粤东的经济中心和文化中心是重叠的,闽南则否。汕头作为近代兴起的城市,因其与历史名城潮州在地理上极为接近,在社会氛围上基本一致,故在成为粤东经济区中心城市的同时,也成为该地区的文化中心。而厦门在取得闽南经济区中心城市的地位时,无法取代历史悠久的泉州成为该地区的文化中心。

其次,厦门不仅在对外开放的时间上早于汕头,而且在开放的广度和深度上也略胜一筹,因而受西方基督教文化熏陶的程度较深,传统的民间信仰因而受到较大的冲击。厦门辟为通商口岸后,"神灵崇拜不像以前那样盛行了,由于无人光顾,许多庙宇倾毁失修"。[①] 汕头的情况则较为和缓。

再次,与上述两点有关,汕头保持着粤东妈祖信仰中心的地位,不仅该地区最大的妈祖庙在汕头,而且妈祖信仰在汕头城市发展中的凝聚和感召作用表现得十分突出。厦门则不仅在闽南的妈祖信仰中处于边缘地位(闽南最大的妈祖庙仍为泉州天后宫),而且与汕头这一"以庙带市"的典型相比,妈祖信仰在城市发展中的作用并不十分突出。

---

① 《海关十年报告之四:1912—1921》,《近代厦门社会经济概况》,厦门:鹭江出版社,1990年,第376页。

最后，在地方政府和潮汕籍海外华侨华人的鼎力支持下，近年来潮汕的几处中心庙宇陆续得到修复，妈祖信仰被赋予了新的时代意义。相形之下，闽南的妈祖庙群仍处于无序状态，妈祖信仰与当前社会的协调仍待加强。考察闽南粤东妈祖信仰的历史与现状，给我们留下了许多值得思考的问题。

（原载《中国社会经济史研究》1996年第2期）

四 明清和近现代澳门的社会经济与宗教文化

明清时期澳门商贸经济的发展

一

澳门虽为弹丸之地（面积仅为 18.98 平方公里），但在香港兴起以前，它因特定的历史条件而成为国际性港口，并一度在东亚经济的发展进程中扮演了重要的角色。澳门成为港市，与唐宋的广州港和泉州港不同，后二者均为封建政府特设的市舶司管辖之下的、以官营对外贸易为主的港口，而澳门不是。澳门也与香港不同，香港是在英国占领后发展成的一个殖民地港口，而澳门在葡萄牙人入据之后的相当长时期内仍是中国政府能够行使主权的领土，直到鸦片战争后这一主权才遭到破坏。从经济上来说，明中叶以后澳门在成为葡萄牙人的远东贸易基地的同时，仍一直是珠江三角洲经济区的一部分，与周围地区的经济生活密不可分。因此，明清时期的澳门经济并非殖民地经济，而是商品经济较为发达的、在一定程度从属于外人控制下的海外贸易的沿海经济。这一时期的澳门经济处于这样一种边缘地带：中国政府既对它采取特殊的政策而又无法完全控制它，葡萄牙人也不能像在其他殖民地那样为所欲为，而是要顾及中国政府的反应。这一特殊性使得澳门港市经济的发展走的是一条独特的道路。

明嘉靖三十二年（1553年）葡商初登澳门，至嘉靖四十三年（1564年）葡人在澳事实上形成商埠雏形，然均属私占性质。万历元年（1573年）葡人始向明朝地方政府缴纳地租，澳门至此成为官方认可的商埠。① 繁荣的海上贸易使澳门从一个偏僻的小渔村变成世界有名的海港。以澳门为始发点的航线伸向世界各个角落，其中最主要的有至日本长崎的航线；至菲律宾马尼拉再延伸至墨西哥的航线；至印度果阿再延伸至葡萄牙的航线。有关16世纪中叶以后澳门的海上贸易，中外学者已多有阐述。② 但关于澳门本地的商贸经济，论述者却不多。然而这一问题的重要性是不言而喻的。因为澳门贸易中转港功能的发挥，端赖于中国东南沿海商品经济的发展以及封建政府一系列政策、制度的变化，而这一发展和变化从澳门本地商贸活动的运作中均可寻觅到踪迹。本文试图通过对明清时期澳门商贸经济的探索，进一步认识澳门在这一时期东亚经济中的地位和作用。

二

明中叶葡萄牙人远道而来，欲于澳门寻求一立足点，以便扩展其东亚贸易网，他们在澳门的衣食住行，无不仰给于内地。澳门当时虽为一偏僻小渔村，但其背后有富裕的珠江三角洲，推而广之，整个闽粤沿海亦可视为其经济腹地。正因为如此，葡人才得以立足。正如

---

① 施存龙：《澳门港正式对外开埠问题考辨》，载澳门《文化杂志》（中文版）第33期，1997年。

② 如黄启臣、郑伟明：《澳门经济四百年》，澳门：澳门基金会，1994年，第1～13页；张廷茂：《明清交替之际的澳门海上贸易》，载澳门《文化杂志》（中文版）第33期，1997年；C. R. 博克萨：《16—17世纪澳门的宗教和贸易中转港之作用》，《中外关系史译丛》第5辑，上海：上海译文出版社，1991年。

万历年间两广总督周嘉谟与广东巡按御史田生金的《条陈海防疏》所言,"澳内仅弹丸黑子之地,无田可耕,无险可恃,日用饮食,全仰给于我"。① 如果没有这种经济支撑,澳门港市的形成和发展是不可能的。

葡人和其他非"朝贡贸易"的外国商船初至粤时,是在广东地方官员所指定的珠江口外的上川岛、浪白澳等暂泊的,船员就船住宿,船上交易,即便上岸交易,也是搭篷暂住,人走篷拆。葡人强行在澳门登岸后,"初仅篷数十间,后工商牟利者,始渐运砖瓦木石为屋,若聚落然",②一开始也是搭篷居住,后来因有内地"工商牟利者"提供砖瓦木石,才建屋居住,并逐渐形成居住区。明末一香山籍官员(澳门时属香山县)说,葡人"初犹搭篷厂栖止耳,渐而造房屋,渐而筑青洲山,又渐而造铳台、造坚城"。③ 所有这些房屋、炮台、城堡所需的建筑材料,自然都是中国商人提供的,而建筑工匠也均为华人。明嘉靖后期任广东御史的庞尚鹏在给朝廷的奏文中说,夷人"近数年来,始入濠镜澳筑室居住,不逾年多至数百区,今殆千区以上"。④ 葡人和其他外商的居住区扩展如此迅速,实赖内地"工商牟利者"之功。

澳门既成一海港,各方人口必汇聚于此。除了葡人和其他外商之外,东南沿海各地贩夫走卒亦趋之若鹜。庞尚鹏说夷人"负老携幼,更相接踵,今夷众殆万人矣"。⑤ 而来自闽、粤两省的各色人等更

---

① 田生金:《按粤疏稿》卷三,《条陈海防疏》,版本未详,澳门大学图书馆藏。

② 郭棐:万历《广东通志》卷六九,《澳门》,版本未详,中山大学图书馆藏。

③ 《明实录·崇祯长编》卷三四,崇祯三年五月,台湾"中央研究院"据美国国会图书馆缩微胶卷影印,1961年(以下所引《明实录》均与此同),第2053、2054页。

④ 印光任、张汝霖:《澳门纪略》卷上,《官守篇》,引庞尚鹏《区画濠镜保安海隅疏》。

⑤ 印光任、张汝霖:《澳门纪略》卷上,《官守篇》,引庞尚鹏《区画濠镜保安海隅疏》。

是成千上万:"闽之奸徒,聚食于澳,教诱生事者不下二三万人。粤之盗贼亡命投倚为患者,不可数计。"①如此庞大的人口必然需要大量的粮食供应。葡人和其他外商所需粮食均购自内地,明地方官员所谓"彼日食所需,咸仰给于我",②说的就是这一情况。当时明朝的政策是,除违禁物品外,"衣食所需,稍通贸易"。③因此内地商人贩运粮食在澳门是合法的。但若葡人意欲囤积粮食,以至"积谷可支战守",④则明朝政府便会加以限制。如明末葡人以助御边为由"要挟多买米数万石",⑤便不被允许。至于在澳的各色华人,其所需粮食自然也仰仗内地供应。

在澳门拥有基本的居住条件和食物来源之后,葡人便获得了一个与内地进行贸易的基地。但是葡人毕竟人数有限,加以明朝的限制,无法深入内地直接与商人交易。恰当此时,东南沿海私商蓬勃兴起,他们当中的许多人被视为"倭寇",从事着非法贸易。这些人便成为葡商的合作者或中介人,在澳门及其周围地区形成了一个商贸网络,史称"满剌加国番人(葡萄牙占领马六甲后,葡商曾伪称马六甲商人,欲骗取明朝信任)每岁私招沿海无赖之徒,往来海中贩鬻番货";⑥"满剌加等国番商素号犷悍,往因饵其微利,遂开濠镜诸澳以处之,致趋者如市,民夷杂居,祸起不测",⑦即是指此种形势。

虽然当时的有识之士已经认识到"动以倭寇为名,其实真倭无几",⑧但这种形势毕竟对封建统治不利,因此明朝政府竭力想阻止其进一步发展。然而,商品经济发展的趋势不可阻挡,明朝政府要禁

---

① 《明实录·崇祯长编》卷三四,崇祯三年五月,第 2053、2054 页。
② 《明实录·神宗实录》卷五二七,万历四十二年十二月,第 9905 页。
③ 《明实录·熹宗实录》卷三〇,天启三年正月,第 1524 页。
④ 《明实录·神宗实录》卷五七六,万历四十六年十一月,第 10905 页。
⑤ 《明实录·崇祯长编》卷四一,崇祯三年十二月,第 2472 页。
⑥ 《明实录·世宗实录》卷三六三,嘉靖二十九年七月,第 6471 页。
⑦ 《明实录·穆宗实录》卷三八,隆庆三年十月,第 963 页。
⑧ 《明实录·世宗实录》卷三五〇,嘉靖二十八年七月,第 6327 页。

止私商与葡人交易难上加难。万历四十一年(1613年)总督两广兵部右侍郎张鸣冈曰:"……乃粤则与诸夷互市,而谢绝之难……闽广奸人窜入澳中搬唆教诱,则提防之难……在粤者贸货为名,禁之则阻绝生理,而不禁则通澳通倭,弊不胜究,法不胜设。"①可见当时闽粤沿海与澳门的商贸来往已成不可遏止之状。万历四十五年(1617年)周嘉谟与田生金的奏章说得更透彻:"近来闽粤奸徒,以贩海为业,违禁通倭,亦踪迹不可究诘……利之所在,此辈走死地如鹜。而肘腋之间,濠镜澳亦奸薮也。"②沿海私商与夷商在澳门及其周围地区形成的商贸网络,是在利益驱动下编织而成的,破之绝难,原因即在此。

在这一形势之下,明朝各级政府制定了许多限制葡商及其他外商在华贸易等活动的规章制度。从中也可以看出澳门及其周围地区在明中叶以后商贸经济的发展状况。

嘉靖初明廷议"严定律例",禁止沿海民人擅自与外商贸易。其议曰:

> 凡番夷贡船,官未报视而先迎贩私货者,如私贩苏木、胡椒千斤以上例;交结番夷互市称贷绍财构衅及教诱为乱者,如川、广、云、贵、陕西例;私代番夷收买禁物者,如会同馆外军民例;揽造违式海船私鬻番夷者,如私将应禁军器出境,因而事泄,律各论罪。③

廷议中涉及的私通夷商行为,无一不在澳门出现过。换言之,它正从一个侧面反映了包括澳门在内的东南沿海私人海商与外商交通的事实。

---

① 《明实录·神宗实录》卷五〇九,万历四十一年六月,第9646~9647页。

② 田生金:《按粤疏稿》卷三,《条陈海防疏》,版本未详,澳门大学图书馆藏。

③ 《明实录·世宗实录》卷三八,嘉靖三年四月,第956~957页。

在万历后期任两广总督的张鸣冈的授意之下,当时主管澳门海防和对外贸易的海道副使俞安性制定了历史上有名的《海道禁约》,①以约束葡人在澳的所作所为。禁约共五条,其中有两条是这样的:

一、禁接买私货。凡夷趋贸货物,俱赴省城公卖输饷,如有奸徒潜运到澳与夷,执送提调司报道,将所获之货尽行给赏首报者,船器没官。敢有违禁接买,一并究治。

一、禁擅自兴作。凡澳中夷寮,除前已落成遇有坏烂准照旧式修葺,此后敢有新建房屋,添造亭舍,擅兴一土一木,定行拆毁焚烧,仍加重罪。

上述条款所禁止的,恰恰是当时实际生活中大量存在的事实,亦即恰恰反映了当时澳门及其周围地区的私商与葡商及其他外商私下进行的大量贸易,以及澳门各建筑群和街区的不断兴起并最终形成颇具规模的港市。否则的话,明后期澳门的繁荣就无法解释了。②

总而言之,明中叶以后在中国政府容忍但又加以限制的情况下,葡人在澳门获得了立足点并由此与内地通商。中国商民抓住了这一机会,在为葡人和其他外商提供商品和服务的同时,也开辟了一条谋生和获利的新途径。

三

17世纪40年代对于澳门来说是一个多事之秋,澳门及其周围地区的商贸经济也受到很大影响。1639—1640年间日本德川幕府驱逐葡萄牙人,澳门与长崎的贸易被迫中断。1640年葡萄牙与西班牙由合而分,澳门与马尼拉的贸易亦一度中断。1641年荷兰从葡萄牙手中夺取了马六甲,澳门经马六甲海峡至果阿的航线亦受阻。这

---

① 印光任、张汝霖:《澳门纪略》卷上,《官守篇》,引《海道禁约》。
② 黄启臣、郑伟明:《澳门经济四百年》,澳门:澳门基金会,1994年,第33～40页。

一系列事件严重影响了澳门葡人及其他外商与中国内地的贸易。恰在此时,中国又发生了明、清两个王朝的政权更迭,战乱以及明清之际中国政府对外政策的变化不定,也都影响了内地与葡商及其他外商的贸易。

但是这一系列打击并未使澳门完全衰落。一方面,葡人发展了与印尼群岛和印支半岛的贸易,澳门与马尼拉及果阿的贸易亦未完全中断。① 另一方面,明清之际中国东南沿海的私人贸易依然活跃,而清政府也未根本改变明朝对澳门容忍加约束的政策。这样,入清以后澳门虽然不如以前那样繁荣,但其商贸活动仍然是当地经济不可或缺的一部分。

早在明朝末年,因葡商大量走私影响了明朝岁入,广东地方当局便于崇祯四年(1631年)停止了他们一年两度赴广州的定期贸易,改由中国商人载货下澳门与之贸易。清初仍循其制。康熙元年(1662年)实行"迁界",澳门虽获免迁,然而也因此成了界外之地,先前其获官方允许的与内地间的贸易完全断绝。但私商以及某些地方势力仍与澳门通商如故。史载私商"勾结亡命,私造大船,擅出外洋为市";②"不法奸徒,乘驾大船,潜往十字门海洋(澳门南面海域),与彝人私相贸易";③藩王尚可喜亦与澳门"阴与为市"。④ 其情形一如明时的走私贸易,这说明澳门及其周围地区的商贸活动是不可抑止的。

康熙十七年(1678年)葡王进贡使者恳请清政府恢复澳门与内地的通商,次年获清政府批准,"准其在旱路界口贸易","不许海上行

---

① 桑贾伊·苏拉马尼亚姆(Sanjay Subrahmanyam)著,何吉贤译:《葡萄牙帝国在亚洲:1500—1700 政治和经济史》,纪念葡萄牙发现事业澳门地区委员会,1993年,第216~220页。
② 郝玉麟:《广东通志》卷六二,吴兴祚:《议除藩下苛政疏》,台湾商务印书馆据文渊阁四库全书1987年影印版,第564册,第867页。
③ 李士桢:《抚粤政略》卷六,《禁奸漏税》,版本未详,澳门大学图书馆藏。
④ 屈大均:《广东新语》卷二,《地语》。

走"。① 居澳葡人与内地商人抓住这一机会,迅速扩大双边贸易。不久贸易已颇具规模,清政府于是将"旱税"(澳门界口贸易税)定额为"二万二百五十两"白银。② 这意味着此间内地与澳门的获官方认可的贸易已恢复至明万历时的水平,因彼时明政府征收的澳门"舶饷"乃二万两白银。③ 康熙二十二年(1683年)清朝统一台湾,海禁解除,与外国通商随之恢复。次年粤海关及澳门分关设立,内地与澳门的贸易仍改由海路进行,陆路贸易随之停止。

清代"广东澳门地方,为各国夷商贸易汇总之区",④"西洋各国……俱在澳门设有洋行收发各货"。⑤ 除葡人外,其他外商也有不少长住于此。清政府"以澳门为聚重之地",将澳门分关与"省城大关"一体视为"总口"。⑥ 而且清朝在澳门实行不同于其他地方的特殊政策,"香山县澳门地方,向许内地民人与各国夷商交易,与省城皆归行商不同。"⑦澳门不像广州那样由特许的"行商"垄断对外贸易,而是任由民间商人直接与外商交易。这种特殊政策是与澳门的商贸活动互为因果的,它既是澳门商贸经济长期开放的结果,又进一步推动了这种开放型经济的发展。

从民间的角度来看,外商的聚集无疑给澳门商家提供了更多的机会。嘉庆十三年(1808年)英军曾短暂地入据澳门,嘉庆皇帝在接报后的上谕中有这样一句话:"彼时香山县有澳内居民四散,澳夷乏

---

① 李士桢:《抚粤政略》卷二,《请除市舶澳门旱路税银疏》。
② 李士桢:《抚粤政略》卷二,《请除市舶澳门旱路税银疏》。
③ 汤开建:《李士桢〈抚粤政略〉中四篇关于澳门的奏章》,载澳门《文化杂志》(中文版),第33期,1997年。
④ 《清实录·宣宗道光实录》卷三二九,道光十九年十二月,中华书局据史馆大红绫本影印,1987年(以下所引《清实录》均与此同),第1168页。
⑤ 《清实录·高宗乾隆实录》卷一四三五,乾隆五十八年八月,第185页。
⑥ 《清实录·高宗乾隆实录》卷一二五八,乾隆五十一年六月,第898~899页。
⑦ 《清实录·宣宗道光实录》卷一五八,道光九年七月,第431页。

食之禀。"①可见供应长住澳门的各色外国人之日常所需,已成为香山县经济生活中的一件大事。再者,随着澳门港市的日趋完备,为港口和贸易服务的行业和人员也日益增多。港口要有码头、航标、救生设备、储货仓库、修船工场;城市要有旅店、饮食店、日用品店、医院药店、娱乐场所、钱庄当铺等;人员要有经纪人、理货员、搬运工、船夫、翻译等。这些行业和人员所从事的工作,从广义上来说都属于商贸活动的范围。道光皇帝在一道上谕中说:"……澳门居民,半通夷语。其各洋行服役之人,及省城之开设小洋货店,此内极易藏奸。更有匪徒练习快蟹船只,为夷人运私偷税……"②这里就涉及许多从事商贸活动的人员。在《澳门纪略》卷上《形势篇》中也提及商侩、传译、买办、工匠、贩夫、店户各色人等,可互为印证。值得注意的是,此间澳门兴起了一个买办阶层,如"香山县富民陈守善、徐瓜林二户,皆以依附洋人致富,始而避居澳门……该富户等坐拥厚赀……"③这些人的富有,从一个侧面反映了澳门商品交易量的规模。

从清朝各级政府制定的各种规章制度,也可以看出此间澳门商贸经济的发展。在这些规章制度中,最完备的要算乾隆九年(1744年)新任澳门同知印光任所制定的管理澳门的七项规章了。④ 兹引其中与商贸活动直接有关的条款之部分内容于下:

一、澳内夷民杂处……凡贸易民人,悉在澳夷墙外空地搭篷市卖,毋许私入澳内,并不许携带妻室入澳。责令县丞编立保甲,细加查察。其从前潜入夷教民人,并窜匿在澳者,勒限一年,准其首报回籍。

一、夷人采买钉铁、木石各料,在澳修船,令该夷目将船身丈尺数目、船匠姓名开列,呈报海防衙门,即传唤该匠,估计实需铁

---

① 《清实录·仁宗嘉庆实录》卷二一〇,嘉庆十四年四月,第820页。
② 《清实录·宣宗道光实录》卷一八五,道光十一年三月,第936页。
③ 《清实录·穆宗同治实录》卷一二五,同治三年十二月,第742页。
④ 印光任、张汝霖:《澳门纪略》卷上,《官守篇》。

斤数目,取具甘结,然后给与印照,并报关部衙门,给发照票,在省买运回澳……

一、夷人寄寓澳门,凡成造船只房屋,必资内地匠作,恐有不肖奸匠,贪利教诱为非,请令在澳各色匠作,交县丞亲查造册,编甲约束,取具连环保备案……

勤于政务的印光任固然用心良苦,但还是堵不住百姓的趋利之心。就在上述规定颁布65年后,嘉庆皇帝在一道上谕中还在重申"其澳内……民人眷口,亦不准再有增添",①说明尽管禁令重重,百姓还是趋之若鹜地去澳谋生并定居。上述条款正反映了民人入澳之不可遏止、匠人擅为外商造船建屋之无法禁绝,等等。

总而言之,自明末清初以来,尽管风云变幻,澳门还是"奇迹般地自我生存下来"了。② 说它是奇迹,是因为澳门本地没有资源。那么,什么是它的生存动力呢?除了葡人拓展海外贸易空间的能力,更重要的则是澳门及其周围地区的中国人那种顽强的谋生和谋利精神。

四

明清时期澳门的商贸经济具有什么特点呢?首先,作为海港城市,澳门不同于唐宋时期市舶司管辖之下的以官营对外贸易为主的港市。一方面,它是葡萄牙人强行租居的产物;另一方面,它又是明清政府容忍但又加以限制的结果。唐宋的港市,有外商聚居区——蕃坊,由封建政府任命蕃长进行管理。而明清时期的澳门,葡商及其他外商的居住和管理实际上并不在封建政府的控制之下,所以道光皇帝在一道上谕中才说:"唯该处(指澳门)华夷丛杂,保甲之法,实难

---

① 《清实录·仁宗嘉庆实录》卷二一二,嘉庆十四年五月,第842页。
② C.R.博克萨:《16—17世纪澳门的宗教和贸易中转港之作用》,《中外关系史译丛》第5辑,上海:上海译文出版社,1991年。

施于夷人。且由同知县丞每岁编查,恐有名无实,易滋流弊。"① 但由于澳门主权仍属中国,明清政府仍有权对市政加以干预,所以澳门港市又不完全在封建政府的控制范围之外。处于这样一种边缘地带的澳门,明清政府对它实行比较特殊的政策,亦即允许外商和民人在相对自由的环境下从事贸易。如此则澳门的商贸经济便具有了从传统型向近代型过渡的特点。

其次,从葡萄牙殖民者的角度来看,澳门与亚洲其他葡占殖民地相比具有很大的不同。在果阿、帝汶、马六甲等葡占殖民地,葡人的主要对手是其他西方殖民者如荷兰人等,其制约因素主要来自海上。而背靠中国大陆的澳门并非殖民地,决定葡人在澳生存与否的关键不在别的,而是在于中国的政局、政策及其经济后果。所以明、清交替之际,葡人先是助明抗清,后又遣使清廷,目的都是为了保住在澳经济利益。从 17 世纪 40 年代至 60 年代,澳门人口下降了一半,其主要原因"可以认为是这一时期中国的统治王朝由明朝变成了清朝的缘故,它使得中国东南沿海的内陆市场不太稳定"。而直到"中国东南部的'帝国和平'重新建立之后,澳门的商人才轻松地喘口气"。② 所以澳门的制约因素主要来自中国大陆。因此,与别的贸易中转港相比,澳门具有比较浓厚的大陆经济的色彩,这也是澳门商贸经济的另一个特点。

无论从中方还是从葡方来说,澳门都有其独特性。这就决定了明中叶以后相当长的时期内,澳门在东亚经济格局中具有不可替代的地位和作用。从某种程度上来说,澳门成了欧、亚、美三大洲的贸易交汇点。中国的丝绸和瓷器从这里大量输出到世界各地,墨西哥和日本的白银从这里大量输入到中国。这一切都可以从这一时期澳

---

① 《清实录·宣宗道光实录》卷三二六,道光十九年九月,第 1115 页。
② 桑贾伊·苏拉马尼亚姆(Sanjay Subrahmanyam)著,何吉贤译:《葡萄牙帝国在亚洲:1500—1700,政治和经济史》,纪念葡萄牙发现事业澳门地区委员会,1993 年,第 216 页。

门的商贸经济中寻觅到根源和踪迹。

(原载《厦门大学学报(哲社版)》1999 年第 4 期)

澳门的兴衰与人口变迁

　　16 世纪以后,随着东西方贸易的频繁与增长,东南亚和中国东南沿海陆续兴起了一批海港城市,它们在东亚经济的发展过程中扮演了重要的角色。每一个东亚港市的兴衰都与其人口的聚散密切相关,二者是互为因果的。研究这一动态发展过程,可以从中透视东亚经济起伏的玄机与线索。澳门在东亚诸港市中是比较独特的,它处于这样一种边缘地带:中国政府既对它采取特殊政策而又无法完全控制它,葡萄牙人也不能像在其他殖民地那样为所欲为,而要顾及中国政府的反应。所谓特殊政策,指的是明、清政府在坚持其主权之同时,①允许商民在澳门相对自由的环境下与葡商及其他外商进行贸易。而葡人之所以要顾及中国的反应,也正因为澳门的制约因素主要来自中国内地,这种制约因素包括政治和经济的。澳门港市的这种独特性,决定了其盛衰不仅与海上贸易有关,而且与中国内地的政治、经济局势有关。同样地,澳门人口的变迁既取决于海上贸易的升降,又取决于中国的政治变局与经济起伏。澳门兴衰与人口变迁的双向互动,便比东亚其他港市显得更为复杂与曲折。

　　本文拟以澳门社会经济的盛衰为背景,论述 16 世纪中叶至 20 世纪末澳门人口的发展趋势,并从中探察澳门这一东亚海港城市的历史轨迹。以下按明、清、民国和中华人民共和国四个时期为序加以

---

　　① 鸦片战争后中国对澳门的主权渐遭破坏,但澳门始终都不是葡萄牙的殖民地。

论述。

一、明朝时期

澳门历史上隶属广东省香山县(今中山市、珠海市),位于珠江口南端,与香港分处伶仃洋东西两侧,是天然的渔港和商港,总面积18.98平方公里。宋元时期澳门主要是东南沿海各地渔民避风停泊的场所,香山县居民时而来此采石,亦有零星的海商在此作短暂停留,常住居民不多,数目难于查考。

明中叶以后,随着沿海及海外贸易的增长,澳门的常住居民逐渐增加。嘉靖三十二年(1553年)葡商初登澳门,至嘉靖四十三年(1564年)葡人在澳事实上形成商埠雏形,然均属私占性质。万历元年(1573年)葡人始向明朝地方政府缴纳地租,澳门至此成为官方认可的商埠。① 澳门商埠的形成,一方面是葡商和其他外商在澳人数渐多所致,一方面还要有一定数量的中国居民,否则葡商和其他外商的日常所需,以及他们意欲雇佣的人手,便无从谈起。而商埠的繁荣,海上贸易的兴盛,又吸引了更多的中外人口来到澳门。

嘉靖三十二年至崇祯十三年(1553—1640年)是澳门历史上的一个鼎盛时期。以澳门为始发点的航线伸向世界各个角落,其中最主要的有至日本长崎的航线;至菲律宾马尼拉再延伸至墨西哥的航线;经马六甲至印度果阿再延伸至葡萄牙的航线。"从马六甲向澳门出口胡椒和香料,从澳门向日本出口丝绸和黄金,从日本向澳门出口白银,从澳门向果阿运回丝绸、铜和贵金属"。② 背靠中国大陆的澳门成了联结亚、欧、美三大洲的贸易中转港。就在盛极而衰的17世

---

① 施存龙:《澳门正式对外开埠问题考辨》,载澳门《文化杂志》(中文版)第3期,1997年。

② 桑贾伊·苏拉马尼亚姆(Sanjay Subralmanyam)著,何吉贤译:《葡萄牙帝国在亚洲:1500—1700政治和经济史》,纪念葡萄牙发现事业澳门地区委员会,1993年,第145页。

纪40年代初,"澳门总人口估计为40000人,其中约有20000人是葡萄牙人或具有葡萄牙血统"。① 这是澳门历史上第一个人口高峰。

澳门在这一时期经历了从偏僻的小渔村到繁荣的海港城市的转变。根据葡萄牙方面的文献记载,16世纪60年代之后,澳门"是葡萄牙人一个很重要的居住中心——可能比孟加拉湾任何一个居民点的规模都大";②"1585年葡王陛下授予马交城(即澳门)以城市地位,定名为阿妈神(即妈祖)之城"。③ 所有这些都表明,澳门已经具备了海港城市的功能。而以葡人为主的长住澳门的外国人,在这一时期不仅数量增多,而且成分日益复杂。

数量方面,"1578年有个耶稣会士访问该地区之后说,居民由持各种信条的人组成,约有万人左右";而一位叫安东尼奥·博卡里奥的葡人在1635年的信中写道,澳门在"1630年日本——马尼拉贸易全盛期的总人数可达二万人上下"。④ 亦即半个世纪内人口数量翻了一番。如上文所示,10年之后,澳门人口又再次翻番,达到40000人左右。如果葡人及与之有血统关系的人一直占总人口半数的话,那么60年内这两类人的数目便从5000人增加到20000人。

成分方面,葡萄牙官方文献将其亚洲居民分为"已婚居民"、士兵、传教士和官员四类。其中的"已婚居民"专指居住在"葡属印度"

---

① 桑贾伊·苏拉马尼亚姆(Sanjay Subralmanyam)著,何吉贤译:《葡萄牙帝国在亚洲:1500—1700政治和经济史》,纪念葡萄牙发现事业澳门地区委员会,1993年,第216页。

② 桑贾伊·苏拉马尼亚姆(Sanjay Subralmanyam)著,何吉贤译《葡萄牙帝国在亚洲:1500—1700政治和经济史》,纪念葡萄牙发现事业澳门地区委员会,1993年,第113页。

③ 安东尼·博卡罗(Antonio Bocarro)著,张廷茂节译:《中国阿妈之城》,暨南大学中国文化史籍研究所编:《历史文献与传统文化》第5集,广州:广东人民出版社,1995年。

④ C.R.博克萨:《16—17世纪澳门的宗教和贸易中转港之作用》,《中外关系史译丛》第5辑,上海:上海译文出版社,1991年。

管理之下的地方的人,是数量最多的一类。澳门属驻在印度果阿的葡萄牙总督之管辖(尽管中国并不承认其为殖民地),其"白人已婚居民"登记在册者有850户(1635年),另有同样户数的"黑人已婚居民"(土著居民)。① 这一数字显然并不完全。此外,"这些家庭(白人已婚居民)一般都有6名能作战的奴隶,其中人数最多和最能干的是黑人"。② 官方文献一般未予记载的则有背叛宗教信仰者、流氓或流浪汉、逃兵或叛逃人员等。再加上短期在澳居留的海员和商人,就使得澳门的外国人成分十分庞杂。如果再考虑到中国、日本的土生葡人以及葡中混血儿、葡日混血儿等,情况就更加复杂了。

中国方面的文献也记载了澳门城市发展及外国居民增多的情况。明嘉靖后期任广东御史的庞尚鹏在给朝廷的奏文中说,夷人"近数年来,始入壕镜澳筑室居住,不逾年多至数百区,今殆千区以上。日与华人相接,岁规厚利,所获不赀。故举国而来,负老携幼,更相接踵,今夷众殆万人矣"。③ 如此则中国官方作出澳门外国人数目达万人的估计,在时间上比葡方大约早了20年。其他记载如"趋者如市,民夷杂居",④"雕楹飞甍,栉比相望"⑤等,更比比皆是。中外文献的相互印证,在在说明此间澳门的兴盛和人口的剧增。

这一时期在澳门的中国居民主要来自广东和福建沿海。崇祯三年(1630年)五月礼科给事中卢兆龙上言:"闽之奸徒,聚食于澳,教

---

① 桑贾伊·苏拉马尼亚姆(Sanjay Subralmanyam)著,何吉贤译:《葡萄牙帝国在亚洲:1500—1700政治和经济史》,纪念葡萄牙发现事业澳门地区委员会,1993年,第230页。
② 安东尼·博卡罗(Antonio Bocarro)著,张廷茂节译:《中国阿妈之城》,暨南大学中国文化史籍研究所编:《历史文献与传统文化》第5集,广州:广东人民出版社,1995年。
③ 印光任、张汝霖:《澳门纪略》卷上,《官守篇》,引庞尚鹏《区画濠镜保安海隅疏》。
④ 《明实录·穆宗实录》卷三八,隆庆三年十月。
⑤ 《明实录·熹宗实录》卷一一,天启元年六月。

诱生事者不下二三万人。粤之盗贼亡命投倚为患者,不可数计。"①这一说法比葡人博里卡奥的1630年澳门总人口为两万人之说(华人若居半则为一万人)多出许多,显属夸张。不过另一份葡方文献在谈到17世纪30年代澳门的中国居民时也说,"它的市民比该国的其他任何城市都更多"。② 显然这也含有很大的夸张成分。尽管如此,此间澳门中国居民众多这一事实,毕竟得到中外文献的共同认可,此点应无疑问。

明朝的最后几年,亦即崇祯十三年至十七年(1640—1644年),是澳门盛极而衰的转折点。1639—1640年间日本德川幕府驱逐葡萄牙人,澳门与长崎的贸易被迫中断。1640年葡萄牙与西班牙由合而分,澳门与马尼拉的贸易亦告中止。1641年荷兰从葡萄牙手中夺取了马六甲,澳门经马六甲海峡至果阿的航线亦受阻。由于外商货源顿受阻滞,澳门与中国内地的贸易便受到严重影响。

但这一形势并未立即使澳门人口下降,反而在短期内使其人口上升,这主要是日本大量驱逐葡商、葡日混血儿及日本基督徒所致。其实这种驱逐行动在更早的时候就发生了,只不过到此时才加剧并显示出后果。"1570—1636年长崎成了葡萄牙血统的日本人很活跃的城市,可是到了1636年,住在这里的所有欧亚混血儿以及他们的日本妻子、母亲统统都被赶到了澳门"。由于这部分人口的剧增,在澳门"就自然地形成了一条街,除了有葡萄牙人的妻妾、奴仆外,还有商人、教士"。此外,"在澳门的日本人街区里,也有一些艺术家和工匠"。③ 这部分人口不仅增加了澳门的人口总量,而且构成了澳门人口的新的成分。

---

① 《明实录·崇祯长编》卷三四,崇祯三年五月。
② 安东尼·博卡罗(Antonio Bocarro)著,张廷茂节译:《中国阿妈之城》,暨南大学中国文化史籍研究所编:《历史文献与传统文化》第5集,广东人民出版社,1995年。
③ C. R. 博克萨:《16—17世纪澳门的宗教和贸易中转港之作用》,《中外关系史译丛》第5辑,上海:上海译文出版社,1991年。

黄启臣、郑炜明著《澳门经济四百年》综合历代中外统计资料,得出澳门数百年来的人口变迁数据,其中明朝时期的数据为:1555年400人;1563年5000人;1578年10000人;1580年20000人;1600年2000~4000人;1621年8200~8300人;1640年40000人。① 由于统计资料来源广泛,矛盾之处不少,有的也并不可信。但总的发展趋势还是反映出来了,亦即明朝时期澳门人口大体呈上升趋势,并且增长的速度还是相当快的,在85年中增加100倍,从而反映出该时期澳门经济飞速发展的态势。

二、清朝时期

明末清初,当澳门海上贸易受挫而从繁荣的顶峰跌落下来时,中国时局的变化加剧了澳门的由盛而衰。明末因葡商大量走私影响了明朝岁入,广东地方当局便于崇祯四年(1631年)停止了他们一年两度赴广州的定期贸易,改由中国商人载货下澳门与之贸易。崇祯十三年(1640年)明廷正式认可了这一作法,后来清朝沿用了这种制度。这无疑增加了葡人与内地通商的障碍。

明、清政权的交替又使澳门雪上加霜。"由于明、清以来的长期争斗,给中国市场带来了空前的灾难,导致大量的难民不断地涌入澳门"。② 再者,明军集中对付满族军队,"这便使得东南沿海(澳门正处于这一范围)有些脆弱,易于受到其他力量的袭击",③其中最大的威胁来自荷兰人,他们与葡人展开激烈的竞争。1644年葡萄牙"参议会向国王约翰四世呈奏信函,敦促国王无论花多大代价都要和荷

---

① 黄启臣、郑炜明:《澳门经济四百年》,"1555—1990年澳门人口发展统计表",澳门:澳门基金会,1994年,第3页。
② C.R.博克萨:《16—17世纪澳门的宗教和贸易中转港之作用》,《中外关系史译丛》第5辑,上海:上海译文出版社,1991年。
③ 桑贾伊·苏拉马尼亚姆(Sanjay Subralmanyam)著,何吉贤译:《葡萄牙帝国在亚洲:1500—1700政治和经济史》,纪念葡萄牙发现事业澳门地区委员会,1993年,第216页。

兰人讲和,否则澳门连同它发展起来的四万人口将在二三年内全部崩溃,落入荷兰人手中"。① 不过于此可见,明清之际澳门人口似未立即受到经济波动的影响,甚至因为难民的到来或许还增加了。

所幸预言中的事没有发生,而尽管与长崎和马尼拉的贸易陷于停顿,"澳门的企业家(市民)曾积极试图开发同东帝汉、望加锡、印度支那、暹罗的贸易,以取代与日本、马尼拉的贸易",②并且这种努力在很大程度上是成功的。这样澳门及其居住于此的人们才继续生存下来了。

然而一波未平一波又起。康熙元年(1662年)清政府实行"迁界",澳门虽获免迁,却因此也成界外之地,先前其获官方允许的与内地间的贸易完全断绝。不过私商仍与澳门通商如故。中国史籍记载私商"勾结亡命,私造大船,擅出外洋为市";③"不法奸徒,乘驾大船,潜往十字门海洋(澳门南面海域),与彝人私相贸易",④反映了这种情况。

尽管如此,这次与内地合法贸易的断绝对澳门的打击是空前的。"到1669年,澳门的已婚人口下降到不足1635年的一半"。⑤ 如前所述,1630年澳门人口为10000人,至1640年已发展到20000人。介于二者之间的1635年若以15000人计,则1669年澳门人口便仅有7500人。葡商和其他外商有许多人离去,应是此次澳门人口剧减的重要原因。因为"如果按(禁海)敕令字面上的意思来实行的话,以

---

① C. R. 博克萨:《16—17世纪澳门的宗教和贸易中转港之作用》,《中外关系史译丛》第5辑,上海:上海译文出版社,1991年。
② C. R. 博克萨:《16—17世纪澳门的宗教和贸易中转港之作用》,《中外关系史译丛》第5辑,上海:上海译文出版社,1991年。
③ 郝玉麟:《广东通志》卷六二,吴兴祚:《议除藩下苛政疏》。
④ 李士桢:《抚粤政略》卷六,《禁奸漏税》。
⑤ 桑贾伊·苏拉马尼亚姆(Sanjay Subralmanyam)著,何吉贤译:《葡萄牙帝国在亚洲:1500—1700政治和经济史》,纪念葡萄牙发现事业澳门地区委员会,1993年,第216页。

神(妈祖)的名字命名的澳门就失去了其存在的意义了"。①

康熙十八年(1679年)清廷准葡使恢复澳门与内地通商之请,然只"准其在旱路界口贸易"。② 中断了17年的贸易得以恢复并迅速扩大,未几已颇具规模。清政府于是将"旱税"定额为"二万二百五十两"白银。③ 这意味着此间获官方认可的贸易已恢复至明万历的水平,因彼时明朝征收的澳门"舶饷"乃二万两白银。康熙二十二年(1683年)清朝统一台湾,海禁解除,对外通商随之恢复。次年粤海关及澳门分关设立,内地与澳门的贸易仍改回由海路进行。

就在恢复通商的次年,一位名叫陆希言的华人耶稣会修士来到澳门,他看到的是长期萧条后尚未恢复的凄凉景象:"至入其境,见城无百堵,众无一族,家无积粟,凄凉满襟。"④"众无一族"即不到五百人,显属夸张之辞,但亦可见当时澳门人口稀少之境况。大批外商离去尚未返回,在澳谋生的华人自然为数不多,这就是人口剧减的原因。

粤海关成立后规定:"今开海之后,现在到粤洋船及内地商民货物,俱由海运直抵澳门,不复仍由旱路贸易。"⑤但葡人为了像明代那样独占澳门对外贸易,不惜重金贿赂广东官宪,阻止其他外国商船入泊澳门。结果是弄巧成拙,至康熙五十四年(1715年),除葡萄牙以外,外国商船不再入泊澳门径驶广州黄埔。澳门未得开海之利,反而衰落了:"1685年,澳门一般资本既薄又乏信用之葡商,仅有船只10艘,至1704年,只有2艘……澳门居住区,殆已日趋于败坏之境

---

① C.R.博克萨:《16—17世纪澳门的宗教和贸易中转港之作用》,《中外关系史译丛》第5辑,上海:上海译文出版社,1991年。
② 李士桢:《抚粤政略》卷二,《请除市舶澳门旱路税银疏》。
③ 李士桢:《抚粤政略》卷二,《请除市舶澳门旱路税银疏》。
④ 陆希言:《澳门记》,转引自《澳门经济四百年》,第67页。
⑤ 李士桢:《抚粤政略》卷二,《请除市舶澳门旱路税银疏》。

矣。"①澳门人口在清朝开海后未明显增加,原因即在此。

由于清政府担心百姓出海贸易不归,对其统治不利,于康熙五十六年(1717年)复下令禁止商民赴南洋贸易,澳门亦在禁令之列。然而次年清廷又准葡使之请,特许其下南洋贸易如故。自此至雍正元年(1723年)清朝全面撤销此禁令为止,澳门又经历了一个短暂的繁荣时期。此间"澳门市贸既盛,人口之日增,自在意中";②"户口日繁,总计男妇多至三千五百六十七名,大小洋船近年每从外国造船回澳,共有二十五只"。③ 这是因为澳门独占了对南洋贸易的缘故。

雍正元年澳门失去对南洋贸易的独占之后,其经济每况愈下,其人口又不如前了。据其时为宦者所记,"今在澳之夷约六百余家,每家约三男而五女。其楼房多空旷无人居,赁华人居之"。④ 不过乾隆以后,西方对华通商之潮流愈益不可遏止,而清政府不许夷商长往广州,于是澳门遂"为各国夷商贸易汇总之区",⑤"西洋各国……俱在澳门设有洋行收发各货"。⑥ 随着英商成为对华贸易的主体,葡人欲排斥其他外商于澳门之外的做法也行不通了。而且清朝在澳门实行不同于其他地方的特殊政策,"香山县澳门地方,向许内地民人与各国夷商交易,与省城皆归行商不同"。⑦ 澳门不像广州那样由特许的"行商"垄断对外贸易,而是任由民间商人直接与外商交易。如此则澳门人口有复升之迹象。

乾隆九年(1774年)新任澳门同知印光任制定了七项规章,其中之一为"凡贸易民人,悉在澳夷墙外空地搭篷市卖,毋许私入澳内,并

---

① 强克斯脱(Andrew Ljungstedt):《葡人在华殖民史略》(英文版),第85~86页,转引自《澳门经济四百年》,第70页。
② 《葡人在华殖民史略》,第132页,转引自《澳门经济四百年》,第71页。
③ 《清实录·世宗雍正实录》卷二九,雍正三年二月。
④ 张甄陶:《澳门图说》,转引自《澳门经济四百年》,第72~73页。
⑤ 《清实录·宣宗道光实录》卷三二九,道光十九年十二月。
⑥ 《清实录·高宗乾隆实录》卷一四三五,乾隆五十八年八月。
⑦ 《清实录·宣宗道光实录》卷一五八,道光九年七月。

不许携带妻室入澳。责令县丞编立保甲,细加查察。其从前潜入夷教民人,并窜匿在澳者,勒限一年,准其首报回籍"。① 然而就在这一规定颁布 65 年之后,嘉庆皇帝在一道上谕中还在重申"其澳内……民人眷口,亦不准再有增添",②说明尽管下了一道道禁令,百姓还是趋之若鹜地去澳门谋生并定居。而澳门人口之增长,也就在情理之中了。不过此间支撑澳门人口增长的已不是葡人的海上贸易,而是以英商为主的其他西方国家商人的对外贸易了。

鸦片战争以后,随着中国在西方列强逼迫下一个接一个地开放沿海港口,澳门在中国对外贸易中享有的特殊地位一去不复返了。尤其是香港的崛起,完全取代了澳门贸易中转港的地位。尽管葡女王擅自于 1845 年宣布澳门为自由港,但澳门再也无法恢复昔日的繁荣了。另一方面,澳葡当局在破坏中国行使主权之同时,自 1847 年起不断蚕食中国领土,至 1889 年便占领了相当于今天澳门地区的面积。而通过 1888 年的《中葡和好通商条约》,葡萄牙又骗取了对澳门的"永居管理权"。

这种形势对澳门的经济及人口有什么影响呢?首先,澳门的经济支柱再也不是转口贸易,从而支撑澳门人口的主要因素也就不是正常意义上的海上贸易了。其次,随着葡占领土的扩大,澳门的中国居民之人数及所占比例都增加了,澳门的经济也日益多样化了。

澳门正常的海外贸易衰微后,一种畸形的贸易——"苦力"贸易却兴盛起来了。鸦片战争后,澳门渐成葡、英殖民者掠卖华工的基地,特别是咸丰二年(1852 年)厦门爆发反抗掠卖人口的斗争之后,澳门更成为最大的"苦力"出口港之一。从 1865 年 10 月 1 日至 1866 年 4 月 1 日,"单单运往古巴一处的华工——多数来自澳

---

① 印光任、张汝霖:《澳门纪略》卷上,《官守篇》。
② 《清实录·仁宗嘉庆实录》卷二一二,嘉庆十四年五月。

门——就有13500名,分乘50艘船"。① 而1860—1870年间,离开澳门前往秘鲁的华工即达43301人。② 可见澳门已成为"苦力"的"集散地"。尽管这些被掠卖的华工在澳门只作短暂停留,但因其数量庞大,又是此来彼往绵延不断,所以构成了近代澳门畸形经济和畸形人口发展的一个面相。

1847年澳葡当局开始侵地扩界,从其占领的澳门半岛南端向北扩张。1851年和1864年,分别占领了氹仔和路环两个离岛。1883年强占关闸以南、围墙以北7个村的大片居民地。③ 1889年又占领青洲岛。这样,居住在这些地区的中国居民,便成为澳葡当局管治下的人口。仅1883年那一次,便有望厦、龙田、龙环、塔石、沙梨头、沙纲、新桥等7个村的一千多户居民被划入澳葡当局管治下的澳门地界。④ 若以每户五口计,则此次澳门人口即增加了五千人以上。这样,澳门的中国居民人数和比例都大大增加了。而随着澳门中国居民的增加,其经济成分也日趋多样化,除了原先的工商业之外,还增加了农业和渔业等。这又反过来吸引珠江三角洲地区更多的人到澳门谋生。

《澳门经济四百年》一书中搜集到的清代澳门人口数字有4个,即1700年的4900人;1743年的5500人;1839年的13000人;1910

---

① 邓开颂、黄启臣编:《澳门港史资料汇编(1553—1986)》,广州:广东人民出版社,1991年,第358～359页。

② 邓开颂、黄启臣编:《澳门港史资料汇编(1553—1986)》,广州:广东人民出版社,1991年,第375页。

③ 围墙是葡人于17世纪初开始陆续修建的界墙,最早的围墙建于圣保禄教堂(今大三巴牌坊)之北。关闸即香山县通往澳门的陆路界口,清政府于1684年于此设税馆,复于1887年在此设拱北海关,今为珠海与澳门交界处。

④ 黄启臣、郑炜明:《澳门经济四百年》,澳门:澳门基金会,1994年,第110页。

年的74866人。① 于此可见,直到鸦片战争前夕,澳门人口还远未恢复到明末清初时的水平,但清末却突增至70000人以上,大大超过了澳门历史上第一次人口高峰(17世纪40年代初的约四万人)。据以上分析,这第二次人口高峰的到来并非如第一次那样是海上贸易繁荣的结果,而是葡占澳门地盘扩大从而划归其地的中国居民大量增加,以及经济多元化(包括带有畸形经济性质的"苦力"贸易等)使得人口容量扩大的结果。

三、民国时期

地理位置和自然资源决定了澳门是一个渔业经济发达的地区。当澳门的转口贸易衰落下去以后,其渔业经济的优势便凸显了出来。民国时期澳门的渔业经济有了长足的发展。1921年前后,澳门的渔民人数达到六万多人,占当时全澳门总人口的70%左右。② 可见渔业已成为容纳大量从业人口的最大行业。当时全澳门共有大小渔船三千多艘。除了从事捕鱼业和鱼类加工业者之外,还有许多人从事鱼类交易。澳门有许多鱼栏,就是从事水产品批发生意的中间商,20世纪20年代澳门的鱼栏有60家左右。

澳门的手工业在民国时期也有较大的发展。澳门四大传统手工业——造船、爆竹、火柴、神香,就是在这一时期奠定基础的。造船业的主体是与捕鱼业密切相关的渔船制造和修理,这一时期澳门的30多家船厂大都是渔船修造厂。爆竹、火柴业是民国时期澳门最为普遍的手工业。这两种手工业因技术简单,易于手工操作,因而成为遍及大街小巷的家庭手工业,相当多的人以此为生。当然也有聚集了数百上千人的手工工厂,如创设于1923年的昌明火柴厂有工700

---

① 黄启臣、郑炜明:《澳门经济四百年》,"1555—1990年澳门人口发展统计表",澳门:澳门基金会,1994年,第3页。

② 黄启臣、郑炜明:《澳门经济四百年》,澳门:澳门基金会,1994年,第163页。

名,而广兴泰、广兴隆等火柴厂则各有工人千名以上。① 至于神香业,抗日战争期间,全澳门有神香作坊23处,从业者亦达数百人。四大传统手工业在民国时期容纳了澳门大量人口,是可以肯定的。

澳门与中国内地的贸易及对外贸易进入民国时期以后仍很不景气,但是日军侵华后大量难民涌入澳门,太平洋战争爆发后香港沦陷,又有难民自香港而来,使得局面为之一变,对内对外的商贸活动日趋活跃以至繁荣起来。在东亚大部分地区沦入日本之手时,唯有澳门成为未被日军占领的孤岛,内外贸易直线上升,成为澳门历史上一个极为特殊的时期。1939年澳门人口达到创纪录的24.5万人,而这一年澳门的进出口贸易总额也达到93348340葡元,为民国以来澳门贸易额的最高纪录。② 这一时期澳门的主要贸易对象,对内而言是珠江三角洲地区,对外而言是东南亚和波斯湾地区。其输出主要是鱼干、火柴、爆竹等,输入则主要是米、糖、木材、煤炭等。其出口商品正是来自容纳了大量劳动人手的渔业和手工业,而进口商品则属维持人们日常生活的必需品。于此可见在特定的历史背景下澳门的商贸与人口是如何互为推动、交替攀升的。

抗战结束后,不少人从澳门重返内地和香港,于是澳门人口锐减,1945年只有约15万人,减少了一半(1942年约为30万人)。以后,澳门海外贸易又出现上升趋势,1947年外贸总额为19279万葡元,1949年增至45222万葡元,于是其人口也随之增至1949年的约18万人。③

《澳门经济四百年》中有关民国时期人口的精确数字有4个:1920年的83984人;1927年的157175人;1937年164528人;1939

---

① 黄启臣、郑炜明:《澳门经济四百年》,澳门:澳门基金会,1994年,第166页。
② 黄启臣、郑炜明:《澳门经济四百年》,澳门:澳门基金会,1994年,第168页。
③ 黄启臣、郑炜明:《澳门经济四百年》,澳门:澳门基金会,1994年,第4页。

年的245194人。① 1920—1927年间人口的增长可以被认为是渔业、手工业发展的结果,而1937—1939年间人口的增长则明显是日军侵华使内地百姓涌入澳门的结果。1939年出现的澳门历史上第三个人口高峰,同时也是一个突发性高峰,因为在短短两年内,澳门人口一下子增加了50%。

四、中华人民共和国时期

这一时期的澳门经济进程经历了以下四个阶段:(1)经济困难阶段(1950—1956年)。1950年朝鲜战争爆发后美国实行对华禁运,极大地影响了澳门经济,其外贸总额从1949年的45222万元下降至1956年的14150万元,其工厂总数也从1947年的166家减至1957年的107家。(2)经济恢复阶段(1957—1962年)。1957年葡萄牙允许澳门产品免税进入葡属地区,葡商至澳投资增加。新兴产业纺织业的出现,传统产业渔业、爆竹业的复苏,以及建筑业的发展等,都使澳门经济重获生机。中国内地对澳供货也大幅增长。澳门外贸的恢复因而加快,至1962年其总额已达32145万元。(3)经济起伏阶段(1963—1975年)。1967—1968年间澳门经历了一次经济不景气,但此前和此后澳门经济皆因博彩业(赌博业)、旅游业、建筑业的发展而获益,其工商和外贸也趋于繁荣。(4)经济腾飞阶段(1976—1993年)。本阶段全澳门的制造业、金融业、旅游业、房地产业等全面发展,1991年人均产值突破万元大关,次年其人均产值居世界第14位。②

这一时期经济仍是影响澳门人口的主要因素。若以10年为时段标尺来观察澳门人口的变迁,则可明显看出经济萧条使人口下降,

---

① 黄启臣、郑炜明:《澳门经济四百年》,"1555—1990年澳门人口发展统计表",澳门:澳门基金会,1994年,第3页。

② 黄启臣、郑炜明:《澳门经济四百年》,澳门:澳门基金会,1994年,第173~175页。

经济繁荣使人口上升,且人口增减的快慢也与经济升降的快慢一致。以下是反映二者关系的一组数字:1950 年 187772 人;1960 年 169299 人;1970 年 248636 人;1980 年 316673 人;1990 年 500000 人。① 除第一个 10 年人口因经济不景气而下降外,其余 3 个 10 年人口都是呈上升态势,尤以最后一个 10 年人口增幅为最大,此乃经济腾飞使然。

移民仍然是影响澳门人口的第二大因素。1950 年以后,澳门居民不断回中国内地或移居海外,致使本地人口日趋减少。20 世纪 60 年代和 70 年代,因中国内地进行"文化大革命",不断有人以合法或非法的身份从内地到澳门定居。改革开放以后,内地继续不断有人来澳定居。与此同时,旅居海外的侨胞也不断回澳定居。至 20 世纪 90 年代初,澳门共有 5 万多归侨,他们是从世界 40 多个国家和地区回归定居的,②占当时澳门总人口的十分之一左右,这是此间人口增长的一个重要因素。

人口自然增长率是影响澳门人口的另一个因素。据统计,1971—1989 年间澳门出生人口共计 87934 人。出生率最高的是 1985 年,为 18.7‰;最低的是 1978 年,为 8.31‰;平均出生率为 13.73‰。③

本时期内出现了澳门历史上第四个人口高峰,亦即 1980 年的 31 万人,它第一次超过了 20 世纪 40 年代的人口最高数字 30 万人。与彼时的非正常情况相比,此时的人口数字更能反映澳门经济的繁荣对人口增长的促进作用。

---

① *Population and Development in Macau*, Edited by Rufino Ramos, etc. Published by University of Macaut & Macau Foundation, 1994, p. 187.

② 王文祥:《港澳手册》,北京:中国展望出版社,1991 年,第 446 页。

③ *Population and Development in Macau*, Edited by Rufino Ramos, etc. Published by University of Macaut & Macau Foundation, 1994, p. 172.

本文论述了明、清、民国和中华人民共和国四个时期澳门人口在社会经济兴衰背景下的发展和演变。从中可以看出,"澳门人口的涨落,都是经济涨落的产物,换言之,经济的高涨带来人口的高涨"。① 然而这种导致人口升降的经济涨落在各个时期又有不同的表现,在前两个时期主要表现为海上贸易的盛衰,在后两个时期则主要表现为产业的兴替。另一方面,处于边缘地带的澳门,其人口又与发生在内地的国家、社会的变局密切相关,如明清之际的政权交替与清初的"迁界"、"禁海"政策,以及20世纪30—40年代的日本侵华战争,都给澳门的人口带来巨大的冲击。反过来,澳门的人口变迁又对其社会经济产生深远的影响。

澳门是东亚较早兴起的海港城市之一,它可被视作早期东亚港市的代表。"商业发展是城市近代化的主要动力","因商兴市"是港市繁荣的通则。② 移民被商业机会所吸引,而人口增多又使商业机会倍增,在二者的双向互动中,一个港市便兴起了。就此而言,澳门是有典型意义的。然而澳门又有它的特点,在四百多年中它的经济与人口数度出现巨幅涨落,制约它发展的因素错综复杂,不过它并没有完全衰落下去,但也没有发展成为像新加坡、香港和上海那样的现代超级港市。透过澳门的发展轨迹,并将它置于作为参照系的东亚其他港市中,进行分析和比较,或许对把握东亚近代化的道路能有所裨益。

(原载《中国社会经济史研究》1999年第3期)

---

① 陶在朴:《澳门发展研究的耗散结构未来观》,载《澳门研究》1993年第1期。

② 张仲礼主编:《东南沿海城市与中国近代化》,上海:上海人民出版社,1996年,第22页。

澳门的渔业经济与妈祖信仰

一

澳门地处珠江三角洲西南端,三面临海,周围浅海的渔业资源非常丰富,其海岸停泊方便,是一个优良的渔港。因此,渔业经济是澳门最古老的经济活动,1940年以前,它还是澳门经济的重要支柱,其地位在爆竹、烟花等产业之上。1921年前后,澳门渔民人数达6万多人,占当时澳门总人口的71%左右;有大小渔船3千多艘。虽然渔业经济于20世纪50年代走向衰落,但70年代后期又趋于回升且不断发展。1980年澳门有大小渔船1400多艘;渔民1200多户、13000多人。1984年渔船增至1700多艘,渔民达15000多人。这一年渔业产值达0.94亿澳元,占全澳门生产总值的1.2%。除了渔民之外,澳门还有60多家鱼栏(水产品批发商)、40多家渔船修造厂以及冷冻厂、渔具店、航海仪器店等,形成一个比较完整的渔业经济体系。[①] 渔业经济的特点是风险大,因此渔民特别热衷于拜神以求平安。包括澳门在内的珠江三角洲地区的渔民信奉多位海上保护神,但其中影响最大且占主导地位的只有一位,那就是妈祖女神。妈祖神话的产生、流传、信奉,要在海上渔业、运输、贸易发展到相当程度时才会出现。换言之,当一个地区有了足够多的以海为业的民众时,才有了妈祖信仰存在的群众基础。就澳门而言,它在五百多年以前就具备这一条件了,明中叶澳门妈阁庙的创立就是明证。

随着妈祖神力的不断扩大、神格的不断上升,信仰妈祖的民众也

[①] 黄启臣、郑炜明:《澳门经济四百年》,澳门:澳门基金会,1994年,第163、196、198页。

逐渐遍及社会各个阶层。但是,渔民信仰妈祖的虔诚仍非其他阶层可比。这是因为在渔民这个最狭小的社会阶层中,宗教信仰本来就占有重要的、特殊的地位。一方面,渔民的生计乃至身家性命都有赖于海上作业和海上生活的平安;另一方面,中国东南沿海的渔民作为社会上一个独特的阶层(有相当大的部分为"疍家"),与陆上居民有着明显的区别。所以,与其他阶层相比,妈祖的护佑对渔民来说更为贴近也更为重要。而且,妈祖还是一个把渔民阶层与外部世界划分开来的文化分界线和信仰核心。澳门的渔民都属于疍家这一类水上居民,他们直到20世纪80年代才改变了传统的水上生活方式而转为陆居。① 正是从渔民的身上,我们可以找到澳门渔业经济与妈祖信仰的连接点。

本文拟从以下两个角度探索澳门渔业经济与妈祖信仰的关系。首先,所有经济活动都是在特定的社会组织架构内进行的,因而必然反映出该社会组织的文化特征。由于澳门渔民的信仰中心是妈祖,所以渔业经济活动无不反映出这一文化特征。其次,在商品经济发展的背景下,宗教信仰动机未免带上经济利益的色彩,澳门渔民对妈祖的崇拜自然也免不了受利益的驱动。

二

捕鱼是间歇性、季节性的经济活动,尽管冬春为旺季,但每逢阴历新年(春节)期间,澳门所有的捕鱼活动仍全部停止,渔船在港湾列队停泊。从除夕起,到新年期间由神祇规定的那一天(由占卜决定)为止,渔船皆不能离开停泊处。在选定的那一天,亦即正月初四,全体渔民举行一个仪式,祭拜祖先、天神和水神,然后所有渔船驶向内港入口处妈阁庙所在地,船首向着妈阁庙再举行一个行桨仪式,以示

---

① 陈衍德:《访问澳门渔民互助会谈话记录》,1995年12月19日。

对妈祖的敬意,之后渔船驶回原泊处并停留数日,才能重新出海捕鱼。① 显然,春节的妈祖祭拜仪式,既是澳门渔民上一年度捕鱼活动的终结,又是下一年度捕鱼活动的开始。

另一个祭拜妈祖的特别的日子是阴历三月二十三日,亦即妈祖诞辰日。这一天,除了渔船驶向妈阁庙以示敬意外,渔民们还要集资延请戏班前来演戏,并大办宴席吃喝一番。此外,渔民们还在各自的船上焚烧纸制的妈祖服饰,以示崇敬。② 尽管活动的项目比春节更多,但这一天的活动并非所有的渔民都参加,因为有一些渔船已经出海捕鱼去了,所以参加活动的仅限于尚留在港内的渔船,③这样我们可以看到,尽管妈祖诞辰这一日子十分重要,却不具备像春节那样的年度起始的象征意义,因此尚在海上捕鱼的渔民不必中断作业返回港内参加仪式。其中也许蕴含着这样一个事实:正值暮春时节的阴历三月下旬的渔汛对渔民来说可能是十分重要的。

节庆时祭拜妈祖固然重要,在平常的日子里,渔民们也以种种方式表达对妈祖的崇敬和祈望,后者更能体现出妈祖信仰与渔民生产、生活的密切关系。从事远洋捕鱼的渔船出海时间较长,达数十日至一个月甚至更长的时间。澳门的渔船出海之前,必定要驶过妈阁庙前的海面,此时每艘渔船上都会烧起纸钱、元宝,有时还要燃放鞭炮。这些事都有专人负责,目的是祈求妈祖保佑出海平安、满载而归。到了茫茫大海上,天气变幻无常,渔民们感到彷徨无所依,特别是热带风暴和台风,更使渔民感到恐惧。另外,鱼群的去向有时也难以预料,令人捉摸不定。所有这一切,都要求妈祖予以启示和保佑。从事远洋捕鱼的渔民多在船上供奉妈祖神像,在海上遇到恶劣天气,就要祭拜妈祖,求其保佑。"每逢大风大浪,我们就要在上下颠波中燃香

---

① 路易(Rui Brito Peixoto):《艺术、传说和宗教仪式——关于中国南方渔民特性的资料Ⅰ》,载澳门《文化杂志》(中文版)第5期,1988年。
② 陈衍德:《澳门海事博物馆参观记录》,1995年12月13日。
③ 陈衍德:《访问澳门渔民互助会谈话记录》,1995年12月19日。

烧纸钱拜妈祖。如果船上有神像,就在神像前祭拜;如果没有神像,就朝着天空拜",澳门渔民互助会理事长冯先生是这样谈到此刻拜妈祖的情形的。① 在远洋捕捞鱼虾中,经常采用拖网或围网捕捞法。下网之前渔民们也要燃香烧纸钱拜妈祖,祈求一网下去能捕到尽可能多的鱼虾。由于先进的拖网渔船用于设备的投资较大,就要求充分利用船上的空间,因此渔民的家眷不得随船而须迁往陆上居住。②这样,就给出洋的渔民增加了一项祈求妈祖的内容,即祈求岸上的家属平安。而此时此刻,陆居的家眷也许正在祈求妈祖保佑海上的亲人平安无事。最后,当渔船返航驶回澳门经过妈阁庙前的海面时,也要举行烧纸钱、元宝,燃放鞭炮的仪式,以感谢天后赐福,使其满载鱼虾,平安返航。③ 我们可以看到,在远洋捕鱼的整个过程中,妈祖信仰实际上是作为渔民的精神支柱,自始至终地渗透其间的。

如果我们以家庭为单位来剖析澳门渔民传统的生产和生活方式,就可以更清晰地勾画出澳门渔业经济与妈祖信仰的关系。在澳门渔民中,单一核心家庭由一个男人、一个女人及其后代构成,组成了一个生产、再生产、消费和传统上居住在同一条船上的单位。当然,有的大渔船上仍载有一个大家庭,即一对夫妇和他们的儿子、媳妇、孙子们,但这种情况已较少见。④ 在那样一个生产和生活单位中,男主人在驾驶台上占据着指挥的位置,儿子们或操纵马达或控制网具的运作,主妇则负责烹饪和其他家务,女儿们为其助手。这种职能的级别划分的标准是按"辈分—年龄—性别"的原则来进行的。⑤

---

① 陈衍德:《访问澳门渔民互助会谈话记录》,1995年12月19日。
② 路易(Rui Brito Peixoto):《浅论华南的中国渔民习俗、技术和社会》,载澳门《文化杂志》(中文版)第3期,1987年。
③ 陈衍德:《访问澳门渔民互助会谈话记录》,1995年12月19日。
④ 路易(Rui Brito Peixoto):《浅论华南的中国渔民习俗、技术和社会》,载澳门《文化杂志》(中文版)第3期,1987年。
⑤ 路易(Rui Brito Peixoto):《浅论华南的中国渔民习俗、技术和社会》,载澳门《文化杂志》(中文版)第3期,1987年。

与此相对应,在这样一条渔船上的妈祖崇拜活动中,男主人也居于主导地位,仪式从起始到终结的整个过程都是按他发出的指令进行。但是男主人必须掌舵,所以仪式的操作乃交给了主妇。从上街购买祭品到船上仪式的具体进行,均由主妇负责。不过,某些重要的程序则必须由男性亲自动手,如燃放鞭炮。① 上述情况说明,妇女在物质生活中的地位决定了其在精神生活中的地位。换言之,由于妇女在经济上的从属地位,导致了其在妈祖崇拜这类信仰活动中的从属地位。但是,另一方面,妈祖的母性神格与世俗女子有共通之处,因而女性在信仰妈祖的虔诚方面比男子表现得更为突出,女性的拜神态度也显得更庄重严肃,如在祭拜前照例要梳洗打扮一番。② 渔家女性虽然未能掌握祭拜妈祖的主导权,但却是主要的参与者,在仪式操作中是不可或缺的。这一点与中国传统社会中女性在祭祀活动(包括祭祖和祭神)中的人微言轻的角色还是有所差别的。值得注意的是,在对澳门渔民经济生活的考察中,人们发现有相当多的妇女从事渔业生产,并且有不少是女船主(主要是近海和沿海渔业)。③ 这表明妇女在这种独特的"水上经济"中并非绝对就是"边缘者"或"弱势者"。那么,这与渔家妇女在妈祖崇拜中所扮演的积极参与者的角色有没有某种联系呢?回答应该是肯定的。换言之,妈祖信仰这一精神支柱对妇女所从事的海上经济活动的支撑作用,是可以肯定的。

在传统社会中,家族是家庭的扩大。那么渔业经济与妈祖信仰的关系是如何通过家族活动表现出来呢?由于出海捕鱼,尤其是远洋捕鱼是需要协作的,因此,渔船出海是结队而行的,除了必要时互相救助之外,在捕鱼过程中渔船之间的配合也是十分必要的。如拖网捕捞法中的双拖法,乃是由两条船进行;围网捕鱼法则至少需要两

---

① 陈衍德:《访问澳门渔民互助会谈话记录》,1995年12月19日。
② 陈衍德:《访问澳门渔民互助会谈话记录》,1995年12月19日。
③ 路易(Rui Brito Peixoto):《浅论华南的中国渔民习俗、技术和社会》,载澳门《文化杂志》(中文版)第3期,1987年。

条船,有时还需要第三条船来驱赶鱼群入网。在澳门渔民中,对协作对象的选择是优先考虑家族成员的,这一点,只要考察一下渔船在港内的停泊状况即可发现。人类学学者路易(Rui Brito Peixoto)指出:"……分群湾泊的渔船在澳门内港天天可见,每群由 2 至 6 条船组成","以同一港湾为捕鱼基地的父亲和儿子,兄弟和亲戚们习惯地停泊在一起。这样,渔船之间互相拴靠就直接地形象地反映出船上人员的亲属关系。每一家族的'地盘'受到相互尊重,并往往由一定的饰物标划出来,例如用每条船的烟囱颜色或徽记来显示。"① 这种渔船与渔船之间的关系,除了靠血缘纽带来维系之外,还靠共同的信仰——对妈祖的信仰来维系。澳门内港入口处是以妈阁庙为标志的,妈阁庙是澳门水上人家一个十分重要的陆上据点,渔民来到这里和家人团聚,并到庙里履行宗教义务。路易指出,这是"因为妈阁庙有远近皆知的好风水……人们可以由小丘、岩石、流水及土地的起伏看出其优异的风水位置……居于此间的神灵……保佑着渔业的昌隆、人丁安康和子孙兴旺"。② 所以,当春节到来之际,以家族中人的船相互泊靠在一起的形式表现出来的澳门渔船大汇聚,其地点就在妈阁庙前的海面上,也就不足为奇了。路易又指出,"阴历新年时,渔民社会中的宗教色彩出现了戏剧性:所有捕捞活动停止了,船队在港内停滞一段日子",鉴于渔船按亲属关系停靠,"若我们此时可能从空中摄影的话,将可获得一张渔民社会按亲属划分的结构区域图"。③ 至此我们可以得出结论:澳门渔业经济的运行是在传统的以家族为单元的社会架构内实现的,因而必然反映出渔民阶层的独特的"妈祖文化"印记。妈祖作为渔民群体凝聚力的象征,在澳门渔业经济中发

---

① 路易(Rui Brito Peixoto):《浅论华南的中国渔民习俗、技术和社会》,载澳门《文化杂志》(中文版)第 3 期,1987 年。

② 路易(Rui Brito Peixoto):《艺术、传统和宗教仪式——关于中国南方渔民特征的资料 I》,载澳门《文化杂志》(中文版)第 5 期,1988 年。

③ 路易(Rui Brito Peixoto):《浅论华南的中国渔民习俗、技术和社会》,载澳门《文化杂志》(中文版)第 3 期,1987 年。

挥着强有力的支撑作用。

三

　　社会的分工可能导致每一个不同的阶层根据其利益崇拜"专业化"的神祇。就澳门渔民而言,这样一种专业神就是妈祖。在渔民的心目中,妈祖不仅是能带来平安的神祇,而且是能保护其利益的神祇。对处于社会底层、受陆上居民歧视的渔民来说,社会恶势力的侵扰与大自然的威胁一样,后果都是灾难性的。由于历代统治者的褒奖提升,妈祖已成为受广大居民崇拜的全国性神明,她在作为渔民的保护神的同时,也广泛受到社会各阶层的尊崇,正可使渔民在其庇护下免受侵扰。换言之,渔民正可利用妈祖在各个社会领域里的神力来维护自身的利益。

　　包括港澳在内的珠江三角洲地区,分布着大大小小许多妈祖庙。考察这些妈祖庙,可以发现一个有趣的现象,那就是,清代以降,官府在接受渔民投诉后颁布的晓谕各界勿扰渔民的命令,往往刻石立碑,置于妈祖庙前或附近。例如,位于香港新界东北大鹏湾西部海域上的岛屿吉澳洲,有一座天后宫,其外墙墙脚上有一"奉两广总督阁部堂大人批行给示勒石,永远遵照额例碑",立于嘉庆七年(1802年)。事由为居于该岛的渔民,每年需向地主缴纳地租,但地主串通衙门差役,对渔民额外征收租银及苛索,并对拒缴的渔民锁拿舞弄,渔民不堪忍受,遂投诉于两广总督,请求禁止超额加租。后经官府查明原额,由县正堂示谕业主,毋得额外加租及苛索,并勒碑示禁。[①] 又如,位于香港岛之西、大屿山之东海域上的岛屿坪洲,也有一座天后宫,紧邻该宫有一"坪洲街坊会",门前有一石碑,为道光十五年(1835年)新安县正堂盛某所立,事由当时海盗猖獗,水军官船为数不多,不敷缉捕海盗,新安县差吏便常征用民船,以载兵攻贼,岛上渔民大受

---

　　① 沈思、肖国健、文灼非:《离岛访古游》,香港:中华书局(香港)有限公司,1993年,第27~28页。

其扰,于是联名上书官府,请求禁止,官府于是下令禁吏封船,并立碑石,使人凛遵毋违。① 看来,这类碑石立于妈祖庙近前,是有其寓意深刻的缘由的。

在澳门,与妈祖或其他神祇有关的庙宇,也发现了此类碑石。在以妈祖和观音为主神的莲峰庙,其右殿仁寿殿大门外有一碑石,名为"两广部堂示禁碑"。笔者在考察莲峰庙时将碑文录下,鉴于该碑在阐明本文论点上的重要性,特将碑文全文移录于下:

> 署香山县事、高明县正堂、加十级记录十次,呈抄奉兵部尚书兼都察院右都御史、总督广东、广西等处地方军务兼理粮饷李。为严禁营汛兵缉私巡船需索滋扰,以安南渔港,现据东莞县民莫英汉、新安县民郑献锦姿陛赴辕呈称,切蚁等位居沿海,素日以船为业,年来各驾小汤渔船,由该处东洲埠配足盐斤,往海面节制咸鱼,载入顺德陈村发卖,被各段守口营船及盐务缉私巡船,并龙湾九牛禁汛各处台汛,见有渔船经过,各驾三坂船摺截勒抽鱼更,每处二十余斤不等,由新安迎面,历东莞、香山、番禺、顺德陈村而止,共有二十八处,每次询被抽鱼五百余斤。此外仍有年节礼炮、竹金名目。倘遇盐务巡船,仍要每抽挂号银各一两,以作陋规,否则指为夹私,竟用铁嘴探筒将鱼插烂,稍移凶成,立施鞭挞。商民受害,莫惨于此。闻前月十一龙湾河面因索鱼更,兵丁过船失足淹毙,营员硬将人船押解,弁兵藉有人命,恐索较前尤甚。小民资本无多,迫得饮泣吞声,饱其索欲。蚁等伏查嘉庆五年曾经吉前宪草除陋规,严禁抽索,赏示沿海地方勒石永禁,斯时文武兵程,颇知敛戢。然日久弊生,滋扰复炽。叩乞饬行文武,一体严禁,并恳赏示沿海港口勒石永禁,则薄海商渔,咸有甘棠不朽。等情到本部堂,据此查弁兵人等勒索渔船陋规,元经前部堂严行示禁在案,兹特呈。该渔户等腌鱼运卖,守口营

· ① 沈思、肖国健、文灼非:《离岛访古游》,香港:中华书局(香港)有限公司,1993年,第90页。

汛弁兵及缉私船只复敢需索滋扰,殊属目无法纪。若不亟为查禁,何以儆需索而安业? 除批揭示若搬行各营县严密稽查究办外,合就出示严禁。为此示谕营汛弁兵及缉私巡船人等知悉,当思沿海渔户涉历风涛,藉图微利,岂堪沿途弁兵巡船倚势作威,层层需索? 嗣后尔等务须痛改前非,恪遵法纪,遇有腌制咸鱼船只经由出入,毋得混行检阻,再向索取鱼更、年节规礼以及私号银两。倘敢阳奉阴违,一经访问或被首告,定行严拿,从重究拟治罪,决不宽贷。其渔户人等,亦不得藉有示禁,违法营私,至于查出重究。各宜凛遵毋违,特示。①

碑文之末签署日期为道光六年(1826年)十一月癸卯,并注明于澳门新庙(莲峰庙)、酒米杂货行、鱼栏行、猪肉行等四处勒石晓谕。

  碑文的内容是禁止守口营汛兵以抽取鱼税为由盘剥渔民及缉私巡船以查私为由勒索渔民。碑文在历数渔民的遭遇时有多处涉及他们的经济生活,如"位居沿海,素日以船为业";"小民资本无多";"沿海渔户涉历风涛,藉图微利",等等。这些内容从一个侧面向我们展示了清朝中晚期珠江三角洲的渔业经济。其中值得注意的是,渔民除了将捕获的鱼卖与鱼栏之外,还自腌咸鱼发卖。这说明当时渔民的商品意识和牟利意识均已加强。碑文中数处以"商民"、"商渔"并称,也说明渔民经济生活中商品交换的成分有所增长。正是贩运咸鱼这一现象的出现,才导致营汛兵和缉私船对渔民的盘剥勒索。而早在嘉庆年间渔民已就此投诉于官府,官府也曾下令禁止,无奈"日久弊生,滋扰复炽"。在官府禁令亦行之未久的情况下,渔民自然力图寻求另一种力量来保护自己,或者以另一种力量来加强官府禁令的权威。那么,妈祖这一为渔民所崇拜的神明便作为另一种力量而出现了。上述刻有禁令的碑石之所以立于莲峰庙前,便是顺应了渔民这一要求的结果。联系到珠江三角洲其他地方也有这种情况,说明借助妈祖的神力以维护渔民的利益,确实就是"两广部堂示禁碑"

---

① 笔者抄录于澳门莲峰庙,1995年12月16日。

立于莲峰庙前的根本原因。

这种庙宇与石碑的关系所反映的神明与渔民经济生活的关系,还可以找到别的例子来加以说明。兹再引一例,虽然此例中的庙宇不是妈祖庙,但其性质是相同的,可作为上一个例子的补充。在澳门路环岛上有一座谭保圣庙,奉祀的神明为谭公道,这是一位源于惠州的神明,珠江三角洲不少地方都建庙奉祀之,如香港的跑马地和筲箕湾都有谭公庙。谭公道"自幼即赋异禀,能知未来,治病如神",①同样是一位庶民的保护神。在澳门路环岛谭保圣庙左侧立有一石碑,原碑无名称,笔者在考察该庙时将碑文录下,现将其移录于此:

> 兼署广东等处提举按察使司按察使、兼管全省驿传事务、盐运司、加三级记录十次耿,为饬行勒石永禁事,照得穷蛋捕鱼为业,岂容兵役滥封索扰,奉通饬严查,自应恪遵守法。兹据香山县蛋民李善庆、郭旺文、黄叶有等赴宪,呈控伊等。大小虾罟向在九洲等处海面,携眷捕鱼为业,被该处舟师兵丁滥封婪索等情,奉批移行该官文武严查究报,一面出示勒石永禁等因。除移行该官文武严查究报外,合行出示勒石永禁等。为此示谕该处舟师与防守陆卡兵丁人等知悉,嗣后一切捕鱼船只,毋许滥封索扰,遇有实在紧要等使,必须船只应用,亦即由营移会州县,按照民价雇觅。各宜凛遵毋违,特示。②

碑文之末签署日期为道光七年(1827年)十一月二十五日,碑文的内容是禁止舟师与陆卡兵丁强行征用渔民船只,滥封索扰。

渔船乃渔民(蛋民)赖于生产的工具和赖于生活的处所,被官兵强征滥封,无异断其生计,比之前例所示官兵对渔民的需索骚扰,实有过之而无不及。渔民投诉于官后,官府遂下此禁令,并立碑石于谭

---

① 香港跑马地《黄泥涌谭公庙志》,转引自郑炜明、黄启臣:《澳门宗教》,澳门:澳门基金会,1994年,第12页。

② 笔者抄录于澳门路环岛谭保圣庙,1995年12月17日。

保圣庙之侧。清道光年间,澳门氹仔、路环两岛有许多渔船聚泊,①官府将此禁令刻石立碑于此,显然也是顺应了渔民欲以神力护佑自身的要求。然为何不立碑于路环岛天后古庙近前,而立碑于谭保圣庙之侧呢?这可能是因为天后古庙地处岛内腹地,而谭保圣庙恰在海边且系渔船停泊之处。再则澳门渔民乃信奉多种神明,如海神方面除妈祖外还信奉朱大仙等,既然谭公道亦有佑民保平安之神力,渔民就没有理由不加以信奉。所以此例中碑、庙关系所反映的渔业经济与神明的关系,与前例具有相同的性质。

综合上述二例,可以说澳门渔民的宗教信仰越来越讲求实用了。当他们把所信奉的神明与经济生活中的某一具体事项联系起来时,神明的灵光便增添了几分实利的色彩。如此则妈祖成为其利益的捍卫者,也就势所必然了。

四

本文通过对澳门渔民生产、生活的论述,力图阐明澳门渔业经济与妈祖信仰的关系。结论是,澳门渔业经济是在传统的渔民社会架构内运行的,因而反映出渔民独特的"妈祖文化"的印记。妈祖作为凝聚力的象征,在澳门渔业经济中发挥着强有力的支撑作用。再者,妈祖作为渔民的保护神,在捍卫其经济利益方面也发挥着巨大的作用。

在结束本文之前,尚有几个问题需要提出来。问题之一是,在澳门渔民的心目中,妈祖并不具有十分清晰的、具体的形象。当然这并非指妈祖的外表,因为凤冠霞帔、面带微笑和温柔表情的妈祖塑像是人们十分熟悉的。此处的形象是指对这样一种超自然力量的理解,对其渊源与司职的认识,以及对她在众神中的位置的判定。由于渔民被压在社会底层的历史所导致的文化素质的低下,使他们对神明

---

① 黄启臣、郑炜明:《澳门经济四百年》,澳门:澳门基金会,1994年,第149页。

的看法带有许多模糊性和主观随意性。笔者在访问澳门渔民互助会时，向该会副理事长冼先生询问渔民们对妈祖女神的起源及事迹的了解情况，得到的回答是："我们不清楚妈祖起源于哪个地方，也不了解妈祖的事迹是怎样的。"①

对于闽粤沿海的一个普通居民来说，上述问题并不难回答，但是澳门渔民则否。当来自西方的人类学学者路易（Rui Brito Peixoto）向为其提供资料的一位"疍家"问谁是"天后"时，得到的是十分肯定的回答："天后就是观音。"然而这马上招致了在场的"岸上人"的反驳，他们劝路易不要听信"那些可怜无知的渔民"所说的话。② 联系到这样一个事实，即澳门渔民不仅崇拜妈祖，而且崇拜其他神明如南海神、朱大仙、谭公道等；不仅到妈祖庙祭拜，而且崇尚一切与妈祖有关的山、水、石等，是否可以说他们的信仰还停留在比较原始的泛神论和多神教的阶段呢？

问题之二是，澳门地区的很多沿海村庄都有一种情况：居民分两类，陆地上的农民一般属客家，均为同姓；水上的渔民则由不同姓氏的疍家组成。在澳门渔民的家庭和社会之间缺乏一种中间组织形式，换言之，他们没有宗族和世系传统。③ 由于疍家没有土地，其唯一的财产是自家的船只，所以不具备条件使得他们的经营超越一个大家庭的界限，而保存族谱和崇拜祖先都是超越家庭范围的，是从礼仪上确认对祖先财产的分配，因此疍家没有宗族和世系传统，具体体

---

① 陈衍德：《访问澳门渔民互助会谈话记录》，1995年12月19日。
② 路易（Rui Brito Peixoto）：《艺术、传说和宗教仪式——关于中国南方渔民特性的资料Ⅰ》，载澳门《文化杂志》（中文版）第5期，1988年。
③ 在《浅论华南的中国渔民习俗、技术和社会》一文中，有句"也就是说Tán-ká（疍家）没有家族和世系亲属关系"，可能是译者的误译，否则就与该文中的其他论述相互矛盾，如"渔民之间互相拴靠就直接地形象地反映出船上人员的亲属关系，每一个家族的'地盘'受到相互尊重"。

现为没有族谱,而且仅崇拜不超过五代的祖先,就不足为奇了。① 与此相对应,澳门渔民并没有集体崇拜妈祖的祭典,在澳门渔民互助会的会所里也没有供奉妈祖的神像。笔者访问该会时被告知,该会与妈阁庙管理委员会并没有联系,每年妈阁庙举行"贺诞"庆典时,该会也并不以组织的名义参与。② 所有这一切是否说明,渔民社会和渔业经济的特点导致了澳门渔民与陆上居民在崇拜妈祖方面的诸多差异?

问题之三是,渔民经济的脆弱性,使其不仅易受自然力的威胁,而且易受人为的威胁。"疍人,以舟为室,以罟为田,由来已久","每岁计户稽船,征其鱼课,隶河泊所","春夏水涨鱼多,可供一饱,率就客舟换米及盐,常日贫乏不能自存……蠹豪又索诈以困之。海滨贫民,此为最苦"。③ 来自陆上社会的威胁,既有贪官污吏、豪强地霸的敲诈勒索,又有在鱼虾换米盐的过程中受到的刁难盘剥。所以他们竭力要使妈祖不仅成为海上安全的保护神,而且成为社会生活中自身利益的保护神。澳门渔民对妈祖的这种双重期待得到多大程度的满足?当代渔民生活方式和社会地位的变化,对其祈求于神明的形式和内容有何影响?这些问题都有待于将来的深入研究。

(原载《中国社会经济史研究》1997年第1期)

---

① 路易(Rui Brito Peixoto):《浅论华南的中国渔民习俗、技术和社会》,载澳门《文化杂志》(中文版)第3期,1987年。
② 陈衍德:《访问澳门渔民互助会谈话记录》,1995年12月19日。
③ 张渠、陈微言:《粤东闻见录》,广州:广东高等教育出版社,1990年,第59页。

澳门的商业经济与妈祖信仰

一

一般认为,葡萄牙人称澳门为"Macau"系由闽语呼澳门之妈祖阁(娘妈角)音译而来。据此推断,澳门妈祖阁当由福建人所建。福建人是如何将源于本省莆田的妈祖女神带到澳门并建庙祭祀,其细节恐已难于考证。然而妈祖阁既渐成地名,亦足见其对于当地之重要。正如澳门《妈祖阁五百周年纪念碑记》所言,"澳门初为渔港,泉漳人士苾止,憩迁成聚落。明成化间创建妈祖阁,与九龙北佛堂门天妃庙、东莞赤湾大庙鼎足辉映,日月居诸,香火滋盛,舶舻密凑,货殖繁增,澳门遂成中西交通枢要"。① 澳门从小小渔村到贸易大港的变化,妈祖信仰的作用不可小视。而从这一过程中,也可以看出福建移民在澳门的工商业活动与其妈祖信仰是如何互动的。

清乾隆年间任澳门同知的印光任和张汝霖在其著作《澳门纪略》中,谈到澳门半岛西南端南环一带的居民,"其商侩、传译、买办诸杂色人多闽产,若工匠,若贩夫、店户,则多粤人"。② 而妈祖阁正坐落于此。福建商人聚居于妈祖阁一带,是有其历史渊源的——那正是他们的祖先从故乡来到澳门时最先登陆的地方。据葡人安娜·玛丽亚·娅玛洛(Ana Maria Amaro)的研究,澳门最早的居民来自福建,其中的贾氏(Kai)很可能是第一个在澳门定居的家族,他们不从事农业,而是在内港的入口处,即妈阁山脚的下环街(亦即南环)一带落户,从事捕鱼及海上贸易,而那正是后来矗立起妈祖阁的地方,也是

---

① 陈衍德:《澳门妈祖阁考察记录》,1995年12月13日。
② 印光任、张汝霖:《澳门纪略》卷上,《形势篇》。

葡萄牙人最初登陆澳门并与当地人接触的地方。① 虽然娅玛洛所据的材料带有传说的成分,但毕竟反映了福建人移居并经商于澳门的史实。其中的"贾"很可能是双关语,它既是姓氏又有"商贾"的含意,并且妈祖阁的建立也隐约与贾氏家族有关。

《澳门纪略》在上述记载之后又有如下文字:"……有奇石三:一洋船石,相传明万历时,闽贾巨舶被飓殆甚,俄见神女立于山侧,一舟遂安,立庙祠天妃,名其地曰娘妈角,娘妈者,闽语天妃也。于庙前石上镌舟形及'利涉大川'四字,以昭神异。"②这段文字虽然在妈祖阁建庙的年代上有误,但对此庙为闽贾所建提供了确凿的依据,并从方言的角度证实了其命名者乃福建商人。再者,实地观察那块被称为"洋船石"的摩崖石刻,可以发现那上面雕刻的正是闽式的"大鸡眼"海船,两边船首锚孔绘着圆形的大鸡眼图案,③再清楚不过地证明了五百年前福建海船来到了澳门。"洋船石"所在地属妈祖阁范围之内,也正隐含着此庙为闽商所建的意思。值得一提的是,"洋船石"上的"利涉大川"四个字,不也正隐喻着福建海商那种不畏艰险追逐利润的创业精神吗?

澳门妈祖阁同时还是一座佛寺,叫正觉禅林,其佛堂与供奉妈祖神像的正殿为紧邻。在佛堂院内有一碑刻,曰"重修妈祖阁碑志",碑文为清香山县里人赵允菁所撰,年代为道光九年(1829年),其内容亦可为以上论述提供一些佐证。碑文言及妈祖阁来历时曰:"相传往昔闽客来游,圣母化身登舟,一夜行数千里,抵澳陟崖至建阁之地,灵光倏灭,因立庙祀焉……"可见妈祖阁为福建人所立。碑文言及捐资修缮者之情况时又曰:"巨室大家,岁资洋舶通商,货殖如泉,世沾渥

---

① 路易(Rui Brito Peixoto):《艺术、传说和宗教仪式——关于中国南方渔民特性的资料I》,载澳门《文化杂志》(中文版)第5期,1988年。
② 印光任、张汝霖:《澳门纪略》卷上,《形势篇》。
③ 陈衍德:《澳门妈祖阁考察记录》,1995年12月13日。

润……"可见出资者多为商家。①

妈祖阁"第一神山"石殿前横柱下方刻有两行字:"明万历乙巳年德字街众商建,崇祯己巳年怀德二街重修。"这两行石刻透露出这样一个史实,即妈祖阁的扩建是伴随着澳门商业街市的扩展以及商人实力的增强而进行的。据康熙《香山县志》载:"万历中,督抚奏请就其聚庐中大街中贯四维,各树高栅,榜以'畏威怀德'分左右定其门籍……分东西各十号,使互相维系讥察,毋得容奸,听海防同知及市舶提举司约束。"②这也就是石刻中"德字街"、"怀德二街"的来历。也就是说,在妈祖信仰的感召下,商民聚居于澳门者渐多,并逐渐形成街市,至明万历中已有以"畏"、"威"、"怀"、"德"四个字命名的四条街了。商民又不断出资兴修扩建妈祖阁,终至日后之规模。从《澳门纪略》中可知,福建商人在澳门有很大势力,那么上述四条街的"众商"中包括许多闽商,恐怕是没有什么疑问的。

从古代到近代,澳门的福建移民既是当地工商业发展的强大动力,又是妈祖女神的虔诚信徒,因而工商业的繁荣和妈祖阁香火的兴旺互相辉映,互为因果,至今依然如此。当今闽籍人士约占澳门总人口的20%,③在当地工商业中发挥着巨大的作用。同时,他们崇拜妈祖的热情丝毫不比他们的先辈来得逊色。澳门福建同乡总会秘书长吴联盟先生告诉笔者,近二十年来澳门经济的起飞,得益于内地大批劳动力进入本地,这当中有许多来自福建。这些20世纪70年代以后来到澳门的福建籍新移民,有的还成为富有的商人或企业家。谈到对妈祖的信仰和崇拜,吴联盟先生说:"福建人对妈祖的信仰是传统,我们在阴历除夕之夜都要去妈祖阁参拜,每人买一柱长香,在庙中点燃并带回家中,我们是全家人一起去的……"谈到澳门的福建同乡会组织与妈祖阁的关系,吴联盟先生说:"漳、泉、潮三邑人士公推

---

① 《重修妈祖阁碑志》,抄本由澳门大学郑炜明先生提供,特此致谢。
② 康熙《香山县志》卷一〇,《外志》。
③ 澳门晋江同乡会:《晋江三庆大典纪念特刊》,1995年11月,第4页。

数人组成妈祖阁执理会,当中福建人占多数。我们同乡会有活动均通知妈祖阁执理会……"①当代澳门闽籍人士在从事工商业活动的同时,对妈祖的信仰和崇拜热情未减,而且从个人的互动发展成组织的互动,从而使这一信仰与现代社会更加合拍。

妈祖以海上保护神而著称于世,但其功能并非起始即定型。妈祖的发源地莆田,人们"为妈祖立祠,原先的旨趣是有感于神的正直聪明,神异卓著。祠庙即立之后,其灵异逐渐偏重于航海的护佑"。②这一变化与移民和贸易有关。早年闽人向外移民乃是冒险渡海而去,而贸易亦多靠海上航行,"具有一种母性慈悲"③的妈祖自然成为在澳门的福建人的主要崇拜对象。虽然日后闽人大多数已定居澳门,并且贸易的风险也大大减低,但妈祖崇拜既已随移民、贸易而流行,随着闽人在澳门的工商业的发展,自然要求这位女神的庇护范围进一步扩大。由于妈祖的灵验,闽人便没理由不把这位女神也当作财神来崇拜。这就是福建人在澳门的工商业活动与其妈祖信仰产生互动的思想基础。

二

地理位置和自然资源决定了澳门是一个渔业经济发达的地区。渔业经济的特点是风险大,因此渔民特别热衷于拜神以求平安。妈祖信仰传入澳门以后,遂逐渐成为当地渔民的主要信仰。祈求海上生计的平安,是澳门渔民信仰妈祖的主要动机。但是就渔民从海洋获取的资源本身来说,尚无法保障他们的生计。渔民还必须将其产品投入市场,换取到劳动报酬,才能维持生计。换言之,渔民的产品还必须经过加工和销售,才能实现其价值。因此渔业经济又含有工商业的成分。就水产品的销售而言,这些产品必须通过复杂的商业

---

① 陈衍德:《访问吴联盟谈话记录》,1995年12月12日,澳门。
② 李丰楙:《妈祖与儒、释、道三教》,载台湾《历史月刊》第63期,1993年。
③ 李丰楙:《妈祖与儒、释、道三教》,载台湾《历史月刊》第63期,1993年。

网络进行内销和外销,在澳门,担负起这一任务的是鱼栏。渔民通过一种复杂的交易制度与鱼栏发生联系,鱼栏是岸上的中间商,做批发水产品的生意,同时还扮演着生产成本预付者的角色。如此则商业信用关系对渔民和鱼栏来说都是十分重要的。这样一种关系除了靠相互之间的信任来维系之外,显然还需要一种外力来维护。由于澳门渔民和鱼栏之间的关系是传统式的,没有法律和金融上的担保,[①] 所以妈祖女神再次发挥作用,成为维系这种关系的商业守护神。

20世纪80年代中期,澳门拥有的渔船为1700多艘,拥有的鱼栏为60余家。[②] 这样的比例说明,鱼栏的规模大都较小。澳门的鱼栏既是中间商又是信贷代理人,许多鱼栏是在渔民缺少资金的情况下应运而生的。由于渔民资金的短缺,致使其大部分生产和生活资料的购买,如船只和捕鱼设备的购置、出洋期间粮食和日用品的批量购买等,都要在信贷形式下进行。然而,大多数情况下,鱼栏的资金又是很有限的,只能提供给一小部分渔民。并且这种交易一般都是基于熟人之间的口头协议,而免去了其他手续。因为贷方必须了解借方的底细,所以借方人数必然有限。[③] 这种类型的市场是通过人与人之间的关系来调节的,因而为宗教信仰这类非经济因素的渗入打开了方便之门。

从渔民的角度来说,其生产环节——捕鱼的前方和后方,亦即购置设备和销售产品,都是与市场相联系的。他们最关心的乃是是否有钱买设备,以及所捕的鱼能否卖出去。由于充当投资者和收购者双重角色的鱼栏的出现,解决了渔民的上述问题。虽然渔民和鱼栏的关系往往是建立在长期了解和频繁交往的基础之上的,但贷款利

---

① 路易(Rui Brito Peixoto):《疍家与鱼栏:体现中国南方经济金融关系的两个因素》,载澳门《文化杂志》(中文版)第4期,1988年。

② 黄启臣、郑炜明:《澳门经济四百年》,澳门:澳门基金会,1994年,第198页。

③ 路易(Rui Brito Peixoto):《疍家与鱼栏:体现中国南方经济金融关系的两个因素》,载澳门《文化杂志》(中文版)第4期,1988年。

息和收购价格这两项与渔民利益息息相关的要害之处,毕竟掌握在鱼栏手中,毕竟令渔民牢记挂在心。所以渔民对妈祖的祈求,除了居首位的海上生计的平安之外,就是岸上的收益了。

那么,对于与商业有关的经济利益的祈求,澳门渔民又是以何种方式来诉诸妈祖神灵的呢?如果说对于海上生计平安的祈求仅仅是渔民的单独行为,那么对于岸上收益的祈求则是渔民与其他社会群体一起进行的共同行为了。因为渔民的收益必须通过与陆上居民的合作才能获得,所以他们有必要和后者一起来开展祭拜妈祖的活动,以便在共同的信仰中寻求利益的协调。谈到这一点,澳门渔民互助会理事长冯喜先生是这样告诉笔者的:"每年(阴历)三月二十三日在妈祖阁举行庆祝妈祖诞辰的仪式……当天下午四五点钟举办盛大宴会……这方面的资金来自向渔民募捐,另外街坊、船厂、鱼栏也出钱,共同举办这次活动。还请戏班来演戏,这方面的资金则由渔民和陆上居民共同组成的'妈祖阁水陆演戏会'来筹集……"[①]请注意这里特别提到鱼栏,那是渔民欲与之搞好关系的重点对象之一。显然,这既是一次宗教活动,也是一次联谊活动。

从鱼栏的角度来说,尽管和渔民相比,它们处于有利的地位,这一地位甚至导致它们对后者的剥削,但是它们同时也要承担某些风险。首先,鱼栏向渔民贷出资金后,渔民出海捕鱼所冒的风险也就是鱼栏的风险,因为一旦渔船遇险或其他原因无法及时地捕到鱼,渔民还贷无着,鱼栏便要遭受损失。其次,与第一点有关,由于鱼栏大都资金有限,其贷出的款项很可能部分甚至大部是自他处贷入的,一旦渔民无法还贷,势必影响其自身的还贷。此外,鱼栏还担心渔民不守信用,不将所捕之鱼售与鱼栏。所以,从自身的经济利益出发,经营鱼栏的商人信仰妈祖的程度,不会亚于渔民。

那么,经营鱼栏的商人又是以何种方式来崇拜妈祖女神的呢?除上文提及的与渔民共同举行祭拜妈祖的活动之外,他们还有其他

[①] 陈衍德:《访问澳门渔民互助会谈话记录》,1995年12月19日。

的方式,这当中最重要的就是捐资兴建或修缮各处的妈祖庙。澳门鱼栏商家捐资兴修妈祖庙和其他神庙的传统很悠久,大约始自清初。澳门大学的郑炜明先生在实地调查的基础上,辑录了大量与澳门民间信仰有关的碑铭文字,其中就有很多是鱼栏商家的捐建题名,特举数例如下:

其一,道光年间澳门离岛(氹仔、路环二岛,下同)妈祖庙及其他神庙商家捐建题名中大致可确定为鱼栏的有普元堂、恒德堂、公义行、永安堂、郭生堂、广生堂、永滋堂等7家。

其二,同治年间澳门离岛妈祖庙及其他神庙商家捐建题名中大致可确定为鱼栏的有敬信堂、万生堂、保安堂、同庆堂、义益堂鱼行、积厚堂等6家。

其三,光绪年间澳门离岛妈祖庙及其他神庙商家捐建题名中大致可确定为鱼栏的有集义堂、工羡行、永义行、福安堂、光远堂、万生堂、聂德厚堂、官堂卓业和堂、何广积堂、东岸黄富德堂、恒德堂、义盛堂、万安堂、卓福东堂、保安堂、福有堂、卓崇德堂、松记鱼店、春和堂、永业堂、西家胜公堂(以上氹仔岛)、广生栏、福合堂、李成德堂、大元堂、保全堂、普生堂、冯怡远堂、罗仁济堂、同敬堂、新合栏、赞利栏、福有堂、东合栏、肖永福堂、满源堂(以上路环岛)等36家。①

上述三例中的捐建商家都是澳门离岛的鱼栏,如果把澳门半岛也考虑进去,其数目就更多了。鱼栏对以妈祖庙为主的民间神庙的捐资情况,由此可见一斑。

从澳门渔民与鱼栏关系所反映出来的这种传统的渔商经济模式,即使在香港也已不复存在,在中国大陆更不用说。② 与这种经济模式相适应的民间信仰形式——妈祖崇拜,其对社会生活的渗透之

---

① 黄启臣、郑炜明:《澳门经济四百年》澳门:澳门基金会,1994年,第151~153页,第157~160页。

② 路易(Rui Brito Peixoto):《蛋家与鱼栏:体现中国南方经济金融关系的两个因素》,载澳门《文化杂志》(中文版)第4期,1988年。

深,也是不多见的。从宗教信仰的经济动机这一角度来分析此种现象,我们是否可以这样说,在澳门社会的商业氛围中,妈祖女神被赋予了更多的商业型神明的成分,她的神力包括保护商民、维护信用、保障流通等等。需要与满足需要的手段是一起产生的,澳门商民维护经济生活秩序的需要与满足这一需要的妈祖信仰的新成分和新功能便同时出现了。

三

本文的第一、二部分分别以地缘群体和业缘群体为实例,讨论了澳门的商业经济与妈祖信仰的互动。在第三部分中,将在更宽阔的视野内、在更高的层次上展开这方面的讨论。澳门作为一个国际化的商贸城市,其文化也是多元的,无论是历史上还是现实中都是如此。在这样一个特殊环境当中,商业贸易与宗教信仰这两种原属不同社会生活领域的群体行为发生了更多的交叉、渗透和互动。在这样一个大背景下来讨论澳门商业经济与妈祖信仰的互动,显然需要有一些参照系来进行对比。

在西方人眼里,"历史上澳门就是一个基督教的上帝与财神、十字架与王冠、精神与商业之间有着密切关系的城市"。换言之,在澳门,商业经济与宗教信仰的互动从来就是一种比较普遍的现象。例如,16、17世纪时,澳门的耶稣会士就参与了与日本长崎之间的"生丝对白银"的贸易活动。当时的澳门既是西方传教士的集结地,又是西方商人的中转港,传教士与商人合二而一的情况并不鲜见,"宗教和商业不可避免地就结合到了一起"。①

在东方人眼里,澳门同样是一座既充满了商业机会又可传教布道的城市。明清时期来到澳门从事贸易的东方商人中,就颇有来自东南亚伊斯兰教地区的商贾,例如爪哇商人。这些以擅长贸易见称

---

① C.R.博克萨:《16—17世纪澳门的宗教和贸易中转港之作用》,《中外关系史译丛》第5辑,上海:上海译文出版社,1991年。

的伊斯兰教徒,在经商的同时也把伊斯兰教带到了澳门。在18世纪70年代至19世纪40年代这段时间里,来自印度孟买的琐罗亚斯德教徒曾在澳门活跃过,他们中有些还是富可敌国的商人,对澳门的经济、贸易等起过一定的影响。[1]

与上述来自国外的东、西方宗教相比,作为中国传统民间信仰之一部分的妈祖信仰,其与商业经济的交融和互动具有哪些特色?

首先,妈祖信仰除了直接与澳门商业经济发生互动外,还通过对其他中国传统宗教信仰的广泛渗透来间接地与澳门商业经济发生互动。

与妈祖信仰关系最密切的传统宗教要数道教,道教以其包容性之大而将许多民间信仰囊括其内。自宋代始道教已活跃于香山县(澳门地区旧属香山县),而自妈祖信仰传入后,澳门地区逐渐变成"一个属于道教系统的妈祖信仰圈"。[2] 由于妈祖以海上保护神而著称,且神力无边,一些属于道教系统的民间神明便往往以攀附妈祖来提高自己的神力,这样恰恰又扩大了妈祖的影响力,使得那些怀抱着经济动机的众多商民争相崇拜与妈祖有关的一切神明。这方面比较突出的例子是三婆神。澳门离岛氹仔岛曾有一座建于道光二十五年(1845年)的三婆庙(今已废),相传此神以助剿击贼,打退来犯海盗,保护地方安宁而著称,故其庙香火颇盛。但三婆神受崇拜还另有原因,据清人笔记记载,三婆神乃妈祖的第三姊,其诞辰日为阴历三月二十二日,比妈祖神诞早一天。[3] 清末民初乃是澳门近海海盗之患较重的时期,澳门商民崇拜三婆神,显然为防御海盗计,归根结底乃与自身之商业利益有关。而三婆神借妈祖显扬自身,也使得妈祖信

---

[1] 郑炜明、黄启臣:《澳门宗教》,澳门:澳门基金会,1994年,第84～85页、第80～81页。

[2] 郑炜明、黄启臣:《澳门宗教》,澳门:澳门基金会,1994年,第7页。

[3] 俞樾:《茶香室四钞》卷二〇,引许联升《粤屑》。转引自郑炜明、黄启臣:《澳门宗教》,第8页。

仰与商业经济的互动有了间接的表现形式。

佛教也与妈祖信仰关系密切。在澳门,有几处重要的佛寺也奉祀妈祖,如以观音为主神的莲峰庙和普济禅院(俗称观音堂),也将妈祖奉为重要神明,专设殿堂祀之。笔者在实地考察莲峰庙时,发现庙内有一方石刻,该石刻无名称,内容为有关莲峰庙经济收入之事,乃广州、澳门海防军民府摄理香山县正堂钟氏于嘉庆二十三年(1818)九月勒石晓谕众人。该石刻曰:"……莲峰神庙为合澳奉祀香火,住持僧润能等清修安静,必须代谋衣食之资。所有营地、墟亭、檐外一路地方,既据该县丞捐廉建廊,批与客民摆卖生理,并关前一带铺屋,统归入庙僧收租,自应如请办理……为此示意附近绅民人等知悉。自示之后,尔等客民如有情愿在墟亭、檐外地方摆卖生理,俱与该寺僧人批租,廊屋损坏亦听寺僧修复召租。俾等寺僧衣食有出,得以肃奉神明,地方获福,官民咸赖……"①从寺僧的角度来说,可以借助神明的感召力,招徕商贾前来摆摊设点,从而获得租金。从商贾的角度来说,亦可借助人们崇拜神明的心理,招揽顾客,从而赢利。在这里,神明已成为商业活动的中枢。而莲峰庙所奉神明,观音居首,妈祖次之。妈祖虽非主神,却能通过此庙发生影响,其感召力亦不比观音逊色。因此,妈祖信仰与商业经济的互动再次有了间接的表现形式。

其次,妈祖信仰和商业经济的互动,不仅表现在诸如传教与经商结合这样的浅层次上,而且表现在这样一个深层次上,即这一信仰逐渐被澳门中外人士所普遍认同,从而成为一种商业精神。

"宗教会以不同的强度和不同的意义影响人们的经济态度和行为。首先,就诚实、公正、守信用这些个人的和商业的美德而论,它们在经济生活中是至关重要的,而当宗教能成功地把这些美德灌输给自己的信徒的范围内时,宗教便对经济产生了影响……"②妈祖信仰

---

① 陈衍德:《澳门莲峰庙考察记录》,1995年12月16日。
② 罗纳德·L.约翰斯通著,尹今黎等译:《社会中的宗教——一种宗教社会学》,成都:四川人民出版社,1991年,第199页。

作为一种民间信仰虽与宗教不尽相同,但在对经济生活的影响方面却有共同之处。当漳、泉、潮三邑人士组成的妈祖阁执理会主办各种活动时;当渔民、鱼栏、船厂、街坊共同出资举行庆贺妈祖诞辰的仪式时;当渔民和陆上居民共同组成"妈祖阁水陆演戏会"延请戏班来演戏时,是什么东西将这些不同地域、不同职业、不同阶层的人们汇聚到一起来呢?不可否认,欲与相关人士协调关系、协调利益是重要的动机。但是,如果连一点归属性认同都没有的话,这些各方面都差异很大的人们恐怕是难于走到一起来的。这当中,妈祖女神所代表的那种母性的慈悲,那种公平和正义,正是吸引着各式各样的人们汇聚到她身边来的精神引力之所在。受这种精神感召的人们,逐渐把它"内化"为自己的行为规范和道德准则——"一个人的内化是把他或她听到的、看到的或有意识无意识地考虑到的对他们自己适用的东西都变成自身的一部分"。① 如此则一种为社会所普遍认同的商业精神便生成并延续下来。这就是妈祖信仰与澳门的商业经济在更深一个层次上的互动。

这里还要指出,由于"澳门文化是迄今四百年东西方两种异质文化逆向交流的独特产物",② 而妈祖文化作为澳门文化的一个组成部分,它在为中国居民所认同的同时,也逐渐为西洋居民所认同。在西洋人眼里,"在中国找不出第二座像澳门那样用中国的妈阁神命名的城市"。③ 其实一个地名的流行是约定俗成的,妈阁(Macau 或 Macao)一名在西洋人中流行,取代了其他种种称呼,正说明妈祖信仰力量的强大,正说明妈祖女神在澳门地区有深入人心的影响。在那样一种氛围中,西洋人显然也被感染了,也不禁对妈祖怀有敬意,"既然

---

① 罗纳德·L.约翰斯通著,尹今黎等译:《社会中的宗教——一种宗教社会学》,成都:四川人民出版社,1991年,第75页。

② 黄晓峰:《澳门的文化视野:世界与中国》,载澳门《文化杂志》(中文版),第13、14期合刊,1993年。

③ C.R.博克萨:《16—17世纪澳门的宗教和贸易中转港之作用》,《中外关系史译丛》第5辑,上海译文出版社,1991年。

他们(葡萄牙人)已经知道了该港的正式名称,因为他们本身就是海员,尽管阿妈(妈祖)是异教神,可是他们还是愿意用渔民保护女神的名字来称呼该港口"。① 在这里,西洋人的航海精神从妈祖女神的深刻意蕴中找到了契合点,而归根结底,这是一种商业开拓精神,是一种合作进取精神。妈祖信仰与澳门商业经济的互动从而又得到进一步升华。

(原载《世界宗教研究》1998年第1期)

从澳门民俗看当地居民的妈祖信仰

在妈祖崇拜这一遍及全球的华人民间信仰现象中,澳门具有特殊的地位。作为东西方文化的荟萃之地,澳门的妈祖崇拜已融入了多种文化成分。但无论如何,妈祖崇拜是否根植于民间社会这一深厚土壤,其最大标识乃在于这种崇拜是否已成为民俗的一部分。本文拟从民俗的角度入手,考察澳门的妈祖崇拜,并与中外各地的妈祖崇拜作适当的比较,以探视其中的差异。

一

和中国东南沿海各地一样,澳门的渔民也是社会上一个独特的阶层。作为水上居民,他们的生活方式与陆上居民有着明显的区别。因此,从其特有的民俗所反映出来的对妈祖的崇拜,无论从哪一个角度来看,都具有特殊的意义。

---

① 郁龙余:《妈祖崇拜与中外文化交流》,载澳门《文化杂志》(中文版)第13、14期合刊,1993年。

由于渔民被压在社会底层的历史所导致的文化素质的低下,使他们的风俗习惯带有明显的原始性和落后性。又由于与岸上的现代生活相对隔离,渔民的风俗习惯也更多地保留了古朴淳厚的风尚。由此而反映出来的渔民对神祇的崇拜和信仰,则明显地具有原始的泛神论和多神教的色彩。

现在就让我们来看看澳门水上居民的民俗所反映出来的妈祖崇拜是怎样一种情况吧。

节庆习俗是民俗的集中表现。在传统的中国节庆中,祭神是一项不可或缺的活动。对于澳门渔民来说,最重要的节庆莫过于春节和妈祖诞辰日。春节前夕,澳门的渔船便纷纷驶抵内港集结下碇,一切捕鱼活动皆在此时暂停。在选定的那一天,亦即正月初四,渔民们在各自的船上祭拜祖先、天神和水神,然后所有渔船驶向内港入口处妈阁庙所在地,船首向着妈阁庙,举行一个行桨仪式,以示对妈祖的崇拜。[①] 渔民们以"天伞"作为天神之象征,以彩色剪纸等作为向天神致敬的装饰物;以船头作为"船首神明"之象征,以鲜花等作为向"船首神明"致敬的装饰物。[②] 据笔者推测,"船首神明"可能代表水神。因为作为水上居民崇拜的水神与陆上居民崇拜的地祇具有同样重要的地位,必定需要一个象征物作为祭拜的对象。从渔民拜神的仪式来看,妈祖已被置于与天神、水神同等的地位。

在妈祖诞辰日亦即阴历三月二十三日那一天,澳门渔民除了将渔船驶向妈阁庙以示敬意外,还延请戏班在妈阁庙前上演传统戏剧,并设宴庆贺。从祭神仪式来看,呈献给妈阁庙中妈祖神像的祭品有木模船、烤全猪等,此外渔民们还在各自的船上焚烧用红纸制作的妈祖服饰,以示崇敬。[③] 如果说春节时妈祖乃是与天神和水神享受了

---

① 路易:《艺术、传说和宗教仪式——关于中国南方渔民特性的资料Ⅰ》,载澳门《文化杂志》(中文版)第5期,1988年。
② 陈衍德:《澳门海事博物馆参观记录》,1995年12月13日。
③ 陈衍德:《澳门海事博物馆参观记录》,1995年12月13日。

同等礼遇的话,那么妈祖在诞辰日则是单独享受了诸神中的最高礼遇。

澳门渔民不仅崇拜妈祖,而且崇拜其他海神。由于"整个澳门地区,其实是一个属于道教系统的妈祖信仰圈",①所以其他海神与妈祖之间也就不能不存在着某种关系。换言之,在澳门渔民的心目中,妈祖乃众海神之首。例如,源于广东惠州的三婆神是澳门渔民崇拜的一位海神,相传她是妈祖的第三姊,诞辰日为三月二十二日。② 这样,通过纪念诸海神的节庆习俗,也可以间接地反映渔民崇拜妈祖的情况。

在诸海神中,朱大仙诞辰日的节庆最为典型。朱大仙名号不详,一说名立。其诞辰日不固定,每年春天由占卜决定。贺诞活动持续三天,都在船上举行。其时渔民用船只并排连接起来,并于其上建起祭台,延请僧人道士举行有关仪式,如"建醮超幽法会"等。仪式往往彻夜举行。其间船上还售卖灵符。为组织纪念庆典,渔民们成立了专门的机构来负责活动的安排,如"大澳龙岩寺朱立大仙澳门分会"等。③ 澳门渔民对其他海神的崇拜,实际上是对妈祖崇拜的补充,所以以此例为代表的节庆习俗,对我们的研究来说不是没有意义的。

我们说节庆习俗是民俗的集中表现,是因为节庆活动在平时是看不到的,是浓缩地表现人们的思想观念和行为方式的绝好时机。从上面的论述可知,无论是妈祖的节庆还是其他海神的节庆,都已经形成一定的活动程式或者说一套应该遵守的行事方式。而从这些活动程式或行事方式中,又可以看出澳门渔民崇拜妈祖的广度和深度。

倘若说节庆习俗如涌泉瀑布,那么日常习俗便如涓涓细流,后者也许更能体现妈祖崇拜与渔民生活的密切关系。澳门从事远洋捕鱼的渔船无论是出发还是返航,在驶经妈阁庙前的海面时习惯上都要

---

① 郑炜明、黄启臣:《澳门宗教》,澳门:澳门基金会1994年,第7页。
② 郑炜明、黄启臣:《澳门宗教》,澳门:澳门基金会,1994年,第7~8页。
③ 陈衍德:《澳门海事博物馆参观记录》,1995年12月13日。

焚烧纸钱、元宝并燃放鞭炮,以此祈求妈祖保佑其出海平安或感谢妈祖使其安全返航。在茫茫大海上,每逢风大浪高时,渔民们也要在颠簸中燃香烧纸钱拜妈祖,祈求妈祖保佑其逢凶化吉。若船上有神像,就在神像前祭拜,若没有神像,就朝着天空拜。在撒网捕鱼之前,往往也要拜妈祖,祈求捕到尽可能多的鱼虾。① 从拜神习俗始终伴随着出海捕鱼的整个过程这一点来看,作为海上保护女神的妈祖,其神力在渔民心目中的发挥可谓淋漓尽致了。

综上所述,我们可以得出结论说,妈祖崇拜已经成为澳门渔民习俗的一个组成部分,换言之,这种崇拜具有民俗的普遍性,它已经成为澳门渔民生活方式的构成要素。

二

澳门从明中叶被葡萄牙人"租用"为贸易港后,逐渐发展成有别于中国其他海港的港口城市。由于封建控制的相对削弱和西方文化的大举输入,无论是居民的构成抑或是人们的风俗习惯,澳门与其他中国城市相比都可谓提前进入了"近代"时期。从居民构成来看,闽粤两省的商贩、游手乃至不轨之徒已成为澳门中国居民的主要成分。史书上所谓"闽之奸徒,聚食于澳,教诱生事者不下二三万人。粤之盗贼亡命投倚为患者,不可数计",②便是指的这种情况。从风俗习惯来看,用"五方杂处,风俗浇薄"来形容之,恐不为过。当然,这些从封建的立场观点看来是要不得的东西,恰恰是历史的进步。也就是说,从明清以至近现代,澳门的社会变化是快于其他沿海城市的。

那么,在这样一种人文环境中,澳门陆上居民的民俗所反映出来的妈祖崇拜是怎样一种情况呢?

考察澳门陆上居民的节庆习俗,可以发现一个有趣的现象,那就是,在除夕之夜,人们并不是一直待在家里不外出,而是汇聚到妈阁

---

① 陈衍德:《访问澳门渔民互助会谈话记录》,1995 年 12 月 19 日。
② 《明实录·崇祯长编》卷三四,崇祯三年五月。

庙中祈福并相互祝贺新年。一位20世纪70年代从大陆移居澳门的人士是这样说的："本地人过年,除夕之夜都要去妈阁庙参拜妈祖,每人买一柱长香,在庙中点燃,带回家中。妈阁庙是除夕之夜全澳门最热闹的地方,我和我太太还有我们的孩子,全家人一起出动,也到妈阁庙去。在那儿我们见到了许多乡亲和熟人,大家互相道贺新年,并将事先准备好的红包(称为'利是')分送给亲戚朋友们的子女。"①这里有两样东西是值得注意的,一是香火,一是"利是"。据一位学者的看法,"'香火'和'神明'正是一体的两面,'香火'视为一种象征的资源与力量(包含了神的灵力与信众分享的香灰、香烟和灵气)……"②上述被访者谈话的引文,正是反映了以一柱在妈阁庙中点燃的长香,将妈祖的灵力带回家中这样的信众分享形式。而在澳门海事博物馆中有一件"利是"实物展品,并配有这样的文字说明："利是,置于此小信封内之小量金钱,在农历新年期间赠与,被视作会带来幸福与运气的礼物。"③在妈阁庙中赠送红包,显然具有借妈祖的神力赐予幸福与运气的含义。

澳门陆上居民还崇拜许多属于道教系统的神明,对这些神明的崇拜,与对同属道教系统的妈祖的崇拜,共同形成了澳门居民的民间信仰。因此,妈祖与这些神明之间便产生了某些联系,换言之,二者在信徒的心目中是互补的。在这些神明的节庆当中,纪念谭公道的舞醉龙节是较为典型的。谭公道是一位源于惠州的神明,在澳门特别受到鱼栏商人的崇拜。鱼栏是陆上的水产品批发商,在每年阴历四月初八称为谭公诞的日子里,鱼栏商人便组织舞醉龙的活动。人们先来到路环岛的谭保圣庙举行祭神仪式,然后参加酒宴。"一些年轻人饮了适量的酒之后,举起木雕龙头和龙尾,开始跳醉舞,并走遍

---

① 陈衍德:《访问澳门晋江同乡会谈话记录》,1995年12月12日。
② 黄美英:《妈祖香火与神威的建构》,载台湾《历史月刊》第63期,1993年。
③ 陈衍德:《澳门海事博物馆参观记录》,1995年12月13日。

市内数间市场及沿岸地区的鱼栏,他们沿路一边饮酒一边跳舞,步履蹒跚的舞者不时由同伴替代……"①据说这种巡游活动是为了驱邪,"以保证鱼栏或其他与水上活动有经济关系的机关及设施能继续顺境"。② 值得注意的是,谭公道还同时受到水上居民的热烈崇拜,也就是说,其最虔诚的信徒均与水上经济有关,这一点与妈祖极为相似,故其节庆习俗亦应折射出妈祖节庆习俗的影子。

这里还要指出,在商品经济浸润下的社会人文环境中,澳门居民的节庆习俗也未免染上功利主义的色彩,这是人们的信仰的经济动机通过民俗这一潜意识的外化所作的有形的和无形的表现;而在深受西方文化影响的海港城市澳门,其民俗节日的"庆祝活动豪放自在,与中国人一向的含蓄内敛性格明显不同",③实可让人从中看出有别于中国其他地方的特点。

为了透过澳门居民(陆上居民)的日常习俗体察其妈祖崇拜的方方面面,我们进行了问卷调查。以下我们选择了问卷中几个有关的问题,根据其回答情况进行一些分析,以期找出作为民俗和作为民间信仰的妈祖崇拜的相关性。

在回答"您去过妈祖庙(天后宫)烧香吗?每隔多久去一次?"这一问题的440人中,回答"每月数次"者为4人,占0.9%;回答"每月一次"者为10人,占2.3%;回答"每年一次"者为94人,占21.4%;回答"偶尔(去烧香)"者为200人,占45%;回答"从未去过"者为132人,占30%。经分析得出的结论是,澳门居民大约有2/3以上去过妈祖庙烧香,由此可见妈祖确实是澳门居民的主要崇拜对象之一;前往烧香频率越高者人数越少,频率越低者人数越多,这也符合神明崇拜的一般情况。

在回答:"您在什么情况下去妈祖庙烧香?(可选择多项)"这一

---

① 澳门政府新闻司:《澳门资料》,1995年,第43页。
② 陈衍德:《澳门海事博物馆参观记录》,1995年12月13日。
③ 澳门政府新闻司:《澳门资料》,1995年,第43页。

问题的363人次中,回答"有空时候去"者为38人次,占10%;回答"顺便去"者为131人次,占36%;回答"有所求才去"者为34人次,占9%;回答"定期专程去"者为87人次,占24%;不回答者为73人次,占20%。经分析得出的结论是,澳门居民(陆上居民)祭拜妈祖在更多的情况下是出于一种习惯,或者说是遵循一种习俗,而非为了某个具体的目的,这一点与澳门渔民(水上居民)是有一定差别的。

在回答"您在什么时间去妈祖庙烧香?(可选择多项)"这一问题的359人次中,回答"每月初一"者为22人次,占6.1%;回答"正月初一前后"者为104人次,占29%;回答"三月二十三前后"者为19人次,占5.3%;回答"九月初九前后"者为10人次,占2.8%;回答"其他日子"者为118人次,占32.9%;不回答者为86人次,占24%。如果把本问题中的数据与第一个问题中的数据作比较,就会发现具有一定的相关性和对应性,从而发现在非节庆的日子里前往妈祖庙烧香的人会更多一些,因而凸显了妈祖崇拜的日常性。

在回答"您用何种方式来表达对妈祖的崇敬?(可选择多项)"这一问题的564人次中,回答"烧香"者为256人次,占45.4%;回答"烧纸钱"者为99人次,占17.6%;回答"上供祭品"者为77人次,占13.7%;回答"捐钱"者为120人次,占21.3%;回答"赞助有关活动"者为12人次,占2.1%。烧香的人数最多,再一次证明了"香火",与神明为一体的两面这一点在民俗上的重要性。而捐钱者的人数超过烧纸钱者,说明信众对实效性的注重程度超过了对表面礼仪的注重程度。

在回答"您觉得遇事求妈祖灵验吗?"这一问题的259人中,回答"灵验"者为89人,占34.4%;回答"一般"者为148人,占57.1%;回答"不灵验"者为22人,占8.5%。神祇的灵验与否和由庙像供奉所体现的受重视程度成正比,越是庙大像高、香火旺盛的神祇,据说就越灵验。既然妈祖是澳门居民的主要崇拜对象之一,妈阁庙又中外闻名,就不由得妈祖不灵验,所以回答不灵验者只占很小的比例。另一方面,被人们选中的神祇之所以灵验,又与人们不自觉地把虚幻的寄托转化为信心有关。这当中又有人们的从众心理在作祟,而从众心理又与风俗习惯对人们的强大影响有关。

在回答"您最初崇拜妈祖受什么人影响?"这一问题的 220 人中,回答"家人"者为 112 人,占 50.9%;回答"亲戚"者为 42 人,占 19.1%;回答"朋友"者为 57 人,占 25.9%;回答"同事"者为 7 人,占 3.2%;回答"同学"者为 2 人,占 0.9%。民俗源于不断重复的行为,而人们的行为首先来自模仿。"他或她,特别是一开始,总是模仿或仿效他们所看到的东西。所以,在某种意义上,一个人早在自己理解某些事情以前,就已通过其观察父母、伙伴及其他人的行动所提供的榜样的过程吸取了许多模式、规范与价值。"[①]妈祖崇拜之所以成为澳门居民代代相袭的行为方式,就是这样首先通过家人,然后通过周围的其他人,把这种行为"内化"为自己的东西的。

在回答"您了解有关妈祖的事迹吗?"这一问题的 449 人中,回答"知道一些"者为 201 人,占 44.8%;回答"了解得很详细"者为 18 人,占 4%;回答"不清楚"者为 230 人,占 51.2%。"妈祖从一具有神异性格的里中巫,转化为神女,而成为列入祀典的夫人、妃",[②]这样一个过程所融入的故事和传说自然不是一般庶民所能详尽了解的。澳门居民对于妈祖的事迹"知道一些"和"了解得很详细"二者相加已几近半数,实属不易。何况妈祖崇拜作为一种信仰风俗,并不要求信众既知其然又知其所以然。

在回答"您喜欢以何种方式从妈祖得到神示?"这一问题的 238 人中,回答"抽签"者为 167 人,占 70.2%;回答"扶乩"者为 14 人,占 5.9%;回答"其他"者为 57 人,占 23.9%。妈祖神格形成的源头乃是福建莆田的林氏女,"这一林氏女之具有灵巫的性质,可说是闽疆巫文化的宗教现象。巫作为人神之间的灵媒(spirit medium),自也

[①] 罗纳德·L.约翰斯通著,尹今黎等译:《社会中的宗教——一种宗教社会学》,成都:四川人民出版社,1991 年,第 76 页。

[②] 李丰懋:《妈祖与儒、道、释三教》,载台湾《历史月刊》第 63 期,1993 年。

显现其灵媒能力,诸如预知、医疗等,林氏女也表现出'能知人祸福'的能力"。① 本问题与第五个问题亦即有关妈祖灵验与否的问题是有关联的。妈祖在客观上成为预知祸福的神祇,正是对信众主观上认为她灵验的回报。此乃信众欲自其得到神示之前提。至于以何种方式,已无关宏旨。大多数人选择抽签,仅是因为方便而已。②

对上述问卷的分析表明,澳门居民的日常习俗所反映出来的妈祖崇拜的方方面面,是具有一定研究价值的,因为这些数据为我们提供了测定这样一种相关性的依据,那就是作为澳门民俗的妈祖崇拜与作为澳门民间信仰的妈祖崇拜的相关性。初步研究表明,二者的相关程度是比较高的。从澳门居民崇拜妈祖的普遍化和潜意识化来看,它具有民俗的特征。而从澳门居民对妈祖的偶像崇拜和对其灵验的笃信来看,它又具有民间信仰的特征。由于这种信仰具有世俗化的特点,所以它已经外化为一种生活方式的要素。正是在这个意义上,澳门居民的妈祖崇拜具有民俗和民间信仰的双重性。

综上所述,我们可以得出结论:民俗与民间信仰构成了澳门居民妈祖崇拜的一体两面。如果说节庆习俗更多地表现出一种文化的涵化——融合了古今中外的文化要素,那么日常习俗则更多地反映出一种历史的积淀——汇聚了日积月累的通则惯例。这就是我们解析澳门民俗的深层内涵后所概括出的要点。

三

既然妈祖崇拜是一个遍及全球的华人民间信仰现象,就有必要将澳门的妈祖崇拜与中外各地做一番比较。我们打算从民俗的角度

---

① 李丰楙:《妈祖与儒、道、释三教》,载台湾《历史月刊》第63期,1993年。
② 本文中的问卷资料均摘自澳门基金会编:《澳门妈祖信仰与文化研究调查问卷》。问卷设计者为徐晓望、许维勤、陈衍德。在问卷分发与回收的工作中,得到澳门大学容慧坤、何彩云、李杰辉、刘陆存、邓志斌等同学的大力协助,特致谢意。

来考察一下澳门与其他地方在妈祖崇拜方面的差异。这当中我们又选择了两个事项来进行比较,那就是节庆习俗中的娱神活动和信仰风俗中的宗教融合。

先让我们从娱神活动的视角来比较一下澳门与其他地方的妈祖崇拜。前文已经说过,在传统的中国节庆中,祭神是一项不可或缺的活动。实际上,祭神活动往往还包括娱神的内容。换言之,节祭乃是由祭祀和娱乐两个部分组成。"通过一整套的严密的法事活动,人们从心狱的桎梏中获得解放;而又通过一系列的轻快的民俗活动,人们的疲惫不堪的肉体获得松弛。这种灵与肉的双重愉悦,就是寺庙节祭之于人们的全部诱惑所在。"[1]娱神的实质是娱人。"在整个节祭活动中,获得身心享受的恰恰是每一个活生生的人,而不是那些没有七情六欲的泥塑木雕。所以,从寺庙节祭的角度加以理解,与其把寺庙作为祭坛,不如把它作为娱坛更为恰当。"[2]这就是节祭之所以能吸引大批信众和其他群众,从而成为一种引人注目的民俗现象的秘密之所在。

那么,与妈祖崇拜有关的澳门地方的娱神活动是怎样一种情形呢?接受我们采访的澳门渔民互助会理事长冯喜,是这样描绘妈祖诞辰日的祭神和娱神活动的:"每年农历三月二十三日在妈阁庙举行纪念妈祖诞辰的仪式,叫'贺诞'。没有出海的渔民就和陆上的居民一起到妈阁庙去。按照祭礼,要烧香烧纸钱,供蒸猪等'三牲'。当天下午四五点钟举办盛大的宴会,就在庙门口摆几十桌酒席,酒菜是向餐馆订的。有时人太多,没凳子坐,有的人就只好蹲着吃。宴会完毕后就开始由请来的戏班演戏,戏台就搭在庙门口。延请戏班和演戏的事由渔民和陆上居民共同成立'妈阁庙水陆演戏会'负责筹资和安排。我们渔民互助会并不以组织的名义参加该会,而是由各位理事

---

[1] 段玉明:《中国寺庙文化》,上海:上海人民出版社,1994年,第720页。
[2] 段玉明:《中国寺庙文化》,上海:上海人民出版社,1994年,第726~727页。

以个人的名义参加,大部分理事都参加了。演戏之后还要再举行宴会,称为'庆功宴',各方面的负责人、一些头面人物,还有戏班的演员们一起吃饭。所有这些活动的资金都是由渔民和陆上居民捐出的。渔民们组织了一个机构,负责募捐。我会不负责此事。陆上居民方面,街坊、船厂、鱼栏等也都出钱。"①

上述描绘中最令我们感兴趣的是演戏,可惜由于时间仓促,未能进一步了解演戏的细节。不过演戏的盛况是可想而知的。在我们的问卷调查中,有这样一个问题:"在纪念妈祖的庆典中您最喜爱何种形式?(可选择多项)"在回答此问题的373人次中,回答"演戏"者最多,为138人,占37%;其他的回答依次是,"祭典"88人次,占23.6%;"神像出游"75人次,占20.1%;"其他"72人次,占19.3%。足见演戏乃是最受欢迎的庆典形式。有位学者在考察了澳门民间宗教的庙宇之后也指出:"日益增多的烧香、戏祭者,使捐赠布施的数额也大大增加,这样才有可能进行修缮和扩建庙宇的工作,以满足不断增多的朝拜者的要求。"②

现在让我们把视线转到其他地方。在新加坡,华人普遍崇拜妈祖,但各个方言群的华人都有各自的妈祖庙。福建帮(闽南)有天福宫,潮州帮有粤海清庙,海南帮有天后宫,兴化帮有兴安天后宫,等等。在妈祖诞辰和其他节日里,这些庙宇也要祭神,其中少不了演戏这样的酬神娱乐活动。而演出的戏剧,按方言的不同分别是歌仔戏、潮剧、琼剧、莆仙戏等等。有位学者考察了兴安天后宫某年中元普度(阴历七月十五日)的演戏经过。演出的剧种是莆田目连戏,演出时间为一个小时,地点在兴安天后宫外两条马路的交接处。观众自然

---

① 陈衍德:《访问澳门渔民互助会谈话记录》,1995年12月19日
② 乔纳森·彼特:《中国的民间宗教与澳门的居民》,载澳门《文化杂志》(中文版)第10期,1993年。

是以莆田、仙游籍华人为主。①

在香港,也有许多妈祖庙,分布在新界、九龙半岛、香港岛以及其他岛屿上。这些大大小小的妈祖庙,分别属于不同的社区和乡族。在妈祖诞辰和其他节日里,香港的妈祖庙也要举行各种各样的祭神酬神活动,其中也包括演戏。有位学者考察了新界大埔旧墟天后庙某年妈祖诞辰日的演戏经过。这一活动是由大埔旧墟等四个村落共同组成"天后宝诞委员会"组织进行的,其中起主导作用的是来自大埔头邓氏的人士。演出的剧种有粤剧、潮剧和惠剧,而以粤剧为主。演出的时间为妈祖诞辰日前后的十天,演出的场所则是天后庙对面搭起的一个可容纳两千人的戏棚。观众自然是上述四乡及周围乡里的村民。②

将澳门的情况与上述新加坡和香港的情况做一比较,便可发现澳门妈祖崇拜中的娱神演戏活动具有自己的一些特点。

首先,澳门的娱神演戏活动是各社会阶层、各方言群、各社区共同组织共同参与的,这一点与新加坡和香港的同类活动有着明显的不同,后二者的活动是由各方言群或各社区分别进行的。虽然妈祖源于福建,但澳门妈阁庙的演戏活动并不由福建人独揽。虽然渔民和鱼商是崇拜妈祖最虔诚的阶层,但此一活动亦不由他们包办。据了解,无论是澳门福建同乡总会还是澳门渔民互助会还是其他社团,均未以组织名义参与其事。神祇是社会群体凝聚力的象征,而娱神的实质既然是娱人,那么除了使人感到一般意义上的愉悦以外,是否还有使人产生一种归宿感的作用呢?回答应该是肯定的。由于妈祖崇拜在澳门具有广泛性和一致性的特点,所以与此有关的娱神演戏活动也就具有统一而不彼此分割的特点。

---

① 容世诚:《移民集团的宗教活动和演剧文化:以新加坡兴化人为例》,《寺庙与民间文化研讨会论文集》(下),台北,1995年。
② 田仲一成著,钱杭等译:《中国的宗族与戏剧》,上海:上海古籍出版社,1992年,第40～47页。

其次,澳门的娱神演戏活动是以妈阁庙为中心舞台进行的。虽然我们不排除其他奉祀妈祖的庙宇也有举行此类活动的可能性,但有着五百多年历史的中外闻名的妈阁庙已是公认的澳门妈祖信仰的中心庙宇,所以娱神活动理应以此为中心来进行。从本文所列举的材料来看,实际上也是如此。相比之下,新加坡和香港便缺乏这样的中心庙宇,所以娱神活动也就呈分散状态。神祇的象征意义会因信奉该神祇的不同群体对其做出不同的解释而有所不同。在新加坡和香港,信奉妈祖的各方言群和各社区,由于历史文化背景的不同而对妈祖的象征意义做出不同的解释,那是很自然的,因此两地不存在中心庙宇也就不奇怪了。澳门仅及新加坡的 1/37;香港的 1/63。① 在如此之小的面积内,任何民俗活动在地理空间上趋于集中的可能性均超过趋于分散的可能性。这是澳门的另一个特点。

最后,从演戏本身来说,它既是信众和观众娱乐身心的媒介,又是其文化认同的载体。在新加坡,"来自不同省县的方言群倾向支持自己的本乡剧种","方言群对本乡剧种的支持,大都通过寺庙酬神活动为中介"。② 香港的情况大体相似,只不过没有那么明显而已。而在澳门,剧种并不成为一个问题,似乎并没有人关心娱神活动中上演的是什么剧种。在澳门,中华文化尚且与西方文化产生交融汇合,属于中国本身的各地域文化便没有理由不融为一体。所以,文化认同的一致使得对其载体的选择也趋于一致。这是澳门娱神演戏活动的又一个特点。

再让我们从宗教信仰相互融合这一角度来比较一下澳门与其他地方的妈祖崇拜。在人类历史上,基督教(包括天主教和新教)、佛教和伊斯兰教较早就成为世界性的宗教并发挥着巨大影响,许多地方性的宗教信仰在受到各大宗教影响的同时,它们之间也相互影响。

---

① 澳门政府新闻司:《澳门资料》,1995年,第2页。
② 容世诚:《移民集团的宗教活动和演剧文化:以新加坡兴化人为例》,《寺庙与民间文化研讨会论文集》(下),台北,1995年。

再者，伴随着近百年来接连不断的移民浪潮，一些地方性的宗教信仰漂洋过海移殖他乡，并与各地原有的宗教信仰交渗融汇。以上两点的共同结果，是出现了一种宗教信仰趋同、融合的情况。妈祖信仰在中国本土传播时，就受到了儒、道、释三教的强大影响和渗透，当这一信仰跟随移居海外的华人传遍世界各地时，它又与各地的宗教信仰相互融合，形成富有地方特色的妈祖信仰风俗。把澳门的妈祖崇拜置于这一历史文化的大背景下加以考察，便可发现其与各地妈祖崇拜一样，也融入了各种宗教信仰的因素，并形成了兼容并包的信仰风俗。

澳门的妈祖信仰首先是受到佛教的强大渗透和影响。妈祖崇拜的中心庙宇妈阁庙同时也被认为是一座佛寺。妈阁庙正殿侧门之门额，刻有"正觉禅林"四个字。两旁门框刻联乃是"灵威昭于日月，震旦辟此乾坤"。而殿内妈祖神位前的框联则为"南海分香泽播莲茎开澳表，东洋迹著恩流濠镜自湄洲"。由此可见，妈阁庙正殿既是一座妈祖女神的行宫，又是一座佛寺。① 妈阁庙三奇石之一的海觉石，亦为该庙被视为佛寺之明证。《澳门纪略》称："一海觉石，在娘妈角左，壁立数十寻，有墨书'海觉'二字，字径愈丈。"② 妈阁庙另一别称"海觉寺"即源于此。又，"觉海"为佛教的别称，佛以觉悟为宗，海喻教义之深广。以"海觉"为寺名，涵义深远，既有"觉海"之意蕴，又融山川形胜为一体。③

妈祖信仰与佛教的融合，在澳门还表现为妈祖与观音的交叠。澳门几处著名的佛寺同时也奉祀妈祖：蓬峰庙前殿奉祀妈祖，后殿奉祀观音；普济禅院正殿奉祀观音，右殿奉祀妈祖，等等。由于观音和

---

① 肖德钊：《佛教在澳门》，《澳门佛教》创刊号，澳门佛教出版委员会，1995年。
② 印光任、张汝霖：《澳门纪略》卷上，《形势篇》。
③ 章文钦：《澳门与中华历史文化》，澳门：澳门基金会，1995年，第267~268页。

妈祖是澳门居民最为崇拜的两位神明,以至善男信女们难于区分此二神明。在许多情况下,观音的服饰与妈祖的装束十分相像,人们因而经常将两位神明混为一谈。① 当一位西方的人类学学者向一位澳门渔民提出"谁是天后(妈祖)?"的问题时,得到的是十分肯定的回答:"天后就是观音。"②神明形象的交叠蕴含着信仰交融的意义。我们的问卷调查有一个问题是这样的:"您认为妈祖信仰属于何种性质?"回答此问题的 456 人当中,有 113 人的回答是"佛教",占24.8%。也就是说,有 1/4 的信众是真诚地认为妈祖信仰是属于佛教范畴的。

澳门的妈祖信仰其次还受到基督教的渗透和影响。澳门是中国最早传入基督教的口岸。当葡萄牙人认可了澳门的妈祖崇拜这一事实时,在他们的心目中也就把作为海上保护神的妈祖西方化了。与此同时,澳门的中国居民在崇拜观音、妈祖、金花夫人等女神的同时,也崇拜圣母玛利亚,在他们的心目中也把圣母玛利亚中国化了。"中西方的宗教教义与活动先后传入澳门……可以用更为形象的方式说,像渔民的庇护神妈祖、大慈大悲的观音和圣母玛利亚这些神祇都是她们所代表的那个世界的象征,并且都在澳门这个中西文化的交汇点上相会。"③

在有华人居住的海外各国,妈祖崇拜也不断与所在国宗教信仰产生互动和交涉。在菲律宾,妈祖与圣母玛利亚以及其他天主教女神就不断地交相叠映。在马尼拉以东的黎刹省,人们把旅行者的保护神安智波洛的圣女与海上保护神妈祖视为一体。在吕宋岛东南部描东岸市的妈祖天后宫,神龛正中供奉的却是一尊全然是天主教服

---

① 乔纳森·彼特:《中国的民间宗教与澳门的居民》,载澳门《文化杂志》(中文版)第 10 期,1993 年。
② 路易:《艺术、传说和宗教仪式——关于中国南方渔民特性的资料 I》,载澳门《文化杂志》(中文版)第 5 期,1988 年。
③ 乔纳森·彼特:《中国的民间宗教与澳门的居民》,载澳门《文化杂志》(中文版)第 10 期,1993 年。

饰的女神像,当地菲人视其为地方守护神,而华人则视其为妈祖,华、菲两个民族的人们就这样共同供奉着这二位一体的女神。在这个国家,纪念妈祖的仪式中请天主教神父主持弥撒、举行天主教式的花车游行等事例屡见不鲜。① 在东南亚其他国家也有类似情形。

  位于中国大陆和东南亚交接处的澳门,同时受到东、西方宗教的强大影响,前者的代表是佛教,后者的代表是天主教。华人的民间信仰有着深深的佛教印记,自不必说。而在天主教堂林立的氛围中,澳门的居民不能不受到潜移默化的影响。这就是此地信仰风俗中的宗教融合兼容东、西的原因之所在。

  综上所述,澳门的妈祖崇拜在与其他地方相比中显示出来的差异,说明这一崇拜已在本区域内形成了自身的民俗特色。此一民俗特色又是由澳门那样一种历史文化背景衬托出来的,亦即它融汇了中华文化的和谐与拉丁文化的浪漫,并浑然成为中西合璧的统一体。

(原载《世界宗教研究》1999年第4期)

---

① 陈衍德:《试论菲华社会的宗教融合》,载《世界宗教研究》1995年第1期。

下编

国家管控、制度变革与社会民生

五 汉唐食盐专卖制度的演变

汉唐食盐专卖之比较

汉代首次在全国范围内大规模推行盐专卖,唐代则在继承汉代盐法的基础上对专卖之制做了重大改革,并为宋以后盐法的发展演变规定了方向。因此,汉、唐两代盐法是中国盐政史上两个具有划时代意义的里程碑。对二者进行比较研究,其意义是不言而喻的。本文拟从盐业生产者的身份地位、盐法中的销售环节、盐专卖机构、推行盐专卖的指导思想这四个方面,比较汉、唐盐专卖的异同,希望这样能有助于寻找并发现封建时代盐政及盐业经济的发展规律。

一、汉唐盐业生产者的身份地位之比较

在西汉王朝尚未推行盐专卖的年代里,大盐商和豪强地主主要靠雇佣劳动者为其从事盐业生产,受雇者大多是失去土地的农民或亡命之徒,他们受到雇主较强的人身束缚。《盐铁论》说经营盐铁的

"豪强大家""大抵尽收放流人民也。远去乡里,弃坟墓,依倚大家"①,就是指这种人。人数众多的盐工聚集于偏远的滨海之地或山林薮泽从事生产,对封建国家来说显然是一个不安定的因素。因此,随着盐专卖法的推行,这些劳动人手必然被国家争取过来,成为官方盐场上的劳动者。此外,原先分散的个体盐民,大部分也可能成为官方盐场上的盐工。

在盐专卖法之下,盐业生产者与西汉政府之间是一种什么关系呢?据《史记·平准书》记载,乃是政府"募民自给费,因官器作煮盐,官与牢盆"。对此历来有不同的解释。笔者赞同这样的解释,即招募民人自备资金,以官方的器具作坊煮盐,官方计盆给值收购。这一解释与《盐铁论·刺权》所载"募民自给费,因县官器,煮盐予用"是一致的。所谓"予用",就是给予盐民生产费用,亦即照值收购之意。这是一种将官方盐场及设备租赁给私人经营生产,而后由政府收购其产品的做法。② 盐铁会议上贤良文学提到官营冶铁业的生产者是"卒徒",他们"烦而力作不尽",故生产的铁器"多苦恶",③对盐业生产者的情况却只字未提。很显然,二者的情况不同,贤良文学尚无法以盐业生产者的情况作为攻击盐铁专卖的口实。这样看来,西汉盐专卖法之下盐业劳动者的身份地位既不同于封建依附性很强的雇佣劳动者,也不同于完全被束缚于官府手工工场的工匠。与这两种人相比,他们的身份地位应该说是略胜一筹的。

唐中叶实行盐专卖后,有关盐业生产者的立法规定:"其旧业户并浮人愿为业者,免其杂徭,隶盐铁使";④"亭户自租庸外,无得横赋"。⑤ 这是对海盐生产者亭户而言。从他们隶属盐铁使,不属州

---

① 《盐铁论》卷一,《复古第六》。
② 苏诚鉴:《"官与牢盆"与汉武帝的榷盐政策》,载《盐业史研究》1988年第1期。
③ 《盐铁论》卷六,《水旱第三十六》。
④ 《旧唐书》卷一二三,《第五琦传》。
⑤ 《唐会要》卷八七,《转运盐铁总叙》。

县,具有特殊户籍来看,其身份似较一般编户为低。然其来源为个体盐业生产者和逃亡农民,二者在身份上均属良人而非贱民。再者,亭户与州县编户一样缴纳租庸调或两税,仅免征杂徭。长庆元年(821年)盐铁使王播在重申此项规定时且将亭户与盐商、亭场官吏相提并论:"应管煎盐户(此处指亭户)及盐商,并诸监院停(亭)场官吏所由等,前后制敕,除两税外,不许差役追扰。"①可见亭户与其他属良人身份的人在这方面受到平等的对待,他们不属于贱民阶层是显而易见的。据此,亭户的地位当介于一般编户与官府工匠之间。根据唐代盐法的规定,亭户是无权支配自己的产品的。不过政府占有其产品的方式,并非全部无偿占有,除盐课外,其余部分是以收购的方式进行的。因此,亭户是有一点自己的经济的。换言之,其生产是独立进行的,而由官吏加以监督。井盐生产者灶户的情况,与亭户大体类似。②

唐代池盐生产者池户的情况则与亭户、灶户有所不同。他们必须在盐池四周壕篱圈定的范围之内,使用官方提供的工具,按既定程序从事生产。池户没有自己的经济,不是独立从事生产。其产品全部无偿归官所有,官则给予些许报酬。不过池户亦非贱民,因其来源亦为普通人户,唐代文书也有将池户与其他人员并提的。尽管如此,池户的身份地位依然较亭户、灶户为低,而与官府工匠更接近一些。③ 之所以如此,是因为池盐有相当部分供京师及西北边区所需,唐朝政府特别予以重视并对其生产加以严密的控制。

与汉代相比,唐代盐业生产者的地位有的上升,有的则下降了。有关唐代亭户的记载,未提及其使用官方设备器具,大约都有自己的

---

① 《旧唐书》卷四八,《食货志上》。
② 参见陈衍德:《试论唐代食盐专卖法的演变》,载《历史教学》1988年第2期。
③ 参见陈衍德:《试论唐代食盐专卖法的演变》,载《历史教学》1988年第2期。

生产工具，说明其生产的独立性加强了，海盐生产的民营性质因此更加明显。另一方面，唐代池户的生产非但没有独立性，而且池盐生产具有明显的官营性质。但是，由于海盐生产构成唐代制盐业的主要部分，再加上与其情况相类似的井盐，所以从总的发展趋势来说，与西汉相比，唐代盐专卖法之下盐业生产者的身份地位是提高了。这是符合封建社会人身依附关系逐渐削弱这一发展规律的。

二、汉唐盐法中的销售环节之比较

独占销售是专卖制度的中心环节，这一环节包括收购、贮运、加价出售等运营步骤。

如上文所述，汉、唐盐法中的生产环节具有民营性质（唐之池盐除外），因此强制收购就成为独占销售的前提。倘若政府完全控制了生产过程，便可省去收购这一步骤。既未完全控制生产，便有防止产品绕过政府直接进入市场之必要。西汉政府以酷刑禁止盐的私售，规定"敢私铸铁器鬻盐者，釱左趾"。[①] 唐政府亦发布了无数诏令条例，严禁销售私盐。总之，盐业生产者不得私自出售其产品，而必须由政府统一收购。在这一点上，汉、唐两代并无太大区别。

从收购产品到加价出售，尚须经过贮运这一中间步骤。盐场多处滨海之地和山林泽薮，要将食盐送到消费者手中，尚须费一番周折。西汉盐铁会议上贤良文学攻击盐铁专卖时指出："……故盐冶之处，大傲皆依山川，近铁炭，其势咸远而作剧……良家以道次发僦运盐、铁，烦费，百姓病苦之。"[②] 可见西汉政府是以强行征调百姓服劳役的方式来运输盐铁产品的。唐代盐的贮运以何种方式进行，史籍虽未明言，但从唐后期漕运、挽输所需人力均偿付雇值这一点来看，与西汉的情况还是有所不同的。刘晏为节省运输成本，直接在产盐之地将盐售与商人，使运输事务转归商人负担，亦可反证唐政府原先

---

① 《汉书》卷二四下，《食货志下》。
② 《盐铁论》卷一，《禁耕第五》。

必须为盐的运输垫付资金。

盐专卖的直接目的是获取高额垄断利润,而这又是通过专卖价格来实现的。因此,专卖价格的制订乃是专卖业务的中心问题。汉、唐盐的专卖价格,都是在收购价格的基础上大幅度提高制订而成的。西汉未行专卖时,"盐与五谷同贾(价)",待行专卖之后,"盐、铁贾(价)贵,百姓不便",进而导致贫民淡食。① 两汉之际的王莽也说,盐铁等"非编户齐民所能家作,必仰于市,虽贵数倍,不得不买"。② 可见西汉盐专卖价格至少比原先的市场价格高出数倍。因盐价太高所引起的一系列问题,也曾迫使西汉政府降低盐价,如地节四年(前66年)九月汉宣帝诏曰:"……盐,民之食,而贾(价)咸贵,众庶重困,其减天下盐贾(价)。"③但降低盐价终究不利于国家财政,所以盐价总的来说是趋于上扬的。唐行专卖后盐的加价幅度又超过西汉。"天宝、至德间,盐每斗十钱……及(第五)琦为诸州榷盐铁使,尽榷天下盐,斗加时价百钱而出之,为钱一百一十。"④实行专卖前后盐价相差十倍之多。在唐后期推行盐专卖的150年间,盐的专卖价格亦非一成不变,先后有每斗110文、310文、370文、250文、300文等几个价格,总的来说是提价的次数多、降价的次数少;提价的幅度大、降价的幅度小。由于唐后期出现"钱重货轻"的现象,绢、米的价格持续低落,与居高不下的盐价形成强烈对照。对于以绢、米换取食盐的百姓来说,其负担加重的程度更难以单纯用盐价上升的幅度来衡量。⑤

汉、唐两代对盐的销售进行垄断的方式也有异同之处。西汉政府包揽了从收购到零售的整个过程,各地盐官将盐收购后,或就地发售,或转运他处发售。唐政府在初行专卖时与汉代的做法基本一致,

---

① 《盐铁论》卷六,《水旱第三十六》。
② 《汉书》卷二四下,《食货志下》。
③ 《汉书》卷八,《宣帝纪》。
④ 《新唐书》卷五四,《食货志四》。
⑤ 参见陈衍德、杨权:《唐代盐政》,西安:三秦出版社,1990年,第157~160页。

乃是"就山海井灶收榷其盐,官置吏出粜"。① 到了刘晏改革盐政时,这一方式发生了变化。"晏以为官多则民扰,故但于出盐之乡置盐官,收盐官所煮之盐转鬻于商人,任其所之,自余州县不复置(盐)官。"②政府只控制收购与批发环节,而将转运零售之权让渡与特许的盐商。"官多则民扰"固然必须改革,但唐人也指出,更重要的是,盐吏"利不关己",经营作风太差;盐商"利归于己",必然积极运销。③改革之后,政府获取盐利的方式发生了变化,由原先直接从消费者手中获取之,变为假手于商人获取之。如此既确保了政府获取利润的权益,又使其节省了大笔流通费用,而又未改变其垄断销售的实质,诚如韩愈所言:"国家榷盐,粜与商人;商人纳榷,粜与百姓,则是百姓无贫富贵贱皆已输钱于官矣,不必与国家交手付钱,然后为输钱于官也。"④另一方面,商人以自身财力为政府运销食盐的同时,获得了参与分割盐利的权益。虽然他们在运销上享有一定的自由,但毕竟是封建国家这一专卖主体的附属物。对百姓而言,商人加价转售将增加他们的负担。前述盐的专卖价格很可能成为盐政改革后的批发价格,而商人则因时因地制定出相应的零售价格。然而商人运销食盐避免了官商经营的种种弊病,消费者或多或少也会得到好处。

分析至此,汉、唐两代盐专卖的内容和性质可作如下表述:西汉及唐盐政改革前所推行的乃是民产官收官运官销的专卖之制,其性质是纯粹的官专卖;唐盐政改革后所推行的乃是民产官收商运商销的专卖之制,其性质是混合型的官商联合专卖。汉唐盐专卖所经历的发展变化,是与商品经济日益发展、其影响日益增大这一社会发展趋势相适应的。

---

① 《旧唐书》卷一二三,《第五琦传》。
② 《资治通鉴》卷二二六,建中元年七月。
③ 《全唐文》卷五五〇,韩愈:《论变盐法事宜状》。
④ 《全唐文》卷五五〇,韩愈:《论变盐法事宜状》。

三、汉唐盐专卖机构之比较

西汉元狩三年（前120年）开始推行盐铁专卖，其主管长官是大农丞领盐铁事，属大农令（后改称大司农）管辖，后者乃是国家最高财政长官。首任大农丞领盐铁事东郭咸阳、孔仅"乘传举行天下盐铁，作官府"，① 亦即巡行全国督理盐铁专卖事务，并于各地设立管理盐铁专卖的机构。当时盐官和铁官是分立的，分布也不一致。史籍中有关这方面的记载很少，尤其盐官的记载更少。《史记·平准书》说："郡不出铁者，置小铁官，便（《汉书》作"使"）属在所县。"由此推测，凡产铁之处的铁官是直属大农丞而不属郡县的。以此类推，凡产盐之处的盐官当亦直属大农丞，从而形成一套与郡县官僚机构分立的财政官僚机构。《汉书·王尊传》说王尊曾"补辽西盐官长"，如淳注也说"辽西有盐官长"。可见西汉的盐官又称盐官长。元封元年（前110年）桑弘羊取代孔仅等成为第二任主管盐铁专卖事务的长官。当时他正主持推行均输、平准法，"乃请置大农部丞数十人，分部主郡国，各往往县（《汉书》无"县"字）置均输、盐铁官"。② 桑弘羊是否废除了其前任所设盐、铁官，而自己另搞一套，仅据此难以判断。但可以肯定的是，他增设了大农部丞以分片管理各郡、国的财政事务（包括盐铁专卖）。这样，包括盐、铁官在内的直属中央的财政官僚系统进一步加强了。

唐乾元元年（758年）第五琦出任盐铁使，开始推行盐专卖法，"盐铁名使，自琦始"。③ 由于唐朝并未对铁制品实行垄断，所以盐铁使这一名称仅仅是继承了始于西汉的主管专卖事务的长官之称呼。盐铁使和稍后也参与盐专卖的度支使，以及户部使一起，合称"三司"或"三使"，同为唐后期国家最高财政长官。数年之后，唐政府以盐铁

---

① 《史记》卷三〇，《平准书》。
② 《史记》卷三〇，《平准书》。
③ 《旧唐书》卷一二三，《第五琦传》。

使和度支使分别掌管东、西两大地区的盐专卖事务,形成中央二使分理盐政的局面。二使自成系统,不相统属,但在行政上彼此协调。二使所辖地区,大致以潼关至峡州一线为界,以东属盐铁,以西属度支。大体上海盐产销区属东大区;池盐产销区属西大区;井盐产销区大部属西大区,小部属东大区。在区域划分的基础上形成的二使分掌制,是唐后期政治经济形势发展的必然结果。简言之,其制的形成,一是为了适应食盐生产因地而异的特点,以便于管理;二是不使权力过分集中,以防权臣跋扈;三是安史之乱后藩镇割据造成各大经济区在地域上的分隔,也有必要对盐政实行分区管理。盐铁使、度支使管理盐政的方式,继承了汉代盐务管理由中央直贯地方的特点。为适应此种管理方式,盐铁、度支二使各自拥有一套下属机构,分别管理各辖区内的盐务。由于盐务的繁剧,管理也日益复杂化,于是逐渐形成分隶于二使的院(巡院)、监(盐监)、场(盐场)三级管理机构。各级盐务机关代表盐铁使或度支使在一个地区内行使盐务管理权,具有派出机构的性质。①

总之,唐朝继承了西汉以中央高级财政长官主管盐专卖事务的做法,但将其管辖范围一分为二。唐代地方盐政管理体系也和西汉一样,是与地方行政管理体系分立的。另一方面,与西汉相比,唐代地方盐务机构具有层次多、分工细的特点。

从盐专卖机构的分布来看,西汉在地方上设置的盐官共41处,其中海盐产区19处,包括渤海、黄海之滨16处,东海、南海之滨3处;池盐产区15处,包括华北、西北各处;井盐产区7处,包括巴蜀、云南各处。②

唐代地方盐务机构院、监、场,史书仅择其主要者加以记载。据

---

① 陈衍德、杨权:《唐代盐政》,西安:三秦出版社,1990年,第86~102页。
② 参见马大英:《汉代财政史》,北京:中国财政经济出版社,1983年,第118~120页;罗庆康:《西汉财政官制史稿》,开封:河南大学出版社,1989年,第63~64页。

《新唐书·食货志》《唐会要·盐铁使》等文献所载,海盐产区有13院、10监、3场;井盐产区有3院;池盐产区有盐池使、巡官等4处。但唐代产盐之地的数目和分布范围均超过西汉。据统计,海盐产区有20州33县,包括渤海、黄海之滨(河北、河南道)6州13县;东海、南海之滨(淮南、江南、岭南道)14州20县。池盐产区有17州(府)26县,包括京兆府及关内、陇右、河东、河北、山南诸道。井盐产区有27州68县,包括山南、剑南、陇右诸道。① 大致每个产盐之地均设有级别不等的盐务机构。

总的来看,与西汉相比,唐代盐专卖机构分布状况的变化最突出的有两点:一是东南沿海盐务机构的数目大大超过北方沿海,分布重心明显南移;二是井盐产区盐务机构的数目增加了十几倍之多,分布密度趋于密集化。

四、汉唐推行盐专卖的指导思想之比较

自战国以来,随着商品经济的发展,农民与市场的联系逐渐加强。小农购入的商品中,盐、铁占有特别重要的地位。但是,在封建社会初期交通不发达和市场相对闭塞的情况下,商人在经营盐、铁这类农民必需的商品时,必然靠欺诈手段追求高额利润,积累起巨额资本,囿于时代,他们又必然向兼并小农的大地主转化。小农的破产,归根结底会损害封建国家的利益。汉武帝时财政状况一度恶化,说到底就是作为封建政权基础的小农经济受到损害的缘故。因此,只有将盐、铁这类商品的经营收归国有,才能扭转商人兼并小农,损害以农为本的封建国家的利益的有害局面。这就是西汉政府推行盐铁专卖的指导思想。桑弘羊在盐铁会议上曾反复地、明确地指出这一点。他说:"鼓铸煮盐……乘利骄溢,散朴滋伪,则人之贵本者寡。"②又说:"今放民于权利,罢盐铁以资强暴……则强御日不以制,而并兼

---

① 陈衍德:《唐代盐业生产的发展》,载《盐业史研究》1988年第4期。
② 《盐铁论》卷二,《刺权第九》。

之徒奸形成也。"① 可见西汉盐铁专卖除了弥补财政亏空这一表层原因之外,还有其较为深层的政治、经济的原因。总之,通过专卖制度,不仅可以将民间盐铁经营者的收益纳归国有,而且还可以将作为专制国家矛盾集中表现的商品生产与流通,也纳入国家的控制。因此,专卖制度实际上是专制国家的必然要求。② 这一点在西汉王朝政策制订者的意图中,表现得至为明显。

西汉盐法为何未对盐的生产实行全面的垄断,而对其销售则实行全面的垄断?这里有个以控制流通来控制生产的指导思想。民间盐业生产虽有大规模经营的,但它不过是小规模经营在数量上较多的集聚而已,二者并无本质上的区别。然而大盐商却通过流通独占初级市场,支配远地的流通网,从差价中获取巨额利润。③ 一旦盐业生产与流通的联系被割断,政府控制了盐的流通,自然也就控制了其生产。换言之,民间盐业生产无论规模大小如何,都只能通过政府收购这一环节与流通重新统一起来,才能存在下去,因此政府也就没有必要直接参与其生产过程了。

历史进入唐中叶,中国封建社会的商品经济也渡过了它的初级阶段。交通不发达、市场闭塞的情况已大为改观。西汉初年那种大商人利用价格差获取利润的商业形态也不再占主导地位,取而代之的是以商品生产为基础的、中小商人人数众多的新的商品交换局面。另一方面,封建地主阶级及其政权在政治上、经济上也进入其成熟阶段,其政策的制订更能兼顾眼前与长远利益、局部与全局利益。开元九年(721年)左拾遗刘彤提出仿照西汉的办法推行盐铁专卖,却受到冷遇。究其原因,一是当时的财政状况尚不致太坏;二是当时并不

---

① 《盐铁论》卷一,《禁耕第五》。
② 参见佐原康夫:《影山刚著〈中国古代的工商业和专卖制〉评介》(日文中译),载《中国史研究动态》1987年第4期。
③ 参见佐原康夫:《影山刚著〈中国古代的工商业和专卖制〉评介》(日文中译),载《中国史研究动态》1987年第4期。

存在如西汉那样的危及封建统治的盐铁大商人;三是历史上盐铁专卖的弊病不少,教训颇为深刻。直到安史之乱爆发后的乾元元年(758年),唐政府才将盐专卖付诸实施。其原因在于,第一,以安史之乱为触发点,导致唐朝财政危机的全面爆发,促使封建政府放弃以农业为主要税源的传统政策,努力开掘其他税源;第二,安史之乱后,财权下移,促使封建中央政权实施一种地方难于插手的财政收入方法,来保证其所得不被任意截留;第三,安史之乱后,唐朝财赋倚重地区南移、海盐取代池盐成为唐朝的大宗收入,也有必要实施一种便于唐中央远距离控制海盐产销的制度。① 以上三点都是围绕着解决财政危机这一核心主旨的。此外,唐政府选择了投资少、收效快的盐专卖,而摒弃了投资多、收效慢的铁专卖,也是比较纯粹地从财政经济的角度考虑问题的。凡此种种,都说明虽然唐与西汉一样在本质上同为封建专制国家,但唐朝统治者是比较单纯地把专卖作为增加财政收入的手段的。与西汉相比,唐代经济政策的政治伦理色彩有所淡化,这与封建社会超经济强制逐步减轻的发展趋势也是一致的。

唐代盐政改革的结果是变官运官销为商运商销,实际上这也是从"夺商之利"到"与商分利"的思想转变。是单纯以行政手法来推动专卖的运行,还是辅之以经营手法,使专卖部分地具有经济活动的性质?此乃两种运销方式的不同之处。显然,后一种方式更能适应唐代商品经济发展的情况。这样,作为商品生产与消费的连接纽带的商人被包容进专卖体系,也就是在所必然了。而汉代社会经济的发展水平尚不能导致这种变革要求。宋以后商销之法的进一步发展完善,证明了唐代盐专卖法中商运商销之制的出现是有其历史必然性的。商品经济是瓦解封建统治的腐蚀剂,因而必然遭到封建统治者的压制。逐渐积累起统治经验的中国封建地主阶级,由一味采取单纯的抑商政策,转变为竭力将商品经济纳入封建经济的轨道,利用它

---

① 参见陈衍德、杨权:《唐代盐政》,西安:三秦出版社,1990年,第47~51页。

为自身的统治服务。从汉的官专卖到唐的官商混合专卖再到宋以后的商专卖,乃是构成这一演变过程的重要侧面。

(原载《中国盐业史国际学术讨论会论文集》,
成都:四川人民出版社,1991年)

唐代盐业生产的发展

食盐生产是古代重要的手工业部门。唐代社会经济的发展,促使了盐业生产规模的扩大及其技术的进步。封建统治者视盐利为重要财源,对盐业生产的推动亦不遗余力。本文拟从生产技术、产地分布、食盐产量等几个方面论述唐代盐业生产的发展状况,每一方面又分别按海盐、池盐、井盐等不同种类加以考察。

一

我国古代制取海盐的技术,经历了从煎煮到晒制的发展过程。唐代仍属于煎煮的阶段。到唐中叶,已形成了一套颇有成效的制取海盐的工序。虽然唐人没有留下有关煮盐技术的详细记载,但我们从宋初的史籍中,仍可观其概貌。成书年代距唐朝不远的《太平寰宇记》,对煎煮海盐的过程做了详细描述,应是对前人经验的总结。该书卷一三〇"淮南道海陵监"条下"刺土成盐法"载,煮海为盐包括刮咸、淋卤、验卤、煮盐等数道工序:

刮咸也称"刺土",即刮取海滨咸土。办法是在晴爽天气,用人或牛牵引刺刀,刮取滨海之地富含盐分的咸土,再用爬车将咸土堆聚于铺垫茅草之处,成为规则形的土墩,称为"溜",其大者高二尺,方一丈以上。

淋卤就是用海水浇灌咸土以制取卤水。先用铁锹于溜侧挖掘"卤井",然后以"芦箕"舀取海水,自溜顶缓缓向下浇洒,使饱溶盐分的卤水,自溜底渗出,流入卤井。用于淋卤的海水是经过选择的。潮汐可把外海高盐度海水带进来,这已为当时人所认识。南宋《海盐澉水志》对澉水镇鲍郎浦盐场的记述,便有"潮人汲煮盐"[①]的说法,而鲍郎浦在唐开元间已是煮盐之地了。[②]

验卤就是检验卤水的含盐度,因其直接影响着煮盐的效率。根据卤水愈浓浮力愈大的经验,当时人采用了石莲试卤法,就是将一定数量的石莲置于卤水中,观察其浮沉,浮者愈多则含盐度愈高,浮者不超过十分之三的,卤水便不宜煎煮,必须重新制作。这实际上是一种通过测知比重来获知含盐量的方法。

煮盐是制取海盐最后的也是最重要的一道工序。首先将通过检验、积贮于卤槽中的卤水载入灶屋,舀入盐盘之中,盐盘有铁制与竹制两种,竹制盐盘尚须以石灰涂抹缝隙。为提高煎煮效率,还要在盘中放入皂角,即皂荚子,因其水解后的生成物会促进盐水的饱和,加速食盐的结晶过程。接着便可起火煎煮。当卤水蒸发掉其大部分水分,盐液达到其饱和点时,食盐便开始析出。随着水分继续蒸发,盐结晶体也就渐次沉积于盘底。最后便是停火、收盐。制取海盐的过程至此便告完成。一溜之卤,大致可分为三至五盘煎煮,每盘大约成盐三至五石。

制取海盐是一项综合性的手工业技术,除上述直接进入生产过程的数道工序外,还包括修筑捍海工程、搜集燃料、观测天象等项生产前的准备工作。

修筑捍海工程是为了使位于海滩不远之处的卤溜和灶屋免受海

---

① 《盐邑志林》卷一六,《海盐澉水志》卷下。

② 鲍郎浦唐时名鲍郎市,在盐官县东四十里,见《盐邑志林》卷一一、陆广微:《吴地记》。

水浸没。唐人于沿海各盐区修筑了不少捍海工程。最著名的有大历年间淮南西道黜陟使李承所建的盐城常丰堰,长142里,发挥了"遮护民田,屏蔽盐灶"①的双重功能。

搜集燃料是煮盐赖以进行的必要步骤,所谓"煎盐以蓄草为先务"②者,是也。煮盐耗费的燃料主要来自滨海之地的芦苇草荡。沿海各盐区有专门从事搜集燃料的人丁,他们"驾高车","挂着牛犕,铁权钩搭于草场,取采芦柴荿草之属",③以备随时煎煮之需。

观测气象首先是为了获取含盐度高的海水。海水含盐度与蒸发量有关,而蒸发量又与气温、日照时间、风向风力等都有关系。只有密切注意这些气象因素,才能掌握适当的取水时机。其次是为了获取燥湿适宜的咸土。刘晏任盐铁使时,"以盐生霖潦则卤薄,暵旱则土溜坋,乃随时为令,遣吏晓导,倍于劝农"。④盖久雨则所制卤水必然稀薄,久旱则咸土中的盐分不易溶解,只有"晴雨得所",方能"所收益多"。⑤

总之,唐代已形成了一套分工细密、环环相扣的煮盐工序,表明这一时期制取海盐的技术发展到了一个新水平。

我国古代的池盐生产以河东安邑、解县的盐池(两池)较为典型。河东池盐生产的技术进步在唐以前是较为缓慢的。《盐法通志》卷三三《制法》曰:"河东盐池古惟集工捞采,收自然之利,无所谓浇晒也。至唐始有治畦浇晒之法。"虽然治(垦)畦浇晒之法出现很早,并非唐始,但至唐乃成为比较完善的产盐方法,从而使池盐生产出现了新局面,却是事实。

所谓垦畦浇晒,就是在盐池之旁开垦盐田,营建水畦,而后将盐

---

① 《宋史》卷九七,《河渠志七》,《新唐书》卷一四三,《李承传》。
② 《盐法通志》卷三三,《制法》。
③ 《太平寰宇记》卷一三〇,《淮南道·海陵监》。
④ 《新唐书》卷五四,《食货志四》。
⑤ 《太平寰宇记》卷一三〇,《淮南道·海陵监》。

池内的天然卤水灌入畦内,利用日光的照射,使卤水蒸发成盐,综合诸史籍记载,这一生产方法包括垦地建畦、引入卤水、蒸发凝结等数道工序。

垦地建畦是生产前的基本建设。先于盐池之旁开垦盐田,其状有如平田,亦有如梯田。再于盐田中开挖水畦。崔敖《大唐河东盐池灵庆公神祠碑》对此记述说:"五幅为塍,塍有渠。十井为沟,沟有路。臬之有畦,醖之为门。"[1]塍就是水畦,约一丈一尺见方为一畦。各畦之间有渠相通,以便灌卤。九畦成一"井"字形,十井又有沟相连。沟以畦的平面为准,有自己的排水流路,在分卤导流时有闸门控制。[2] 畦岸畦底尚须修治平整,所谓"广岸砥平而可砺,修畦绮分以如织"[3]者是也。

引入卤水就是将盐池内的卤水导入畦内。两池卤水是由盐类长期沉淀所结成的池底厚盐层与池水融合所生成。卤水经沟、渠灌入畦内的情景,柳宗元记其所见曰:"俄然决源醖流,交灌互澍,若枝若股,委屈延布。"直至大小水畦都注满卤水,"偃然成渊,潆然成川"。[4] 引入的卤水应避免浊水掺入。大历时有一年曾淫雨不断,盐池中混入浊水,严重影响了池盐的生产。据沈括解释,此乃"浊水入卤中,则淤淀卤脉,盐遂不成"。[5] 亦即食盐结晶的条件受到了破坏。

蒸发凝结就是卤水经日晒风吹而蒸发,最终凝结成盐。每年四至八月,是蒸晒池盐的季节。畦中卤水经烈日暴晒五、六日之后,再经南风吹拂,便可出盐。两池食盐有一种特点,须待南风而后成。而两池所处的中条山又恰有一风谷。夏季南风应时而至,水畦内达到饱和度的卤水,经南风一夕吹拂,其中的氯化钠遇热结晶,盐粒便告

---

[1] 《全唐文》卷六一四,崔敖:《大唐河东盐池灵庆公神祠碑》。
[2] 陈国灿:《唐代的盐户》,《中国古代史论丛》第3辑,福州:福建人民出版社,1982年。
[3] 《全唐文》卷五一九,梁肃:《盐池记》。
[4] 《柳宗元集》卷一五,《晋问》。
[5] 《梦溪笔谈》卷三,解州盐泽条。

生成。

池盐生产除上述数道工序外,还包括修筑堤防、观测气象等生产前的准备工作。

修筑堤防是为了阻止洪水淹没盐池和阻拦泥沙入池,以保持卤水的浓度和纯度,同时也有防止食盐走私的作用。唐代两池曾多次筑堤、修堤。如贞元十三年(797年)筑"护宝长堤",东西长近五十里,高十二尺,基厚十五尺,顶宽九尺,全部用黄土筑成,是当时防止中条山洪水入池的唯一屏障。[①]

观测气象对于池盐生产的重要性在于,气候条件在某种程度上决定着其生产活动的成功与否。前面已提到两池之卤须有南风始能结成盐,假使遇东北或西南风,盐便不能成,须刮去另行灌畦。因此,预测风向的工作对于提高产盐效率便十分重要。

总之,唐代两池垦畦浇晒之法的完善,是这一时期池盐生产技术提高的重要标志。

我国古代的井盐生产以四川地区最为集中。唐代四川井盐生产技术的进步,可以从凿井、汲卤、煎制这三道主要工序得到反映。

凿井方面。北宋中叶发明卓筒井以前,四川盐区开凿的都是大口径盐井。唐代仍属大井生产阶段。当时最著名的大口径盐井是剑南道陵州仁寿县的陵井(狼毒井)。其直径达四丈,深五百四十尺。[②] 其井筒结构为"上土下石,石之上凡二十余丈,以梗楠木四面锁迭,用障其土。土下即盐脉,自石而出。"[③] 这种大井的凿井方式是人力挖掘。开井时工匠要进入腔内操作,使用锹、铁钎一类的工具。唐代盐井的深度已大大超过前代。[④] 由于缺乏更为有效的固定井壁的技术,

---

[①] 《运城盐湖简介》,载《运城师专学报》1985年第1期。
[②] 《太平广记》卷三三九《盐井》,引《陵州图经》。《云笈七签》卷一一九,杜光庭《道教灵验记》作深五百七十尺。
[③] 文莹:《玉壶清话》卷三。
[④] 晋代盐井的深度可能已达三十丈,见《舆地纪胜》卷一六七,《富顺盐井古迹》。唐时达五十余丈,远过之。

要开深井就得相应增大井径,从而施工难度也比前代大为增加。

汲卤方面。从出土的四川汉代画像砖来看,汉代四川已采用辘轳式滑车提升吊桶的方式从盐井中汲卤。这种汲卤方式在唐代自然也得到采用。由于唐代盐井加深,汲卤量加大,因此有的地方用自重更轻、容量更大的牛皮囊代替了木桶,作为汲卤的工具。《元和郡县志》卷三三曰:陵井汲卤"以大牛皮囊盛水引出之,役作甚苦"。劳动负荷增大,使提升工具也有了相应改变,由大绞车代替了较小的辘轳滑车。沈括就说陵井"井侧设大车绞之"。① 可见唐代的汲卤效率明显提高了。

煎制方面。值得注意的是,由于唐代盐井大大加深,根据盐井愈深,含盐量愈高的自然规律,当时所汲得的卤水浓度一般较前代为高,因而煎煮的效率也随之提高了。煮盐的燃料除柴草外,还有利用天然"火井"的。四川盆地多处蕴藏有天然气,从晋代起便有以天然气煮盐的记载。② 唐代剑南道邛州有火井县,县有盐井,③当时以天然气煮盐是完全可能的。又泸州富义县有富义盐井,产量为剑南道之最,这恐怕与当地蕴藏有天然气也有关系。④ 以火井煎煮,成盐时间大大快于以柴草煎煮,其生产效率的提高是不言而喻的。

总之,唐代井盐生产技术在总结前代经验的基础上,进步是显著的。

综合以上唐代盐业生产技术的发展情况,联系我国古代盐业技术的发展史,可以看出,盐业生产技术的进步,到唐代确实进入了一个新阶段。

---

① 《梦溪笔谈》卷一三,陵州盐井条。

② 张华:《博物志》卷九,临邛火井条;常璩:《华阳国志》卷三,《蜀志》临邛县条。

③ 《元和郡县志》卷三一,《剑南道上·邛州火井县》。

④ 《元和郡县志》卷三三,《剑南道下·泸州富义县》。参见夏湘蓉等:《中国古代矿业开发史》,北京:地质出版社,1980年,第408页。

二

唐代海盐产地比前代大为增加,分布范围也大为扩展。其特点是,东南沿海的食盐产地急剧增加,超过了北方沿海食盐产地的数目。综合《新唐书·地理志》和《元和郡县志》的记载,现将唐代海盐产地列表,见表1。

如表1所示,淮南、江南、岭南3道共有14州20县产盐,而河北、河南2道只有6州13县产盐,东南沿海的食盐产地明显多于北方沿海。据《汉书·地理志》记载,汉代海盐产地绝大多数分布于淮河以北。汉、唐两代相比,可以看出海盐生产的重心已自渤海沿岸移至东海沿岸。另据《新唐书·食货志》记载,大历年间刘晏主持盐政时所设置的专门负责海盐生产、销售的9监、4场中,除泗州涟水场属河南道之外,其余9州12监、场均属淮南、江南道。① 此亦可证海盐生产重心之南移。

上述海盐产地分布的变化,是与唐代经济重心开始南移,特别是与这一时期东南地区人口的迅速增长密切相关的。安史之乱以后,在北方各地人口普遍下降的同时,东南诸州的人口却直线上升。例如,地处沿海的苏州、泉州和广州,元和时的户数分别比天宝时增加了30％、40％和80％,②东南沿海人口的急剧增加,必然促使这一地区海盐资源的开发。这是因为,一方面,人口增长,耗盐量增加,直接推动了食盐市场的扩大,另一方面,众多的人口也为煎煮海盐这种繁重的劳动提供了充足的劳力。

唐代东海沿岸食盐产地的增多,还与这一时期河流入海及受其影响的海岸线状况有关。由于河口海水盐度一般较低,因此纳潮取卤

---

① 十二监、场是:楚州盐城监;扬州海陵监;苏州嘉兴监;杭州新亭监、临平监、杭州场;越州兰亭监、越州场;温州永嘉监;明州富都监;湖州湖州场;福州侯官监。

② 黄盛璋:《唐代户口的分布与变迁》,载《历史研究》1980年第6期。

表 1　唐代海盐产地表

道	州(府)	县	道	州(府)	县
河南	莱	掖	河北	棣	渤海
河南	莱	胶水	河北	棣	蒲台
河南	莱	即墨	河北	沧	清池
河南	密	莒	河北	沧	盐山
河南	密	诸城	河北	沧	鲁城
河南	密	高密	淮南	扬	海陵
河南	青	千乘	淮南	楚	盐城
河南	登	牟平	岭南	广	东莞
江南	苏	嘉兴	岭南	广	新会
江南	杭	盐官	岭南	潮	海阳
江南	明	鄮	岭南	琼	琼山
江南	台	黄岩	岭南	振	宁远
江南	台	宁海	岭南	儋	义伦
江南	福	侯官	岭南	端	高要
江南	福	长乐			
江南	福	连江			
江南	福	长溪			
江南	泉	晋江			
江南	泉	南安			

地段一般不能位于较大河流或排洪沟道的附近。在 1128 年黄河夺淮入海以前，苏北海岸相对稳定，海水盐度较高，不存在夹杂大量泥沙的黄河河水使海岸淤涨、海水变淡的问题。这种情况对制取海盐十分有利。随着食盐需求量的增大，唐中叶至北宋，以盐城为中心的

淮南制盐业便日益兴盛起来。唐代仅盐城县境内的盐亭即多达123所。① 有的河流入海处情况比较特殊。如钱塘江河口因成喇叭口形,加上其他原因,海潮强度大,盐度高。特别是该河口在北大门未开时,潮汐由南大门出入,水道顺直,潮势劲,海门以内,盐度远较后世为高。② 唐代地处钱塘江河口南北两侧的杭、越2州制盐业发达,境内设有3监2场,占海盐产区监、场总数的35.7%,与上述情况显然有关。

我国古代西北和华北的盐池分布地区,大致与现代的干旱—半干旱气候带相一致。即西起新疆,东经青海、西藏、陕西、甘肃、宁夏、内蒙古、山西至吉林和黑龙江境内。③ 而古代文献中关于盐池分布的记载,"惟《唐书》与《明史·地理志》征引尤博"。④ 可见唐代盐池的开发比前代有所增加。综合《新唐书·地理志》和《元和郡县志》的记载,现将唐代池盐产地(不包括羁縻州)列表,见表2。

如表2所示,盐池分布最密集的地区是关内道(包括京兆府),有13个县的盐池得到了开发,占全国拥有盐池的县之半数。这种情况,首先与关内道是唐代人口密度最高的地区之一有关。京兆府为首都所在,户口特多,是该地区人口密集的重要原因。安史之乱前,京兆府有1960188口,362921户,口数户数均居全国各州、府之冠。安史之乱后,京兆府户数尚在24万以上,仍远远超过其他州、府。⑤ 由于关内道距海较远,其食盐供应主要仰赖本道的盐池及邻近的河东两池,人口的增加必然促使盐池的开发。其次,关内道北部、西部靠近边境地区常年屯驻着数量庞大的军队,也促使了这些地区盐池

---

① 《新唐书》卷四一,《地理志五·楚州盐城县》。
② 《中国自然地理·历史自然地理》,北京:科学出版社,1982年,第241页。
③ 夏湘蓉等:《中国古代矿业开发史》,北京:地质出版社,1980年,第361页。
④ 章鸿钊:《石雅》,再刊本,第186页。
⑤ 黄盛璋:《唐代户口的分布与变迁》,载《历史研究》1980年第6期。

的开发,宣宗《收复河湟德音》明确指出:灵州"温池盐利,可赡边陲";① 丰州胡落池亦隶属河东供军使,② 都透露了这方面的信息。

表2 唐代池盐产地表

道	州(府)	县	道	州(府)	县
陇右	伊	长道	关内	同	朝邑
	成	前庭		同	奉先
	西	纳职		灵	回乐
	凉	姑臧		灵	灵武
	沙	敦煌		灵	怀远
	甘	张掖		灵	温池
	肃	酒泉		会	会宁
	肃	福禄		盐	五原
	肃	玉门		盐	白池
河东	河中	解		夏	朔方
	河中	安邑		丰	长泽
河北	邢	钜鹿		京兆	富平
山南	均	武当		京兆	栎阳

注:京兆府为中央直辖区,后又设京畿道。

从我国井盐的开发史来看,盐井的分布虽不限于四川地区,但历代四川境内盐井数量之多,密度之大,均远超过其他地区。四川境内的几个产盐地区,于唐代进入了全面开发的时期。③ 综合《新唐书·

---

① 《唐大诏令集》卷一三〇,宣宗:《收复河湟德音》。
② 《唐会要》卷八八,《盐铁使》。
③ 夏湘蓉等:《中国古代矿业开发史》,北京:地质出版社,1980年,第367页。

地理志》和《元和郡县志》的记载,现将唐代井盐产地列表,见表3。

表3 唐代井盐产地表

道	州	县	道	州	县	道	州	县	道	州	县	道	州	县
山南	归	秭归		果	南充		巂	昆明			蓬溪		荣	籍
		巴东			相如		雅	卢山		绵	巴西			应灵
	夔	奉节			西充			薛城			魏城			旭川
		云安	江南	黔	彭水		维	盐溪			罗江			公井
		大昌		潭	湘乡			盐泉		普	安岳			和义
	忠	临江	剑南	邛	蒲江		松	郏			普慈			资官
	万	南浦			火井		梓	通泉			安居			威远
	成	上禄			阳安			玄武			普康		泸	江安
	通	宣汉			平泉			盐亭			乐至			绵水
	开	万岁		资	盘石			飞乌		渝	巴		渭	富义
	阆	阆中			银山			永泰			壁山	陇右		郜
		南部			资阳			涪城			仁寿			陇西
		新井			内江		遂	方义			贵平			
		新政			龙水			长江			井研			

表中所列68个分布盐井的县,除归州秭归、巴东县,黔州彭水县,潭州湘乡县,渭州陇西、郜县之外,其余均属四川地区。

唐代四川地区盐井分布的高度集中,与唐代这一地区人口的急剧增加有关。以四川地区的主要部分剑南道而言,唐贞观十三年(639年)的户数比隋大业五年(609年)增加了60%,天宝元年(742年)又比贞观十三年增加了50%。安史之乱后,蜀中人口又大增。

直至唐末和五代初,蜀地的户口仍在继续增加。① 由于蜀道艰难,海盐、池盐均难于运入,因此蜀地人口的急剧增加,必然促使本地区井盐资源的加速开发。唐代四川地区盐井口数大大超过前代,而且唐后期又超过了唐前期,如自贡盐区的盐井从唐元和时的 28 口增至北宋太平兴国时的 57 口,②增加了一倍以上。又如川北盐区,其中今绵阳地区的三台县一带,在唐、宋两代盐井最多。③

唐代四川地区盐井分布的高度集中,与这一地区的地形地貌、地质构造也有密切关系。四川盆地北倚岷山、大巴山,东扼大巴山、巫山,南屏武陵山、大娄山,西亘邛崃山、大凉山,中央低洼,是东北西南向的菱形盆地,其地形平缓,地质构造简单,岩层分布稳定,基本上没有经受强烈的褶皱变动,是地质构造比轮稳定的单元,为各种矿产资源,包括卤水资源的贮存创造了有利条件。④

综合以上唐代食盐产地分布的情况,无论是东部沿海的海盐产地,还是北部、西北部的池盐产地,抑或西北部、西南部的井盐产地,其数目及分布的范围,都超过了前代,说明我国古代食盐资源的开发利用,至唐代确实进入了一个新的发展时期。

三

唐代食盐产量,以海盐为最多,池盐次之,井盐又次之。唐代东南沿海食盐产地超过北方沿海,已见前述。其必然结果,是海盐生产重心的自北南移。当时淮南、浙江东、浙江西、福建、岭南等道已成为海盐产量最多的地区。其中又以淮南盐业生产最盛。《宋史》卷一八二《食货志下四》指出淮盐产量多于他处的原因,"盖以斥卤弥望,

---

① 参见谢元鲁:《唐五代移民入蜀考》,载《中国社会经济史研究》1987 年第 4 期。
② 《元和郡县志》卷三三,荣州;《太平寰宇记》卷八八,荣州。
③ 夏湘蓉等:《中国古代矿业开发史》,北京:地质出版社,1980 年,第 371 页。
④ 吴天颖:《中国井盐开发史二三事》,载《历史研究》1986 年第 5 期。

五　汉唐食盐专卖制度的演变

可以供煎煮,芦苇阜繁,可以备燔燎"。亦即海岸宽阔平缓,海盐资源丰富,又遍布芦苇草荡,燃料随处可取。唐代情况亦无二致。

唐代淮南道扬州海陵监的食盐产量位居全国之首。南宋王象之《舆地纪胜》卷四〇引《元和郡县志》曰:"今海陵县官置盐监一,岁煮盐六十万石,而楚州盐城,浙西嘉兴、临平两监所出次焉。"终唐一代,海陵监的产量一直是很高的。五代末南唐为后周所败,海陵监割属后周,南唐则每岁得以支取"赡军盐三十万石",①当时海陵监的产量当不逊于唐中叶。

同属淮南道的楚州盐城监,其产量位居第二。《舆地纪胜》卷三九引《元和郡县志》曰:"今官中置盐监以收其利,每岁煮盐四十五万石",即指盐城监。这样,仅海陵、盐城二监年产即达百万石以上,加上其他地方,淮南盐产总数当极为可观。

可以毫不夸张地说,淮南是当时全国最大的食盐产销中心。唐政府的盐铁转运使曾长期驻于淮南道首府扬州。大历时,"吴、越、扬、楚盐廪至数千,积盐二万余石",②这不过是当时食盐产量的一小部分。开成时,入唐求法的日本僧人圆仁亲眼看到从沿海产盐地区至扬州的水路上"盐官船积盐,或三四船,或四五船,双结续编,不绝数十里,相随而行,乍见难记"。③扬州已成为淮盐的集散地、南盐北运的枢纽。

浙盐产量虽逊于淮盐,但也颇为可观。浙东越州兰亭监的食盐产量在全国亦居前列。南宋施宿《嘉泰会稽志》卷一七曰:"唐越州有兰亭监……配课盐四十万六千七十四石一斗。"前文提到浙西嘉兴、临平两监(地属苏、杭二州)产盐位居海陵监之后,而与盐城监相近,惜此二监食盐产量具体数目无从查考,只能推测二者年产额大约分别在40万石至45万石之间。开成年间,嘉兴监所属3所盐场曾划

---

① 《十国春秋》卷一六,《南唐二·元宗本纪》。
② 《新唐书》卷五四,《食货志四》。
③ 圆仁:《入唐求法巡礼行记》卷一。

归苏州地方政府经营,所收盐额达 13 万石。① 考虑到当时每监所辖盐场均有多所,则上述估计数字当属可信。这样,浙江东道兰亭、浙江西道嘉兴、临平三监的年总产量亦在百万石以上。

闽盐产量虽无任何具体数字可考,但中唐以后闽盐产量的提高是可以肯定的。大历时,刘晏主持盐政,设侯官监于福建,下辖闽县、长乐、连江、长溪、晋江、南安 6 县盐场多所。② 宝历时,闽地盐官有贪赃达 30 万者,③足见闽盐收入数目可观。

广盐产量在唐前期可谓默默无闻,至后期则有较大提高。咸通时唐、越交兵,宰相郑畋"请以岭南盐铁委广州节度使韦荷,岁煮海取盐直四十万缗,市虔、吉米以赡安南……军食遂饶"。④ 足见唐末广盐收入相当令人瞩目。

唐代北方海盐生产落后于南方,但并非一蹶不振。从一些零星的记载来看,北方沿海的盐业生产仍能满足本地区的需要,间或还有外运。建中三年(782 年)河北数镇连叛,时程日华守沧州,参军事李宇劝其自保归顺朝廷,指出:"今州十县濒海,有鱼盐利自给……"⑤渤海沿岸产盐区,还能向内陆调运食盐。大中时杜中立出任义武节度使,治所定州"旧徭车三千乘,岁輓盐海濒,民苦之,中立置'飞雪将'数百人,具舟以载,自是民不劳,军食足矣"。⑥ 咸通十年(869年),唐军与庞勋起义军战于徐州,时幽州节度使张允伸"进助军米五十万石,盐二万石",⑦以助唐军。这些事实说明,北方海盐产量尚不致太低。

推算唐代海盐总产量是有困难的。以现存的盐利收入钱数来换

---

① 《册府元龟》卷四九四,《邦计部·山泽二》。
② 《新唐书》卷四一,《地理志五》。
③ 《旧唐书》卷一六三,《卢简辞传》。
④ 《新唐书》卷一八五,《郑畋传》。
⑤ 《新唐书》卷二一三,《程日华传》。
⑥ 《新唐书》卷一七二,《杜兼传附杜中立传》。
⑦ 《旧唐书》卷一八〇,《张允伸传》。

算成食盐产量是不科学的,一则盐价随运输路途的远近差别甚大;二则有相当部分的食盐是供官府和军队消费,并未投入市场。但是,分析盐利收入钱数,仍可看出唐代海盐产量的升降趋势。史载永泰元年(765年)海盐之利为60万贯,大历十四年(779年)增至600万贯。15年中增长10倍。此间官订盐价并未上涨,保持在每斗110文的水平。应该说,盐产量大致亦有相应增长。元和三年(808年),海盐之利增为727万余贯,但此时官订盐价已上升为每斗250文,故扣除涨价因素,盐产量实有减无增。总之唐代海盐产量的变动大致成马鞍形,以大历末为最高峰,在此之前呈上升趋势,在此之后呈下降趋势。①

唐朝境内各处盐池,以河东两池的产量为最高。两池产盐虽历史悠久,但唐初产量却不高。开元六年(718年)姜师度任蒲州刺史,始有起色。"先是,安邑盐池渐涸,师度发卒开拓,疏决水道,置为盐屯,公私大收其利。"②从此两池盐产量节节上升。《通典》卷一〇《盐铁·开元二十五年仓部格》载:"蒲州盐池,令州司监当,租分与有力之家营种之,课收盐。每年上、中、下畦,通融收一万石。"因税率无从查考,故无法以盐税数额推算出盐的产量。假设所收为什一之税,其产量当不会超过10万石。另有一部分为士卒营种的盐屯,所产之盐当全部归国家所有。两部分加起来,两池的总产量当不低。总之,开元以后两池盐产量的提高当无疑问。代宗时盐法改课税为专卖后,唐政府全面控制了两池的产销。大历末,两池盐利为80万贯,其产量可能达到高峰。元和初,增至160万贯,但扣除盐价上涨因素,其实际产量当有减无增。此后两池盐利继续呈下降趋势,只是大中时

---

① 参见陈衍德:《唐代专卖收入初探》,载《中国经济史研究》1988年第1期。

② 《旧唐书》卷一八五,《姜师度传》。

略有回升。①

其他盐池的产量,据《唐会要》卷八八"盐铁使"载:丰州胡落池"每年采盐一万四千余石";盐州乌池"每年粜盐收榷博米,以一十五万石为定额",按当时盐、米比价,乌池年产盐约2.5万石。② 别处盐池的产量,皆不见记载。估计多者数万石,少者数千石而已。

井盐产量历来远低于海盐和池盐,特别在尚未发明卓筒井从而未能使产量大幅度提高的唐代,井盐产量更是有限。这是因为大口径盐井的挖掘和汲卤制盐需要大量劳力和资金。尽管如此,唐代井盐产量还是有所提高,剑南、山南百姓大多食井盐,即可为证。唐中叶推行专卖制度之后,海盐、池盐、井盐都各有划定的行销区域,不许越界,亦可说明井盐产地及其附近地区食盐大体上可以自给。元和六年(811年)曾特许河东池盐运销洋、兴、凤、文、成及兴元六州、府,③此六州、府虽属井盐行销区,但从地理上来看,实与北面的关中、河东联系较为密切,因此不能据此说明当时剑南、山南对外地的食盐有太大的依赖程度。

据《元和郡县志》卷三三《剑南道下》载,泸州富义县有盐井八所,其中最大的"月出盐三千六百六十石,剑南盐井,唯此最大"。此井年产量高达四万三千九百二十石。又同书同卷载,陵州仁寿县有陵井,"益部盐井甚多,此井最大"。但不知此二井何者为大。然陵井产量当亦不低。《通典》卷一〇《盐铁》记开元二十五年(737年)"蜀道陵、绵等十州,盐井共九十所,每年课盐都当钱八千五十八贯",④当时盐价为每斗10文,按此计算,陵、绵等州每年上交的盐课高达87510石,而实际产量当比此数更多。此为唐前期的情况。根据海盐、池盐

---

① 参见陈衍德:《唐代专卖收入初探》,载《中国经济史研究》1988年第1期。

② 此处所引为长庆元年(821年)三月敕文。按:元和末、长庆初,盐每斗300文,米每斗50文,盐、米比价为六比一。

③ 《唐会要》卷八八《盐铁》,元和六年闰十二月卢坦奏。

④ 按《通典》所列各州盐课相加,实为8751贯,此处数字有误。

的产量均以大历时为最高来推断,唐后期井盐的产量当亦超过前期,前引有关富义盐井产量的记载,可为佐证。

综合以上唐代各地食盐产量的情况,无论是海盐、池盐,还是井盐,唐后期的产量都超过了前期。由于缺乏具体数字,无法将唐代盐产量与前代相比较。但从技术的提高、产地的增加来看,唐代盐产量高于前代是没有疑问的。

以上本文从技术、产地和产量三方面论述了唐代盐业生产的发展。盐业是商品性生产很强的行业,又是封建政权传统的统制行业之一,它的发展,势必影响到古代社会政治、经济的各个方面。同时,政治、经济的变化又会对盐业生产发生种种反作用。只有透过纷繁复杂的社会现象,才能探索出盐业生产发展的规律。限于篇幅,本文主要是从生产力的角度对唐代盐业生产的发展加以探讨的。

(原载《盐业史研究》1988年第4期)

唐代食盐专卖法的演变

食盐专卖,滥觞于春秋,完备于西汉,变革于唐代。宋以后盐法,乃唐制之沿袭与发展。本文试图从唐政府对产制运销的独占程度及专卖价格的制订调整这两个角度,分别论述唐代海盐、池盐和井盐专卖的实施情况,以便勾画出唐代盐法演变的轮廓,从而加深对中国经济史上这一重要问题的认识。

唐初承隋制,食盐无税,[①]随后渐向有税过渡。剑南盐井,武周

---

① 《隋书》卷二四,《食货志》。

时期便有课税;至迟到睿宗时,池盐亦有课税。① 开元九年(721年),左拾遗刘彤奏请行盐铁专卖,②此乃唐代专卖之首议。然而朝廷未予采纳,只派员欲将原属州县之盐税收归中央,此举亦因"颇多沮议者"③而作罢。

安史之乱起,财政拮据。乾元元年(758年),盐铁使第五琦始立盐法。《旧唐书·第五琦传》载其法为:

> 就山海井灶收榷其盐,官置吏出粜。其旧业户并浮人愿为业者,免其杂徭,隶盐铁使。盗煮私市罪有差。百姓(《唐会要·转运盐铁总叙》作"亭户")自租庸外,无得横赋。

政府以独占的方式承办盐的收购与销售,不许他人参与,并设立专门机构以经营其事,从此开始了盐专卖法的推行。又《新唐书》卷五四《食货志四》载:

> 天宝、至德间,盐每斗十钱……及琦为诸州榷盐铁使,尽榷天下盐,斗加时价百钱而出之,为钱一百一十。

每斗10文为乾元以前盐的市场价格,行专卖后政府大概即以此为收购价格,然后每斗加价100文出售,④是为专卖价格。专卖价格除包括专卖品的成本、利润外,还包括该物品原来的税收,即所谓"寓税于价"。⑤ 它是一种人为制定的价格,不受竞争的影响。加以专卖品多为生活必需品,其需求弹性甚微,"虽贵数倍,不得不买",⑥致使政府得以大幅度加价。唐代行盐专卖前后,其价相差十倍,原因在此。

由于海盐、池盐、井盐的生产各具特点,政府对三者的独占程度并非完全相同,三者的专卖价格也不尽一致,以下分论之。

---

① 《太平广记》卷三九九,《盐井》;《册府元龟》卷四八三,《邦计部总序》。
② 《全唐文》卷三〇一,刘彤:《论盐铁表》。
③ 《旧唐书》卷一八五下,《姜师度传》。
④ 刘肃:《大唐新语》卷一〇称第五琦"奏准天下盐斗收一百文",此处100文可能即为扣除收购成本10文以后的收入。
⑤ 吴立本:《专卖通论》,重庆:正中书局,1943年,第79页。
⑥ 《汉书》卷二四下,《食货志下》。

一、海 盐

唐宋时晒盐之法尚未发明,海盐须煎煮而成,生产成本较高,产地也较分散,故其"煎炼,般运费用,倍于颗盐(池盐)"。① 唐盐法虽上承西汉,但此时国力不如汉武帝时,故未照搬其全面独占产制运销之法,而是稍加变通。前述海盐生产者亭户"隶盐铁使",不属州县,而具有特殊户籍,其身份似较一般编户为低。然其来源为"旧业户并浮人",即个体盐业生产者和逃亡农民,二者均为良人。又亭户与州县编户一样缴纳租庸调或两税,仅免征杂徭。长庆元年(821年)盐铁使王播重申此前规定:"应管煎盐户及盐商,并诸监院停(亭)场官吏所由等,前后制敕,除两税外,不许差役追扰。"②他并将亭户(盐户)与盐商、亭场官吏等相提并论,亦可证其不为贱民。可见亭户的地位当介于一般编户与官府工匠之间。从政府"收榷其盐"来看,亭户是无权支配自己的产品的。不过政府占有其产品的方式,并非全部无偿占有,除盐课外,其余部分是以"收榷"亦即收购的方式进行的。若政府完全控制生产过程,便无此必要。因此,亭户是有一点自己的经济的,换言之,其生产是独立进行的。当然,官吏对其亦加以监督。③ 至于亭户所纳两税,唐史未详载。据北宋"皇祐专法"规定,其应纳两税"计实值价钱折纳盐货",④此制恐源于唐。以上分析表明,当时政府对海盐的独占是局部的,即独占其运销而未独占其产制,或可称之为民制官收官运官销的局部专卖法。自乾元元年至广德二年(758—764年),海盐产区均行此法。

永泰元年至建中元年(765—780年)刘晏主持海盐盐政期间,对

---

① 《五代会要》卷二六,《盐》。
② 《旧唐书》卷四八,《食货志上》。
③ 陈国灿:《唐代的盐户》,《中国古代史论丛》第3辑,福州:福建人民出版社,1982年。
④ 李心传:《建炎以来系年要录》卷四三,绍兴元年四月乙未。

乾元盐法进行了改革。其具体措施为：

（1）变官运官销为商运商销。专卖较之征税，有经营型与非经营型的差别。专卖收入虽比同一种物品的税收为多，但专卖手续的繁杂、人员的众多，也都在征税之上。尤其盐具有无处不需、销售零碎化的特点，政府包揽各地零售，开支庞大，从而使专卖利润相应减少。并且官商作风也影响了经营效果。① 刘晏正是从革除此弊入手，来变革盐法的。《资治通鉴》卷二二六建中元年七月条曰：

> 晏以为官多则民扰，故但于出盐之乡置盐官，收盐户所煮之盐转鬻于商人，任其所之，自余州县不复置（盐）官。

政府控制收购与批发环节，而将转运零售之权让渡与特许商人，② 这样既确保了居间取利的权益，又节省了大笔流通费用。此制之精义在于专卖所有权与经营权的部分分离。这种分离不仅没有改变国家作为专卖事业的所有者这一实质，而且使其所获专卖利润有所增加。韩愈说："国家榷盐，粜与商人；商人纳榷，粜与百姓。则是百姓无贫富贵贱皆已输钱于官矣，不必与国家交手付钱，然后于输钱于官也。"③ 对此制做了精当的概括。刘晏此项改革，使盐专卖法的内容和性质都有所变化：内容上，从民制官收官运官销变为民制官收商运商销；性质上，从官专卖变为官商混合专卖。

（2）慎重而又灵活地运用价格手段。专卖业务的中心问题乃专卖价格的制订与调整。官运官销时，专卖价格表现为零售价，消费者均按此价购入食盐。商运商销时，政府特许的盐商按专卖价格购入食盐，再加价转售于消费者。此时专卖价格主要以批发价的形式出现，同时还存在着市场价格，亦即盐商售盐的零售价。见下图：

---

① 《全唐文》卷五五〇，韩愈：《论变盐法事宜状》。
② 这种政府特许盐商，具有特殊的户籍，亦即"盐籍"，见《白居易集》卷六三，《议盐法之弊》。
③ 《全唐文》卷五五〇，韩愈：《论变盐法事宜状》。

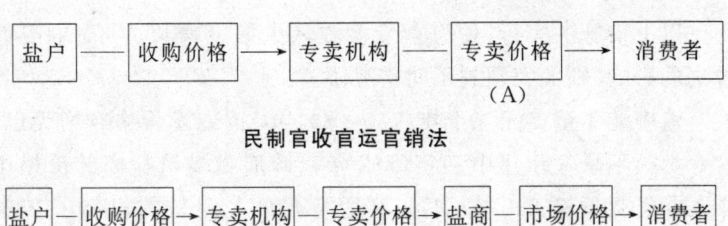

民制官收官运官销法

民制官收商运商销法

如图所示,盐商的利润来自(C)、(B)二者的差价,故(C)在很大程度上取决于(B),因而刘晏始终将专卖价格稳定在每斗110文的水平,亦即使(B)不高于(A),从而将(C)限制在一定的水平之内,以免过分增加消费者的负担。由于流通费用减少,(B)虽保持与(A)相同的水平,政府的实际收入却已增加。再者,商人重利,大都趋易避难,偏远之地,不免供不应求,致使盐价上涨。刘晏遂以常平盐为补救办法:"其江岭间去盐乡远者,转官盐于彼贮之。或商绝盐贵,则减价鬻之,谓之常平盐。官获其利而民不乏盐。"①这是以直接出售官盐来平抑盐价。总之,刘晏在保持盐价平稳的同时,又因时因地对其作出调整,从而以价格为调节盈虚、平衡供需的手段,达到专卖品流通无阻、专卖收入增加的目的。

(3)调整专卖机构,创立巡院制度。刘晏调整了第五琦所设机构,于江淮等地设十监四场,经营收购与批发业务,并从事对亭户的技术指导。又在各地设置巡院十三所,作为隶属于盐铁使的地方最高盐务机关,收纳、管理盐利,并从事缉私工作。专卖机构经此调整,行政效率大为提高。②

---

① 《资治通鉴》卷二二六,建中元年七月。
② 关于专卖机构及其职能,笔者另有专文《唐代专卖机构论略》加以论述,兹不赘。

以上措施的实行,使海盐专卖收入大幅度增长。① 而刘晏改革盐法的影响,则大大超越了时空界限。

建中元年至贞元二十年(780—804年)因专卖价格有增无已,海盐专卖很不景气。建中三年(782年),政府批发给盐商的价格由每斗110文骤增至310文,不久又增至370文,②较前提高了236%。此价保持至永贞元年(805年)。盐商加价转售,市场价格更高:"江淮豪贾射利,或时倍之。"③因一般物价自贞元初便呈下降趋势,盐价之高昂更显得十分突出,百姓多以实物换盐,负担成倍加重。售价猛涨的同时,收购价格却未做调整,也激起生产者不满。于是,一方面官盐流通阻滞,一方面私贩蜂起,专卖经营出现严重危机。④

永贞元年至元和十五年(805—820年),经李巽等人大力整顿,情况有所好转。其措施,首先是降低盐价。永贞元年(805年),批发价由每斗370文降至250文,⑤较前减少32%。次年盐铁使李巽又奏:"每州所贮盐,若遇价贵,斗至二百二十,减十文出粜,以便贫人,公私不缺。"⑥此乃仿效常平盐,由政府以低于市场价格的售价,直接零售与百姓,⑦以平抑盐价。可见自商运商销之法行后,政府手中一直掌握着部分贮盐,用于直接零售,以补盐商运销之不足。调低专卖价格以及政府低价粜盐,促使市场价格也趋于下降,从而使官盐流通

---

① 《资治通鉴》卷二二六,建中元年七月。
② 《新唐书》卷五四,《食货志四》。
③ 《新唐书》卷五四,《食货志四》。
④ 《新唐书》卷五四,《食货志四》。
⑤ 《册府元龟》卷四九三,《山泽一》。
⑥ 《册府元龟》卷四九三,《山泽一》。专卖价格为250文,市场价格复高于此,故220文不能算贵,二者当有虚钱、实钱之别。参见刘淑珍:《中晚唐之估法》,载《史学集刊》1950年第6期。
⑦ 常平盐价及政府直接零售之盐价亦为专卖价格表现形式之一,然不居主要地位。

恢复正常,专卖收入重新增加。① 其次是调整专卖机构。为使盐的购销网趋于合理、严密,此间对原有机构或裁并,或增设,从而形成一个由巡院、监、场、铺、亭等组成的,多层次的专卖业务经营网络。机构的调整也促使了专卖收入的增加。

长庆年间,海盐专卖又走下坡路。长庆元年(821年),盐铁使王播"奏请诸道监院粜盐付商人,每斗加五十文,通旧三百文价",②专卖价格重又提高20%。商销的同时,仍有部分官销,其价亦升:"诸处煎盐场停(亭),置小铺粜盐,每斗加三十文,通旧一百九十文价。"③法定加价外,尚有临时性加价。如同年"盐铁使奏请江淮粜盐加价有差,以助军用,至军罢日停。从之"。④ 此外长庆初规定,"粜盐价中,须纳见钱者,亦与时估匹段及斛斗",⑤在那钱重货轻的时代,这无异于变相加价。专卖价格以各种方式上涨,市场价格也随之提高,于是流通不畅,走私复炽,盐政状况再次逆转。

开成年间,在继续实行商销的同时,官销的成分有所增加。《旧唐书·卢商传》载:

> 开成初,出为苏州刺史……初,郡人苦盐法太烦,奸吏侵渔。商至,籍见户,量所要自售(《新唐书·郑肃传附卢商传》作"计口售盐"),无定额,苏人便之……

据此,卢商接管盐务前,苏州行官销而非商销,卢商仍行官销,不过略为变通而已。上文论及政府在实行商销的同时,始终有官销与之并行,如常平盐、小铺粜盐等,但在整个州的范围内统一实行官销,在此

---

① 《旧唐书》卷一二三,《李巽传》。
② 《册府元龟》卷四九三,《山泽一》。
③ 《册府元龟》卷四九三,《山泽一》。横山裕男:《唐代的盐商》(日文版,载《史林》第43卷第4期,1960年)一文认为,190文为实收,前文的300文则为虚估,这是有道理的,因为粜盐付商人收虚钱含有鼓励商人运销的意思,而小铺粜盐乃直接零售与百姓,故收实钱。
④ 《册府元龟》卷四九三,《山泽一》。
⑤ 《唐大诏令集》卷七〇,《长庆元年正月南郊改元敕》。

之前似未见之。苏州的情况是否为特例,不得而知。但有一点是肯定的,那就是官销的成分比以前增加了。

大中年间,经过盐铁使裴休的整顿,海盐专卖经营又趋好转,收入再度增加。① 此后直至唐末,盐政日益败坏,其颓势再也无法扭转了。

二、池　盐

池盐系天然结成,只需划畦灌水,"畦水耗竭,土自成盐"。② 生产成本较低,产地也相对集中,易于为政府控制。唐前期,河东、关中一些主要盐池相继为政府掌握,或供京师所需,或收其税。③

乾元盐法行后,政府便于河东安邑、解县两池"画野标禁、壅川为壕","滌场圃","完廥仓",④亦即设置壕篱,整饬设施,组织生产。代宗时又正式将安邑、解县人户六百定为池户(或称畦户),隶属两池盐务机构。⑤ 作为保护盐池屏障的壕篱,由"防池官健"把守,⑥十分严密。五代时,"两池禁棘峻阻,不通人行,四面各置场门弓射,分劈盐池地分居住,并在棘围里面,更不别有差遣,只令巡护盐池",⑦此法当沿袭自唐。池户即于壕篱圈定之范围内从事生产。生产设施的管理、生产程序的安排亦由有关官吏负责。⑧ 池户使用官方提供的

---

① 吕夏卿:《唐书直笔》卷四,《新例须知》。
② 《水经注》卷六,《涑水》。
③ 《册府元龟》卷四八三,《邦计部总序》;《新唐书》卷五四,《食货志四》;《通典》卷一〇,《盐铁》。
④ 《全唐文》卷六一四,崔敖:《大唐河东盐池灵庆公神祠碑》。
⑤ 《全唐文》卷六一四,崔敖:《大唐河东盐池灵庆公神祠碑》。
⑥ 《唐会要》卷八八,《盐铁使》。
⑦ 《五代会要》卷二六,盐铁杂条上。
⑧ 刘禹锡:《刘宾客文集》卷三,《清河县开国男赠太师崔公神道碑》。

工具,按既定程序从事生产。池户虽非贱民,①但他们没有自己的经济,不是独立从事生产。其产品全部无偿归官所有,官则给予些许报酬。② 其人身自由也受到限制。可见池户地位低于亭户,池盐生产也与海盐不同,完个处于政府控制之下。③ 总之,政府全面独占了池盐的产制运销,此乃官产官销的全部专卖法。④

刘晏于海盐产区推行商运商销法并取得成效后,池盐产区也仿效之。大历时,两池"商通而荐至,吏惧而循法","吏廉商通,岁倍其赢"。⑤ 贞元时,两池专卖颇为景气,史称"事以道自集,商以仁自来"。⑥ 长庆时,两池仍是"岁出利流,给雍、洛二都三十郡,其所会贸,皆天下豪商猾估"。⑦ 可见自大历年间始,池盐已改行官制官收商运商销的局部专卖法。

乾元时池盐专卖价格与海盐同为每斗110文。大历时,海盐价格不变,池盐价格却有所提高。⑧ 建中时,海盐价格提高至每斗370

---

① 两池池户来自安邑、解县人户;又崔敖所撰神祠碑有"两池官吏及畦户等请勒丰碑"云云,将畦户与官吏并提,可见其不为贱民。

② 《续资治通鉴长编》卷九七,引《国史志》:"解、安邑两池……籍州及旁州民给役……复其家,户岁出夫一……岁给户钱四万,日给夫米二升。"陈国灿:《唐代的盐户》一文认为,此制恐源于唐。

③ 上述材料虽均关于两池,然乌池、温池等亦设有防池官健(见《唐会要》卷八八,《盐铁使》),可见其生产亦为政府所控制。

④ 大历以前池盐的转运零售是否由政府控制,史无明文,然据唐以前历代情况(见《魏书·食货志》、《隋书·食货志》),似可推断其是。又唐代池盐转运零售归于特许商人显然在海盐之后。

⑤ 刘禹锡:《刘宾客文集》卷三,《清河县开国男赠太师崔公神道碑》。

⑥ 《全唐文》卷六二〇,刘宇:《河东盐池灵庆公神祠碑阴记》。

⑦ 《全唐文》卷七三六,沈亚之:《解县令厅壁记》。

⑧ 《资治通鉴》卷二二六,建中元年七月条:"其河东盐利,不过八十万缗,而价复贵于海盐。"又,妹尾达彦:《唐代河东池盐的生产与流通》(日文版,载《史林》第65卷第6期,1982年)一文记779年(大历十四年)池盐专卖价格为每斗170文。

文,池盐价格亦提至相同水平。① 可见乾元至建中,池盐专卖价格一直呈上升趋势。贞元时,海盐价格保持不变,池盐价格却有所下降。《册府元龟》卷四九三《山泽一》载:

> 永贞元年……九月癸酉,度支使奏:"江淮盐每斗减钱一百二十,榷二百五十;其河中两池盐,请斗减钱二十六,榷三百。"

据此,海盐每斗 370 文的价格一直保持到永贞元年(805 年)九月,而前此池盐价格已降至每斗 326 文,至此又再降至每斗 300 文。然因降价幅度小,此时每斗反比海盐高出 50 文。长庆元年(821 年)海盐每斗复升至 300 文,池盐不见提价之记载,二者价格又趋一致。韩愈于长庆二年(822 年)说:"今盐价,京师每斤四十(文)。"②京师长安属池盐行销区,其时池盐价格可据此推算。宋制:"颗、末盐皆以五斤为斗"。③唐制当与此同,则其时池盐价格为每斗 200 文。与海盐价格相比,此价嫌低,疑二者有虚、实钱之别。无论如何,贞元至长庆,池盐专卖价格一直呈下降趋势。上文提及的贞元、长庆时池盐专卖颇为景气之状,便是池盐价格稳中有降使然。

由于海盐、池盐、井盐价格各异,至迟到贞元年间(785—804 年)便实行三者各自划区运销的办法。④ 元和六年(811 年)以前,池盐行销地区为京畿、凤翔、陕、虢、河中、泽、潞、河南、许、汝等十五州、府。以后由于井盐供不应求,又许池盐行销于洋、兴、凤、文、成、兴元等六州、府,该地区便成为井盐、池盐混合行销区。⑤ 中国盐政之"引岸"制度,肇始于此。⑥

---

① 《新唐书》卷五四,《食货志四》。
② 《全唐文》卷五五〇,韩愈:《论变盐法事宜状》。
③ 《宋史》卷一八一,《食货志三》。
④ 《唐会要》卷八八,《盐铁》。
⑤ 《唐会要》卷八八,《盐铁》。
⑥ 《皇清续通考》卷三九,《征榷一一》。

三、井　盐

生产井盐，须先凿井，自井中汲出卤水，方能加以煎炼。故比之海盐、池盐，其成本最高，产量最低。武周时期，剑南盐井便有课税。开元时，既有属于地方政府的官营盐井，又有按额纳课的民营盐井。①

乾元盐法行后，井盐生产者灶户所煎盐"皆随月督课"，②此法源于开元时的"随月征纳"。③ 然此时除盐课外，灶户复须将所煎盐全数卖官。④ 此时井盐产区所行为民制官收官运官销的局部专卖法。永泰、大历间，属东区盐铁使管辖的山南东道井盐和海盐同在刘晏主持下改行商运商销法。⑤ 随后，属西区盐铁使管辖的剑南、山南西道井盐，和池盐一样，也仿效东区行商运商销法。⑥

有关井盐专卖价格的记载极其缺乏。不过有一点可以肯定，即井盐、池盐、海盐三者的价格各不相同，后二者每次加价或减价均不包括前者在内，已如前述。前者的价格变动亦不包括后二者在内。元和十年（815年）度支使皇甫镈奏："加峡内四监、剑南东西川、山南西道盐估，以利供军。"宪宗准奏。⑦ 此即为一例。不过井盐、池盐既可混合行销于同一地区，二者价格相差当不至太多。

---

① 《太平广记》卷三九九，《盐井》；《新唐书》卷一二五，《苏瓌传附苏颋传》；《通典》卷一〇《盐铁》。

② 《新唐书》卷五四，《食货志四》。

③ 《通典》卷一〇，《盐铁》。

④ 陈国灿：《唐代的盐户》，《中国古代史论丛》第3辑，福州：福建人民出版社，1982年。

⑤ 盐务分东、西二区，各属一使管辖，详见拙文《唐代专卖机构论略》。又刘晏所设十监之一的大昌监，位于山南东道夔州。此监当与其他九监同行一法。

⑥ 井盐与池盐既能混合行销于同一地区，前者当与后者一样行商运商销之法。若二者所行之法各异，便不可能有此现象。

⑦ 《旧唐书》卷四八，《食货志上》。

综上所述,唐代食盐专卖法主要沿着两条线索演变:(1)政府独占程度由强到弱,即由官运官销到商运商销的转变。这表明,尽管专卖制度是政府行政命令的产物,但是其运营却不能不受商品经济发展规律的支配。(2)专卖价格的高低错落,形成"涨价—降价—涨价"的循环往复。这是作为经济活动的专卖经营,和作为人为产物的专卖价格,二者矛盾运动的反映。而食盐专卖法的演变之所以沿着这样两条线索进行,又是由唐后期商品经济的发展所决定的。

(原载《历史教学》1988年第2期)

唐代中央与地方分割盐利的斗争

封建时代中央与地方分割财政收入的斗争,既体现了封建政治的集权性与封建经济的分散性的矛盾,又体现了封建统治阶级的整体利益与局部利益的矛盾。一方面,盐利作为封建国家财政的一项大宗收入,在其征纳过程中便充满了中央与地方分割其利的斗争。尤其是在唐代藩镇割据、地方势力强大的历史条件下,这一斗争的激烈程度更非其他时期所能比拟。另一方面,盐利的征纳有别于一般的赋税,它受食盐专卖经营所遵循的经济规律的制约。唐代中央与地方的盐利之争,在很大程度上受到这种规律的支配。因此,这一时期的斗争,其复杂性也是空前的。

唐前期在盐税征收的问题上,便存在着中央与地方的矛盾和斗争。当时除了池盐大部分控制在中央政府手中之外,井盐、海盐多由地方政府收取其税上纳中央。按照规定,井盐之税乃各州根据中央所定课额,对其所属各灶户按产量的一定比例征课。所课盐税须全部上缴中央,除非遇特殊情况,地方不得截留。开元八年(720年),

因蜀地饥荒,百姓流亡,玄宗特许剑南节度使苏颋"收剑南山泽盐铁自赡",①显然盐税在一般情况下不归地方。但盐税征课比例既由地方政府制订,便不能排除高订其比例而取得余额的可能。海盐之税乃由个体盐户纳于地方政府,再由其转买轻货上纳中央,这当中不仅存在着与井盐相似的问题,而且地方政府还可压价收购轻货,从中获利。这样,各地盐税实际上便有一部分为地方政府所占留。②

开元九年(721年),左拾遗刘彤向玄宗奏《论盐铁表》时,提出改征税为专卖的革新盐政之议。玄宗"令宰臣议其可否。咸以盐铁之利,甚益国用"。他随即下令姜师度、强循二人以御史中丞的身份,会同诸道按察使,"检校海内盐铁之课",以便为决策提供依据。但这一行动遇到来自地方的阻力,在所谓"使人""侵刻"的托辞之下,地方政府激烈反对此举。③ 显然,中央检校盐铁之课,反映了控制盐税征收环节的意图;而以监察机关介入盐政事务,其整肃盐政的用意也至为明显。虽然专卖的实施与否尚无定论,但仅就这一行动而言,便已触及地方的利益。在此阻力面前,玄宗改变初衷,改由各州刺史委派其上佐一人,检校盐铁之课。④ 这样,地方政府控制盐税征收环节的情况依然如故,而刘彤的改征税为专卖的建议自然也就被束之高阁了。在中央财政对于地方处于优势,而盐税又尚未成为举足轻重的财政收入之情况下,事态的这一发展是可以理解的。

安史之乱爆发后,中央财政权削弱,地方财政权增强,原属中央的赋税收入被地方大量占留。在严酷的事实面前,唐朝的理财家们终于醒悟到必须采取特殊的方式来充实中央财政。而40余年前刘彤所建议的食盐专卖之制,正是这样一种中央易于控制、地方难于插

---

① 《新唐书》卷一二五,《苏瓌传附苏颋传》。
② 有关唐前期盐税征收情况,见《通典》卷一〇,《盐铁》;《新唐书》卷五四,《食货志四》。
③ 《唐会要》卷八八,《盐铁》。
④ 《唐会要》卷八八,《盐铁》。

手的财政收益方式。于是,盐专卖法始得正式推行。

盐专卖收入具有直接上纳与来源广泛的特点。所谓直接上纳,系指盐利大多由中央专使及其所属机构直接收纳,而非由各地地方政府层层上缴,从而得以免遭层层克扣。① 所谓来源广泛,系指刘晏推行官收商销之法后,中央政府可从专卖商手中间接取得盐利,而不必从消费者手中直接获取之。这样,通过专卖商的贩运,唐廷从那些仅拥有有限权力的地区,以及那些无法建立起有效的赋税征收系统的地区,都能或多或少地取得盐利。②

但是,唐后期地方势力强大的历史条件,决定了中央必然允许地方政府在一定程度上参与盐政,以保证专卖经营的正常运行。欲壑难填的藩镇,也必定对盐利拼命争夺。封建商人的投机本性,亦必然使专卖商依违于唐廷与藩镇之间,伺机取利。这样,在唐后期盐利归属的问题上同样存在着中央与地方的矛盾和斗争,而且和唐前期的盐税之争相比,矛盾更加复杂,斗争更加尖锐。

唐后期中央与地方分割盐利的斗争,大体可分为两个阶段。自盐专卖法开始推行至黄巢起义前(乾元元年至咸通十四年,758—873年)为第一阶段;自黄巢起义爆发至唐亡(乾符元年至天祐四年,874—907年)为第二阶段。

在第一阶段中,唐中央尚有相当实力,各种地方势力对其既有抗拒的一面,又有服从的一面。在此前提下,专卖经营所遵循的经济规律使唐中央在斗争中居于较为有利的地位。专卖虽系以政权的力量强制推行,但在实施中它采取的是经营的方式,本质上是一种经济活动,因此有其客观规律可循。具体来说,首先,专卖经营是以垄断销售为中心的,包括产制、收购、贮运等环节的经济活动。受生产决定

---

① 陈衍德:《唐代专卖机构论略》,《唐史学会论文集》第 3 辑,西安:三秦出版社,1989 年。

② D. G. Twichett, *Financial Administration under the Tang Dynasty*, Cambridge Press, 1970, p. 49.

流通、流通又反作用于生产这一规律的制约,推行专卖的主体能否同时控制产、销两地,对其经营的成败至关重要。尤其是食盐这种商品,其运销无远不至,其生产却非处处皆有。地方或割据政权要么无法控制产地,要么控制了产地却难于推销。只有拥有相当幅员的中央政权,才可能使专卖经营环环相扣,顺利地实现其利润。其次,专卖收入的方式,以售价为唯一手段,即所谓"寓税于价"。① 因此,专卖价格的制订,成为专卖经营的中心问题。像盐这样的生活必需品,其需求弹性甚微,"虽贵数倍,不得不买",②因此它的专卖价格有背离价值规律的趋向。但盐这种专卖品既是作为商品投入市场,其价值就必须通过交换才能实现,因此它的专卖价格又不能完全背离价值规律。地方或割据政权易于从眼前的、局部的利益出发,大幅度加价,致使专卖品滞销;中央政权所处的地位,使其较能考虑长远的、全局的利益,从而适当控制加价幅度,务使产销基本平衡。所以专卖价格的制订者,亦以后者为优。总之,客观经济规律决定了推行专卖的主体以中央政权为宜,因而唐中央在与地方分割盐利的斗争中,处于较为有利的地位。

在第一阶段中,中央与地方分割盐利的斗争采取了几种不同的形式。

第一种形式是争夺专卖经营权,这主要发生于藩镇割据严重的两河地区。河北方面,"自天宝末兵兴以来,河北盐法,羁縻而已。暨元和中,用皇甫镈奏,置税盐院,同江淮、两池榷利"。③ 皇甫镈于河北设巡院以前,该地区盐专卖经营权为藩镇所擅有,中央因而无法取得固定而足额的盐利,各镇时或以"上贡"名义将部分盐利送纳中央,中央对其只是"羁縻"而已。如成德节度使王承宗强占德、棣二州后,

---

① 吴立本:《专卖通论》,重庆:正中书局,1943年,第79页。
② 《汉书》卷二四下,《食货志下》。
③ 《唐会要》卷八八,《盐铁》。

"岁出盐数十万斛"的棣州蛤垛盐池,①遂为其据有。之后王承宗因吴元济被灭而自惧,故"献德、棣之名部,发囷奉粟,并灶贡盐"。② 元和中,唐中央挟平定淮西之余威,将巡院制度推行于河北,经营盐专卖。然所遇阻力颇大,"人苦犯禁,戎镇亦频上诉"。③ 长庆元年(821年)三月,穆宗不得不下诏:"其河北榷盐法宜权停。仍令度支与镇、冀、魏博等道节度审察商量,如能约计课利钱数都收管,每年据数付榷盐院,亦任稳便。"④中央放弃了专卖经营权,改由藩镇收取盐税,按额交纳巡院。唐政府虽做出让步,但毕竟能取得定额盐利,与河北赋税尺帛斗粟不入于中央的情况相比,不可同日而语。而藩镇之所以分利于中央,乃在于河北所需食盐部分靠外地运入,中央若卡之,便有不足之虞。大历十年(755年)十二月,"元载、王缙奏魏州盐贵,请禁盐入其境以困之",⑤虽未获代宗批准,但足以说明问题。河北的情况表明,食盐专卖的推行,既受经济规律的支配,也受政治权力的制约。

河南方面,大历时刘晏于各地设巡院13所,其中8所集中于河南,⑥巡院分布的这种状况,表明中央对河南盐政的重视。这一地区既是藩镇林立之地,又是海盐、池盐重要的行销区,还是盐利转运的枢纽,因而唐廷特别加强了此地专卖机构的设置。⑦ 尽管如此,地方势力仍无孔不入地与中央争夺专卖权益,双方经历了反复的较量才见分晓。以兖、郓地区为例,元和前期,兖、郓等州虽为李师道所盘踞,但盐铁使仍能从该处取得专卖收入。元和三、五、六、七各年

---

① 《旧唐书》卷一二四,《李正己传附李师古传》。
② 《旧唐书》卷一四二,《王武俊传附王承宗传》。
③ 《唐会要》卷八八,《盐铁》。
④ 《唐会要》卷八八,《盐铁》。
⑤ 《资治通鉴》卷二二五,大历十年十二月。
⑥ 《新唐书》卷五四,《食货志四》。
⑦ 日野开三郎:《关于两税法以前唐朝的榷盐法》(日文版),载《社会经济史学》第26卷第2期,1960年。

(808、810、811、812年)盐铁使奏上盐利数额,其所出地区均包括兖郓在内。① 可见此间兖郓巡院(前述13所巡院之一)仍在行使其经营专卖的职权。不过李师道也夺取了该地区的部分盐利,他曾以郓州之盐馈赠淮西吴元济,②即可为证。元和后期兖郓巡院的停废,当是在李师道的逼迫之下发生的。元和十四年(819年)三月,李师道被唐廷攻灭后,唐政府将其辖区分为郓、青、兖三道,每道各设巡院一所,经营盐专卖。但因原先藩镇取自该地区的盐利颇为丰厚,悉归中央后不免引起地方怨恨,所谓"自盐铁使收管以来,军府顿绝其利",③就是指这一情况。长庆二年(822年)五月穆宗下诏曰:"其盐铁先于淄青、兖、郓等道管内置小铺粜盐、巡院纳榷,起今年五月一日已后,一切并停。仍各委本道约校比来节度使自收管,充军府逐急用度,及均减管内贫下百姓两税钱数。"④这是唐廷考虑到三道曾长期为节帅所踞,其势力一朝难除,且归其利权,"务安反侧",⑤兼可减轻百姓对地方经费的负担,以养民力。然此乃权宜之计,一旦情势稳定,必伺机收回。大和五年(831年),当平房军节度使、淄青登莱观察使王承元"首请盐法,归之有司"⑥时,唐廷便乘机将兖、郓诸镇盐利之权一并收回了。这样,兖郓地区的盐专卖经营权几度易手,又复归中央。唐代河南本地所产食盐不敷需要,相当部分要从河东、江淮调入,而唐政府在这一带的军事力量也较强,这就决定了中央对河南食盐专卖经营权的掌握要比河北强固得多。在这里,经济规律和政权力量对专卖经营的支配和制约同样得到充分的表现,只不过此处的社会政治经济状况有异于河北,因此这种支配和制约的程度也有

---

① 《册府元龟》卷四九三,《山泽一》。
② 《旧唐书》卷一四五,《吴少诚传附吴元济传》;《新唐书》卷二一四,《吴少诚传附吴元济传》。
③ 《旧唐书》卷四八,《食货志上》。
④ 《旧唐书》卷四八,《食货志上》。
⑤ 《旧唐书》卷一六五,《殷侑传》。
⑥ 《旧唐书》卷一四二,《王武俊传附王承元传》。

所不同。

中央与地方分割盐利的第二种形式表现为设卡与反设卡的斗争。这主要发生于淮南、江南地区。官收商销之法实行后,本来专卖商按规定价格向政府纳钱帛后,即可自由从事食盐的贩运。"然诸道加榷盐钱,商人舟所过有税",①地方当局设卡收税,从中获利,而专卖商复加售价,致使盐价上涨滞销,于是部分盐利曲折地转入地方政府之手。刘晏"奏罢州县率税,禁堰埭邀以利者",②正是针对这种情况采取的措施。当国家盐政由强有力的理财家执掌时,地方设卡与中央争夺盐利的问题是不难解决的。但是当盐铁使由江淮大镇的节度、观察使兼任时,这一问题就愈发严重了。权力的膨胀使得这些一身兼任二职的官员自觉或不自觉地走上与中央抗衡的道路,从而使其在本质上代表了地方的利益,来与中央争夺盐利,③而设卡收税之风也就愈演愈烈了。例如,贞元十五年(799年)二月,李锜以浙西观察使兼领盐铁使,此后,"盐院津堰,供张侵剥,不知纪极;私路小堰,厚敛行人,多是锜始"。④ 以致中央所得盐利大减。直到元和初李巽为盐铁使后,"大正其事,其堰埭先归浙西观察使者,悉归之(盐铁使);因循权置者,尽罢之",⑤才制止了地方设卡收税之风的恶性发展。

然而地方当局对于曾经得到过的好处是不会轻易放弃的。关卡既废,它们又另立名目,巧为征敛,变堰埭为邸舍,改征过税为住税,便是表现之一。元和十三年(818年)盐铁使程异奏:"应诸州府先请置茶、盐店收税,伏准今年正月一日赦文……事非常制,一切禁断者,伏以榷税茶、盐,本资财赋,赡济军镇,盖是从权……其诸道先所置

---

① 《新唐书》卷五四,《食货志四》。
② 《新唐书》卷五四,《食货志四》。
③ D. G. Twichett, *Varied Patterns of Provincial Autonomy in the Tang Dynasty*, *Essays on Tang Society*, Netherlands, 1976, pp. 90~109.
④ 《唐会要》卷八七,《转运盐铁总叙》。
⑤ 《唐会要》卷八七,《转运盐铁总叙》。

店,及收诸色钱物等,虽非擅加,且异常制,伏请准敕文勒停。"①元和中唐廷对藩镇用兵,中央对一些州府设邸舍课取茶、盐等居停之税的做法权且认可,意在使其借此筹措军资,以助中央平叛。一旦兵罢,中央便勒令其停止,以防止这种变相的设卡收税继续发展下去。元和以后,地方私设关卡之风仍不时抬头,使中央不得不经常加强反设卡的措施。

地方当局设卡收税,专卖商复加售价转嫁负担于消费者,唐政府亦因涨价引起的滞销而蒙受损失。地方当局的这种手法实际上是通过变相的加价间接地与中央分割盐利。但是,江淮毕竟是唐廷有效控制的地区,这种手法所起的作用在时间上、空间上是有限的。而当盐价超过一般消费者所能负担的程度时,专卖商的贩运量会随之减少,这种手法也就越来越不灵验了。在这里,专卖经营受到政治权力与经济规律的双重制约,同样是显而易见的。

中央与地方分割盐利的第三种形式表现为提价与压价的斗争。这也发生于江淮地区。本来食盐专卖价格是中央统一规定的,但是,由于政府批发食盐的地点离产地有远有近,因此专卖价格不可能完全划一,再加上地方政府的干预,因此容易形成局部性的涨价,有时还会由此引发全局性的涨价。如建中年间,"淮南节度使陈少游奏加民赋,自此江淮盐每斗亦增二百,为钱三百一十,其后复增六十",②其他地区的盐价也随之涨到每斗370文的水平。此间唐中央正忙于对付四镇联叛与泾原兵变,无暇他顾,陈少游等地方势力得以一时得逞,从盐价上涨中得到好处。但高昂的盐价难于持久,而中央政权重新得到加强后也会迅速采取措施平抑盐价。元和初李巽主持盐政后,即将专卖价格降至每斗250文,③食盐由滞销变为畅销,中央所得盐利因而迅速增加。提价与压价的斗争之实质,同样是盐利在中

---

① 《唐会要》卷八八,《盐铁》。
② 《新唐书》卷五四,《食货志四》。
③ 《册府元龟》卷四九三,《山泽一》。

央与地方之间的分配与再分配。政权力量与经济规律对专卖经营的支配作用,在这里又一次得到表现。

以上分析了唐后期中央与地方分割盐利的斗争之第一阶段。在本阶段中,中央居于较为有利的地位,它不仅确保了全国各地大部分的盐利,而且在大历末与元和中还两次使盐利数额达到空前的高水平。①

在第二阶段中,情况发生了巨变,唐中央在黄巢起义的打击下急剧衰弱下去,各地藩镇利用镇压起义的机会极力扩充自己的势力,益发强大起来,它们对于中央服从的一面逐渐为抗拒的一面所取代。除了河北强藩之外,原先受中央控制的地区也纷纷割据称雄,抗拒朝命。"朝廷号令所行,惟河西、山南、剑南、岭南数十州而已。"②拒不向中央输纳赋税的地区,从河北扩大到了河南、江淮等地。"是时藩镇各专租税,河南、河北、江淮无复上供,三司转运无调发之所,度支惟收京畿、同、华、凤翔等数州租税,不能赡国。"③此时的唐政权,从严格意义上来讲,已不再是一个全国性政权了。

唐中央作为推行食盐专卖的主体,其权力行使有效程度的急剧降低,以及权力行使范围的急剧缩小,必将使专卖经营日益失去存在的依据,因而专卖经营所遵循的经济规律也就无从发挥作用。在与地方分割盐利的斗争中,唐中央原先具有的较为有利的地位也就日渐丧失了。

当时两河地区已成军阀厮杀的战场,专卖经营无法正常进行自不待言。江淮方面,中和二年(882年)淮南节度使高骈被唐廷罢去所兼盐铁使后,即与唐廷公开决裂,截留盐利。中央在江淮地区的专卖机构即便继续存在,也必受藩镇挟制无法正常行使其职权。加以各级官吏公然掠夺专卖商,遂使情况进一步恶化。僖宗于光启三年

---

① 陈衍德:《唐代专卖收入初探》,载《中国经济史研究》1988年第1期。
② 《资治通鉴》卷二五六,光启元年三月。
③ 《资治通鉴》卷二五六,光启元年闰三月。

(887年)七月诏曰:"江淮商贾,业在舟船,如闻近日官中掳借甚苦……非理滞留,散失财货……自今以后,委所在长吏,切加禁断……如有茶、盐舟船,关系三司榷课者,任准元敕处分。"①舟船被掠,财物散失,专卖商自无力再为政府贩运食盐。此时中央号令已形同空文,这种情况断难制止。足见江淮地区的盐利也渐告枯竭。在这种形势之下,唐廷对盐利的关注便集中到关辅近镇。然而近镇藩帅亦是骄横跋扈,唐廷既无法以其他手段迫使其就范,唯有与之兵戎相见。因此,在本阶段中,中央与地方对盐利的分割,主要便是以武装斗争的形式出现。

两池盐利之争便是这样一次具有代表性的武装冲突。两池即河东安邑、解县盐池,由于地近京师,产盐颇丰,历来为中央大宗收入,唐廷因而对其极为重视。自黄巢起义后,河中节度使王重荣盘踞该地区,遂专两池之利,每年仅以盐三千车上供中央,余则据为己有。②对此,唐廷自然无法接受。光启元年(885年)闰三月,当时实际控制着唐廷的宦官、观军容使田令孜以禁军"赏赉不时,士卒有怨",③奏请"两池榷课,直属省司,以充赡给"。④僖宗于是诏曰:"近京赡国之资,榷盐为本,法禁久废,奸蠹实繁,误陷藩方,依凭城社,须知根柢,乃可改张。"⑤下令收回两池利权。同年四月,田令孜兼两池榷盐使。然而王重荣"抗章论列",⑥拒不交出利权。五月,令孜奏请自河中徙重荣于兖州,重荣又拒赴别镇。十月,令孜调邠宁、凤翔兵及神策军讨伐重荣,重荣求助于河东节度使李克用,克用率军逼京师。十二月,令孜挟僖宗奔凤翔。自此至文德元年(888年)二月,僖宗颠沛在

① 《唐大诏令集》卷八六,僖宗:《光启三年七月德音》。
② 《资治通鉴》卷二五六,光启元年闰三月。
③ 《资治通鉴》卷二五六,光启元年闰三月。
④ 《旧唐书》卷一八二,《王重荣传》。
⑤ 《册府元龟》卷四九四,《山泽二》。
⑥ 《旧唐书》卷一八四,《田令孜传》。

外达两年之久。而关中再遭兵燹,京师"复为乱兵焚掠,无孑遗矣"。① 代价虽如此惨重,然中央于两池利权"卒不能夺"。② 天复元年(901年)三月,朱全忠奏:"河中节度使岁贡盐三千车,臣今代领池场,请加二千车,岁贡五千车。候五池完葺,则依平时供课额。"③ 可见直至唐亡,两池专卖经营权一直操于藩镇之手,朝廷分得些许余利而已。

两池盐利之争的结果表明,唐中央已丧失了推行专卖从而获取盐利的起码实力。至此,在全国范围内,盐利已为各地藩镇瓜分殆尽。以后,朱全忠又数度觊觎盐铁使这一职位,企图夺取盐政的最高领导权。天祐三年(906年),亦即唐朝灭亡的前一年,唐廷被迫授予朱全忠"盐铁、度支、户部三司都制置使"一职,④唐政府在名义上所拥有的盐政领导权也就不复存在了。

以上分析了唐后期中央与地方分割盐利的斗争之第二阶段。在本阶段中,中央的地位每况愈下,其盐利逐渐被地方势力用武力和其他方式劫夺净尽。

唐后期中央与地方围绕着盐利归属问题进行了反复的较量,最后以唐中央的失败而告终。唐中央专卖主权的丧失,实质上是为继之而起的新政权所取代。再者,正如前文所指出的,由于食盐的生产受地区限制,因而并非每个割据政权都能垄断它;又由于分裂局面阻碍了食盐的流通,即便有的割据政权垄断了它,也无法在正常的条件下经营取利。唐末五代的历史证明了这一点。唐朝失去全国性政权的地位后,专卖经营所遵循的经济规律不再对其有利,也就不难理解了。

通过对唐代中央与地方分割盐利的斗争之分析,我们可以看到

---

① 《资治通鉴》卷二五六,光启元年十二月。
② 《新唐书》卷五四,《食货志四》。
③ 《旧唐书》卷二〇上,《昭宗纪》。
④ 《资治通鉴》卷二六五,天祐三年三月。

封建社会错综复杂的政治经济矛盾的一个侧面。

  封建专制国家是建立在分散的自然经济的基础之上的,因此商品生产与流通必然成为封建专制国家矛盾的集中表现。封建国家推行专卖制度固然首先着眼于财政收入,但将一些最有利可图的商品控制在自己手中,不使其对自然经济起分化瓦解作用,却也是它的主观愿望之一。然而专卖经营的大范围推行,在客观上又会损害到比中央政权更深地根植于自然经济土壤中的地方政权的利益,从而引起中央与地方的抗争。封建社会政治经济矛盾的复杂性在这里得到充分的展现。

(原载《江海学刊》1989年第2期)

六　唐代的酒类专卖与茶法

唐代的酒类专卖

唐代诸项专卖收入中,盐居首位,酒类次之。然而,就专卖形式的多样及其演变的复杂而言,酒类又在其他专卖品之上。唐代的盐专卖前人已有些许研究,相比之下,酒类专卖的研究还很不够。笔者不揣学历浅薄,拟就这方面的诸问题,包括酒类专卖的演变和发展、酒类专卖的机构及其收入等,做一些初步的探讨。

酒类专卖始于西汉武帝天汉三年(前98年)的"初榷酒酤",[①]那次实行的时间虽然只有18年,但在扭转西汉中期的财政危机中,发挥了不小的作用。此后历代统治者多有仿效,如新莽时作为"六筦"之一的榷酒,南朝陈文帝天嘉年间从臣下之请行榷酤,[②]等等。隋朝立国之初承北周之制,"官置酒坊收利",至开皇三年(583年)"罢酒

---

① 《通典》卷一一,《榷酤》。
② 《通典》卷一一,《榷酤》。

坊",①"与百姓共之"。② 唐前期继续推行任百姓酤酿的政策,唯遇饥荒时,在局部地区实行临时性的禁酒。可见,唐中叶以前,酒类专卖还不曾长期持续推行过。

安史乱起,唐中央财政拮据。为了开辟新的财源,唐政府于乾元元年(758年)开始推行盐专卖,收效颇为显著。这一成功为专卖范围的扩大创造了条件,6年之后,酒类专卖也开始施行。唐代酒类专卖的形式多种多样,以下分论之。

首先来看酒户纳课之制,也就是特许专卖制。《通典》卷一一《榷酤》:

> 大唐广德二年十二月,敕:"天下州各量定酤酒户,随月纳税。除此外,不问官私,一切禁断。"

从形式上看,这是一种课税制度。然而,缴纳酒税的是专门从事酿造、销售酒类的酒户,其他任何人,不论公私,一概不许参与酒的产销,其中已有独占的含意。这里,独占酒类产销经营的虽然是酒户,但是这种经营权是经国家特许认可的,其主权仍然掌握在国家手中,因此,这种独占归根结底乃是国家的独占。所以,广德二年(764年)所颁行的酒户纳课之制,就其实质而言,乃是一种专卖制度。由于国家是通过特许商人的经营来达到独占酒类产销的目的,并且以收取特许商人的酒税来实现其专卖收入,因而我们不妨称之为特许专卖制。

大历六年(771年)二月,政府对此制又做了更具体的规定:酒户"量定三等,逐月税钱,并充布绢进奉",③从《唐大诏令集》卷五《改元天复赦》所云"仰度支、京兆府依旧例,于酒店量户大小,逐月纳榷沽酒钱"可知,"量定三等"的依据是经营规模的大小。酒户即按所定等第缴纳数量不等的酒税。其具体税额,可能是据销额最高的月份,按

---

① 《隋书》卷二四,《食货志》。
② 《通典》卷一一,《榷酤》。
③ 《通典》卷一一,《榷酤》。

一定的比率加以确定的。① 其所纳钱币,则由地方当局转市绢帛等轻货,上供中央。

在特许专卖制之下,政府只坐取税收,不参与专卖经营,因而没有必要设立专门的经营管理机构。酒户纳税事宜,乃由各道租庸盐铁使兼掌,如裴谞为河东道租庸盐铁使,兼管榷酤之利。② 永泰元年(765年)各道租庸盐铁使停罢后,收纳酒税之权又移于诸道节度、观察、都团练等使。③

其次来看官酤,亦即全部专卖制。大历十四年(779年)五月德宗即位,七月下令罢酒专卖。④ 这是新帝登极时常用的安抚手法。两年半之后,亦即建中三年(782年)闰正月,时值兵戎屡兴,财政窘迫之际,德宗便又下令重行酒专卖。《通典》卷一一《榷酤》:

> 建中三年制:"禁人酤酒,官司置店收利,以助军费。"

又《旧唐书》卷四九《食货志下》:

> 建中三年……天下悉令官酿。斛收直三千,米虽贱,不得减二千,委州县综领。漓薄私酿,罪有差。

综合两书记载,可知这一次政府独占了酒的酿造和销售,禁民私酿私酤,亦即完全控制了酒的生产和流通。在此意义上,我们称之为全部专卖制。其具体办法是:政府设置酒店出售官酿酒;官订的专卖价格为每斛三千文,即使原料再便宜,亦不得低于二千文;专卖业务的经营由各州县政府具体负责;民间有私酿薄酒以谋利者,须量罪惩处。又据《旧唐书·食货志》、《新唐书·食货志》载,建中酒专卖法的施行范围不包括京师长安在内。究其原因,在于长安乃四方辐辏之地,官

---

① 参见丸龟金作:《唐代的酒的专卖》(日文版),载《东洋学报》第40卷第3期,1957年。
② 《旧唐书》卷一二六,《裴谞传》。
③ 《全唐文》卷四七,代宗:《命诸道入钱备和籴诏》。
④ 《唐大诏令集》卷一一二,德宗:《放天下榷酒敕》。

僚富商麇集其间,私酿至多,官酿官酤难以施行,因而政府做出让步。① 不过,建中四年(783年)八月前后,长安也曾一度施行酒专卖,这大概和同时实行的税间架、算除陌一样,是一种筹措军费的应急措施。② 建中酒专卖法实施两年之后,德宗因"泾原兵变"避难奉天,下令停罢税茶、榷铁等名目,酒专卖并不在罢除之列,③可见其法此后仍继续推行。关于州县榷酤机构,将在下文与榷曲机构一并说明。

全部专卖制实行后不久,特许专卖制又重新兴起。《唐会要》卷五九《尚书省诸司下·度支使》:

> (贞元)二年十二月,度支奏:"请于京城及畿县行榷酒法,每斗榷一百五十文。其酒户并蠲免杂役。"从之。

同书卷八八《榷酤》又载太和八年(834年)二月九日敕节文:

> 京邑之内,本无酤榷。自贞元用兵之后,费用稍广,始定户店等第,令其纳榷。

据以上记载,贞元二年(786年)在京师实行的酒专卖法,基本上同于广德之法,亦即特许专卖制。所不同者,又增加了两项规定,一是酒户免于负担杂徭;一是酒户所纳课额,按每出售一斗酒缴纳一百五十文比率确定。关于后者,马端临评论道:"昔人举杜子美诗,以为唐酒价每斗为钱三百,今榷百五十钱,则输其半于官矣!"④马氏所言,给人以官、商各得专卖收入之半的感觉,其实不然。由于酒户所得尚须扣除成本,即使在斗酒三百文的情况下,其利润肯定也少于一百五十

---

① 《全唐文》卷七五,文宗:《太和八年疾愈德音》:"京邑之中……万方所聚,私酿至多,禁令既不可施,榷利自无所入",可借以说明建中时情况。

② 建中四年八月,陆贽奏请"其京城及畿县所税间架、榷酒、抽贯、贷商、点召等诸如此类,一切停罢"。(《陆宣公翰苑集》卷二,《论关中事宜状》。)

③ 《唐大诏令集》卷五,德宗:《奉天改兴元元年敕》。

④ 《文献通考》卷一七,《榷酤》。杜甫诗"偪仄行赠毕曜"有"终须相就饮一斗,恰有三百青铜钱"句。

文,何况斗酒三百文在至德年间就是偏高的价格。①贞元初年以后粮价趋于下降,酒价必然随之跌落,在斗酒低于三百文的情况下,酒户所得利润就更少了。总之,酒价是浮动的,课额是固定的;酒价又不能像盐价那样无限制地提高,所以在这种专卖收入再分配的形式之下,政府所得一般要比商人为多。据史籍记载,贞元之法的实施范围似不限于京师一地,②它可能是与建中之法交错而行或同时并存的。

综合广德、大历、贞元有关的规定来看,酒户的地位类似于专卖商,而且是在产销结合的基础上经营专卖的。③ 不过,政府除了向它收取酒税之外,还时有干预或参与其事。如"唐己未年—辛酉年(899—901年)归义军衙内破用布·纸历"载:

> 同日(六月十日),支与酒户阴加晟、张再集二人冽酒鹿布壹疋。④

政府为酒户提供部分生产资料,这种提供自然不是无偿的,可见酒户所拥有的专卖经营权并非绝对完整。

谈过了特许专卖制和全部专卖制,我们再来看酒专卖的第三种形式——榷酒钱。《全唐文》卷五三德宗《放免诸道积欠诏》:

> 其诸道州府应欠贞元八年、九年、十年两税及榷酒钱,总五百六十万七千余贯,在百姓腹内,一切并免。如已征得在官者,宜令所司具条疏闻奏。

榷酒钱系于具体年代者,以此为最早。但据《册府元龟》卷五〇四《榷酤》:

> 榷酒钱旧皆随两税征众户,自贞元已来,有土者竞为进奉,故上言:"百姓困弊,输纳不充,请置官坊酤酒,以代之。"

---

① 杜甫同一诗又有"街头酒价常苦贵"句,所云为至德年间事。
② 《新唐书》卷五四,《食货志四》;《文献通考》卷一七,《榷酤》。
③ 《新唐书》卷一五三,《段秀实传》:"俄而(郭)晞士十七人入市取酒,刺酒翁,坏酿器……"可证酒户兼营产销。
④ 池田温:《中国古代籍帐研究·录文》,东京:东京大学东洋文化研究所,1979年,第605~606页。

则贞元以前,似已征收榷酒钱。然其时间上限,尚不甚明。从其"随两税征众户"来看,它是作为一项独立的税目,与两税一起征收的。与此相类似的税目,还有青苗钱。而青苗钱是先于两税法而存在的,并且史书上青苗钱、榷酒钱并提的记载相当多,因此我们推论,榷酒钱的征收,建中元年(780年)以前当亦有之。

榷酒钱出现的原因何在?它经历了怎样的发展过程?我们知道,由于酿酒技术简单,原料不受地区限制,因此政府对其产销实行独占经营有相当的困难。即便在特许专卖制之下,酒户出售的酒仍无法畅销。因为具备酿酒能力的人户,均能自给自足,只要不公开出售,政府便无从察觉。这样一来,酒户的收入便受到影响,政府的税收也随之减少。《全唐文》卷七五文宗《大和八年疾愈德音》:

> 京邑之中……贞元……始定店户等第,令其纳榷。况万方所聚,私酿至多,禁令既不可施,榷利自无所入,徒立课额,殊非惠人。

应该说,各地区各时期都程度不等地存在这种情况。有鉴于此,政府便以普遍征收酒税,亦即征收榷酒钱的办法,来补充特许专卖制的不足。因此,榷酒钱一开始是作为其他酒专卖形式的辅助形式而出现的,关于这方面的具体情况,《旧五代史》卷一四六《食货志》中的一条材料为我们提供了一点线索:

> 后唐天成三年七月,诏曰:"应三京、邺都、诸道州府乡村人户,自今年七月后,于是秋田苗上,每亩纳曲钱五文足陌,一任百姓自造私曲,酿酒供家……县镇坊界内,应逐年买官曲酒户,便许自造曲,酤酒货卖……逐户计算都买曲钱数内,十分只纳二分,以充榷酒钱……榷酒户外,其余诸色人亦许私造酒曲供家,即不得衷私卖酒。如有故违,便即纠察,勒依中等酒户纳榷。其坊村一任酤卖,不在纳榷之限。"

这是说,在城镇,民户纳榷曲钱后只能私酿供家,不得酤酒取利。酤酒仍由酒户专事之;在乡村则一任民户纳榷曲钱后酿造酤卖。这种做法很可能是沿用唐代的政策。建中年间,全部专卖制亦即官酤推行后,民间"逃酤"①的现象严重,纳榷酒钱之法遂在各地沿用不改,在不少地方甚至取代了官酤。这样,榷酒钱便由一种酒专卖的辅助形式发展为独立形式。

关于榷酒钱的征纳办法,《册府元龟》卷五〇四《榷酤》有这样的记载:

> (元和)十四年七月,湖州刺史李应奏:"先是,官酤代百姓纳榷,岁月既久,为弊滋深。伏望许令百姓自取酤,登旧额,仍许入两税,随贯均出,依旧例折纳轻货送上都。"许之。

从中可知,榷酒钱的征收对象是全体普通人户,各户在缴纳榷酒钱的同时,被允许私酿私酤。② 一个地区所应缴纳的榷酒钱数额,视该地区官酤旧额而定,然后将其额摊配于众民户。摊配标准视各户所纳两税贯数而定。有的地方亦视青苗钱数而定,③每贯按一定比率增纳钱额。各地比率不尽相同。元稹《同州奏均田状》说,当地每亩收地头、榷酒钱共 21 文,④其中 15 文为青苗地头钱,⑤榷酒钱为 6 文。二者之比为 5∶2,即每纳青苗钱一贯,须纳榷酒钱 400 文。以上论述了榷酒钱的起始时间、产生缘由、发展过程以及征纳办法。要言之,榷酒钱的形式虽表现为赋税,但就其内容而言,仍然代表专卖收入,故或称之为"专卖税"。⑥

---

① 《新唐书》卷五四,《食货志四》。
② 榷酒钱在作为其他酒专卖形式的辅助形式时,民户纳榷酒钱后只许私酿不许私酤,这里既允许私酿私酤,表明榷酒钱已是一种酒专卖的独立形式。
③ 《元稹集》卷三六,《中书省议赋税及铸钱等状》曰:"今请天下州府榷酒钱,一切据贯配入两税。"《唐会要》卷八八,《榷酤》曰:"元和六年京兆府奏:'榷酒钱除出正酒户外,一切随两税、青苗钱据贯均率。'从之"。
④ 《元稹集》卷三八,《同州奏均田状》。
⑤ 有关青苗钱每亩征收数额,以及青苗钱、地头钱、青苗地头钱三种名称混用的记载,详见《旧唐书·食货志》、《新唐书·食货志》。
⑥ 日野开三郎:《唐代租调庸の研究》Ⅱ,《课输篇上》(日文版),东京:汲古书院,1975 年,第 49 页。关于榷酒钱的征收机构,由于是和两税一起征收的,故似可断定其机构是与州县两税征收机构合一的,兹不赘述。

最后,我们来看酒专卖的第四种形式——榷曲。《新唐书》卷五四《食货志四》:

> 贞元二年……独淮南、忠武、宣武、河东榷曲而已。

这是见于记载的最早的榷曲。榷曲就是政府对酿酒的发酵剂——酒曲——的销售实行独占经营,[①]百姓从官府买得酒曲,即可自行酿酒酤酒,他们按官价付曲值,便等于缴纳了酒税,因此,其实质乃无异于寓税于价的酒专卖法。所不同者,它以对酒的部分原料实行专卖,代替对酒本身实行专卖。榷曲的地区,一般位于交通要道之处,如上述淮南、忠武(陈许等州)、宣武(汴、宋、颍、亳等州)及河东,均位于漕运路线及其附近,这些地点四方辐辏,私酿至多,酒专卖不易实行。榷曲地区尚须具备造曲作物的生产能力,否则行之难久。[②] 可见其实行地点的选择并不是任意的。曲的专卖价格,唐代史籍不详。五代时订曲价先后有每斤 80 文、150 文、120 文三种。[③] 唐代曲价可能也在这个范围之内。榷曲以独占酿酒所必不可少的发酵剂,来间接地控制酒的产销,然百姓于纳曲值之后,毕竟可自由从事酒的产制运销。因此,榷曲可视为酒专卖法当中介于官酿官酤与民酿民酤之间的一种过渡形态。[④]

关于官酤与榷曲的机构,唐代史籍付诸阙如。鞠清远先生认为:"担负榷酒或榷曲任务的官吏,大概都有衙门,称之为榷酒务",[⑤]其

---

① 至于这种独占是否扩大到生产领域,则因时因地而异。大和时湖南榷曲,官府所卖曲系"远处求籴"(《册府元龟》卷五〇四,《榷酤》);昭宗时京城禁军卖曲取利则自制出售。(《唐大诏令集》卷五,《改元天复敕》)

② 大和四年七月湖南观察使韦词奏:"当州土宜,少有曲麦,州司远处求籴,般运甚难,伏请停榷曲"(《册府元龟》卷五〇四,《榷酤》)。

③ 《旧五代史》卷四七,《唐末帝纪中》,清泰二年正月庚申;《旧五代史》卷七六,《晋高祖纪第二》,天福元年十一月己亥。

④ 参见丸龟金作:《唐代的酒的专卖》(日文版),载《东洋学报》第 40 卷第 3 期,1957 年。

⑤ 鞠清远:《唐代财政史》,上海:商务印书馆,1940 年,第 74 页。

根据为,《桂苑笔耕集》一书中载有一些"榷酒务"官员的委任状。①我们从五代史籍中亦可窥其大略。《五代会要》卷二六《曲》:

> 周显德四年七月敕:"诸道州府曲务,今后一依往例,官中禁法卖曲,逐处先置都务处,候敕到日,并停罢,据见在曲数,准备货卖,兼据年计合使曲数,依时踏造,候人户将到价钱,据数给曲,不得赊卖抑配于人。其外酒场务,一切仍旧……"(注:先是,晋、汉以来,诸道州府皆榷计曲额,置都务以沽酒。民间酒醋皆漓薄,上知其弊,故命改法。)

可见曲务是政府经营曲专卖的机构,都务则是经营酒专卖的机构,场务作为都务或曲务的分支机构,行官酤时则卖酒,行榷曲时则卖曲。② 这种制度当源于唐代。

从上面的论述中,我们看到,建中、贞元年间,酒专卖法有趋于多样化的倾向,官酤、酒户纳课、榷酒钱、榷曲诸种形式,或交错而行,或同时并存,呈现出纷繁复杂的局面。可以说,代宗、德宗时期,酒专卖法的演变,主要表现为酒专卖形式由单一化向多样化转变。而德宗以后,这种演变,则主要表现为各种酒专卖形式两两之间互为转化,以下就后者详论之。

首先谈官酤与榷酒钱的相互转化。榷酒钱转化为官酤与进奉之风直接有关。进奉导致聚敛,榷酒钱征有定额,地方政府难以诛求,它与两税一样,划分为上供中央与地方留成两部分,③益此必然损彼。官酤则不然,它虽也有上供定额,但其经营颇有回旋余地,易于

---

① 如《桂苑笔耕集》卷一三有"诸葛殷知榷酒务";卷一四有"徐莓充榷酒务专知","柳孝谦知白沙榷酒务"等等。
② 场务冠以"酒"字,其卖官酒无疑。又《五代会要》卷二七,《盐铁杂条下》:"凡买盐、曲,并须于官场务内买",则场务亦卖官曲。
③ 《册府元龟》卷四八八,《赋税二》;《旧唐书》卷一六五,《殷侑传》。

上下其手,便于官府聚敛,①从而得以"羡余"进奉,以邀其宠。贞元年间,各地方官府纷纷以榷酒钱使"百姓困弊,输纳不充"为由,"请置官坊酤酒以代之"。② 按政府规定,将榷酒钱转换成官酤的办法是:"州府长官,据当处钱额,约米、曲时价收利,应额足即止",③即官酤取利的数额,应以该地区原先缴纳的榷酒钱数额为限;其专卖价格应参照当地米、曲的时价加以制订。当然,在地方政府掌握专卖经营权的情况下,对此规定的执行是要打很大折扣的,因此,官酤不免弊病丛生,从而促使其再转化为榷酒钱。元和二年(807年),宪宗下令:"官酤及杂榷率,并同禁断。"④应该说,许多地区因而将官酤转换成榷酒钱了,所以元和末元稹才会说:"今天下十分州府,九分是随两税均配(榷酒钱),其中一分置店沽酒。"⑤当然,元稹只是言其大略,官酤比例恐大于此。直至元和十五年(820年),江西、浙江两地十数州仍行官酤,⑥又元和十四年(819年)七月湖州刺史李应奏罢该州官酤时,"议者谓:宰臣能因湖州之请,推为天下之法,则其弊革矣",⑦言官酤为天下之弊,可见其所行地区不至太少。不过,从穆宗至文宗期间,官酤转换为榷酒钱的趋势仍在继续,如穆宗即位后,浙西观察使窦易直奏罢当道六州官酤,改纳榷酒钱;江西道在十年间也两度改官酤为纳榷酒钱。⑧ 元稹为薛戎所作碑文中,⑨有一段话颇能说明

---

① 《元稹集》卷三六,《中书省议赋税及铸钱等状》:"置店酤酒……上供既有定额,余利并入使司"。《旧唐书》卷一七四,《李德裕传》:"……榷酒,上供之外,颇有余财"。

② 《册府元龟》卷五〇四,《榷酤》。

③ 《唐会要》卷八八,《榷酤》。

④ 《唐大诏令集》卷七〇,宪宗:《元和二年南郊敕》。

⑤ 《元稹集》卷三六,《中书省议赋税及铸钱等状》。

⑥ 《旧唐书》卷一九〇下,王仲舒传;《册府元龟》卷五〇四,《榷酤》。

⑦ 《册府元龟》卷五〇四,《榷酤》。

⑧ 《旧唐书》卷一九〇下,《王仲舒传》;《册府元龟》卷五〇四,《榷酤》。

⑨ 《元稹集》卷五三,《唐故越州刺史兼御史中丞浙江东道观察等使赠左散骑常侍河东薛公神道碑文铭》。

这种趋势继续发展的原因：

> 所部郡皆禁酒，官自为垆。以酒禁坐死者，每岁不知数。而产生祠祀之家，受酒于官，皆漓伪滓坏，不宜复进于杯棬者。公即日奏罢之。

官酤的弊害，一是禁民酤酿，法令严酷，"闾阎之人，举手触禁"；①一是官酒质差，"酒味薄恶"，②而且售价昂贵，元和末江西竟有"谷数斛易斗酒"③者。犯禁者多，可见私酿盛行；官酒质差价高，又必然滞销。与其行官酤而坐失其利，不如罢之而将其利摊配于众户，其理甚明。因此，自大和以至唐末，这种发展趋势基本不变。虽然武宗、宣宗时采取增强独占程度的政策，一度在浙西、浙东、鄂岳等处复行官酤，在另一些地区复行榷曲，④但也改变不了这种趋势。《全唐文》中文宗至僖宗诸朝有关蠲免榷酒钱的令文表明，自京师至诸道州县，其间大多行纳榷酒钱之制，见表1：

表1 文宗至僖宗诸朝蠲免榷酒钱情况表

蠲免时限	蠲免地区	《全唐文》卷数与篇名
大和六年	京兆府	卷七四，文宗《赈卹诸道旱灾敕》
开成五年终以前	京兆府诸县	卷七八，武宗《加尊号后郊天赦文》
大中七年以前	京兆府	卷八五，懿宗《即位赦文》
咸通三年以前	诸道州县	卷八五，懿宗《大赦文》①
咸通四年至七年	诸道州县	卷八五，懿宗《大赦文》②
咸通十一年以前	京兆府	卷八六，僖宗《南郊敕文》

注：① 赦文下令蠲除"既存簿书，不免征剥"者。
② 赦文重申"有准敕蠲者"，"不得因此重征"。

---

① 《册府元龟》卷五〇四，《榷酤》。
② 《册府元龟》卷五〇四，《榷酤》。
③ 《新唐书》卷一六一，《王仲舒传》。
④ 《唐会要》卷八八，《榷酤》。

官酤转换为榷酒钱趋势之发展,表明在诸种酒专卖形式中,榷酒钱已从次要形式上升为主要形式。

其次,榷曲与官酤的相互转换。《册府元龟》卷五〇四《榷酤》:

> 文宗大和四年七月湖南观察使韦词奏:"前使王公亮奏请榷曲,收其赢利,将代上供……但芷挟颇易,挂陷颇多,兼当州土宜,少有曲麦,州司远处求籴,般运甚难。伏请停榷曲,任商旅将至当州,州司准榷酒元敕,及洪州、鄂州流例,于州县津市官酤……"可之。

据此,湖南原行官酤,后改榷曲,但因酒曲不易为官府所垄断,加之当地缺乏造曲作物的生产能力,遂再改行官酤。可见榷曲与官酤,亦可相互转换。

最后,榷酒钱与榷曲的相互转换。《唐会要》卷八八《榷酤》:

> 会昌六年九月敕:"扬州等八道州府,置榷曲并置官店酤酒,代百姓纳榷酒钱,并充资助军用。各有榷许限。扬州、陈许、汴州、襄州、河东五处榷曲;浙西、浙东、鄂岳三处,置官店酤酒……"

敕文中所列五个榷曲地区,有四处在贞元时便实行过这种专卖形式。大约在元和以后改为纳榷酒钱,至此复行榷曲,且增襄州一处。可见榷酒钱与榷曲,同样可以相互转换。

至此,我们知道,官酤、榷曲、榷酒钱这三种酒专卖形式,两两之间都存在着互为可逆的转换关系,如下图所示:

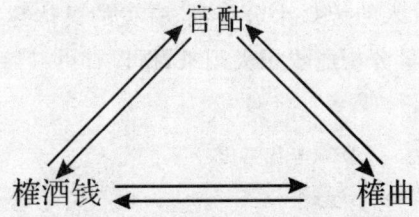

酒类专卖便是借助于这种三角转换关系而不断进行自我调节的。

德宗以后,各种酒专卖形式在相互转换的同时,还存在着两两同时并存的关系。首先是官酤与榷酒钱的并存。如贞元时李錡为浙西观察使,"百姓除随贯出榷酒钱外,更置官酤,两重纳榷,获利至厚"。①又元和十二年(817年)四月户部奏:"准敕文,如配户出榷酒钱处,即不待更置官店榷酤。其中或恐诸州府先有不配户出钱者,即须榷酤。"②又穆宗《长庆元年正月南郊改元敕》曰:"榷酒钱已有分配百姓处,又置酒店官酤,并诸色榷率,切宜禁断。"③政府一再重申不得二制并存,足见这种现象并非限于一时一地,而有其普遍性。

其次是榷酒钱与酒户纳课、酒户纳课与官酤的并存。元和六年(811年),京兆府奏:"榷酒钱除正酒户外,一切随两税、青苗钱据贯均率。"④这里,酒户所纳课额与普通人户所纳专卖税统称为榷酒钱,可见其时京兆府是酒户纳课与百姓纳榷酒钱二制并存的。又大和五年(831年)六月江西观察使裴谊奏请改官酤为纳榷酒钱时说:"当管洪州停官店酤酒,其钱已据数均配讫,并不加配业户。"⑤业户者,专业酒户也,可见在此之前,洪州是官酤与酒户纳课并行,在此之后,则是百姓纳榷酒钱与酒户纳课并行。

前文已经指出,之所以出现两种专卖形式同时并行的情况,原因在于:当一种专卖形式有漏洞时,政府便辅之以另一种专卖形式。久而久之,虽然其中的辅助形式已具备独立推行的条件,但为了增加专卖收入,原有的形式仍被保留下来,二制并存的做法就这样一直被沿用下来。

关于酒类专卖的收入,由于其专卖形式复杂多样,因时因地而异,故史籍对其收入的记载十分零乱,有关的具体数字更十分罕见,这就给我们的定量分析造成很大困难,据现有史料,只能描述其大概

---

① 《旧唐书》卷一七四,《李德裕传》。
② 《唐会要》卷八八,《榷酤》。
③ 《唐大诏令集》卷七〇,穆宗:《长庆元年正月南郊改元敕》。
④ 《唐会要》卷八八,《榷酤》。
⑤ 《册府元龟》卷五〇四,《榷酤》。

而已。唐代全国性的酒专卖收入数额,仅见于三条史料的记载。如表2显示,(2)、(3)两数所系年代大体一致,然相差颇多,由于大中年间宣宗采取了增强专卖独占程度的政策,其收入当不会少于文宗太和年间,因此,对照数(1),当以数(3)较为可信。

表2 唐代全国性酒类专卖收入数额表

年代	酒利数额(贯,缗)	资料来源
太和八年	(1)1030000+①	《新唐书》卷五四,《食货志四》。
大中七年	(2)820000+	《资治通鉴》卷二四九,大中七年十二月条,引《续皇王宝运录》。
大中中	(3)1379091	吕夏卿:《唐书直笔》卷四,《新例须知》。

注:①原文为"凡天下榷酒,为钱百五十六万余缗,而酿费居三之一",据此推算出。

表3 唐代地区性酒类专卖收入数额表

年代	地区	酒利数额(贯)	资料来源	备注
元和十五年	江西	(1)90000	《全唐文》卷五六二,韩愈:《江西观察使王公神道碑》	奏罢额
太和五年	洪州	(2)50000	《册府元龟》卷五〇四,《榷酤》	应纳额
太和八年	京兆府	(3)15010.8	《全唐文》卷七五,文宗:《大和八年疾愈德音》	蠲免额

检索史籍,尚可发现几个地区性的酒专卖收入数额,或可补全局之不足,见表3。其中数(1)为江西道行官酤时历年积欠的酒利上供额;数(3)为京兆府酒户积欠的酒税数额,意义都不大。数(2)为"洪州每年合送省榷酒钱"数额,可以说明两个问题:一是五万贯可能是

东南州、府每年应上缴中央的榷酒钱之一般定额;二是各地酒专卖收入除上供中央外,尚有部分留成,而后者是不包括在全国性的酒利岁入数额之内的。

  本文主要通过对各种酒专卖形式的相继出现及其相互关系的探讨,来阐明唐代的酒类专卖的演变过程。从中我们可以看到:酒户纳课之制的实施虽有间断,然其所行时间较长,范围亦较广;官酤逐步从酒专卖的主要形式下降为次要形式;纳榷酒钱之制在从辅助形式发展为独立形式的同时,也从次要形式上升为主要形式;榷曲实施的时、空范围都有限,它是一种过渡性质的专卖形式。从这一演变过程当中,我们还可以看到,唐代酒类专卖具有如下特性:第一,多样性——存在种种不同的专卖形式;第二,复杂性——专卖形式的两两并存,不同形式的频繁转换;第三,间断性——专卖的实行在时间上、空间上出现过空白;第四,开放性——酒户纳课之制下专卖主权与经营权的分离,榷曲与纳榷酒钱之制下百姓被允许私酿私酤。上述酒类专卖的演变过程及其特性,可说是唐代商品经济日益发展的必然结果和反映。

(原载《中国社会经济史研究》1986 年第 1 期)

唐代的茶法

  茶叶是唐代新出现的一项大宗商品。茶树在唐代开始得到大量栽培。至迟到唐中叶,饮茶已成为社会各阶层的普遍嗜好。[①] 在这种情况下,唐政府始对茶叶课之以税收,继而又对其行之以专卖。然诸史籍的有关记载或语焉未详,或相互牴牾,使人对唐代茶法的形成

---

① 张泽咸:《汉唐时期的茶叶》,《文史》第 11 辑,北京:中华书局,1981 年。

和演变不甚了然。因此,有必要廓清谬误,还其本来面目,以便对中国财政史上这一重要问题有一个比较清楚的认识。

首先来考察唐代税茶的情况。《唐会要》卷八八《仓及常平仓》引建中三年(782年)九月户部侍郎判度支赵赞条奏:

> 诸道津要、都会之所,皆置吏,阅商人财货,计钱每贯税二十文;天下所出竹、木、茶、漆,皆十一税之,以充常平本。

此乃税茶之始。这里,茶税的税率为10%,比一般商税税率2%高出许多,表明政府开始意识到它在财政收入上的意义。不过,此时税茶乃一时权宜,既无详细章程,收入亦不固定,①前后不过一年余,便告停止。②

贞元九年(793年)正月,盐铁使张滂又奏请税茶。《唐会要》卷八七《转运盐铁总叙》:

> 张滂奏立税茶法。郡国有茶山,及商贾以茶为利者,委院司分置诸场,立三等时估为价,为什一之税。

又同书卷八四《杂税》:

> 张滂奏曰:"……伏请出茶州县,及茶山外商人要路,委所由定三等时估,每十税一……"

此次税茶,有较为详细的规定:盐铁、度支巡院(院司)于各茶叶产地及其必由之路设置税场,茶叶交易悉于其中进行,③由主掌官吏(所由)按质论价,十一税之。其税率虽仍为10%,然据以课税之价格系由官定,且分三等;茶商虽能自产地购运茶叶,却必须在有关机构的监督之下进行。这都表明,政府的控制程度增强了。

长庆元年(821年),茶税税率有所提高,茶务且仿盐务以东、西

---

① 鲍晓娜:《茶税始年辨析》,载《中国史研究》1982年第4期。
② 《唐大诏令集》卷五,德宗:《奉天改兴元元年赦》:"其垫陌及税间架、竹、木、茶、漆、榷铁等诸色名目,悉宜停罢。"按,兴元元年为784年。
③ 参见金井之忠:《唐的茶法》(日文版),载《文化》第5卷第8期,1938年。

二区分属二使管辖。《新唐书》卷五四《食货志四》：

> 盐铁使王播……乃增天下茶税,率百钱增五十。江淮,浙东、西、岭南、福建,荆襄茶,播自领之。两川以户部领之。

随着其税率从10％提高到15％,茶税收入在政府财政中的地位提高了。而税茶事务仿效盐专卖法,①也表明政府对其控制的进一步加强。

其次来考察唐代茶专卖初行的情况。大和九年(835年),唐政府变税茶为专卖。《旧唐书》卷一七下《文宗纪下》大和九年十月癸酉条：

> 王涯献榷茶之利,乃以涯为榷茶使。茶之有榷税,自涯始也。

"榷税"含意虽不甚明,然宋人章如愚在其《山堂群书考索·后集》卷五六"榷茶"条中说："茶之有税,起于唐之赵赞；茶之有榷,又起于唐之王涯。"章氏明确地将"榷"与"税"区分开来,②因此,王涯所行为专卖,当可肯定。《旧唐书·文宗纪》所记颇为简略,其中详情尚须参考其他记载。《册府元龟》卷五一〇《重敛》：

> 文宗大和九年九月,盐铁转运使王涯奏请变江淮、岭南茶法,③并请加税,以赡邦计。

其中有一点值得注意,即"变法"与"加税"是密切相关的。所谓"加

---

① 永泰元年(765年),盐铁使一分为二,分管东西两大地区盐专卖事务。详见《唐会要》卷八八,盐铁使。

② 张泽咸认为："关于榷与税,章如愚把二者加以区分乃是无可厚非的……王涯建议税茶的一套办法符合汉代以来专卖的涵义。不过,《旧唐书》的记载仍有混乱……其他《唐会要》、《新唐书》、《资治通鉴》、《册府元龟》等书所记唐代税茶之事,也常将'榷'与'税'二者混用……唐宋人对榷与税之区分已不如汉朝人那样严格讲究了。"(《汉唐时期的茶叶》)又,加藤繁认为："榷就是一手承办买卖,不使别人参与,垄断它的利益的意思。"(加藤繁著,吴杰译：《中国经济史考证》第1卷,北京：商务印书馆,1959年,第143页。)

③ 两川茶法是否有相应改变,史无明文,然似应以改变为是。

税",疑其意即为加价。同年十一月下旬令狐楚接任盐铁使后在其奏文中有"唯纳榷之时,须节级加价"语,按行课税之制时,商人并非自政府手中买得茶叶,对政府而言,"加价"无从谈起,因此所谓"加价",只能是王涯在推行专卖后采取的措施,亦即在原有的茶税之上,加上专卖利润,形成专卖价格。还有一点,十月所行茶法,并不完全如王涯于九月所议。当时深受文宗宠信的郑注,亦曾提出自己的变法主张。《旧唐书》卷一六九《郑注传》:

> 上访以富人之术,乃以榷茶为对。其法:欲以江湖百姓茶园,官自造作,量给直分,命使者主之。

又《新唐书》卷一七九《郑注传》:

> 其法欲置茶官,籍民園而给其直,工自撷暴,则利悉之官。

其法大要为:改民营茶园为官营,置茶官专司其事,茶树的栽培、茶叶的采摘与晒制,悉于其中进行,售茶所得悉入官,茶农所得唯工值。①此乃官制官销的全部专卖法。对于郑注所议,王涯"心知不可,不敢争",②可见二人主张不尽相同。王涯主张榷茶,亦即政府独占茶的销售,郑注亦主张官销,对此两人并无分歧。显然,双方分歧在于茶的产制方面。郑注主张官制,王涯身为宰相,对实际情况尚有一定了解,对此不以为然。其所主张,当为民制官销的局部专卖法。

大和九年(835年)十月,文宗采纳了郑注之议,下《授王涯开府仪同三司充诸道榷茶使制》,曰:

> 朕以茶法稍弊,理须变更,凡斯重难,悉以资委……可开府仪同三司,充诸道盐铁转运、榷茶等使。③

茶的全部专卖之制便开始推行。此时王涯乃改变初衷,④"表请使茶

---

① 又,《册府元龟》卷五一〇,《重敛》:"复以江淮间百姓茶园,官自造作,量给其直,分命使者主之。"
② 《新唐书》卷一七九,《王涯传》。
③ 《全唐文》卷六九,文宗:《授王涯开府仪同三司充诸道榷茶使制》。
④ 《资治通鉴》卷二四四,太和七年九月条:"王涯之为相,(郑)注有力焉",故涯曲意相从。又郑王集团此时与宦官集团对峙,自不宜意见不和。

山之人,移树官场,旧有贮积,皆使焚弃"。① 这种"有同儿戏,不近人情"②的做法,理所当然地招致广泛的反对,"朝班相顾而失色,道路以目而吞声"。③ 且不说手段的强暴,即使就此法本身而言,其推行就是对茶叶产销的不适当干预,因而必然招致巨大阻力。史称"及诏下,商人计鬻茶之资,不能当所榷之多……江淮人什二三以茶为业,皆公言曰:'果行是敕,止有尽杀使,入山反耳!'"④新定的专卖价格高于原先的市场价格,贩茶商人若维持原价,则不仅无利可图,反将亏折本钱;若随之提价,亦将因"价高则市者稀"⑤而遭受损失,他们自然拼命反对。茶农面临丧失自己独立经济的威胁,反对就更为激烈。此法所行时间之短,⑥固然与其提倡者郑王集团的覆灭有关,但社会经济规律的惩罚不能不是一个重要的原因。

再次来考察唐代茶专卖的演变情况。大和九年(835年)十一月下旬,郑王集团覆灭后,⑦令狐楚接任盐铁使,遂变茶法。《旧唐书》卷一七二《令狐楚传》:

> 先是,郑注上封置榷茶使额,盐铁使兼领之,楚奏罢之,曰:"……昨者忽奏榷茶,实为蠹政……岂有令百姓移茶树于官场中栽植,摘茶叶于官场中造作……微臣蒙恩,兼领使务,官衔之内,犹带此名……伏乞……除此使额……伏望……一依旧法,不用新条。唯纳榷之时,须节级加价,商人转卖,必校稍贵,即是

---

① 《唐会要》卷八七,《转运盐铁总叙》。
② 《旧唐书》卷一七二,《令狐楚传》。
③ 《旧唐书》卷一七二,《令狐楚传》。
④ 《册府元龟》卷五一〇,《重敛》。观其文意,此处的"商人"当不同于下文将提及的专卖商,否则不可能出现售茶亏本的现象。
⑤ 《旧唐书》卷一七三,《李珏传》。
⑥ 自大和九年(835年)十月乙亥(初三)行之,至同年十二月壬申(初一)罢之,前后仅57天。见《旧唐书》卷一七下,《文宗纪下》。
⑦ 郑、王等人在"甘露之变"中被宦官集团所杀,事见《资治通鉴》卷二四五,太和九年十一月。

钱出万国,利归有司,既不害茶商,又不扰茶户……"从之。据此,政府不再对茶的生产加以独占,当无疑问。问题在于,对其销售的独占是否亦完全放弃?仔细推敲令狐楚的奏文,兹提出两点加以讨论。

第一,"唯纳榷之时,须节级加价,商人转卖,必校稍贵"。"加价"释意,已见前文。这里再将此句与长庆元年(821年)李珏所云对照来看。《旧唐书》卷一七三《李珏传》:

> 今增税既重,时估必增……山泽之饶,出无定数,量斤论税,所冀售多,价高则市者稀,价贱则市者广,岁终上计,其利几何?

李珏所言,为商人购茶于产地,向政府纳税(论税),然后运销各处。令狐楚所言,则为茶商按官价自政府手中购得茶叶(纳榷),再加价转贩四方。两种运销方式明显不同。

第二,"既不害茶商,又不扰茶户"。大中年间(847—859年)盐铁使裴休所说的"正税茶商",①恐肇始于此时。其地位与作用,当与取得盐籍的盐商类似,②亦即政府特许其贩运专卖品的商人。茶户之名前此未见,这种茶户,可能就是大和九年十月茶专卖法颁行之后,政府专为"以茶为业"③者设立的户籍,以将其纳入官营茶园的管辖范围,故其又称"园户"。④ 政府对茶叶产销的独占若完全废止,此种特殊的户籍自应随之取消。这里既被保留下来,说明此时对茶叶生产者尚有加以控制的必要。在放弃官产、允许商销的情况下,政府控制生产者的目的只能是为了垄断其产品的收购权,从而割断生产与销售的直接联系,以便居间取利。从存在这种茶商与茶户的情况

---

① 《唐会要》卷八四,《杂税》。
② 有关具有盐籍的盐专卖商,见《白居易集》卷六三,《议盐法之弊》;裴庭裕:《东观奏记》卷下,毕諴条。
③ 《册府元龟》卷五一〇,《重敛》。
④ 《册府元龟》卷四九四,《山泽二》,开成五年十月盐铁司奏。

来看,其运销方式的性质也是很清楚的。

为了进一步论证此间茶法的性质,我们还可以将其与盐、酒的专卖法加以比较。《全唐文》卷七四文宗《追收江淮诸色人经纪本钱敕》:

> 如闻皆是江淮富家大户,纳利殊少,影庇至多,私贩茶盐,颇挠文法,州县之弊,莫甚于斯,宜并勒停。

这里茶、盐并提,重申不得私贩。江淮海盐实行的是民制官收商运商销之法,可见茶法当与此同。又开成四年(839年)二月宣州观察使崔郸奏:"茶法非便于人,请两税钱上随贯纽率",①此乃意欲模仿征收榷酒钱这样一种酒专卖的形式。② 这一建议,显然是基于茶法与酒专卖法性质相同这一事实。

考索宋人的有关著述,也有助于我们弄清此间茶法的性质。《李觏集》卷一六《富国策第十》:

> 茶非古也,源于江左,流于天下,浸淫于近代……有国者从而笼之,利一孔矣……每岁之春,芽者既撷,焙者既出,则吏呼而买之,民挽而输之矣……盐始于汉,茶始于唐,取以济时,事非师古。

从这里可以清楚地看出,政府将民间生产的茶叶全部加以收购,这样的做法确实始于唐代。又,王栐《燕翼诒谋录》卷二《沿江榷货务》条:

> 国初沿江置务收茶,名曰榷货务,给卖客旅如盐货,然人不以为便。淳化四年二月癸亥,诏废沿江八处,应茶商并许于出茶处市之。未几,有司恐课额有亏,复请于上。六月戊戌,诏复旧制。

---

① 《册府元龟》卷四九四,《山泽二》。
② D. C. Twitchett, *Financial Administration under the Tang Dynasty*, second edition, Cambridge University Press,1970,p. 64. 有关征收榷酒钱这样一种酒专卖形式的详情,见陈衍德:《唐代的酒类专卖》,载《中国社会经济史研究》1986年第1期。

宋初多沿用唐制,茶法当不例外。可见唐制确是政府收购茶叶后再卖给茶商。再者,淳化四年(993年)一度允许茶商直接于产茶区买茶,这种做法也与唐代推行专卖以前的情况一样;未几复旧制,不过是重复了唐代茶法由课税而专卖的转变而已。

通过以上分析,我们得出结论:令狐楚奏请实施的茶法为民制官收商运商销的局部专卖法,他在放弃独占生产的同时,对专卖的中心环节——独占销售,只做了部分更动,没有改变茶专卖的实质。因此,其奏文所谓"一依旧法,不用新条"云云,固然有变更茶法的含意(变全部专卖制为局部专卖制),但毕竟是夸大其辞,故作姿态,以适应当时政治形势的变化。① 明了这一点,我们便不可据此认定其变法乃废专卖而复税茶。

令狐楚奏请实行的茶专卖法,至唐末不再有实质性变动,只是在大中时裴休任盐铁使期间,"立税茶法十二条",②主要是严密了反走私的措施。③ 然而茶法虽严,走私日炽,唐末大乱中,茶专卖法也就破坏殆尽了。

最后来考察唐代茶户(园户)的具体状况,以便加深对大和九年以后茶专卖法的认识。《册府元龟》卷四九四《山泽二》载开成五年(840年)十月盐铁司奏:

> 伏以江南百姓营生,多以种茶为业……但于店铺交关,自得公私通济……其园户私卖茶,犯十斤至一百斤,征钱一百文,决脊杖二十;至三百斤,决脊杖二十(按:疑有误),钱亦如上。累犯累科,三犯以后,委本州上历收管,加重徭役,以戒乡闾……若州

---

① 《旧唐书》卷一六九,《王涯传》:"乃腰斩(涯)于子城西南隅独柳树下。涯以榷茶事,百姓怨恨,诟骂之,投瓦砾以击之。"百姓乘郑王集团覆灭之机,公开起来反抗其所行茶法,是完全可能的。因此主政者不得不标榜其改弦更张,以平民愤,以揽民心。

② 《旧唐书》卷一七七,《裴休传》。此处《旧唐书》再次将"榷"与"税"二者混用。

③ 《新唐书》卷五四,《食货志四》;《唐会要》卷八四,《杂税》。

县不加把捉,纵令私卖园茶,其有被人告论,则又砍园失业,当司察访,别具奏闻,请准放(仿)私盐例处分。

于此可见,园户所产茶叶,应于指定地点卖官,若私卖,则视其数量多寡,予以轻重不等的惩处。因所订条例严酷,致园户有私卖被告发者,宁可砍掉茶园,以隐瞒身份,逃避刑罚。州县官对私卖茶叶防范不力者,按纵容私盐例处分。据此,园户地位当类似盐户,亦即封建国家控制下的专卖品生产人户,他们虽能独立从事生产,对自己的产品却无支配权。

不过,上引奏文中又有"官司量事设法,惟税卖茶商人"句,此外开成四年(839年)二月,文宗在驳斥宣州观察使崔郸所提出的随两税征茶课的建议时也说:"榷茶本率商旅,纽贯涉于加税",①都不免给人这样一种印象:园户除两税外,并无其他负担。那么,园户在卖茶与官府的同时,是否还无偿地向政府缴纳茶课呢?对此史籍语焉不详。但从一些蛛丝马迹中,尚可探其究竟。如《新唐书》卷一七九《何易于传》载其为益昌令时,"盐铁官榷取茶利,诏下,所在毋敢隐。易于视诏书,曰:'益昌人不征茶且不可活,矧厚赋毒之乎?'"同书卷一七七《敬晦传》亦载:"大中……南方连馑,有诏弛榷酒茗,官用告乏。"这种茶课征收面颇广,征收量颇大,民间疾苦、水旱灾情等均能影响其征课,显然与茶商所纳榷价不同,当为茶叶生产者所缴纳。另据《宋史》卷一八三《食货志下五》所载:

  在淮南则蕲、黄、庐、舒、光、寿六州,官自为场,置吏总之……六州采茶之民皆隶焉,谓之园户。岁课作茶输租,余则官悉市之……又民岁输税愿折茶者,谓之折税茶。

宋代园户有两种负担:一是以茶纳岁课,一是以茶折纳两税,二者有明确的区别。可见其卖茶与官府的同时,尚须纳茶课。此制当源于唐。② 据以上分析,唐代园户除两税外,尚须缴纳茶课,此点当无疑

---

① 《册府元龟》卷四九四,《山泽二》。
② 唐、宋茶叶政策大体一致。参见张泽咸《汉唐时期的茶叶》一文。

问。前述唐代官方文献所谓"榷茶本率商旅","惟税卖茶商人"云云,显然是避开茶的征购阶段,仅就其出橐阶段而言,因而无法据以看出园户的实际负担。

通过以上对茶户具体状况的考察,我们对唐政府如何以征课和强制收购的方式来垄断茶叶货源,从而割断茶叶生产与销售的直接联系,便有了更清楚的认识。

综上所述,唐代茶法的形成和演变经历了"课税—全部专卖—局部专卖"这样一个过程。茶税和茶专卖一方面是封建政府主观意志的产物;另一方面却也不能不依赖于茶叶的商品化程度,从而受到社会经济发展规律的制约。唐代茶法中,政府控制程度的由弱到强,再由强到弱,正是封建政府的主观意志和经济发展的客观规律二者矛盾运动的结果。

(原载《中国社会经济史研究》1987年第2期)

七　唐代的专卖制度与国计民生

唐代的专卖机构

唐中叶，随着政府相继对盐、酒、茶实行专卖，在国家财政系统中逐渐形成专卖与赋税两个子系统并列的局面。专卖就是国家独占某种或数种商品的买卖权利，它与赋税不同，是一种经营活动，其收入方式为寓税于价，即将税收隐蔽于售价之中。为此，国家设置了一套专门机构以司其事。另一方面，专卖与赋税同为国家以政权力量强制推行，专卖又是从赋税中蜕变出来，因此，两者在机构上往往相互关联，或交叉重叠，或合二为一。

本文拟论述唐代盐、酒、茶专卖机构的形成与变动，其职能的演进，其与赋税系统各级机构的关系诸问题，以期进一步认识封建国家控制经济生活的机能。

一、盐的专卖机构

乾元元年（758年），第五琦任盐铁使，始行盐专卖法。"盐铁名使,自琦始。"①盐铁使和后来相继参预专卖事务的度支使、户部使一起,合称"三司"或"三使",成为唐代国家专卖事业的最高领导机关,同时也是包括赋税在内的国家财政的最高领导机关。盐铁使初置时,于各地设分支机构,亦称盐铁使,而冠以地名,其职由所在地租庸使兼任。如广德初,穆宁"为鄂州刺史、鄂西沔都团练使及淮西鄂岳租庸盐铁沿江转运使";②裴谞"为河东道租庸盐铁等使"。③第五琦又"立监院官吏",经营"收榷"④与"出粜"⑤食盐的业务,监院便是专卖的经营机构。由于战时草创,此间专卖机构远未完备。永泰元年(765年)以后,方日益完备起来。《唐会要》卷八八《盐铁使》:

> 永泰元年正月,刘晏充东都、淮南、浙江东、西、湖南、山南东道盐铁使;第五琦充京畿、关内、河东、剑南、山南西道盐铁使。

盐铁一职分置二使,一是适应食盐生产因地而异的特点,以便于管理;一是不使权力过于集中,以防权臣跋扈。以两个平行的领导机构分别管理东、西两大地区的盐专卖事务,⑥整个唐后期基本沿用此制。按二使所辖区域,海盐属东区,池盐属西区,而井盐则分属东、西二区。

刘晏主持东区盐政期间,调整改革了专卖机构。首先是创立巡院制度。"自江淮北列置巡院",⑦共13所,见表1。

巡院为隶属盐铁使之地方最高盐务机关。其职能,一是禁捕私盐,防止奸盗。各地设巡院后,"捕私盐者,奸盗为之衰息"。⑧ 二是

---

① 《旧唐书》卷一二三,《第五琦传》。
② 《旧唐书》卷一五五,《穆宁传》。
③ 《旧唐书》卷一二六,《裴谞传》。
④ 《唐会要》卷八七,《转运盐铁总叙》。
⑤ 《旧唐书》卷一二三,《第五琦传》。
⑥ 据诸史书记载,刘晏、第五琦还分领东、西两大地区租庸、铸钱、转运、常平等事务,故《旧唐书·德宗纪》曰:"至是天下财赋始分理焉。"
⑦ 《唐会要》卷八七,《转运盐铁总叙》。
⑧ 《新唐书》卷五四,《食货志四》。

表 1　刘晏所设巡院表

巡院名	所在道名	巡院名	所在道名	巡院名	所在道名	巡院名	所在道名
汴州	河南	陈许	河南	宋州	河南	泗州	河南
郑滑	河南	兖郓	河南	甬桥	河南	淮西	河南
白沙	淮南	庐寿	淮南	扬州	淮南	浙西	江南
岭南	岭南						

资料来源:《新唐书·食货志》;日野开三郎:《关于两税法以前唐朝的榷盐法》(日文版),载《社会经济史学》第 26 卷第 2 期,1960 年。

招徕商贾,推销官盐。刘晏"搜择能吏以主之(巡院),广牢盆以来商贾"。① 三是了解市场情况,给盐铁使的决策提供依据。刘晏"自诸道巡院距京师,重价募疾足,置递相望,四方物价之上下,虽极远不四、五日知,故食货之重轻,尽权在掌握"。② 这实际上是一种信息反馈,如图 1 所示:

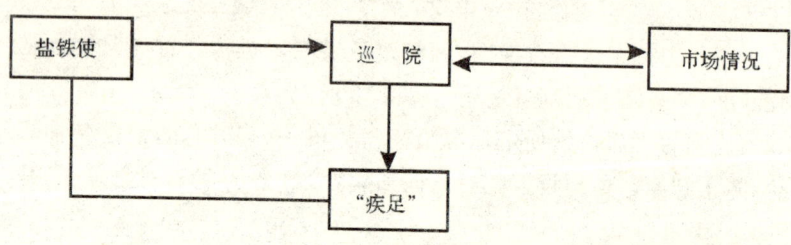

图 1　使、院信息反馈框图

盐铁使根据巡院所反映的市场物价(包括盐的市场价格)状况,调整此前制订的对策,以调节盈虚,平衡供需。四是收纳盐利,上缴盐铁

---

①　《旧唐书》卷四八,《食货志上》。
②　《旧唐书》卷一二三,《刘晏传》。

使。穆宗曾诏曰:"其盐铁使先于淄青、兖、郓等道管内,置……巡院纳榷。"①即为一例。五是监视藩镇,不使犯禁。13所巡院有8所集中于藩镇林立的河南地区,即此用意。此外,因此间盐铁、转运合为一使,故巡院又兼转运的职能。

其次是调整监院,建立10监4场,见表2。

表2 刘晏所设监、场表

监场名	所在州名	所在道名	监场名	所在州名	所在道名
盐城监	楚州	淮南	海陵监	扬州	淮南
嘉兴监	苏州	江南东	新亭监	杭州	江南东
临平监	杭州	江南东	兰亭监	越州	江南东
永嘉监	温州	江南东	富都监	明州	江南东
侯官监	福州	江南东	大昌监	夔州	山南东
涟水场	泗州	河南	湖州场	湖州	江南东
越州场	越州	江南东	杭州场	杭州	江南东

资料来源:《新唐书·食货志》;日野开三郎文,同表1注;妹尾达彦:《唐后期江淮盐税机关的驻地与机能》(日文版),载《史学杂志》第91卷第2期,1982年。

由于刘晏改官运官销为商运商销,监、场的职能较之监院也有相应改变,即一般不复行运输与零售之职,仅经营收购与批发业务。其事务既有减轻,遂得以抽出力量从事对亭户的技术指导。"晏又以盐生霖潦则卤薄,旸旱则土溜坟,乃随时为令,遣吏晓导,倍于劝农。"②监、场一般设于产盐地或其近邻。如淮南道楚州盐城县"有盐亭百二十三,有监",是为盐城监;江南道福州侯官县"有盐官",是为侯官监,

---

① 《旧唐书》卷四八,《食货志上》。
② 《新唐书》卷五四,《食货志四》。

邻近的长乐、连江、长溪诸县均"有监",此数处当属侯官监管辖范围。① 监、场为巡院之下属机构。《全唐文》卷七三六沈亚之《杭州场壁记》曰:"国家……使吏曹计其入,于郡县近利之地,得为院、监、场之署。"场一般为监之下属机构。宋《嘉泰会稽志》卷一七《盐》曰:"唐越州有兰亭监,官场五,曰会稽东场、会稽西场、余姚场、怀远场、地心场。"明指兰亭监下辖五场。又,《太平广记》卷三〇五《李伯禽》曰:"贞元五年,李伯子伯禽充嘉兴监徐浦下场籴盐官。"可知徐浦下场为隶属嘉兴监的盐场之一。但地处交通要道、购销量大的盐场,其地位与监相似。上引沈亚之文又曰:"顾杭州虽一场耳,然则南派巨流,走闽禺瓯越之宾货,而盐鱼大贾所来交会,每岁入官三十六万千计……自是汲利之官益重矣。"此类盐场并非监的下属机构。《新唐书·食货志》将杭州等4场与10监并列,乃此道理。

最后是始设留后。留后即留守官,代盐铁使管治一方专卖事务,包括仲裁商人与专卖机构之间的纠纷。杜牧《樊川文集》卷一三《上盐铁裴侍郎书》曰:"……江淮自废留后已来,凡有冤人,无处告诉……今若蒙侍郎改革前非,于南省郎吏中择一清慎,依前使为江淮留后……即自岭南至于汴宋,凡有冤人,有可控告,奸赃之辈,动而有畏,数十州土盐商,免至破灭……"留后多设于水陆交通发达之处,以便控制四方。如扬州,刘晏曾表奏屯田员外郎韩洄"知扬子留后"。②

经此改革调整,唐代专卖机构的模式得以确立,且被推广至西部地区。由于永泰元年(765年)第五琦以户部侍郎判度支的身份充西区盐铁使,大历六年(771年)韩滉仍以此身份继任西区盐铁使,故西区主管专卖的使职称谓逐渐变成度支使,而东区则仍称盐铁使,致有盐铁、度支分理天下盐务之说。

大历末至贞元中,专卖机构经历了一系列变动。大历十四年(779年)五月,刘晏兼领西区盐务。建中元年(780年)正月,刘晏罢

---

① 《新唐书》卷四一,《地理志五》。
② 《新唐书》卷一二六,《韩休传附韩洄传》。

诸使,其职亦废。三月,复旧制。① 贞元二年(786年)正月,宰相崔造奏:"诸道水陆运使及度支巡院、江淮转运使等并停,其度支、盐铁委尚书省本司判。"盐铁、度支二使及其所属巡院遂被停罢。然朝廷旋又下令:"诸道有盐铁处依旧置巡院勾当。"稍后韩滉"以司务久行,不可遽改",请复盐铁、度支之职。同年十二月,"以滉专领度支、诸道盐铁转运等使,(崔)造所条奏皆改"。② 至此二使复设。贞元八年(792年),复以盐铁、度支二使分领东、西两区赋税及专卖事务。《唐会要》卷八七《转运盐铁总叙》:

  (贞元)八年诏:"东南两税财赋,自河南、江淮、岭南、山南东道至渭桥,以户部侍郎张滂主之。河东、剑南、山南西道,以户部尚书、度支使班宏主之……"由是遵大历故事,如刘晏、韩滉所分。

从此二使分领东、西两区专卖事务遂为定制,终唐一代基本不变。

  这里对专卖机构的选官、编制稍作说明。盐铁、度支为理财重臣,常由宰相兼任,其职由皇帝任命。二使下属机构的官吏,由充使者自择,或直接委任,或奏请皇帝任命,不受吏部铨选制度约束,且其编制无定员。《唐大诏令集》卷七二僖宗《乾符二年南郊赦》曰:"天下州县,铨司注拟,便有选自朝廷。何故三司监院官,索州县承迎,云是制院,恐吓州县。"《旧唐书》卷一二三《班宏传》曰:"江淮两税,悉宏主之,置巡院。然令宏、滂共择其官……每置院官,宏、滂更相是非,莫有用者……遂令分掌之。"均可为证。海盐方面,对院、监、场的官职、编制记载颇略,大约院有知院官、招商官等;③监、场有籴盐官、管榷吏等。④ 池盐方面,记载较详,如《唐会要》卷八八《盐铁使》对两池、

---

① 《旧唐书》卷一二,《德宗纪上》。
② 以上见《旧唐书》卷一三○,《崔造传》。
③ 见《册府元龟》卷四九三,《山泽一》;《云笈七签》卷一二一,《苏州盐铁院招商官修神咒道场验》;《全唐文》卷六二,宪宗:《亢旱抚恤百姓德音》。
④ 《太平广记》卷三〇五,《李伯禽》;《新唐书》卷一六二,《独孤及传附独孤郎传》。

乌池、温池等官吏编制所记颇详,现据以列成表3。根据"两池盐务隶度支,其职视诸道巡院"①的记载,巡院的官职编制与表3所列当大致相同,唯两池榷盐使的级别略高。② 乌池、温池榷税使的级别则相当于巡院负责官员。又如刘宇作于贞元十三年(797年)的《灵庆公神堂碑阴记》,③对隶属两池各场场官所记亦详,见表4。

表3 两池、乌池、温池吏员编制表

池名＼人数＼吏员	榷盐(税)使	推官	巡官	院官	胥吏
两池	1	1	6	2	若干
乌池	1	1	2		130
温池	1	2	2		39

表4 两池各场官职表

场名	官职名	场名	官职名	场名	官职名	场名	官职名
方集	勘会官场官	监宗	勘会官监官	东郭	勘会官	常满	场官
监北	场官	青鼻	场官	分云	场官	柳谷	检阅官
紫泉	场官	下封	场官	资国	场官		

元和以后,专卖机构的变动表现为以下几方面:

(一)地方的参与

专卖机构与赋税机构并非毫不相干。首先,盐铁使、度支使兼有

---

① 《旧唐书》卷四八,《食货志上》。
② 《唐会要》卷八八,《盐铁使》。
③ 《金石萃编》卷一○三。

专卖和赋税两方面的领导权。其次,巡院、监、场等各级专卖机构与府、州、县等各级赋税机构的权限也往往交叉重叠,甚至在机构上合二为一。元和以后专卖经营业务日益繁杂,各级地方政府也日益频繁地参与专卖事务。以下分述海盐、池盐、井盐的情况。

(1)海盐。随着专卖业务的扩大,一些收入不太多的专卖机构,其职始由州县官兼任。专卖机构所在的州县,也以经费和人员支援其业务的开展。如元和元年(806年)五月盐铁使李巽奏:"……其盐仓,每州各以留州钱造一十二间,委知院官及州县官一人同知。"①更重要的是,若无州县的配合,专卖机构的缉私将遇到不可克服的困难。《册府元龟》卷四九四《山泽二》载大中元年(847年)闰三月盐铁使奏:

> 伏以私盐厚利,煎窃者多,巡院弓矢力微,州县人烟辽夐,若非本界县令同立堤防,煎贩之徒无繇止绝。

所言可概括唐后期的情况。因此地方政府参与缉私势在必行。李巽对各地行政长官除多方劝谕外,还"许以别设方略,大为堤防"之权,②以促使他们参预其事,此举收效甚佳。③ 对怠慢贻误者,则加以弹劾。④ 以后地方官对缉私负有直接责任,便成定制。⑤ 开成年间,地方参与盐务的情况又有所发展。《册府元龟》卷四九四《山泽二》载开成二年(837年)三月盐铁使奏:

> 得苏州刺史卢商状:"分盐场三所,隶属本州。元粜盐七万石,加至十三万石。倍收税额,直送价钱。"

苏州为江淮盐务要据之地,刘晏设嘉兴监于此,岁煮盐四十万石以

---

① 《册府元龟》卷四九三,《山泽一》。
② 《全唐文》卷六二七,吕温:《代李侍郎与徐州张尚书书》。
③ 《全唐文》卷六二七,吕温:《代李侍郎与宣武韩司空书》。
④ 《全唐文》卷六二七,吕温:《代李侍郎贺德政表》。
⑤ 《新唐书》卷五四,《食货志四》。

上,①上述三所盐场当原属此监,至此划归州行政长官管辖。可见地方官监管盐务,已不限于次要之地。然监管盐务的地方官在业务上仍受盐铁使领导,故苏州刺史须上状盐铁使汇报专卖收入情况。

（2）池盐。河东、关中、河陇屯驻重兵,时有战乱,除河东两池外,该区池盐专卖,地方军政当局参与的程度高于他处。现据《唐会要》卷八八《盐铁使》所载有关情况,列成表5。如表所示,西北盐池多隶属地方军政当局。此举当为便于就近供军之故。②

表5　西北盐池隶属情况表

盐池名	所在州名	隶属情况
乌池	盐州	度支使
白池	盐州	河东节度使
温池	灵州	陷吐蕃前隶度支。收复河陇后,大中四年隶度支,六年改隶威州。
胡落池	丰州	河东供军使

（3）井盐。元和中卢坦为剑南东川节度使,"尽蠲山泽盐井榷率之籍"。③ 节度使对专卖收入拥有放免权,表明并非一般地参与盐务,而是拥有某种领导权。元和时黔州彭水县有左右盐泉,"本道官收其课"。④ 大中二年（848年）七月,中书门下奏："黔中盐铁使判官,开成中已停减不置。臣等商量,望黔中置经略推官一员,其盐铁使判官,望令依旧额却置。"⑤宣宗准奏。"黔中盐铁使判官",疑即上

---

① 《全唐文》卷五二九,顾况:《嘉兴监记》;王象之:《舆地纪胜》卷三九,《楚州》;卷四〇,《泰州》。
② 《唐大诏令集》卷一三〇,宣宗:《收复河湟德音》。
③ 《旧唐书》卷一五三,《卢坦传》;《新唐书》卷一五九,《卢坦传》。
④ 《元和郡县志》卷三〇,《江南道六·黔州观察使》。
⑤ 《唐会要》卷七九,《诸使下·诸使杂录下》。

述"本道官"。以地方官充盐铁使属员,亦为地方参与专卖之一例。

地方政府参与专卖经营的同时,各级专卖机构也参与赋税的征收,这样,专卖与赋税两个子系统之间便形成了互相配合、互为补充的关系,从而使封建国家的财政系统成为一个具有内部交往的多阶层序系统,如图2所示。比之一个无内部交往的多阶层序系统(假设去除图中的虚线部分),前者效率更高,自我调节的机制亦更佳。

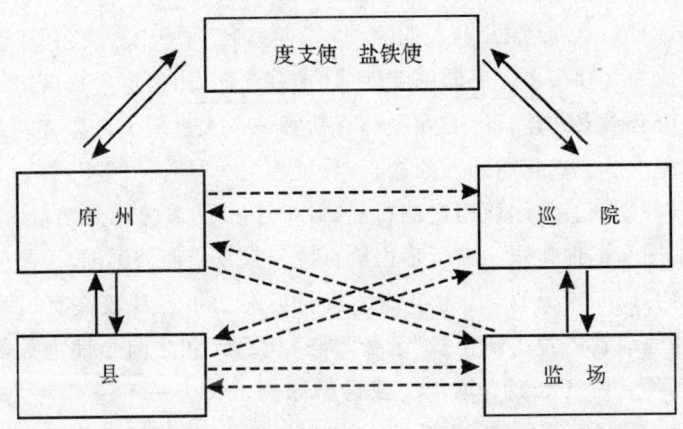

图2　中央专使之下的赋税与专卖多阶层序系统关系框图

(二)机构的增减

(1)巡院。建中后巡院设置经过调整,至贞元中每道至少有一院。① 元和后随中央与藩镇势力之消长,巡院亦时有增减。河南方面,元和十四年(819年)三月,"郓、青、兖三州各置榷监院"。② 刘晏所设兖郓巡院,前此恐一度停废,至李师道被灭,朝廷分其地为三道,③ 各道遂自设一院。然未几此三院又告停废。长庆二年(822

---

① 见陆贽:《陆宣公奏议》卷一二,《请以税茶钱置义仓以备水旱》。
② 《唐会要》卷八八,《盐铁》。以下出处同者不注。
③ 《资治通鉴》卷二四一,元和十四年二月。

年)五月敕:"其盐铁使先于淄青、兖、郓等道管内置小铺粜盐及巡院纳榷,起长庆二年五月一日以后,一切并停。"此乃朝廷以其地初平,务安反侧,将专卖经营权暂让与地方当局。至大和五年(831年),又收其权,时当另置巡院。河北方面,"自天宝末兵兴以来,河北盐法,羁縻而已。暨元和中,用皇甫镈奏,置税盐院,同江淮、两池榷利",元和中亦增设河北巡院。然长庆元年(821年)二月又令河北盐专卖仍归节度使经营,巡院收取部分榷利而已。①

(2)监。《新唐书》卷五四《食货志四》曰:"增云安、涣阳、涂瓷三监。"此为元和初事。又同书卷四〇《地理志四》山南道夔州条曰:"奉节……有永安井盐官。云安……有盐官……大昌……有盐官。"此当为元和中事。二志所列五处盐官,后统称之为"峡内五监"。②

(3)小铺。商运商销之法行后,政府手中仍掌握部分贮盐,以备官销,用来平抑盐价。由于零售给百姓和批发给商人不同,于是便另设机构,以专司其事,是为小铺。前引长庆二年五月敕文有"淄青、兖、郓等道管内置小铺粜盐"云云,即一例。元和之前小铺为数似不多,元和之后其数似有增加。兹再举二例。长庆元年(821年)盐铁使王播奏:"……诸处煎盐停(亭)场,置小铺粜盐,每斗加二十文……"③长庆二年(822年)韩愈上《论变盐法事宜状》,曰:"今令州县人吏,坐铺自粜……不得见钱及头段物,恐失官利,必不敢粜。"④

(4)留后。除刘晏所设扬子留后外,建中以后又相继设置河阴、江陵、东都、上都留后。

(三)级别的升降

《册府元龟》卷五一一"邦计部贪污门"载:"权长孺为盐铁福建院

---

① 《旧唐书》卷四八,《食货志上》。
② 《唐会要》卷八七,《转运盐铁总叙》。
③ 《旧唐书》卷四八,《食货志上》。
④ 《全唐文》卷五五〇,韩愈:《论变盐法事宜状》。

官,元和四年七月,坐赃一万三百余贯。"刘晏于福建设侯官监,元和时该监已升格为巡院。又《唐会要》卷八八"盐铁"载:长庆元年(821年)三月盐铁使王播奏"扬州、白沙两处纳榷场,请依旧为院",穆宗准奏。刘晏曾于扬州、白沙各设巡院一所,大约建中至元和间某时,二所巡院降格为场,至此复升为院。又据同书同卷载,大和四年(830年)五月文宗敕"东都、江陵盐铁转运留后,并改为知院者",此乃将二留后降格为巡院。

(四) 权力的增损

元和以后,各级专卖机构拥有独立的司法权,"悉得以公私罪人",甚而"自致房收系,州县官吏不得闻知",[1]从而引起地方政府不满,中央不得不剥夺其部分权力。又元和四年(809年)十二月御史中丞李夷简奏:"诸州使有两税外杂榷率及违敕不法事,请诸道盐铁转运、度支巡院察访,状报台司,以凭闻奏。"宪宗准奏,并于次年诏曰:"今度支、盐铁……各有分巡,置于都会……政有所弊,事有所宜,皆得举闻,副我忧寄。"[2]巡院遂被授予监察权。此后不少院官都以侍御史兼之,如宝历初罗立言以侍御史兼盐铁河阴院官。[3]"侍御史掌纠举百僚,推鞫狱讼",[4]权力是很大的,足见院官兼侍御史是巡院扩权的重要步骤。至开成二年(837年)十月,文宗敕曰:"盐铁、户部、度支三使下监院官,皆郎官、御史为之。使虽更改,官不得移替。"[5]巡院拥有监察权便制度化了。

(五) 辖区的伸缩

盐铁、度支二使辖区之变动,一为中央重新控制的地区归于何

---

[1]《全唐文》卷七五七,殷侑:《请禁度支盐铁等官收系罪人奏》。
[2]《唐会要》卷八七,《转运盐铁总叙》。
[3]《旧唐书》卷一六九,《罗立言传》。
[4]《唐六典》卷一三,《御史台》。
[5]《唐会要》卷八八,《盐铁》。以下出处同者不注。

者。如元和时李师道平,其地盐务归属盐铁使;河北归顺,其地盐务归属度支使。二为井盐产区归于何者。井盐产区为剑南、山南西、山南东3道,前二者为度支使辖区,包括3院、21州、640井,①见表6。表中所列两道三院始终隶于度支使,而山南东道的归属却屡有变动。元和五年(810年)诏:"峡内煎盐五监,先属盐铁使,今宜割属度支。"②将盐铁使所辖山南东道峡州以西五个监划归度支使管辖。又大和二年(828年)敕:"潼关以东度支分巡院,宜并入盐铁江淮河阴留后院。"可见此前原属盐铁使管辖的山南东道东部(位于潼关以东)之盐务曾一度划归度支使,至此复归盐铁使。

表6　剑南、山南西道盐井分布表

巡院名	所辖州境	所辖井数
剑南西川院	邛、眉、嘉	13
剑南东川院	梓、遂、绵、合、昌、渝、泸、资、荣、陵、简	460
山南西院	黔、成、巂、果、阆、开、通	166

从以上五个方面,可大致了解元和以后盐专卖机构的变动情况。

二、酒的专卖机构

唐于广德二年(764年)始行酒专卖,此时所行乃特许专卖制,亦即由政府所特许的酒户专擅酒的产销,并向官府纳税,故政府无设置专门机构加以经营之必要。酒户缴纳酒税事宜,乃由各道租庸盐铁

---

① 《新唐书》卷五四,《食货志四》。三院合计639井,《新唐书·食货志》作640井系取整数。据古贺登考证,黔、巂二州盐井不属山南西院管辖,又640井这个数字不可靠,可能是依据宋代的资料类推的,见古贺登:《续唐代井盐考》(日文中译),载《井盐史通讯》1981年第1期。

② 《唐会要》卷八七,《转运盐铁总叙》。

使兼掌。① 永泰元年(765年)各道租庸盐铁使停罢后,收纳酒税之权遂移于诸道节度、观察、都团练等使。② 德宗即位后,罢酒专卖,至建中三年(782年)复行之,且改特许专卖制为全部专卖制,亦即官酿官酤。其事务"委州县综领",③ 即授权地方政府经营酒的专卖。此后,官酿官酤、酒户纳课、榷曲(官府垄断酒曲的产销)、百姓纳榷酒钱(专卖税)等酒类专卖形式的实行,因时因地而异,其事一般均由地方政府负责。各地设置何种机构以司其事,唐代史籍付诸阙如。鞠清远先生认为:"担负榷酒或榷曲的官吏,大概都有衙门,称之为榷酒务。"④其根据为,《桂苑笔耕集》中载有"榷酒务"官员的委任状,如"诸葛殷知榷酒务","徐莓充榷酒务专知","柳孝谦知白沙榷酒务"等。此说当可成立。又,《五代会要》卷二六《曲》载:

> 周显德四年七月敕:"诸道州府曲务,今后一依往例,官中禁法卖曲,逐处先置都务处,候敕到日,并仰停罢。据见在曲数,准备货卖,兼据年计合使曲数,依时踏造,候人户将到价钱,据数给曲,不得赊卖抑配于人。其外酒场务,一切仍旧……"(注:先是,晋、汉已来,诸道州府皆榷计曲额,置都务以估酒。民间酒醋皆漓薄,上知其弊,故命改法。)

由此可知,"务"这种机构又包括了曲务、都务、场务等。曲务是经营曲专卖的机构,都务是经营酒专卖的机构,场务作为都务或曲务的分支机构,行官酤时则卖酒,行榷曲时则卖曲。⑤ 此制当源于唐。另外,《文献通考》卷一九《征榷考四·杂征敛》载:"坊场即墟市也,商税、酒税皆出焉。"《宋史》卷一六七《职官志七》亦载:"镇、寨官。诸镇置于管下人烟繁盛处,设监官,管火禁或兼酒税之事。"唐代收纳酒户

---

① 《旧唐书》卷一二六,《裴谞传》。
② 《全唐文》卷四七,代宗:《命诸道入钱备和籴诏》。
③ 《旧唐书》卷四九,《食货志下》。
④ 鞠清远:《唐代财政史》,上海:商务印书馆,1940年,第74页。
⑤ 场务冠以"酒"字,其卖官酒无疑。又,《五代会要》卷二七《盐铁杂条下》:"凡买盐、曲,并须于官场务内买",则场务亦卖官曲。

所缴酒税、百姓所缴榷酒钱的机构,当与此相若。

上述情况表明,酒务机构不似茶务、盐务机构,后二者为盐铁、度支巡院及其下属监、场等,前者则由地方官另外组成。其原因,一是酒类生产具有与盐、茶不同的特点,它不受地区限制,遍布各地,产品一般不需长途贩运,盐铁、度支巡院及其下属监、场等既无法又无需处处顾及;二是酒类专卖不似盐、茶专卖那样已完全由赋税系统中蜕变出来,而是兼有专卖和征税两项内容,因而由地方政府代为经营专卖、课取税收较为适宜。不过酒类专卖收入作为专项收入,并未与其他赋税收入相混同,①可见机构的不同并未改变其专卖的性质。再者,巡院、监、场等仍有权参预酒类专卖收入的征纳,乃至其专卖业务的经营,②可见酒的专卖机构实际上被置于地方政府与三司分支机构的双重领导之下。

三、茶的专卖机构

唐于贞元九年(793年)始行茶税,其事务"委院司分置诸场"③处置。院即巡院;司即使司,亦即三司或三使;诸场乃院司属下之税务机构。所收茶税,乃经由诸道巡院上纳户部。

大和九年(835年),盐铁使王涯议改税茶为专卖,郑注亦献官制官销之策。十月,文宗"乃以涯为榷茶使"。④ 此为负责茶专卖事务之专使,然非专人担任,而由盐铁使兼领。⑤ 对各地茶园,榷茶使又"分命使者主之"。⑥ 十二月,改官制官销为民制商销,政府则控制收购与批发环节,榷茶使遂废而不置,⑦其下属诸使当亦废之。取代王

---

① 《唐大诏令集》卷七二,僖宗:《乾符二年南郊赦》。
② 《旧唐书》卷一一九,《崔祐甫传附崔植传》。
③ 《唐会要》卷八七,《转运盐铁总叙》。
④ 《旧唐书》卷一七下,《文宗纪下》。
⑤ 《旧唐书》卷一七二,《令狐楚传》。
⑥ 《册府元龟》卷五一〇,《重敛》。
⑦ 《旧唐书》卷一七二,《令狐楚传》。

涯任盐铁使的令狐楚"以是年(大和九年)茶法大坏,奏请付州县,而入其租于户部",①茶专卖经营权遂移于地方政府,其收入则依茶税例纳于户部。开成元年(836年)四月,李石继任盐铁使,又"以茶税皆归盐铁",②茶专卖经营权复归三司分支机构,乃由先前掌管税茶事务的院、场主持其事,然此时场已非税务机构,而是专卖机构了。未几情况又有变动。《册府元龟》卷四九四《山泽二》:

> (开成二年)九月,浙江观察使卢商奏:"常州自开成元年七月二十六日敕以茶务委州县,至年终所收,以溢额五千六百六十九贯,比类盐铁场、院正额元数,加数倍以上。伏请增加正额,诏户部、盐铁商量,并请依州司所奏。"从之。

据此,开成元年(836年)七月下旬,常州的茶专卖经营权又自院、场移至州、县,然三司仍受纳其所入,且参与其业务规划的制定。这种情况恐不限于常州一地。武宗即位后,于开成五年(840年)九月敕曰:"税茶法,起来年却付盐铁使收管。"可见此前茶专卖均系地方政府经营。武宗后情况未见再变。

一如盐专卖的情况,茶专卖事务亦划分为东、西两大地区,由两个平行的领导机构分别加以管理。盐铁使之下,有诸盐铁巡院分领东区各地茶专卖业务;户部使之下,有诸度支巡院分领西区各地茶专卖业务。③ 各巡院之下,则有场、铺等专卖经营机构,④其中铺为场的下属机构。要之,从茶专卖机构的结构层次来看,依次为使、院、场、铺。必须指出,总领一方茶、盐专卖事务的巡院,其机构是合一的;而经营盐专卖的监、场,与经营茶专卖的场、铺,其机构则是分开的。

---

① 《唐会要》卷八七,《转运盐铁总叙》。按,"茶法大坏"指王涯、郑注推行官制官销之法,激起茶农、茶商强烈反对。

② 《新唐书》卷五四,《食货志四》。按:唐人常将"榷"与"税"二者混用,以致混淆了专卖与课税的含意,此处茶税实指专卖。

③ 《册府元龟》卷五〇四,《关市》。

④ 《册府元龟》卷四九四,《山泽二》;《旧五代史》卷一〇,《梁末帝纪下》。

305

茶专卖自赋税系统中蜕变出来,较盐专卖为迟,且其推行所遇阻力与曲折,亦较盐专卖为甚,因而需要地方政府更多的协助,故其虽终属专卖系统,然与赋税系统之关系,较之盐专卖更为密切。

综合本文所论,虽然唐代经营各种专卖品的机构既有合一的,又有分离的;既有直属三司的,又有隶属州县的,但是,综观全局,各级专卖机构还是形成了一个比较严密的系统,由中央最高财政机构——三司总领之。唐政府正是依靠这样一个遍布各地的网络组织,使专卖这部巨大的机器得以正常运转,从而大大增强了封建国家控制经济生活的机能。并且,由于专卖机构与赋税机构之间有着密切的联系,因而使得整个财政系统的效率更高,自我调节的机制亦更佳(参见图3)。唐政权自安史之乱后能经受各种冲击而生存一个半世纪之久,与此不无关系。

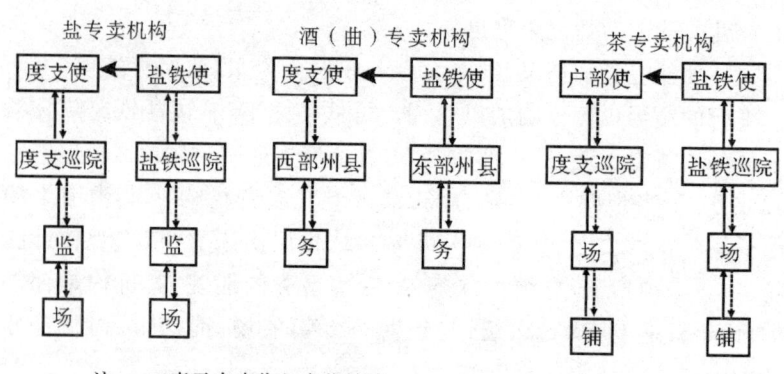

图3　唐代专卖机构关系框图

(原载《中国唐史学会论文集》,西安:三秦出版社,1989年)

唐代的专卖收入

唐代继汉代之后又一次大规模推行专卖制度,专卖收入成为汉、唐中央财政的重要支柱。汉代专卖收入缺乏具体数字的记载,难于对其做出定量分析。唐宋史籍却给我们留下了有关唐代专卖收入的一些宝贵数据,有利于我们对其做出定量分析。本文拟从这些数据入手,对唐代盐、酒、茶等各项专卖收入及其有关问题略予探讨。

一、盐的专卖收入

盐的专卖收入构成唐代专卖收入的最主要部分,其中又以海盐为最。以下分别论述海盐、池盐和井盐的专卖收入,而着重海盐方面,并穿插着对专卖收入中"虚估"问题的分析。

(一)海盐的专卖收入

乾元元年(758年)盐专卖法推行后,效果是显著的。史称"军用饶雄",[①]"人不益税而上用以饶"。[②] 但是,考察其专卖价格,可以发现其专卖收入尚不太多。其时规定的盐的专卖价格为每斗110文,比原先的市场价格每斗10文高出十倍。[③] 然而,乾元盐法推行后的第七年,即广德二年(764年),全国盐利收入仅60万贯,显然并未随其价格同步增长。究其原因,在于此间实行的是民产官收官运官销

---

① 《新唐书》卷一五三,《颜真卿传》。
② 《旧唐书》卷一二三,《第五琦传》。
③ 《新唐书》卷五四,《食货志四》:"天宝、至德间,盐每斗十钱……及(第五)琦为诸州榷盐铁使,尽榷天下盐,斗加时价百钱而出之,为钱一百一十。"

之法,流通费用庞大,加以战时草创,专卖机构尚不完备,故其收入数额受到限制。

永泰元年(765年),刘晏与第五琦分领东、西两大地区盐务。①刘晏在其辖区内实行盐法改革,变官运官销为商运商销,②从而为政府节省了大笔流通费用。虽然专卖价格保持不变,政府的实际收入却增加了。刘晏又对专卖机构进行整顿,提高其行政效率。这样,专卖收入便以比前一时期快得多的速度增长起来。《资治通鉴》卷二二六建中元年七月条曰:"其始江、淮盐利不过四十万缗";《新唐书》卷五四《食货志四》亦云:"晏之始至也,盐利岁才四十万缗"。从中可以清楚地看出这笔盐利收入的时间与地域。换言之,此乃刘晏就任的前一年,即广德二年(764年),江、淮等东部地区的盐利收入。《旧唐书》卷一二三《刘晏传》:"及晏代其任……初岁入钱六十万贯,季年所入逾十倍(《册府元龟》卷四九三作'季岁十倍')……大历末,通计一岁征赋所入总一千二百万贯(《册府元龟》卷四九三作'一千三百万贯'),而盐利且过半。""初岁"所限定的时间范围,显然是有别于"其始"、"始至"的,此乃刘晏就任后的第一年,即永泰元年(765年)。其地域范围,当然也只能是刘晏辖下的东部地区。简言之,刘晏上任一年后,就使江淮等地的盐利岁入从四十万贯增至六十万贯,其年增长率为50%。"季年"乃大历十四年(779年),此年盐利所入为六百余万贯,十倍于永泰元年所入。

问题在于,这六百余万贯为全国盐利岁入抑或东部地区岁入?史籍中多将此数与当年中央财政总收入作比较,言其"盐利过半",似乎其为全国盐利总数。又刘晏于大历十四年(779年)闰五月兼领西

---

① 《唐会要》卷八八,《盐铁使》:"永泰元年正月,刘晏充东都、淮南、浙江东、浙江西、湖南、山南东道盐铁使;第五琦充京畿、关内、河东、剑南、山南西道盐铁使。"海盐产销区域归刘晏管辖。

② 《资治通鉴》卷二二六,建中元年七月条:"晏以为官多则民扰,故但于出盐之乡置盐官,收盐户所煮之盐转鬻于商人,任其所之,自余州县不复置(盐)官。"

部地区盐务,则此数为全国岁入,更似顺理成章。然史籍所言"十倍其初",乃是与永泰元年(765年)东部地区所入之六十万贯相比较,则此数亦应就同一地区而言。又《资治通鉴》卷二二六建中元年七月条:"其始江、淮盐利不过四十万缗,季年乃六百万缗……其河东盐利,不过八十万缗。"明确指出此六百万缗为江淮等东部地区盐利岁入,河东等西部地区不包括在内。又《旧唐书》卷一二三《李巽传》:"榷筦之法,号为难重,唯大历中仆射刘晏雅得其术,赋入丰羡,巽掌使一年,征课所入,类晏之多岁,明年过之,又一年加一百八十万贯。"而李巽在奏上盐利数额时明确指出,其所出地区为江淮、河南、河内、兖郓、岭南等,①亦即东部地区。既如此,则与之相类比之刘晏所入,当亦出自同一地区。据以上分析,大历十四年六百余万贯的盐利收入,应是出自东部地区,而非全国,诸史籍将此数与当年中央财政总收入相较,实乃此数已占全国盐利的绝大部分,西部地区不计入亦无妨。即便此时刘晏总领全国盐务,东部地区的盐利也还是单独结算,正如元和时全国盐利入于度支使,而盐铁使辖下的东部地区盐利仍单独结算一样。因此,这六百余万贯非为全国盐利总数,当无疑问。

基于以上分析,我们列出表1:

表1 刘晏任盐铁使期间部分年度盐利收入表

盐利岁入(贯) 时间 地域	东部地区	西部地区	全　　国
广德二年(764)	400000	200000①	600000
永泰元年(765)	600000		
大历十四年(779)	6000000+	800000②	6800000+③

注:数据①据日野开三郎《关于两税法以前唐朝的榷盐法》(日文版)(载《社会经济史学》第26卷第2期,1960年)一文所记。数据②为河东盐利,不包括西部其他地区。数据③当略低于实际数额。

---

① 见《册府元龟》卷四九三,《山泽一》。

据表中数额推算，东部地区盐利在全国盐利岁入中所占的百分比，广德二年为 66.6％，大历十四年为 85.7％。这笔收入不仅作为漕运经费，①而且"宫闱服御、军饷、百官禄俸皆仰给焉"。② 由于东部地区绝大部分为海盐产销区，故海盐专卖收入在国家财政中的重要地位，于此可见。

考察了海盐专卖的总收入，我们再来看看各盐监、盐场的收入，以便相互印证。《新唐书》卷五四《食货志四》在谈到刘晏主持盐政的情况时说："吴、越、扬、楚盐廪至数千，积盐二万余石。有涟水、湖州、越州、杭州四场；嘉兴、海陵、盐城、新亭、临平、兰亭、永嘉、大昌、侯官、富都十监，岁得钱百余万缗，以当百余州之赋。"所列场、监，除大昌监外，均属海盐产区。其中又有几个地位特别重要。《全唐文》卷五二九顾况《嘉兴监记》："淮海闽骆，其监十焉，嘉兴为首……前使张侍郎滂、王尚书纬，总其卜式、宏羊之计，遂有采山煮海之役。十年六监兴课特优，至是末期，从百万至三百万。盐人贾人，各得其所。"所说为贞元八年至十七年（792—801 年）事。③ 暂不论文中所举六监岁入数额的可靠性，先考此六监为何者。南宋王象之《舆地纪胜》卷四〇《淮南东路·泰州·古迹》："《元和郡县志》云：……今海陵县，官置盐监一，岁煮六十万石。而楚州盐城，浙西嘉兴、临平两监，所出次焉。"据此，海陵、盐城、嘉兴、临平为岁入最多的四个监。又同书卷三九《淮南东路·楚州·风俗形胜》："唐盐课四十五万石。《元和郡县志》云：今官中置盐监，以收其利，每岁煮盐四十五万石。"文中"盐监"

---

① 《唐会要》卷八七，《转运盐铁总叙》："晏始以盐利为漕佣"。
② 《新唐书》卷五四，《食货志四》。
③ 文中末尾有"贞元十七年岁在辛巳正月朔记"。又张滂自贞元八年三月至十年十一月任盐铁使；王纬自贞元十年十一月至十四年八月任盐铁使（见严耕望：《唐仆尚丞郎表》，台北，1956 年，第 798 页），则文中所谈"十年"当指贞元八年至十七年。

系盐城监无疑。① 嘉兴、临平二监岁入当与此相去未远。又南宋施宿《嘉泰会稽志》卷一七《盐》:"唐越州有兰亭监……配课盐四十万六千七十四石一斗"。则兰亭监当名列上述四监之后。尚有一监,因史料缺乏,暂付阙如。贞元中六监岁入究竟几何?现将有岁煮盐数字可考的三个监,按不同时期的盐价各别计算出其岁入,列为表2。

表2 大历至元和年间海盐三大盐监岁入表

年代 \ 岁入(贯) \ 盐价(文/斗) \ 监名 \ 岁煮盐(石)		海陵	盐城	兰亭	合计
		600000	450000	400000①	1450000
大历	110	660000	495000	440000	1595000
贞元	370	2220000	1665000	1480000	5365000
元和	250	1500000	1125000	1000000	3625000

资料来源:大历、贞元、元和盐价分见《新唐书》卷五四《食货志四》;《册府元龟》卷四九三《山泽一》。

注:①数原为406074石,表中取整数。

分析表中合计栏数字,唯大历之数较为可信。② 因此,《舆地纪胜》所引《元和郡县志》及《嘉泰会稽志》所载三监岁入,可能是大历旧额。而《嘉兴监记》所记贞元六监岁入,恐为溢美之词,疑乃借大历以喻贞元。又《全唐文》卷七三六沈亚之《杭州场壁记》:"顾杭州虽一场耳,

---

① 盐城监唐时地属淮南道楚州。
② 《册府元龟》卷四九三记贞元二年东区盐利岁入为6596000贯,且为虚钱,故三监岁入5365000贯,似无可能。又同书同卷记元和时东区最高岁入为7278160贯,则三监岁入3625000贯,所占比例过高,可能性亦不大。

然则……每岁官入三十六万千计。"所说为元和时事,①然大历时该场岁入当不低于此。上述三监一场岁入已近两百万贯,故《新唐书·食货志》所云十监四场岁入百余万贯,其数偏低,而大历末东部地区盐利岁入六百余万贯之说,其可靠性也就毋庸置疑了。

建中三年(782年)以后,专卖价格高昂,商人复大幅度加价出售,致使官盐滞销,私贩盛行,且专卖收入多以虚钱计,因而盐利岁入从大历末的高峰上跌落下来,直至贞元末仍未明显回升。元和时,经整顿盐务,削减盐价,盐利岁入方得以渐次回升,并形成继大历之后的又一次专卖收入的高峰。② 现据《册府元龟》卷四九三《山泽一》所载元和四、五、六、七、八年盐铁使所奏数额,列成表3。表中所示,元和三、五、六、七年盐利系东部地区岁入数额,其余各年虽未注明出自何处,然其同为盐铁使所奏,故当亦出自东部地区。③

表3 贞元至元和年间东部地区部分年度盐利收入表

时间	盐专卖收入(贯)		盐专卖收入所出地区	备注
	实钱	虚钱		
贞元二年(786年)		6596000		
永贞元年(805年)		7530000		
元和元年(806年)		11280000		
元和二年(807年)		13057300		

---

① 文中有"是时尚书职方郎崔棱为扬子留后"云云,查《唐会要》卷八七:"(元和)六年,以崔俊为扬子留后。"崔俊即崔棱,可见此文作于元和年间。

② 《新唐书》卷五四,《食货志四》。

③ 由于永泰元年第五琦是以户部侍郎判度支的身份充西区盐铁使的,大历六年韩滉仍以此身份继任西区盐铁使,故西区主管专卖的使职称谓逐渐变为度支使,而东区则仍称盐铁使。

续表

时间	盐专卖收入（贯）		盐专卖收入所出地区	备注
	实钱	虚钱		
元和三年（808年）	7278160	27815807	江淮、河南、河内、兖郓、岭南	虚钱系比量未改法已前旧盐利总约时价四倍加抬计成，原文二千万误为一千万，据《唐会要·转运盐铁总序》改。又，河内恐为峡内之误。
元和四年（809年）		18053600		原文年代作元和元年，然盐铁使所奏时间系元和五年，故当指前一年，即元和四年，据改。
元和五年（810年）	6985500	17463700	江淮、河南、峡内、岭南、兖郓	原文年代作元和十五年，据《唐会要·转运盐铁总序》改。虚钱按上述元和三年之法计成。
元和六年（811年）	6859200	17127100	除峡内盐井外	虚钱计法同上。
元和七年（812年）	6784400	17178900	江淮、兖郓等	原文虚钱为12170090贯，然奏文曰：其2186300贯充粜盐本，其14992600贯充榷利，二数之和为17178900贯，据改。虚钱计法同上。

313

表 3 显示，各年度盐利普遍以虚钱计，足见分析专卖收入时，不能不涉及虚钱以及虚估的问题，下面拟就此展开讨论。纳税虚估的起因，在于贞元初年以后，"物价既日以跌落，依价折税，就使取各地月平为估，人民亦实不堪命矣。于是折纳始加一部虚价"。① 盐利虚估的手段虽同于此，目的却全异，其出现的时间亦更早。《新唐书》卷五四《食货志四》："刘晏盐法既成，商人纳绢以代盐利者，每缗加钱二百，以备将士春服。"盐商如纳绢以代盐价者，每缗价一千提高二百，以鼓励商人购运，并借以筹办将士春服所需的材料。② 此可谓盐利虚估之滥觞。又同书同卷："包佶为……盐铁使，许以漆器、瑇瑁、绫绮代盐价，虽不可用者亦高估而售之，广虚钱以罔上。"③ 奢侈品既得以进献而邀宠，又得以高估其值而增盐利之数，目的虽与刘晏不同，盐利虚估之法渐至成形。至贞元时，盐政紊乱与盐利虚估互为因果，愈演愈烈。同书同卷："方是时，(李)锜盛贡献以固宠，朝廷大臣，皆饵以厚货。盐铁之利，积于私室，而国用耗屈，榷盐法大坏，多为虚估，率千钱不满百三十而已。"实钱一百三十文可加抬计成虚钱一千文，虚估竟为实估的 7.69 倍，盐利实际收入自然大幅度减少。又《全唐文》卷六二宪宗《亢旱抚恤百姓德音》："盐铁使下诸监院，旧招商所由欠贞元二年四月以前盐税钱，及永贞元年变法后，新盐利轻货折估钱，共二十八万七千七百五十六贯文，并宜放免。"可知盐利自永贞元年(805 年)以后均以布帛轻货之价计之。又据上表，永贞元年(805 年)、元和元年(806 年)及二年(807 年)盐利皆以虚钱计，可知此虚钱乃布帛轻货虚估之价钱也。

李巽为盐铁使后，对此加以改革。元和四年(809 年)二月李巽奏："去年收盐价缗钱七百二十七万，比旧法张其估二千七百八十余

---

① 刘淑珍：《中晚唐之估法》，载《史学集刊》1950 年第 6 期。
② 胡寄窗：《中国经济思想史》中册，上海人民出版社，1963 年，第 393 页。
③ 文中"售"字与前后文意矛盾。"不可用者"，必无人买之，何售之有？疑乃"买"之误。盐铁使为"广虚钱以罔上"，遂"高估而买之"，此则文通意顺。

万,非实数也。今请以其数,除为煮盐之外(《册府元龟》卷四九三作"除准旧例充盐本外"),忖度支收其数。"①可知自元和三年起,盐利不按"旧法"以虚钱计,而改以实钱计。不过,这是就盐铁使的收入而言,至于交付度支使收管及充盐本的数目,仍以虚钱计。其虚估为实估之 3.82 倍,二者的比率较贞元时降低一半。从中我们可以看到一个奥秘,那就是,在盐利收入与支付均以虚钱计的情况下,前者的损失可以从后者得到弥补,从而至少使损益相抵消;在收入以实钱计,支付以虚钱计的情况下,则是有益而无损。此乃盐利虚估得以长期存在之原因。正由于此,李巽之后,不仅盐利在用于支付的场合普遍用虚钱,②而且在收入时以虚钱计的情况也重新出现了。如《新唐书》卷一四二《崔祐甫传附崔植传》所载:"元和中……时皇甫镈判度支……又请天下所纳盐、酒利增估者,以新准旧,一切追偿。"所谓"增估",即为虚估也。总之,盐利中的"虚估"与实际收入是有差别的,亦即少于实际所得。而虚估的作用是复杂的,它既有利于招徕商贾,促进流通,又便于各级专卖机构上下其手,从中渔利。不过,从收入虚估基于支付虚估这一点来看,它归根结底是增加了人民的负担,因而不宜予以肯定。

穆、文、武宗三朝,盐政又趋紊乱,专卖价格上涨,专卖机构冗员冗费,走私活动猖獗,藩镇将帅截留盐利,都促使专卖收入趋于下降。③ 虽然这一时期并无全国性或大区性的盐利数额可资查考,但专卖收入低于元和年间是可以肯定的。④ 宣宗大中年间(847—859

---

① 《唐会要》卷八七,《转运盐铁总叙》。
② 政府以充盐利之虚估匹段偿付和雇、和籴之值的例子所在多有。见《元稹集》卷三七,《为河南府百姓诉车状》;《唐会要》卷五九,《尚书省诸司下·度支使》,元和十四年六月判度支皇甫镈奏。
③ 《新唐书》卷五四,《食货志四》。
④ 开成初苏州售盐"加至十三万石,倍收税额"(《册府元龟》卷九四九,《山泽二》),此为特例,无助于说明整个东部地区的情况。

年),盐铁使裴休整顿盐政,情况有所好转,专卖收入因此又有所增加。① 懿、僖、昭宗及哀帝四朝亦均无全国性或大区性的盐利数额可资查考,但从这一时期唐政权日趋没落的形势来看,其盐利岁入恐在不断减少。不过个别地区的专卖收入仍时有增长。如咸通年间(860—873年)唐朝与安南发生战争,宰相郑畋"请以岭南盐铁委广州节度使韦荷,岁煮海取盐四十万缗,市虔、吉米以赡安南……军食遂饶"。② 然所入多为应军需之急,由地方政府直接动用,而非将其上缴中央。

以上所阐述的唐代海盐专卖收入的几度升降起伏,若以曲线描绘之,可以看出它先后出现了大历、元和、大中三个高峰,而介于这三者之间及前后则是平缓的低谷。

(二)池盐的专卖收入

池盐专卖收入以河东两池为大宗,见表4。

表中显示,两池盐利数额以元和时为最高,此前仅及其二分之一,此后仅及其三分之二。大中时虽又有所上升,然亦差元和时颇多。由于两池岁入占据了池盐岁入的大部分,因此表中所示亦可视为池盐岁入的升降状况。

有关其他盐池的收入,见于《唐会要》卷八八《盐铁使》:"胡落池……每年采盐一万四千余石,给振武、天德两军,及营田水运官健";长庆元年(821年)三月敕:"乌池每年槖盐收榷博米,一十五万石为定额。"③等等。大约除两池外,其他盐池的岁入多以实物形态缴纳,有的则以盐易米,这是由于河东、关中、河陇一带多屯驻重兵,为了就

---

① 宋人吕夏卿著《唐书直笔》卷四《新例须知》记唐大中中盐利为480万余贯,扣除河东两池岁入100万~120万贯(据《册府元龟》卷四九四,《山泽二》),其余380万~360万贯大部分为海盐岁入,此数亦颇可观。

② 《新唐书》卷一八五,《郑畋传》。

③ 胡落池属丰州;乌池属盐州,其一十五万石为米数而非盐数。

近赡军的缘故。

表4 大历至大中年间河东两池部分年度盐利收入表

时间	盐专卖收入（贯）	资料来源	备注
大历十四年（799年）	800000	《资治通鉴》卷二二六,建中元年	
元和初（806年后）	1600000	《元和郡县志》卷一二,《河东道》	
元和三年（808年）	1500000+	《新唐书》卷五四,《食货志四》	
太和三年（829年）	1000000	《册府元龟》卷四九四,《山泽二》	此为政府所定课额,并规定,以实钱缴纳
大中二年（848年）	1000000	《册府元龟》卷四九四,《山泽二》	此亦为定额,但可取匹段精好者充,不必计旧额钱数
大中六年（852年）	1215000+	《册府元龟》卷四九四,《山泽二》	此为实收数额

（三）井盐的专卖收入

井盐专卖收入没有具体数字记载,只能从有关史料中加以推测。《册府元龟》卷四九三《山泽一》载元和六年(811年)盐铁使王播奏:"江淮、河南、峡内、岭南、兖郓等盐院,元和五年粜盐都收价钱六百九十八万五千五百贯。"峡内盐院所统为井盐产区,大约在元和五年

(810年)年底,该地划归西部地区,由度支使管辖,① 故元和七年(812年)王播奏上前一年东部地区盐利收入时,峡内已经被扣除在外:"元和六年榷盐,除峡内盐井外,计收盐价钱六百八十五万九千二百贯。"② 假设元和五年、六年江淮、河南、岭南、兖郓等地区的岁入基本相同,那么上述两个数字的差额126300贯,即为峡内井盐岁入的近似额。唐代井盐产区为剑南道、山南西道和山南东道,然而《新唐书·食货志》只列出剑南道和山南西道的盐井数,这可能是因为山南东道的盐井为数不多的缘故。若如此,则剑南道和山南西道的井盐岁入势必远大于上述峡内(山南东道)的岁入数额,或数倍于此亦未可知,惜无从查考。

二、酒的专卖收入

酒专卖初行时,一次,河东租庸盐铁使裴谞入计,代宗"问谞:'榷酤之利,一岁出入几何?'谞久之不对,复问之",③ 可见其收入一开始便在财政上居于重要地位,因而为最高统治者所关注。然而,由于酒专卖的形式复杂多样,因时因地而异,故史籍对其收入的记载十分零乱,有关的具体数字更是十分罕见,这就给我们的定量分析造成很大困难,据现有史料,只能描述其大概而已。

关于唐代全国性的酒专卖收入数额,《新唐书》卷五四《食货志四》曰:"太和八年……凡天下榷酒,为钱百五十六万余缗,而酿费居三之一,贫户逃酤不在焉。"据此,太和八年(834年)政府经营酒专卖所得,扣除酿造成本后,纯收入为一百零三万余贯。又宋人吕夏卿所著《唐书直笔》卷四《新例须知》曰:"酒钱,大中中一百三十七万九千九十一缗二百八十六文。"但此处未指明是否包括酿造成本,因此便有两种可能性,一是已扣除成本,一百三十七万余缗即为纯收入;一

---

① 《唐会要》卷八七,《转运盐铁总叙》,元和五年诏。
② 《册府元龟》卷四九三,《山泽一》。
③ 《旧唐书》卷一二六,《裴谞传》。

是未扣除成本,若按三分之一的比例扣除之,则纯收入为九十一万余缗。两种可能未知孰是,暂且存疑。

检索史籍,尚可发现几个地区性的酒专卖收入数额,或可补全局之不足。见表5:

表5 元和、太和年间部分地区酒专卖收入表

时间	地区	酒专卖收入(贯)	资料来源	备注
元和十五年(820年)	江西	90000①	《全唐文》卷五六二,韩愈:《江西观察使王公神道碑》	奏罢额
太和五年(831年)	洪州	50000②	《册府元龟》卷五〇四,《榷酤》	应纳额
太和八年(834年)	京兆府	15010.8③	《全唐文》卷七五,文宗:《太和六年疾愈德音》	蠲免额

数据①为江西道行官酤时历年积欠的榷酤钱上供额;数据③为京兆府酒户积欠的纳榷钱数额,二者均不能反映此二地区的酒利岁入。数据②"为洪州每年合送省榷酒钱"数额,①可以说明两个问题:(1)五万贯可能是东南州府每年应纳榷酒钱的一般定额;(2)各地酒专卖收入除上供中央外,尚有部分留成,而后者是不包括在全国性的酒利岁入数额之内的。

三、茶的专卖收入

太和九年(835年)以前,茶行课税之制而非专卖,然了解茶税所入,对分析茶行专卖后的收入,不无益处。贞元九年(793年)税茶之法行后,其年税茶额几何,史书记载各不相同,见表6:

---

① 唐代酒专卖有数种形式:官酤、酒户纳课、百姓纳榷酒钱等,详见陈衍德:《唐代的酒类专卖》,载《中国社会经济史研究》1986年第1期。

表6　部分年代全国茶税收入表

关于茶税岁入的记载	资料出处
自此(贞元九年)每岁得钱四十万贯	《唐会要》卷八四,《杂税》;《旧唐书》卷四九,《食货志下》。
是岁(贞元九年)得缗四十一万	《唐会要》卷八七,《转运盐铁总叙》。
近者有司奏税茶,岁得五十万贯	《陆宣公奏议》卷一二,《请以税茶钱置义仓以备水旱》。

据表可知全国茶税岁入在四十万至五十万贯(缗)之间。又《新唐书》卷五四《食货志四》载:"兵部侍郎李巽为(盐铁)使……天下粜盐税茶,其赢六百六十五万缗。"按盐、茶收入九比一的比率计算,①元和初茶税岁入为六十六万余贯。考虑到其时仅饶州浮梁县一地即"每岁出茶七百万驮,税十五万余贯",②此数大致可信。

太和九年茶行专卖后,由于专卖收入不仅包括专卖物品原有的税收,而且包括专卖经营的利润在内,所以其岁入当比茶税岁入为高。开成年间(836—840年),坑冶岁入"举天下不过七万余缗,不能当一县之茶税",③从侧面反映出此间有的县份茶利岁入相当可观。如常州于开成元年(836年)"以茶务委州县,至年终所收……比类盐铁场院正额元数,加数倍以上",④当州岁入倍增于前,其数自不少,惜无具体数字可考。吕夏卿《唐书直笔》卷四《新例须知》云:"茶钱,大中中六十万三千三百七十缗九十七文。"这是有关全国茶专卖年收

---

① 金井之忠:《唐的茶法》(日文版),载《文化》第5卷第8期,1938年。文中有"贞元九年盐、茶收入之比为九比一"之说。又,D. C. Twitchett 亦有"四十万贯茶税约当其时盐利的 12%"之说,见其所著 Financial Administration under the Tang Dynasty, p. 63.

② 《元和郡县志》卷二八,《江南道》。

③ 《新唐书》卷五四,《食货志四》。

④ 《册府元龟》卷四九四,《山泽二》。

入总额的唯一记载。此数额高于贞元九年税茶数而低于元和时税茶数。然据《新唐书》卷五四《食货志四》称,大中时,"天下税茶增倍贞元",则其时茶利岁入当在八十万贯至一百万贯之间。两书所载未知孰是,姑且存疑。

唐政府还有另一种茶叶收入来源,即官营茶园与贡焙以实物形态上贡的产品。钱易《南部新书》戊卷曰:"唐制,湖州造茶最多,谓之顾渚贡焙,岁造一万八千四百八斤……大历五年以后,始有进奉。至建中二年,袁高为郡,进三千六百串……后开成三年,以贡不如法,停刺史裴充。"此即其一例。这种茶叶虽然一般供皇室消费与赏赐之用,然亦有投入市场以换取货币的情况。如元和十二年(817年)五月,"出内库茶三十万斤,付度支进其直",①因而构成财政收入的一部分。若欲将其视为专卖收入之一部分,亦无不可。

在结束本文之前,我们将大中年间(847—859年)盐、酒、茶三项专卖品之岁入加以比较,并进而将专卖与赋税两大系统之岁入加以比较,见表7:

表7 大中年间唐朝各项财政岁入数额及所占比例表

系统及项目		岁入数额(缗)		占中央财政收入的%	
赋税		8592062		55.84	
专卖	盐	67974902	4812441	44.16	31.28
	酒		1379091		8.96
	茶		603370		3.92
合计		15386964		100	

资料来源:吕夏卿:《唐书直笔》卷四,《新例须知》。

注:《资治通鉴》卷二四九,大中七年十二月条:"度支奏:'自河、湟平,每岁天下所纳钱九百二十五万余缗,内五百五十万余缗租税,八十二万余缗榷酤,二百七十八万余缗盐利'。"其中无茶利数钱,且租税、榷酤、盐利数额皆偏低,恐不确,今不取。

---

① 《册府元龟》卷四九三,《山泽一》。

各项专卖收入中,盐利居首位,其次是酒利,而茶利居末位,且酒、茶二项合计尚不及盐利之半。可以说,这是反映了唐代三种主要专卖品收入的比例之一般状况。就专卖与赋税相比较而言,大历时那种专卖收入超过了赋税收入的情况①虽已不复存在,但专卖收入在国家财政中仍不失其重要地位。这反映了汉、唐以来封建政府努力开拓农业以外财源之总趋势。

(原载《中国经济史研究》1988年第1期)

唐政府与专卖商的关系*

商品经济是瓦解封建统治的腐蚀剂,因而必然遭到封建统治者的压制。逐渐积累起统治经验的中国封建地主阶级,由一味采取单纯的抑商政策,到竭力将商品经济纳入封建经济的轨道,利用它为自身的统治服务。汉的官专卖和唐的官商混合专卖以及宋以后的商专卖,则构成这一演变过程的重要侧面。了解这一点,无疑有助于我们认识中国封建地主阶级对社会经济的发展既违抗又适应的两重性,商人资本对封建经济既腐蚀又维护的两重性,以及这种两重性对中国封建社会长期延续所起的重大作用。

唐以前历代专卖事业的推行,是靠完全剥夺普通商人对几种最有利可图的商品的经营权来实现的。这种情况到唐代开始发生变化,唐乾元元年(758年)实行盐专卖时,面临藩镇割据、天下纷扰之

---

① 这种情况系仅就中央财政收入而言,若将地方财政一并加以考虑的话,赋税收入的比例肯定是大于专卖收入的。

* 凡未特别指明,本文中的"商人"均指专卖商。

势,商品经济的发展在广度和深度上,则超过前代的水平。因此,照搬汉以来全面垄断生产和销售的盐专卖法,已不可能。第五琦主持盐政期间(乾元元年至广德二年,758—764年),实行民制官收官销之法。刘晏主持盐政期间,又对盐法进行改革,实行"国家榷盐,粜与商人;商人纳榷,粜与百姓"①的制度。具体做法是,政府"但于出盐之乡置盐官,收盐户所煮之盐转鬻于商人,任其所之";②亦即政府控制收购与批发,而将零售之权转让与商人,此乃民制官收商销之法,为中国历史上首创之官商混合专卖制度。自此至唐末,盐专卖均行此制,后来茶专卖亦仿效之,酒类专卖则由政府授权酒户经营,亦属于官商混合专卖性质。

这样,在唐代专卖事业中便逐渐形成一个有别于普通商人的专卖商阶层,他们获得政府的特别许可从事各类专卖品的贩运,具有特殊的身份。盐专卖方面,有身隶"盐籍"的盐商。《白居易集》卷六三《议盐法之弊》曰:"自关以东,上农大贾,易其资产,入为盐商……身则庇于盐籍,利尽入于私室。"又裴庭裕《东观奏记》卷下"毕諴条"曰:"毕諴本估客之子,连升甲乙科,杜悰为淮南节度使,置幕中,始落盐籍。"所举即为此种盐商。茶专卖方面,有所谓"正税茶商"。《唐会要》卷八四《杂税》引大中六年正月盐铁转运使裴休奏:"今又正税茶商,多被私贩茶人侵夺其利",这种"正税茶商"自有专门户籍,以区别于"私贩茶人"。酒类专卖方面,则有酒户。《通典》卷一一《榷酤》引广德二年十二月敕:"天下州各量定酤酒户",其户籍自有别于普通民户。这些专卖商在唐代专卖事业中居于十分重要的地位,他们是沟通专卖品所有者与消费者的渠道,政府仰之以取得专卖收入。他们财力雄厚,如刘禹锡所言:"五方之贾,以财相雄,而盐贾尤炽";③对专卖经营有很大的支配力量,如独孤郁所说:"夫榷盐之重弊,失于商

---

① 《全唐文》卷五五〇,韩愈:《论变盐法事宜状》。
② 《资治通鉴》卷二二六,建中元年七月。
③ 刘禹锡:《刘宾客文集》卷二一,《贾客词·引言》。

徒操利权。"①封建政府与专卖商的关系，是一种既合作又斗争的关系。当合作的成分多于斗争时，专卖经营便得以较顺利地开展；当斗争的成分多于合作时，专卖经营便受到干扰和破坏。分析二者的这种关系，便可从一个侧面了解和认识唐代专卖事业的演变和发展。

首先我们来分析唐政府与专卖商合作的必然性，以及具体情况。

唐政府为了减少专卖经营费用，加快专卖品的流通，乃改民制官收官销为民制官收商销，从而必须仰仗专卖商的经济力量。专卖商为了排除竞争，获取高额利润，也必须依靠政府的政治权力。于是，在政府让渡一部分利润与专卖商的基础上，二者携起手来了。对于政府与商人合作的必要性，宋人有不少精辟的议论。如欧阳修说：

> 夫兴利广则上难专，必与下共之，然后流通而不滞……夫大商之能蓄其货者，岂其锱铢躬自鬻于市哉？必有贩夫小贾就而分之。贩夫小贾无利则不为，故大商不妒贩夫之分其利者，恃其货博，虽取利少，货行流速，则积少而多也。今为大国者，有无穷不竭之货，反妒大商之分其利，宁使无用而积为朽壤，何哉？故大商之善为术者，不惜其利而诱贩夫；大国之善为术者，不惜其利而诱大商。此与商贾共利，取少而致多之术也。②

尽管商人分国家之利，国家还是不能不与之合作，因为借助其力，可使"货不停留利自生"，国家终能舍小利而获大利。对此必要性，唐人虽不曾像宋人那样从宏观上加以论述，但他们无疑是认识到这一点的。如韩愈在反驳张平叔改商销为官销之议时说：

> 臣今通计所在百姓……多用杂物及米谷博易，盐商利归于己，无物不取……今令州县人吏，坐铺自粜，利不关己，罪则加身，不得见钱及头段物，恐失官利，必不敢粜……自然坐失盐利常数……乡村远处，或三家五家，山谷居住，不可令人吏将盐，家至户到……计其往来，自充粮食不足。比来商人，或自负担斗

---

① 《全唐文》卷六八三，独孤郁：《对才识兼茂明于体用策》。
② 欧阳修：《欧阳文忠公全集》卷四五，《通进司上书》。

七 唐代的专卖制度与国计民生

石,往与百姓博易,所冀平价之上,利得三钱两钱,不比所由为官所使,到村之后,必索百姓供应。①

"利归于己"与"利不关己",道出了商人与盐吏经营效果不同的奥秘,亦即前者有经济利益作动力,而后者无之。再者,由于食盐销售的零碎化,官销得不偿失,且扰百姓,商销则无此等弊病,刘晏改革盐法,"官多则民扰"②即为理由之一。这是从专卖品运销的具体情况,来考察官、商经营的不同效果,因而政府须借商人之手,方能使专卖品流通无阻。又如杜牧在谈到监院胥吏对盐商敲诈勒索的情况时说:

江淮自废留后以来,凡有冤人,无处告诉。每州皆有土豪百姓,情愿把盐每年纳利,名曰土盐商……自罢江淮留后已来,破散将尽,以监院多是诛求……况土盐商皆是州县大户,言之根本,实可痛心……今若……依前使为江淮留后……数十州土盐商,免至破灭,除江淮之太残……莫过于斯。③

"州县大户",财力颇雄,食盐运销,依之而行,故言其破散而痛心。这是从商人财力为政府所用的角度,来论证国家保护其利益的必要性。

既然如此,政府采取什么措施来保障专卖商的权益,以使其在专卖经营中正常地发挥作用呢?

一是免其差役。长庆元年(821年)三月,盐铁使王播奏:"应管煎盐户及盐商,并诸监院停(亭)场官吏所由等,除两税外,不许差役追扰。今请更有违越者,县令奏闻贬黜,刺史罚一季俸钱。再犯者,奏听进止。"④武宗在赦文中也重申:"茶、油(酒?)、盐商人,准敕例条,免户内差役。"⑤可见专卖商除纳两税外,例免州县差役。对于违反此规定的各级官员处罚甚重,表明政府决心做到令行禁止。

---

① 《全唐文》卷五五〇,韩愈:《论变盐法事宜状》。
② 《资治通鉴》卷二二六,建中元年七月。
③ 杜牧:《樊川文集》卷一三,《上盐铁裴侍郎书》。
④ 《唐会要》卷八八,《盐铁》。
⑤ 《全唐文》卷七八,武宗:《加尊号赦文》。

二是禁止各地私设关卡、邸舍向专卖商征收过税和住税。按政府规定,专卖商按榷价(专卖价格)缴纳钱帛后,即可自由从事盐、茶等专卖品的贩运。"然诸道加榷盐钱,商人舟所过有税",①商人复加售价,转嫁负担于消费者,导致专卖品滞销,政府收入减少。刘晏"奏罢州县率税,禁堰埭邀以利者",②正是针对这种情况采取的措施。以后历任盐铁使也都不断废止地方当局所设关卡,停征过税,便利商人的运销。地方当局则改换手法,变堰埭为邸舍,改征过税为收住税,使商人继续受到困扰。政府于是一再重申此亦非法之举,如大中六年(852年)盐铁使裴休奏:"诸道节度使、观察使置店停止茶商,每斤收揭地钱,并税经过商人,颇乖法理,今请厘革横税,以通舟船。"③宣宗准奏,并驳斥了淮南、浙西等地意欲"依旧税茶"的无理要求,④保障了专卖商运销渠道的畅通,政府最终亦受其益。

三是加紧取缔走私商贩,消灭专卖商的竞争对手。走私商贩以高于政府的收购价格向专卖品生产者购入产品,又以低于市场价格的售价向消费者出售产品,然因其不必向政府缴纳高额榷价,故所获利润仍不低于专卖商,从而导致"亭户冒法,私鬻不绝","私籴犯法,未尝少息";⑤"正税茶商,多被私贩茶人侵夺其利"⑥的情况层出不穷,对政府和专卖商双方都构成巨大威胁。政府于是采取严厉措施取缔走私商贩,以严刑峻法对付私贩盐、酒、茶者。如规定私贩盐二石、茶三百斤者皆处死;⑦一些地方还有"触酒禁者罪当死"⑧的法

---

① 《新唐书》卷五四,《食货志四》。
② 《新唐书》卷五四,《食货志四》。
③ 《唐会要》卷八四,《杂税》。
④ 《唐会要》卷八四,《杂税》。
⑤ 《新唐书》卷五四,《食货志四》。
⑥ 《唐会要》卷八四,《杂税》。
⑦ 《唐会要》卷八八,《盐铁》;《新唐书》卷五四,《食货志四》。
⑧ 《新唐书》卷一六四,《薛戎传》。

规。对于一般私贩,时或辅之以招诱,许其自首;①对于武装私贩,则一概严惩不贷,逢有大赦,甚至不把其包括在赦免之列。②

四是禁止各级官吏侵夺专卖商之利。商人纳榷,时有拖欠,监院官吏,多所诛求,以至"一年之中,追呼无已,至有身行不在,须得父母妻儿锢身驱将,得钱即放",③其间不免敲诈勒索。杜牧由是建议复置盐铁使留后,负责仲裁商人与榷吏之纠纷,使"凡有冤人,有可控告,奸赃之辈,动而有畏"。④ 建议是否被采纳,虽不得而知,然毕竟反映出此问题已引起政府有关人士的重视。再者,商人舟船被各级官府强征派用,致使其遭受"非理滞留,散失财货"⑤之苦,政府针对此弊,一再重申不得掳借滞留"茶盐舟船,关系三司榷课者",⑥以保证商人运输的畅通。

以上诸措施,是基于这样一个出发点,即在专卖品流通领域中政府与商人利益的一致。就商人而言,在一般情况下,他们遵守政府法令,按时如数缴纳榷价,同样也是出于他们和政府利益的一致。但是这种利益的一致只构成二者关系的一个方面的内容,而利益的对立则构成其另一个方面的内容。所以,接着我们再来分析政府与商人争斗的必然性。

封建政权的抑商本质,商人的贪婪本性,必定使二者在专卖事业中进行合作的同时,又产生矛盾和斗争。因为,"重农抑商"是唐朝统治者推行专卖的主观愿望。早在开元九年(721年)左拾遗刘彤建议推行盐铁专卖时就毫不含糊地指出:

> 夫煮海为盐,采山铸金,伐木为室者,丰余之辈也;寒而无衣,饥而无食,庸赁自资者,穷苦之流也。若能收山海厚利,夺丰

---

① 《唐会要》卷八四,《杂税》。
② 《全唐文》卷七八,武宗:《加尊号后郊天赦文》。
③ 杜牧:《樊川文集》卷一三,《上盐铁裴侍郎书》。
④ 杜牧:《樊川文集》卷一三,《上盐铁裴侍郎书》。
⑤ 《唐大诏令集》卷八六,僖宗:《光启三年七月德音》。
⑥ 《唐大诏令集》卷八六,僖宗:《光启三年七月德音》。

余之人,蠲调敛重徭,免穷苦之子,所谓损有余而益不足,帝王之道,可不谓然乎!①

可见唐政府中,持有和汉代桑弘羊相同看法的不乏其人。诚然,安史乱后唐政府将专卖付诸实施,主要是着眼于增加财政收入,但是,"夺商人之利"不能不是其客观后果。所以,后世有这样的评论:"汉之桑弘羊,唐之刘晏,笼络盐铁,使富商大贾不得其利,农民不被其害";②"刘晏抑商贾而笼天下之货,与桑弘羊等也",③可说是道出了汉唐之制的共同本质。所不同者,唐制许专卖商分享其利,而汉制则排斥所有商人。以上是从政府的角度来考察其与商人的斗争之不可避免。就商人而言,取得最大限度的利润是其活动的唯一目的。虽然商销之法使其得以和政府分享专卖利润,但他们并不会因此满足,他们一方面剥削消费者,一方面与政府争利,故时人称之为"无厌之商";④"豪商猾估(贾)"。⑤ 因此,从商人的角度加以考察,亦可见其与政府之斗争必不可免。

那么,政府与专卖商各自采取哪些手段来与对方争斗呢?

专卖商对付政府的手法,其一是利用特权,兼营他业,逃避徭役,以富其私。政府给予专卖商免役特权,意在使其专门致力于专卖品之贩运。专卖商却暗中从事其他商品的贩运,有的甚至虚有其名而专事他业。如白居易《议盐法之弊》所说,"自关以东,上农大贾,易其资产,入为盐商。率皆多藏私财,别营稗贩;少出官利,唯求隶名;居无徭役,行无榷税;身则庇于盐籍,利尽入于私室"。⑥ 又如武宗《加尊号赦文》所云,"天下州县豪宿之家,皆名属仓、场、盐院,以避徭役。

---

① 《全唐文》卷三〇一,刘彤:《论盐铁表》。
② 胡维通:《紫山大全集》卷二二,《论聚敛》。
③ 沈与求:《龟溪集》卷一一,《召试馆职策题》。
④ 《白居易集》卷六三,《论盐法之弊》。
⑤ 《全唐文》卷七三六,沈亚之:《解县令厅壁记》。
⑥ 《白居易集》卷六三,《论盐法之弊》。

或有违犯条法,州县不敢追呼"。① 政府既无法从他们身上征得徭役,又无从得到其别营他业所应缴纳的税收,财政上的损失是双重的。

其二是利用专卖制度的诸种弊端,少纳榷价,多得羡物。专卖机构各级官吏的考课,乃以获利多少为标准,其结果是,"院、场既多,则各虑其商旅之不来也,故羡其盐而多与焉;吏职既众,则各惧其课利之不优也,故慢其货而苟得焉"。② 这里又牵涉到另一项制度,即政府许"商人纳绢以代盐利",甚至"许以漆器、玳瑁、绫绮代盐价。"③ 各级官吏以此为据,虽无用之物亦高估入之;另一方面,在批发过程中又做手脚,让商人多得,以此竞相招徕商人。入无用之物,无异少纳榷价;获多与之货,亦即额外多得。商人两头得益,政府两头遭损。白居易诗《盐商妇》曰:

> 婿作盐商十五年,不属州县属天子。每年盐利入官时,少入官家多入私。官家利薄私家厚,盐铁尚书远不知。④

所言确非夸张之辞。这种情况的出现,是专卖制度固有的弊病为商人所利用的缘故。

其三是仰仗官僚,甚至投靠藩镇,寻求各种政治势力的庇护,以作为其与政府争利的后盾。元稹《估客乐》一诗这样描绘官商勾结:

> 城中东西市,闻客次第迎。迎客兼说客,多为财势倾……先问十常侍,次求百公卿。侯家与主第,点缀无不精……市辛醉肉臭,县骨家舍成。岂唯绝言语,奔走极使令。大儿贩材木,巧识梁栋形。小儿贩盐卤,不入州县征。一身偃市利,突若截海鲸。⑤

---

① 《全唐文》卷七八,武宗:《加尊号赦文》。
② 《白居易集》卷六三,《议盐法之弊》。
③ 《新唐书》卷五四,《食货志四》。
④ 《白居易集》卷四,《盐商妇》。
⑤ 《元稹集》卷二三,《估客乐》。

专卖商贿赂官吏，官吏庇护专卖商，非法牟利，政府无如之何。韩愈反对改商销为官销，理由之一为："盐商纳榷，为官粜盐，父子相承，坐受厚利……今既夺其业，又禁不得觅求职事……若必行此，则富商大贾，必生怨恨，或收市重宝，逃入反侧之地，以资寇盗，此又不可不虑也。"①商人投靠藩镇之例，所在多有，②韩愈发此议论，并非无的放矢。政府利用专卖商将专卖品贩运至藩镇控制地区，专卖商则利用藩镇对中央时叛时依的态度，依违其间，伺机取利。

其四是亦官亦商，打入专卖机构内部，从中获利。唐代虽有商人不得为宦的规定，但执行并不严格。李德裕曾指出："三司皆有官属，分部以主郡国。贵倖得其宝赂，多托贾人污吏处之。"③商人因贿得官，三司所属机构为其把持，如此则利权尽归商贾矣！

政府对付商人的措施，其一是检责专卖商名籍，实行定量包销。武宗时规定："应属三司及茶、盐商人，各据所在场、监正额人名，牒报本贯州县……其茶、盐商，仍定勋石多少，以为限约。"④一方面防范其兼营他业或影庇他人，以杜隐漏之门；一方面督促其足额纳榷，以确保政府收入。

其二是组织商纲，加强对专卖商的控制。"凡茶商贩茶，各以若干为一纲而输税于官"，⑤是为茶纲。政府规定每一茶纲必须按额纳利，不足额者，轻则补纳，重则囚系。宣宗曾下敕："度支、盐铁、户部三司茶纲，欠负多年，积弊斯久，家业荡尽，无可征索，虚系簿籍，劳于囚系者，复委本司各条流疏理闻奏。"⑥专卖商被纳入官办同业组织，其自由活动的余地大为缩小，与政府争利的可能性也就大大减少了。

---

① 《全唐文》卷五五〇，韩愈：《论变盐法事宜状》。
② 参见魏承思：《略论五代商人和割据势力的关系》，载《学术月刊》1984年第5期。
③ 《全唐文》卷七〇九，李德裕：《食货论》。
④ 《全唐文》卷七八，武宗：《加尊号赦文》。
⑤ 《资治通鉴》卷二四三，太和二年六月条，胡三省注。
⑥ 《全唐文》卷八二，宣宗：《受尊号赦文》。

其三是整顿吏治,对专卖机构中的贪官污吏绳之以法。唐制:"内外文武官犯入己赃,绢三十匹,尽处极法",惟三司官吏享有特权,"破使物数虽多,只遣填纳,盗使之罪,一切不论",助长了其贪污受贿之风。有鉴于此,武宗下诏新定条法:三司官吏及行纲脚家,"如隐使官钱,计赃至三十匹,并处极法",并规定政府损失钱物,须以犯法吏员家产抵充,不得以新征榷税充纳。① 赃官是不法商人的庇护者,清算赃官,无异堵死商人向国家争利的一条渠道。

其四是限制商人为宦,以防其把持专卖机构要职。时至唐末,商人为宦已是既成事实,政府只能稍加限制而已。僖宗曾下敕:"刺史、县令如是本州百姓及商人等,准元敕不令任当处官……百姓、商人亦不合为本县镇将。"② 由于州、县地方官往往兼管当地专卖机构事务,因而此举能在一定范围内起到防止商人对专卖机构的渗透乃至控制的作用。

总而言之,唐政府与专卖商这种既合作又斗争的关系,反映了中国封建地主阶级对社会经济的发展既违抗又适应的两重性。就其适应的一面而言,乃与地主阶级统治经验的长期积累、自我调节机制的逐步完善有很大关系。唐以后,随着社会经济生活的日益复杂,这种适应性又有所发展,如宋代的钞盐制度,实质上是一种政府进一步放松控制的商专卖制度。不可否认,这种适应性部分抵消了地主阶级违抗社会经济发展规律所产生的消极作用。唐政府与专卖商既合作又斗争的关系,又反映了商人资本对封建经济既腐蚀又维护的两重性。就其维护的一面而言,乃与商人资本不是脱离而是依附于封建地产有关。这种维护性部分抵消了商品经济腐蚀封建统治的积极作用。我们认为,这是中国封建社会得以长期延续的重要原因之一。

(原载《学术月刊》1988年第6期)

---

① 《全唐文》卷七六,武宗:《定盐铁、度支等官赃罪诏》。
② 《唐大诏令集》卷七二,僖宗:《乾符二年南郊赦》。

专卖制度与唐后期阶级矛盾

促使唐后期阶级矛盾趋于激化、阶级斗争深入发展的诸多因素中,专卖制度的推行是一个重要因素。在专卖制度之下,盐、酒、茶等专卖品的生产者为劳动人民,自不待言;其消费者大部分亦为劳动人民。然而,专卖品的所有权属于封建政府,专卖收入的实现,是政府对专卖品生产者与消费者两头剥削的结果。政府的专卖收入愈多,百姓所受的剥削愈重,二者的利益是尖锐对立的。再者,在专卖品的流通过程中,封建政府与一部分走私商贩,特别是武装私贩的对立,也是不可调和的。这样,在专卖品的整个生产、流通、消费过程中,便不能不伴随着阶级矛盾和阶级斗争。对其加以分析,有助于我们对唐后期政治、经济形势的发展变化做出符合实际的、令人信服的解释。由于阶级矛盾和阶级斗争对专卖的推行又产生重大的影响,因此,对其加以分析,也有助于我们理解唐代专卖制度的演变和发展。

在专卖制度之下,专卖价格的制定,既是专卖经营的中心问题,又是促使阶级矛盾发展变化的关键和枢纽。由于专卖品往往是生活必需品,而专卖价格是人为的垄断价格,封建政府立足于增加财政收入,便总是利用生活必需品需求弹性小,"虽贵数倍,不得不买"[①]的特点,一味抬高专卖价格,以牟取高额利润。专卖价格高涨,其结果必然是人民生活水平下降,阶级矛盾激化。然而,在唐后期特殊的历史条件下,诸多政治、经济因素相互制约,致使阶级矛盾的激化表现为一个渐进的过程。

乾元元年(758年),盐专卖法始行,政府所订专卖价格为每斗

---

① 《汉书》卷二四下,《食货志下》。

110文,比原先的盐价高出十倍之多,①高昂的盐价顿成百姓的沉重负担。然而,此举在当时并未引起人民的激烈反抗,究其原因,在于时值战乱之际,百物翔贵,盐价的上涨因而并不显得十分突出;安史之乱给百姓带来的痛苦,也暂时掩盖了人民与唐政府之间的矛盾。

安史之乱后,盐的专卖价格保持不变,并且由于商运商销法的推行,商人售盐的市场价格复高于专卖价格,百姓的负担因而加重,走私也开始出现,然而亦未酿成大乱。究其原因,在于经过刘晏的一系列改革,专卖机构健全,管理比较完善;商人愿与政府合作,不致过分加价;食盐流通畅顺,供需基本平衡;并且此时百物价格尚高,盐价仍不显得过分突出。

到了建中年间(780—783年),盐的专卖价格再次大幅度上涨。而贞元初(785年后)以后,百物的价格趋于下跌。除了元和年间(806—820年),在建中三年(782年)以后的相当长的时期内,盐价的波动与米价、绢价的波动是呈背离状态的。而绢、米的价格可视为市场上一般物价的代表。这样,盐专卖价格的高昂便和一般物价的低落形成强烈的对照。

上述现象意味着什么呢?我们知道,百姓买盐,多用谷帛杂物,正如韩愈所说:"百姓贫多富少,除城郭外,有见钱籴盐者,十无二三,多用杂物及米谷博易。"②韦处厚论及山南西道盐务时亦云:"兴元巡管,不用见钱。山谷贫人,随土交易。布帛既少,食物随时。市盐者,一斤麻或一两丝,或蜡或漆,或鱼或鸡,琐细丛杂者,皆因所便。"③这样,即使盐价不涨,在钱重货轻的情况下,百姓以同样数量的布帛杂物,也只能换到较以前为少的盐,而盐价的大幅度上涨,更使百姓的负担加重几倍乃至几十倍。

从大历(766—779年)到元和(806—820年),在不到60年的时

---

① 《新唐书》卷五四,《食货志四》。
② 《全唐文》卷五五〇,韩愈:《论变盐法事宜状》。
③ 《全唐文》卷七一五,韦处厚:《驳张平叔粜盐法议》。

间内,每换一斗盐所需要的米量和绢量分别增加了四十多倍与十多倍。必须指出,这里尚未将商人加价的因素考虑在内。陆贽于贞元初说百姓"至有以谷一斗,易盐一升",①则当时百姓要从商人手中换取一斗盐须用一石米,可见其实际负担比以上论述要重得多。用于食盐消费的支出在全部生活费用中的比例大为增加,迫使贫苦人户不得不减少其消费量,以至淡食。贞元时,"远乡贫民困高估,至有淡食者";②长庆时,"百姓贫家,食盐至少,或有淡食,动经旬月"。③ 与此同时,走私问题也日益严重。总之,建中以后,盐价数倍于前,加以百姓以实物换盐,"钱重货轻"使百姓负担更重,这样,百姓与政府之间在盐价问题上的矛盾,经过长期的蓄积之后,便趋于白热化了。

酒方面,由于没有全国统一的专卖价格,各地官府更是任意加价。如元和末,江西有"谷数斛易斗酒"④者。元和十五年(820年)闰正月穆宗敕曰:"不酤官酒,有益疲人",⑤可见百姓为酒价所困之状。并且,一些地方的百姓在以高价酤酒于官的同时,尚须随两税纳榷酒钱,如贞时李锜为浙西观察使,"百姓除随贯出榷酒钱外,更置官酤,两重纳榷,获利至厚"。⑥ 这种双重负担,也使百姓不堪忍受。

茶方面,消费者的负担也颇为不轻。太和九年(835年)盐铁使令狐楚奏:"……唯纳榷之时,须节级加价,商人转卖,必校稍贵",⑦可见百姓在政府和商人的双重盘剥下苦不堪言。

总而言之,专卖价格的高昂,导致广大人民生活水平的下降甚至趋于恶化,这表明,封建国家专卖利润对自耕农、佃农以及城镇平民

---

① 陆贽:《陆宣公翰苑集》卷四,《议减盐价诏》。
② 《新唐书》卷五四,《食货志四》。
③ 《全唐文》卷五五〇,韩愈:《论变盐法事宜状》。
④ 《新唐书》卷一六一,《王仲舒传》。
⑤ 《册府元龟》卷五〇四,《榷酤》。
⑥ 《旧唐书》卷一七四,《李德裕传》。
⑦ 《旧唐书》卷一七二,《令狐楚传》。

的必要劳动部分的掠占,比一般的商业利润更加残酷。①广大人民的激烈反抗因而不可避免。

人民群众反抗专卖剥削的主要形式是走私。首先来看走私的条件。在专卖价格上升的同时,政府收购专卖品的价格却未提高。生产者遭到沉重的剥削,甚至得不偿失,便暗中以较高的价格将产品卖给走私商贩。如走私茶商"有江南土人相为表里,校其多少,十居其半",②就是指二者这种暗中的买卖关系。这样,专卖品的生产者便成为走私活动的商品来源。另一方面,苦于专卖价格高昂的广大百姓,也乐意以较低的价格从走私商贩手中购买物品。③这样,专卖品的消费者便成为走私活动的商品市场。既有来源,又有市场,走私活动便日益兴旺起来,日益成为专卖制度的一股强大破坏力。

其次来看走私的发展过程及其形式。德宗、宪宗时期,为走私的兴起阶段。贞元时,私盐日滋,"亭户冒法,私鬻不绝,巡捕之卒,遍于州县……私籴犯法,未尝少息"。④元和时,酒的私酿私酤也开始盛行起来,如江西"民私酿,岁抵死不绝"。⑤文、武、宣三朝,为走私的发展阶段,正如《全唐文》卷七四文宗《追收江淮诸色人经纪本钱敕》所说,当时"江淮富家大户,纳利殊少,影庇至多,私贩茶盐,颇扰文法,州县之弊,莫甚于斯"。走私的方式是多种多样的,其中之一是私贩、牙人、胥吏三者互相串通,以呈其私。《册府元龟》卷四九四《山泽二》载开成五年(840年)十月盐铁司奏:

……今则事须私卖,皆是主人、牙郎中裹诱引,又被贩茶奸党分外勾牵,所由因此为奸……兴贩私茶,群党颇众,场铺人吏,

---

① 参见胡如雷:《中国封建社会形态研究》,北京:三联书店,1979年,第226页。
② 杜牧:《樊川文集》卷一一,《上李太尉论江贼书》。
③ 走私商贩购进茶、盐等的价格较政府的收购价格为高,售卖价格较专卖价格为低,然因其不必向政府缴纳高额榷价,故所获利润仍较合法商人为多。
④ 《新唐书》卷五四,《食货志四》。
⑤ 《新唐书》卷一六一,《王仲舒传》。

皆与通连。

武装私贩也在这时开始出现。杜牧《樊川文集》卷一一《上李太尉论江贼书》曰：

> 夫劫贼徒……所劫商人，皆得异色财物，尽将南渡，入山博茶……得茶之后，出为平人，三、二十人，挟持兵杖，凡是镇戍，例皆单弱，止可供亿浆茗，呼召指使而已。

说的是武宗时的情况。《新唐书》卷五四《食货志四》曰：

> 是时江、吴群盗，以所剽物易茶、盐，不受者焚其室庐，吏不敢枝梧，镇戍、场铺、堰埭以关通致富。

说的是宣宗时的情况。懿宗以后，是走私的全盛阶段，政府逐渐失去对局势的控制，武装私贩越来越成为走私活动的主要形式。

最后来看政府反走私手法的变换。走私活动使政府损失了大笔专卖收入。宣宗时盐铁使裴休说："今又正税茶商，多被私贩茶人侵夺其利。"① 政府通过正税商人取得专卖收入，他们的损失亦即政府的损失。所以政府自然对走私问题极为重视，采取种种措施加以防备禁绝。刘晏实行稳定专卖价格、平衡供需的政策，故能防范于未然。后之主政者则越来越求助于严刑峻法，然而法愈严，私贩愈多，矛盾愈炽。于是政府被迫改变手法，稍驰其刑，辅以招诱，然而未几酷法又兴，如此往复不已。

盐方面。贞元十九年（803 年）规定，犯盐"一石已上者，止于决脊杖二十，征纳罚钱足"；至太和四年（830 年）改为"二石以上者，所犯人处死"，并罪及居停、船载、担负之人；开成元年（836 年）盐铁使奏"近日决杀人转多，榷课不加旧"，② 请依贞元旧条，同时又规定犯三石以上者发配边疆。然会昌时，法又转酷，复行连坐之制。③ 由于两池盐与海盐不同，其生产由政府直接控制，故其法特严。《新唐书》

---

① 《唐会要》卷八四，《杂税》。
② 《唐会要》卷八八，《盐铁》。
③ 《全唐文》卷八二，宣宗：《大中改元南郊赦文》。

卷五四《食货志四》对此有较为系统的记载：

> 贞元中,盗鬻两池盐一石者死;至元和中,减死流天德五城。(皇甫)镈奏论死如初。一斗以上杖背,没其车驴……鬻两池盐者,坊市居邸主人、市侩皆论坐……州县团保相察,比于贞元加酷矣。

至大中时,"更立新法",规定坏两池壕篱者及"鬻五石,市二石,亭户盗卖二石,皆死",并行保、社连坐之法。①

酒方面。中央没有统一规定,②然各地禁令亦甚严酷。如元和时,浙东"所部州触酒禁者,罪当死",③其时各地"严设酒法,闾阎之人,举手触禁"。④ 由于民怨沸腾,宣宗即位后不得不放宽酒禁。《全唐文》八一宣宗《宽私禁酤敕》曰：

> 如闻禁止私酤,过于严酷,一人违犯,连累数家,闾里之间,不免咨怨。宜从今以后,如有人私酤酒,及置私酤者,但许罪止一身……乡井之内,如不知情,并不得追扰。其所犯之人,任用重典,兼不得没入资产。

可见在此之前,各地对私酤者一直行连坐及财产没官之法。而在此之后,酷法亦未尽除。《全唐诗》卷六九七韦庄诗"官庄"引言曰："江南富民悉以犯酒没家产,因以此诗讽之。"其诗曰：

> 谁氏园林一簇烟,路人遥指尽长叹。
> 桑田稻泽今无主,新犯香醪没入官。

可见直至唐末,仍行犯禁没入资产之法。

---

① 《新唐书》卷五四,《食货志四》。由于盐池附近多碱土,故百姓多私煎碱土为盐,或以水柏柴烧灰煎盐。对此政府亦规定了严厉的惩办条例："盗刮碱土一斗,比盐一升";"采灰一斗,比盐一斤论罪。"(《新唐书》卷五四,《食货志四》。)

② 《全唐文》卷八二,宣宗：《大中改元南郊赦文》："榷酤之例,诸道权宜……"

③ 《新唐书》卷一六四,薛戎传。

④ 《册府元龟》卷五〇四,《榷酤》。

茶方面。开成五年(840年)十月规定:"其园户私卖茶,犯十斤至一百斤,征钱一百文,决脊杖二十。至三百斤,决脊杖二十(按:疑有误),钱亦如上。累犯累科,三犯已后,委本州上历收管,重加徭役,以戒乡闾。"①后又改犯十斤至百斤者决脊杖十五,没入其茶及随身物,三百斤以上则处以极刑。② 大中时,严刑与招诱双管齐下,一方面规定"私鬻三犯皆三百斤,乃论死;长行群旅,茶虽少皆死;雇载三犯至五百斤,居舍侩保四犯至千斤者,皆死",③一方面又许私贩自首,"于出茶山口,及庐、寿、淮南界内,布置把捉,晓谕招收,量加半税,给陈首贴子,令其所在公行"。④ 企图以网开一面,来防止私贩的铤而走险。

政府的法禁虽时有宽严,但有一点是不变的,即对武装私贩一概严惩不贷。文宗时规定:"挟持军器,与所由捍敌,方就擒者,即请准旧条,同光火贼例处分。"⑤武宗在大赦中,不把其包括在赦免之列:"如闻江淮诸道,私盐贼盗,多结群党,兼持兵杖劫盗,及贩卖私盐,因缘便为大劫。江贼有杖者,虽未杀人,不在该恩之限。"⑥宣宗时所订之两池新法中亦规定,"盐盗持弓矢者亦皆死刑"。⑦ 可见封建统治者已经意识到,这种武装私贩不仅是专卖制度的破坏者,而且还威胁到其政权的生存了。

走私是专卖这种残酷的掠夺手法的必然产物,因此为任何酷法所制止不了。王安石在评论宋政府的禁私茶政策时说:"夫夺民之所甘,而使不得食,则严刑峻法有不能止者,故鞭扑流徒之罪未尝少也,

---

① 《册府元龟》卷四九四,《山泽二》。
② 《册府元龟》卷四九四,《山泽二》。
③ 《新唐书》卷五四,《食货志四》。
④ 《唐会要》卷八四,《杂税》。
⑤ 《唐会要》卷八八,《盐铁》。
⑥ 《全唐文》卷七八,武宗:《加尊号后郊天赦文》。
⑦ 《新唐书》卷五四,《食货志四》。

而私贩、私市者亦未尝绝于道路也。"①这里正可借其来说明唐代的情况。

走私品的消费者——苦于专卖价格高昂的贫苦百姓;走私品的生产者——苦于收购价格低贱的专卖品生产人户,二者均为劳动人民,其与封建政府的矛盾属阶级矛盾无疑。问题在于,走私商贩与政府的矛盾究竟是何性质？走私商贩与正税商人的区别在于,后者为依附于封建政权的商人集团,他们享有政府给予的特权,可以合法地参与对专卖收入的瓜分;而前者为与封建政权对立的商人集团,他们没有特权,对专卖收入的攫取只能采取非法的形式。显然,不宜把走私商贩与政府,以及正税商人与政府这两对矛盾②等同起来,笼统地都看作剥削阶级的内部矛盾。应当看到,生产者与消费者虽构成走私活动的基础,但若无走私商贩做中介,走私活动便难以展开。这样,在封建政府与平民百姓这对立的两极中,走私商贩客观上是站在平民百姓一边。因此,他们与政府的矛盾客观上具有阶级矛盾的性质。

另一方面,我们也必须看到,走私商贩成分复杂,当阶级斗争深入发展时,他们便会走上不同的道路,他们与政府的矛盾也就随之向不同的方向转化。其中一些中小商人,他们力量单薄,容易为政府所招诱,从而转化为正税商人。杜牧说,每年"茶熟之际,四远商人,皆将锦绢缯缬、金钗银钏,入山交易";③韩愈也说,"比来商人,或自负担斗石,往与百姓博易"。④ 其中不乏为政府招诱的私商。他们与政府的矛盾,是朝着缓和的方向发展,朝着二者根本利益趋于一致的方向发展,最终转化为封建地主阶级的内部矛盾。

---

①　王安石:《王文公文集》卷三一,《议茶法》。
②　正税商人与政府既有合作的一面,又有矛盾斗争的一面,关于此问题,笔者另文阐述。
③　杜牧:《樊川文集》卷一一,《上李太尉论江贼书》。
④　《全唐文》卷五五〇,韩愈:《论变盐法事宜状》。

走私商贩中有力量与政府相抗衡,坚持与之争夺专卖之利的,是那些地方豪强。《全唐文》卷四一三常衮《授李栖筠浙西观察使制》曰:

> 震泽之北,三吴之会,有盐井铜山,有豪门大贾。利之所聚,奸之所生,资于大才,济我难理,加以中宪,雄兹按部。

又《新唐书》卷一六七《王播传附王式传》曰:

> 余姚民徐泽专鱼盐之利,慈溪民陈瑊冒名仕至县令,皆豪纵,州不能制。

所说就是这些人。只有他们才有财力罗致亡命,发展成武装私贩,如唐末朱瑄"父庆,里之豪右,以攻剽贩盐为事,吏捕之伏法"。[①] 封建政府对他们往往感到十分棘手,其与政府的矛盾,是朝着激化的方向发展。

然而,这些人当中又有不同。有的逐渐和贫苦农民接近,最后与他们汇合在一起,如黄巢"世鬻盐,富于赀","喜养亡命",[②]"与(王)仙芝皆以贩私盐为事",[③]相继成为农民起义的领袖。正如韩国磐先生所指出的那样,"这种盐贩武装,是以后农民起义中一个重要成分"。[④] 因此,这类走私商贩与政府的矛盾发展到最终,不论在主观上还是在客观上都具有了阶级矛盾的性质。

有的豪强私贩,则转而与封建统治阶级相接近,最后变成其中的一员,在唐末阶级斗争的大风暴中,他们中的一些人充当了镇压农民起义的刽子手,并进而发展成割据一方的藩帅,如王建、钱镠等人,[⑤]这类走私商贩与政府的矛盾发展到最终,乃转化为封建地主阶级的内部矛盾。

---

① 《旧五代史》卷一三,《朱瑄传》。
② 《新唐书》卷二二五下,《黄巢传》。
③ 《资治通鉴》卷二五二,乾符二年六月。
④ 韩国磐:《隋唐五代史纲》,北京:人民出版社,1979年,第378页。
⑤ 《十国春秋》卷三五,《前蜀一·高祖本纪上》;卷七七,《吴越一·武肃王世家上》。

总结本文所论,专卖的推行导致封建政府与各阶层人民的广泛对立,是唐后期阶级矛盾的新特点;反抗专卖剥削的斗争,是唐后期阶级斗争的新内容。王夫之论及唐史时说:"天子失道以来,民之苦其上者,进奉也,复追蠲税也,额外科率也,榷盐税茶也。"①足见专卖给人民带来的痛苦并不亚于赋税,且遭此痛苦者范围更为广泛:唐政府推行专卖,在生产和消费领域从劳动人民身上榨取了高额利润,在流通领域剥夺了大部分商人的权益。其结果是,阶级矛盾激化,社会动荡不安。面对人民的反抗,唐政府不断变换手法,一方面采取较为隐蔽的剥削形式和较为适应商品经济发展的形式来推动专卖,②一方面采取高压政策,残酷镇压这种反抗斗争。然而,广大百姓反抗专卖制度的斗争并没有停止,而且从小到大,最后汇入唐末阶级斗争的洪流,促使专卖制度及其推行者——李唐政权,在斗争中急剧地覆灭了。

(原载《社会科学家》1987年第3期)

---

① 《读通鉴论》卷二七,《僖宗》。
② 刘晏推行商运商销法,就是一个突出的例子。

八　辽元的赋役制度与农村社会

辽朝的赋税制度

一、官私田租

辽朝赋税制度是中原已有的先进制度与契丹族原有落后内容的混合体。与辽朝对峙的北宋当时已是封建租佃制社会，而辽朝社会经济中仍保留着许多农奴制内容。表现在赋税方面，就是辽统治地区又出现了大量人头税。

《辽史》卷五九《食货志上》有关辽朝官私田租的记载如下：

> ……在屯者力耕公田，不输税赋，此公田制也。余民应募，或治闲田，或治私田，则计亩出粟以赋公上。统和十五年（997年），募民耕滦河旷地，十年始租，此在官闲田制也。又诏山前后未纳税户，并于密云、燕乐两县，占田置业入税，此私田制也。

从中可知，辽的官田包括屯田和无主荒地。屯田由戍兵耕垦，所获无偿入官，因而"不输税赋"。无主荒地募民耕垦，纳租于官，其所纳具有租税合一的性质。辽的私田主要分布在汉人占多数的农业地区，如南京、西京道。这些地区在入辽前土地私有制已有很长历史,也有一套与之相适应的赋税制度。对此类私田,辽的税制大体上仿效中原王朝,间或有所损益。随着封建经济成分的增加,东京、上京、中京诸道的私田逐渐增多,汉人农业地区税制亦推行及此。

辽朝的屯田是其官田的重要组成部分,它们主要分布于辽境西北、西南和东北各边区,多为军屯。如《辽史》卷九一《耶律唐古传》载:"西番来侵,诏议守御计,命唐古劝督耕稼以给西军,田于胪朐河侧,是岁大熟。明年,移屯镇州,凡十四稔,积粟数十万斛,斗米数钱。"这是在与西夏交界处所设的屯田。又萧阳阿曾做过乌古敌烈部屯田太保,①该部地处东北女真人居住地区。辽的屯田,也和历代王朝的屯田一样,属国有土地。在屯田上从事耕作的军士,一般是将其全部产品交给国家,而得到一份口粮衣物。这实际上是一种劳役地租。

"在官闲田"是辽朝官田的另一个组成部分。它包括以前未经开垦的土地,以及因战事和其他原因被原业主抛弃的土地。《辽史》卷一三《圣宗纪四》统和十五年(997年)三月条载:"戊辰,募民耕滦州荒地,免其租赋十年。"可见耕种"在官闲田"者必须纳租于官,他们实际上是作为国家佃农向官府缴纳实物地租的。此外,属于官田范畴的还有皇庄和贵族官僚领地,其赋税问题详下文。至于以游牧经济为主的契丹、奚、女真、室韦等部落的土地占有关系,大体上是在国家的最高所有权之下,以私人占有权为补充的部落公有制,在广义上亦属官田范畴。其所纳赋税主要是牧税,乃是计畜科征,与农业税的计亩出粟类似,这当中半农半牧的部民或许也以粮食来完纳赋税。②

辽朝对私田所实行的赋税制度,既受唐宋之制的影响,又有自身的特点。《辽史》卷五九《食货志上》曰:"夫赋税之制,自太祖任韩延徽,始制国用。"韩延徽是幽州人,官僚出身,幽州又为唐卢龙节镇治

---

① 《辽史》卷八二,《萧阳阿传》。
② 张正明:《契丹史略》,北京:中华书局,1979年,第95~96页。

所，因此韩延徽教耶律阿保机沿用唐中期税制，亦即杨炎创立的两税法，来统治汉人，是完全有可能的。① 再者，与辽相始终的北宋，对辽制亦有所影响。但是，辽的社会经济毕竟与中原王朝有许多不同之处，因此，其税制又有特异之处。考虑到辽制对后来的金元之制又有所影响，在论述辽的赋税制度时，将其与唐宋之制作一些比较，对于纵观宋辽金元时期赋役制度的演变，便很有必要。

从纳税依据来看，唐两税法对所有的民户都按资产征税钱；按田亩征斛斗，又按户口及资产别户等以定税额。宋朝则改为一切以田产为准，钱米并出于田亩；亦分户等，但只据以定役。辽实行"计亩出粟以赋公上"的制度，似与宋朝相同。实际情况却是"辽人士庶之族赋役等差不一"。② 可见辽的课税依据既有田产的多寡，又有门第、官品的高下。如果说唐两税法的精神是以贫富为差（尽管实际执行不尽如此），那么辽两税法的精神又加上以贵贱为等差，而且受到优待的不是低等级而是高等级。③ 辽税制在实际执行中如何克服上述两个原则所造成的矛盾，因史料缺乏不得而知。

从纳税内容来看。唐两税法在实行中，钱帛、斛斗三大色是并征的，三者的交纳比重，视政府的需要而定，因此政府不可避免地要民户折纳其所需，并且折纳主要是折钱。五代时，后唐为改革此弊端，规定两税以"本色输纳"，④禁止折纳。辽赋税的征收，亦有折纳之法，所不同者，并非以物折钱，而是以钱折物。《辽史》卷五九《食货志上》曰：

> 南京岁纳三司盐铁钱折绢，大同岁纳三司税钱折粟。开远军故事，民岁输税，斗粟折五钱，耶律抹只守郡，表请折六钱，亦

---

① 罗继祖：《辽代经济状况及其赋税制度简述》，载《历史教学》1992 年第 10 期。
② 《金史》卷四七，《食货志二》。
③ 参见张正明：《契丹史略》，北京：中华书局，1979 年，第 90 页。
④ 《五代会要》卷二五，《租税》。

皆利民善政也。

"盐铁钱折绢";"税钱折粟",无疑是以钱折物。"斗粟折五钱";"折六钱",乃是斗粟抵税额五钱或六钱,也是以钱计税,以粟完纳。对于民户,特别是农民,以钱折物,较易完税,故称为"善政"。

从纳税期限来看。唐两税法规定了夏税、秋税的缴纳期限,分别不过六月和十一月。五代时后唐调整了两税缴纳期限,将其辖境划分为"节候常早"、"节候较晚"、"节候尤晚"三类地区,据此分别规定了两税的缴纳期限。① 宋代亦沿此制,分区划定两税征收期限。辽两税(及杂税)的征收亦有期限之规定。《辽史拾遗》卷一五引《宣府镇志》曰:

> 契丹统和十八年(1000年),诏北地节候颇晚,宜从后唐旧制,大小麦、豌豆,六月十日起征,至九月纳足。正税匹帛钱、鞋、地、榷曲钱等,六月二十日起征,十月纳足。

诏令所称"后唐旧制",乃是后唐天成四年(929年)五月户部所作规定,其中关于幽定、镇沧、晋隰、慈密、青邓、淄莱、邠宁庆衍等七处"节候尤晚"地区夏税的征收期限,乃是"大小麦、**荞**麦、豌豆六月十日起征,至九月纳足"。② 上述地区之一部分在后晋时已入辽,故辽循此制。所不同者,钱类的征收期限又延展了一个月,即从九月延展至十月。这可能是考虑到当时辽境内的农业区已进一步向北扩展了。

从税外增税来看。唐建中之法规定租庸杂徭悉省,并入两税,但不久后又出现了许多两税之外的苛捐杂税。五代时更兴起许多愈出愈奇的杂税。宋朝虽加以整顿,但杂税名目仍不少。辽在行两税法时,也沿袭了中原王朝正税之外的一系列杂税。将《辽史拾遗》所引《宣府镇志》与《五代会要·租税》加以对照,可以发现辽的许多杂税乃直接承袭唐、五代的杂税。如鞋钱,乃是照亩数纳军鞋若干双,再依定价折钱,源于五代,辽沿袭不改;地钱又叫地头钱,乃是唐为补百

---

① 郑学檬:《五代两税述论》,载《中国社会经济史研究》1988年第4期。
② 《五代会要》卷二五,《租税》。

官俸而加,于正税外每亩另纳钱若干文,五代沿袭不改,辽又沿袭五代;榷曲钱,唐中叶出现的酒类专卖税,五代承袭之,辽又承袭五代。此外,辽的一些正税之外的税目,虽非直接承袭唐、五代,但仍有其内在的渊源关系。如义仓之税,辽于统和十三年(995年)诏诸道各置义仓,以备灾年赈济之用。统和十五年(997年)"诏免南京旧欠义仓粟",①可见义仓完全由官府掌管,农民纳粟义仓,实与纳税无异。这种变相征税之法,与唐时义仓纳粟演变为地税如出一辙。又如盐铁之税,辽曾屡申严禁私贩盐铁,上京税务机关亦径称为盐铁司,可见盐铁钱在税赋中的重要地位,这与唐五代以来国家重视盐铁收入的传统,也是一致的。

由于辽朝税制法令不明,随意性比较强,所以其剥削量因时因地而有较大的差异。一方面,在某些时期某些地区,百姓赋税负担不太沉重,且朝廷常有减免赋税之举。如据《辽史》所载,圣宗一朝燕云或其部分地区减免赋税达八次。又如兴宗时,辽以北宋"岁币"五分之一的数额减燕云赋税;道宗时,又悉以北宋"岁币"全部数额(银、绢二十万两、匹)减燕云赋税。② 这是辽朝以减轻赋税为手段争取占领区内汉人的归服,但客观上也使百姓的负担得以减轻。对辽中叶比较太平的一段时期里的赋税情况,宋人的评价是:"契丹之法简易,盐曲俱贱,科役不烦";③燕地"赋税役颇轻,汉人亦易于供应"。④ 另一方面,在某些时期某些地区,特别是因战争之需而急征供给的地区,赋税加重及税外加征又是司空见惯的:"每有急速调发之政,即遣天使带银牌于汉户须索。县吏动遭鞭箠,富家多被强取,玉帛子女不敢爱惜,燕人最以为苦。兼法令不明,赇鬻受狱习以为常,此盖夷狄之常

---

① 《辽史》卷五九,《食货志上》。
② 陆游:《老学庵笔记》卷七。
③ 《宋史》卷一八一,《食货志下三》。
④ 苏辙:《栾城集》卷四一,《二论北朝政事大略》。

俗。"①这种情况随着辽朝末日的逼近而愈益严重,所以宋金联合灭辽后,宋朝诏谕燕京管内吏民百姓说:"收复之后,蕃汉一等待遇,民户除二税外,应该差徭科率无名之赋,一切除放。"②因此,考察辽的赋税剥削,应因时因地具体分析,以免偏颇。

二、头下户和二税户

头下户和二税户是辽朝一般编户和部民之外的特殊的人户,其存在是以头下军州这种契丹特有的制度为前提的。头下军州是在国有土地上建立的,是臣属于朝廷的领主的领地。在这种土地上从事生产并负担赋役的人户就是头下户和二税户。

有关头下户与二税户的关系,史学界有不同的看法。一种意见认为,从主要方面来看,二税户是由头下户演变而来的。其根据是,头下军州最早建立于契丹政权初创时期,州内置以俘掠的人户,即头下户,他们是私有的奴隶,后来辽朝普遍推行赋税制度,使这些人户所缴赋税部分纳于主人,部分纳于官府,从而演变为负担两重赋税的"二税户"。③ 另一种意见认为,不能说二税户是从头下户演变而来的,也不能说早期的头下户不是二税户,因为辽初头下军州建立的时候,头下户就是输租于官、纳课于主的二税户。言外之意,头下户与二税户名称虽不同,却无本质的区别。④

我们认为,前一种意见比较接近事实。辽代前期的头下军州,大多是贵族将领用私俘来创立的,后来这种做法逐渐受到朝廷的限制。到辽代后期,头下军州大多是朝廷封赐给贵族的。⑤ 因此,头下军州的赋役制度必然也有一个与上述变化相适应的演变过程。

---

① 苏辙:《栾城集》卷四一,《二论北朝政事大略》。
② 《三朝北盟会编》卷五〇。
③ 蒋松岩:《辽金二税户及其演变》,载《北方论丛》1981年第2期。
④ 修家江:《关于辽金二税户》,载《内蒙古大学学报》1984年第1期。
⑤ 参见张正明:《契丹史略》,北京:中华书局,1979年,第114~115页。

《辽史》卷三七《地理志一》载:"以征伐俘户建州襟要之地,多因旧居名之,加以私奴置投下州";"头下军州,皆诸王、外戚、大臣及诸部从征俘掠,或置生口,各团集建州县以居之"。私奴或生口,包括家奴、家兵、部曲在内,为头下主私人所有。由私奴组成的私庄,不向国家输租税,也不隶州县。因为与国家利益发生矛盾,所以朝廷不断加强对这些贵族领地的控制,包括派官治理:"其节度使朝廷任命之,刺史以下皆以本主部曲充焉。"① 这样,头下军州就成为由契丹的头目制与中原的州县制相结合而成的一种特殊制度。在这种制度之下,国家必然参与分割对生产者的剥削所得。元好问《中州集》卷二《李承旨晏》曰:

> 初,辽人掠中原人,及得奚、渤海诸国生口,分赐贵近或有功者,大至一二州,少亦数百,皆为奴婢,输租为官,且纳课给其主,谓之二税户。

二税户缴纳给国家的是租,因为头下军州的土地实际上是国有土地。而其缴纳给贵族领主的是税,是分割出来的一部分官租,因为这些头下主是在国有土地上食税,类似于历代食封的贵族。② 元好问虽未说明二税户由头下户演变而来,但对于二税户所纳租与税的区分还是清楚的。封建国家与一般私人地主对农民生产物的分割,表现为地主取得地租而国家取得赋税。与此相反,辽朝国家政权与头下主对二税户生产物的分割,表现为辽政府取得地租而头下主取得赋税。

还有一类属于寺院的二税户,其赋税缴纳情况与上述属于头下军州的二税户不同。《金史》卷四六《食货志一》载:"初,辽人侫佛尤甚,多以良民赐诸寺,分其税一半输官,一半输寺,故谓之二税户。""以良民赐诸寺",必然是将普通农户连同其土地一起赐予寺院。因为"良民"不同于"生口"、"奴婢",一般都有自己的产业。这样,寺院主就成为土地的实际所有者,由普通农户转化而来的二税户缴纳给

---

① 《辽史》卷三七,《地理志一》。
② 参见张博泉:《辽金"二税户"研究》,载《历史研究》1983年第2期。

寺院主的就是地租,而辽朝政府复将寺院主上缴的赋税之半再割让与原主,实际上是减免其赋税之半。有的论者指出,寺院主是土地的实际所有者,又得赋税之半,而其租国家无所得,复归寺院主。① 所言是也。寺院主既得到地租又取得赋税之半,其所得远超过头下主,此乃辽朝对寺院主的优待。辽统治者本身既佞佛,又需要以佛教为麻醉剂去平息人民的反抗,故对寺院主优待有加。而寺院主在实力地位上不如贵族领主,不似后者那样对辽政权构成威胁,也是辽朝在经济上对其加以优待的原因之一。

由私奴构成的头下军州演变为由二税户构成的头下军州之后,除了农业户口之外,头下军州还出现了一些非农业户口。这样,就产生了对这部分人征税的问题。《辽史》卷三七《地理志一》"头下军州条"曰:"官位九品之下及井邑商贾之家,征税各归头下,唯酒税课纳上京盐铁司。"又,《辽史》卷五九《食货志上》曰:"凡市井之赋,各归头下,惟酒税赴纳上京,此分头下军州赋为二等也。"这两段文字,前者将农业税与工商税笼统地一并提及("官位九品之下"显然也包括一般农户在内),后者则只提及工商税。但无论如何,都证明头下军州亦须缴纳工商税。头下军州同时缴纳农业税和工商税这两种性质不同的税收,是其经济成分由单一的农业经济演变为农、工、商多种经济成分的必然反映。井邑商贾之家负有向头下主和官府纳税的双重义务,表明其同样对贵族领主和国家都存在某种依附关系,只是程度可能不像二税户那么严重而已。顺便提及,有的论者指出"赋为二等"与"二税户"两者不能混同,②这是十分正确的。

三、工商之税

辽的食盐专卖,始于太宗耶律德光从石敬瑭手中取得燕云十六州之后。《辽史》卷六〇《食货志下》曰:

---

① 张博泉:《辽金"二税户"研究》,载《历史研究》1983年第2期。
② 张博泉:《辽金"二税户"研究》,载《历史研究》1983年第2期。

> 会同初……晋献十六州地,而瀛、莫在焉,始得河间煮海之利,置榷盐院于香河县,于是燕、云迤北暂食沧盐,一时产盐之地如渤海、镇城、海阳、丰州、阳洛城、广济湖等处,五京计司各以其地领之。

可见辽得燕云之地后实行了盐专卖,特设专门机构——榷盐院以管辖之。以后又将这一制度推广于契丹故地。辽朝盐专卖的具体做法不详,正如《辽史·食货志下》所说,"其煎取之制,岁出之额,不可得而详矣"。一般认为,辽朝实行的是比较松散的盐专卖制度。辽朝效法石晋。石晋为笼络人心曾于天福中放松了盐专卖,其措施乃是将原来盐界分场务年榷盐约十七万余贯的收入,转变为食盐数额,分等配征于民户,从上户千文至下户二百文,共分五等,俵配后任人逐便兴贩,商人运销食盐,另交商税。① 辽有盐铁钱,如"南京岁纳三司盐铁钱折绢",②统和四年(986年)六月"南京留守奏百姓岁输三司盐铁钱,折绢不如直,诏增之"。③ 这种盐铁钱就是效法石晋配征于民户的食盐钱。在这种松散的专卖制之下,加上海盐产量多,辽的盐价便较为平贱。北宋政府曾对辽盐大量走私入宋深感头痛。为与辽盐竞争,北宋曾先后对漳河以北、以南地区开放盐禁,将盐利均摊于两税中附带征收。宋仁宗时有人建议河北复行官卖,反对者便指出:"且今未榷,而契丹盗贩不已,若榷则盐贵,契丹之盐益售,是为我敛怨,而使契丹获福也。"④此亦可反证辽实行的是一种非直接官卖,而以征收盐税为形式的盐专卖之制。⑤

辽对矿冶的经营与控制,始于阿保机即可汗位的第五年,即后梁乾化元年(911年)。这一年"太祖征幽、蓟,师还,次山麓,得银、铁

---

① 《五代会要》卷二六,《盐》。
② 《辽史》卷五九,《食货志上》。
③ 《辽史》卷一一,《圣宗纪二》。
④ 《宋史》卷一八一,《食货志下三》。
⑤ 参见吴慧:《辽金元盐法考略》,载《盐业史研究》1988年第1期。

矿,命置冶"。① 这是契丹创立的第一个矿冶。此后,辽朝先后设立了十余处矿冶。这些矿冶的经营方式,大多是以具有特殊户籍的人户进行采炼,所得产品,或以赋税方式纳官,或直接归官所有。采炼人户大多是被征服的汉人和其他少数族人。东京道尚州"东平县,本汉襄平县故地,产铁矿,置采炼者三百户,随赋供纳";② 上京道饶州"长泺县,本辽城县名,太祖伐渤海,迁其民,建县居之,户四千,一千户纳铁"。③ 这是以汉人为采炼人户,使其纳铁以为赋。中京道"泽州广济军……本汉土垠县地,太祖俘蔚州民,立寨居之,采炼陷河银冶";④ 中京道"打造部落馆,有蕃户百户,编荆篱,锻铁为兵碗";⑤ 东京道曷术部,"'曷术',国语铁也。部置三冶,曰柳湿河,曰三黜古斯,曰手山",⑥ 这是以汉人或少数族人户从事采炼,产品直接为官占有。辽朝从矿冶业取得丰厚收入。《辽史·食货志下》曰:圣宗太平年间(1021—1030年)"于黄河北阴山及辽河之源各得金银矿,兴冶采炼,自此以迄天祚,国家皆赖其利",此外铜铁的收入也很可观。

辽有商税之征。《辽史》卷六〇《食货志下》曰:

> 征商之法,则自太祖置羊城于炭山北,起榷务以通诸道市易。太宗得燕,置南京,城北有市,百物山积,命有司治其征;余四京及它州县货产懋迁之地,置亦如之。

辽朝商税大体上包括关税、市税,以及酒、木、茶诸物之税,统和元年(983年)九月,"南京留守奏,秋霖害稼,请权停关征,以通山西籴易。从之",⑦ 这便是关税。上引《辽史·食货志》言五京及诸州县市中交易皆征之,则为市税。二者与宋朝的过税、住税相似。

---

① 《辽史》卷六〇,《食货志下》。
② 《辽史》卷六〇,《食货志下》。
③ 《辽史》卷三七,《地理志一》。
④ 《辽史》卷三九,《地理志三》。
⑤ 《宋会要辑稿·蕃夷二》,引王曾:《上契丹事》。
⑥ 《辽史》卷六〇,《食货志下》。
⑦ 《辽史》卷一〇,《圣宗纪一》。

前述头下军州井邑商贾之家均须缴纳酒税,则普通州县民户亦应缴纳酒税;文献中也见到税木临使、茶酒临使等官名,①足见酒、木、茶诸物皆有税。辽朝商税之征因时因地而有轻重之别。工商业较发达的南京、西京路,商税较重。经济较落后的上京、中京路,商税则较轻,那里有些州县商税开征较晚,如贵德、龙化、仪坤、双、辽、同、祖七州,直到开泰元年(1012年)才开征商税。② 东京路"东辽之地,自神册附,未有榷酤盐曲之法,关市之征亦甚宽",但是后来也加重了。③

（原载《中国社会经济史研究》1994年第3期）

元代农村基层组织与赋役制度

笔者在参与《中国赋役制度史》④一书的撰写时,注意到元代农村基层组织与赋役制度的关系问题,但限于该书的体例和篇幅,无法就这一问题展开论述。本文拟就此进行一些探讨。

元代农村的基层组织是社,社的编制以自然村为基础。在中国封建社会中,社一方面具有以自然村落为基础而结成的民间乡村组织的性质,同时也长期被封建国家利用,成为农村中的基层行政设施。就后者而言,其主要功能之一便是向封建国家提供赋役。

中国历史上的"社",源远流长。西周时,邑、里奉祀社神(土神)的地方称为"社",于是这种农村公社组织也有径称为"社"的。春秋

---

① 《宋会要辑稿·蕃夷一》。
② 《辽史》卷一五,《圣宗纪六》。
③ 《辽史》卷一七,《圣宗纪八》。
④ 郑学檬主编:《中国赋役制度史》,厦门:厦门大学出版社,1994年。

八 辽元的赋役制度与农村社会

战国时期,作为基层政权的里与作为农村公社残留的社是结合在一起的。汉代仍然继续了战国以来的里、社合一的制度。汉时,里普遍立社,乃至穷乡僻壤也有里社,即以里名为社名,称某某里社。与此同时,在传统的里社之外出现了私社,那是出于私人之间组织起来进行生活互助的需要。社开始趋于私人化、自愿化,里、社开始出现了分离的趋向。到了两晋南北朝,私社更形发达,而传统的里社则更进一步呈现了里、社分离的趋势。①

由于私社很容易发展为反抗封建奴役的组织形式,所以历代统治者都在维持传统的里社及禁断私社方面做过一些努力。他们出于自己的政治需要,总想借行政力量把社置于官府控制之下。隋开皇五年(585年)五月,因关内亢旱,"强宗富室,家道有余者,皆竞出私财,递相赒赡",朝廷以"经国之理,须存定式"为由,"令诸州百姓及军人,劝课当社,共立义仓……于当社造仓窖贮之。即委社司,执帐检校……当社有饥馑者,即以此谷赈给"。② 这里的社以及唐代的村,③与汉以来以自然村为基础的农村基层组织是一脉相承的。民间私人互助之不见容于官府,亦由此可见。隋唐时期社仓(义仓)系统的为官府所掌握,并最终成为正税的一部分,突出地反映了封建政府控制民间村社组织并加强其赋役征调功能的意图。

北宋前期,乡村中形式上既有"乡",又有"管"。以区域而言,是一乡之内有若干管,一管之内有若干村或里。村和里是乡村中并列的最基层的聚居单位。此时"社"的名称也用得极为普遍,以致有些村庄径以某某社为村名。④ 由于乡、管实际上尚未发挥基层政权的

---

① 参见宁可:《汉代的社》,《文史》第9辑,北京:中华书局,1980年。
② 《隋书》卷二四,《食货志》。
③ "(唐代)与里并存的同级基层单位还有村。村应该就是我们现在所说的自然村。"(王永兴编:《隋唐五代经济史料汇编校注》第一编下,北京:中华书局,1987年,第993页。)
④ 《宋史》卷六七,《五行志》,天禧五年九月丙寅;卷八九,《地理志》,天水军;卷九五,《河渠志》,熙宁七年十一月。

职能,所以村、里和它们并没有行政上的统属关系。直到北宋中期推行保甲制度之后,"都保"成为乡以下一个行政单位,实际上取代了"管",而"乡"也逐渐加强基层行政机构的职能,村、里或社才被置于一个比较完善的乡村统治体制之内。① 这里同样可以看到与前朝如出一辙的加强对民间村社组织的控制之趋势。

金代自然村或称为"村",或称为"社",泛称"村社"。金政府在乡村地方基层的设施即以村社为单位。自章宗泰和六年(1206年)以后其制为:"村社则随户众寡为乡,置里正以按比户口,催督赋役,劝课农桑。村社三百户以上则设主首四人,二百户以上三人,五十户以上二人,以下一人,以佐里正禁察非违。置壮丁以佐主首巡警盗贼⋯⋯"②值得一提的是,宋代许多社的组织和活动呈现了新的内容,其中最重要的是具有了地方武装组织的职能,但是金的统治稳定后,原来宋统治下的北方乡社一般不再拥有武装了。③ 这是金人军事统治与宋代文官政治的一个显著区别,也是少数民族政权与汉人政权在对待基层组织的态度上的不同。

元代农村的基层组织"社",便是在上述历史渊源的基础上形成,而又具有其时代特征的。金元之际北方再度陷入大规模的战乱,蒙古灭金后北方农村仍一片凋零,民间结社互助自保之势再度兴盛。当时北方农村的地主纷纷倡办"义社",开仓赈济离散贫民,纠集劳动人手,以图恢复生产。王恽《故蠡州管匠提领史府君行状》记:

> 兵后岁饥疾⋯⋯即出盖藏粟五百余石,计口而惠之,赖安活者甚众。其散而复业者,往往力殚具乏,公为假牛畜耒耜垧种。有因疾田芜不克治者,公乃侣结义社相救助。④

---

① 吴泰:《宋代"保甲法"探微》,《宋辽金史论丛》第2辑,北京:中华书局,1992年。
② 《金史》卷四六,《食货志一》。
③ 宁可:《述"社邑"》,载《北京师范学院学报》1985年第1期。
④ 王恽:《秋涧先生大全文集》卷四七。

这种"义社"的实质是使劳动力和生产资料重新结合起来,以恢复遭到破坏的地主经济,然而毕竟带有几分民间互助自救的色彩。当时还有一种耕作上的互助结社:

> 其北方村落之间多结为锄,以十家为率,先锄一家之田,本家供其饮食,其余次之,旬日之间,各家田皆锄治……间有病患之家,共力助之。故苗无荒秽,岁皆丰熟……名为锄社。①

这种民间自发的结社,互助自救的色彩更浓一些,当是自耕农为恢复生产携手并进的一种形式。元政府正是从北方农村既存的这两种互助方式得到启发,由国家来倡导结社,在恢复并发展农业生产的同时,既可利用这类互助来解决一部分社会救济问题,又可将民间自发的互助结社纳入政府控制的轨道。所以至元二十三年(1286年)颁布的立社令文中说:

> 本社内遇有病患凶丧之家不能种莳者,仰令社众各备粮饭器具并力耕种,锄治收割,俱要依时办集,无致荒废。其养蚕者亦如之。壹社之中灾病多者,两社并助。外据社众使用牛只,若有倒伤,亦仰照依乡原例均助补买。比及补买以来,并牛助工。如有余剩牛只之家,令社众两和租赁。②

中国民间社会历来有"出入相扶,守望相助"的传统,元政府立社时企图借此以增强对社众的吸引力,从而增强社的凝聚力。当然其中也反映了地主的要求,如所谓"两和租赁"就说明提供帮助并非都是无偿的。

元政府的初衷是力图使"社"成为促进农业生产的基层单位,所以立社令文的首条即着重强调社的生产职能:

> 诸县所属村疃,凡伍拾家立为壹社,不以是何诸色人等,并行入社,令社众推举年高、通晓农事、有兼丁者,立为社长。如壹

---

① 王祯:《农书》卷三,《锄治篇》。按:该书成于皇庆二年(1313年),但其中所述"锄社"决非此时才有,当始于更早的时候。
② 《通制条格》卷一六,《田令·农桑》。

村伍拾家以上只为壹社,增至伯家者另设社长壹员。如不及伍拾家者,与附近村分相并为壹社。若地远人稀不能相并者,斟酌各处地面,各村自为壹社者听。或叁村或伍村并为壹社,仍于酌中村内选立社长。官司并不得将社长差占别管余事,专一照管教劝本社之人劝勤农业,不致惰废。①

这里充分考虑到了农业生产的分散性,所以并不强调社的大小整齐划一,而是因地制宜,使其规模具有很大的伸缩性。以担任社长的条件而言,并不考虑资产的情况,也不规定任期,而是强调必须具有丰富的农业生产经验,以及户内有兼丁,以便有充足的时间管教劝农。并且,元制将金代里正的劝课农桑一责划分出来,专由社长承担,从而确立了农业生产这一社的中心任务的地位。令文中对社长督导职责的规定是具体入微的:"今后仰社长教谕,各随风土所宜,须管趁时农作";"仍于地头道边各立牌橛,书写某社某人地段,仰社长时时往来点觑,奖励诫谕,不致荒芜"。②早在北魏时也有"所种者于地首标题姓名"③的做法,但此时又增加了社里的名称并突出了社长的监督作用。

立社之初,元政府大约还没有想到以社来征调赋役,所以立社令文对此只字未提,而是另设里正、主首以催督赋役。元代县以下设乡,乡有里正;以乡统都,都有主首。都实际上就是村社。至元二十八年(1291年)颁行的《至元新格》规定:"诸村主首,使佐里正催督差税,禁止违法";"诸社长本为劝农而设……今后凡催差办集,自有里正、主首。其社长使专劝课……"④重申了社长与里正、主首各司其职的初衷。可是,既然社是当时普遍推行的唯一的农村基层组织,主

---

① 《通制条格》卷一六,《田令·农桑》。
② 《通制条格》卷一六,《田令·农桑》。
③ 《魏书》卷四下,《恭宗纪》。
④ 《通制条格》卷一六,《田令·理民》。

首之职又置于村社之中,①把社作为征调赋役的最基层的单位势成必然。元政府设置基层设施的最终目的不外乎二:政治上约束农民,使其固着于土地之上,以成天下之治;经济上取得赋役,使农民自其居处有条不紊地提供实物和劳役,以保证国家机器的运转。就此而言,特别是就后者而言,社也必然成为征调赋役的基本单位。

元代征调赋役的依据是鼠尾簿,该簿的制定和其后据簿征调差科诸事,均与社长有关。鼠尾簿上,"各户留空纸一面于后,凡丁口死亡,或成丁,或产业孳畜增添消乏,社长随即报官,于各户下令掌簿吏人即便标注";政府责成"邻佑、主首、社长互相保结,不实者罪之";当差科依簿派定后,便由主首、社长催督征收。②此外社长还负有裁处"诸论诉婚姻、家财、田宅、债负"等民事纠纷之责,③其中凡牵涉到分家析产事由,亦每每与征调差科之依据有关。所以,当元政府"令社长不管余事,专一劝课农桑"④时,它实际上是自相矛盾的。在某种程度上讲,正是元政府改变了其"元(原)立社长之意",⑤使社长深深地卷入差科征调诸事。

社制推行之后,元政府在实际上既已把社作为征调赋役的工具,社长的职责也必然从劝课农桑扩展到催征赋役。但起初社长毕竟还只是作为里正、主首的助手参与征调差科的,然而后来社长在这方面的作用却越来越大,以致有取代里正、主首而担当主角的趋势。如大德六年(1302年)"通州(今南通)一州靖海、海门两县最极东边下乡,其间见有勾集人户编排引审,次序支请,尽系社长居前,里正不预

---

① 后来有些地方索性废除主首,保留里正、社长二职,实际上是以社长代替主首(参见陈高华:《元代役法简论》,《文史》第11辑,北京:中华书局,1981年),亦可证都与社、主首与社长名称虽异实质乃同。
② 胡祗遹:《紫山大全集》卷二三,《县政要式》。
③ 《通制条格》卷一六,《田令·理民》。
④ 《通制条格》卷一六,《田令·立社巷长》。
⑤ 《通制条格》卷一六,《田令·理民》。

……州县官员同辞而对:'目今诸处通例如此。'"①而元政府于立社之后所设置的《农桑文册》,则"令按治地面,依式攒造,路府行之州县,州县行之社长、胥吏,社长、胥吏家至户到,取勘数目",②竟未提及里正、主首。由此看来,作为农村基层组织的社同时成为差科起征的基本单位,越来越得到元政府的确认,而社长在这方面所起的作用,也越来越确定无疑了。

以社为单位征调差科的具体做法,因元代史料语焉未详而难于尽知。元朝地方官胡祗遹说,在编制鼠尾簿的基础上,"凡遇差发、丝银、税粮、夫役、车牛、造作、起发当军,检点簿籍,照各家即目今增损气力分数科摊",③大约就是以社为单位征调差科的一般程式。对元政府来说,通过社的组织征集役夫尤为便利。按社征集役夫的办法,不仅用在兴修水利、灭蝗等与农业生产直接相关的工役上,其他如修筑城垒、平治道路、修建庙府等工役,亦皆按社征派役夫。社成了地方官府征调夫差的方便的工具。④

在探讨元代农村基层组织"社"与赋役制度的关系时,还会遇到一个重要问题,那就是社长一职的性质问题,换言之,社长是不是职役?其根据是什么?对于这一问题,史学界有两种不同的看法。

一种看法认为,社长是职役,不是官职。其根据是,元政府立社令文对充任社长的条件和社长的权益作出的规定,说明社长是职役。令文指出,社长由"社众推举年高通晓农事有兼丁者"充任,职在"劝农","官司并不得将社长差占别管余事,专一照管教劝本社之人务勤农业","与免本身杂役,年终考较,有成者优赏,怠废者责罚"。⑤ 令文虽没有说明社长职事的性质,但《元典章》卷二四《晓谕军人条画十

---

① 《元典章》卷二三,《社长不管余事》。
② 许有壬:《至正集》卷七四,《农桑文册》。
③ 胡祗遹:《紫山大全集》卷二三,《县政要式》。
④ 杨讷:《元代农村社制研究》,载《历史研究》1965年第4期。
⑤ 《通制条格》卷一六,《田令·农桑》。

四款》规定军户免去"人夫、仓官、库子、社长、主首、大户车牛等一切杂役",将社长列入杂役。一些元代地方志也将社长与坊正、里正、主首等一起列入户役或役法。① 可见社长是役。立社令文之所以免去社长"本身杂役",是因为社长本身已经是役。②

  另一种看法认为,职役有两个特点,一是按各户财产情况轮流充当,有一定期限;二是不能领取薪俸。如果不符合这两条,就不能算作职役。以社长来说,按照元政府初立社时的规定,它并非按资产情况轮流充当,因而不能算做职役。担任社长之后,"仍免本身杂役",更足以说明社长一职与职役是两回事。③

  对令文中"仍免本身杂役"一句,上述两种看法作出不同的解释。笔者认为,还是后一种解释较符合令文本意。换言之,立社之初,社长确非职役。但是,后来情况发生了变化。持后一种看法者也承认:后来社长往往被指派"催差办集",和里正、主首的职责没有多大区别,有些地方在实际上以社长取代主首,而且社长职务也和里正、主首一样定期轮流差选。④ 持前一种看法者则指出:社长虽说不依资产状况摊派,实际上还是离不开一定的财产条件。这是因为社长职事繁忙,又无公俸,谋生艰难的贫下户是无法充任的,而且官府只愿找那些有资产"抵保"的人充任此职。所以担任社长的往往是小地主或富裕农民。⑤ 综合上述两种看法,笔者认为,与立社之初不同,社长到后来实际上已经成为职役之一种,因为它无论从充任条件还是从职责权力来说,都与作为职役的里正和主首毫无二致了。至于元朝官方文书为何对于社长的性质没有明确的记载,笔者认为其原因是,立社之初社长虽非职役,然而已含有职役之内涵,故难以明确界

---

① 《至顺镇江志》卷一三,《户役》;《永乐大典》卷二二七七,录《吴兴续志》。
② 杨讷:《元代农村社制研究》,载《历史研究》1965 年第 4 期。
③ 陈高华:《元代役法简论》,《文史》第 11 辑,北京:中华书局,1981 年。
④ 陈高华:《元代役法简论》,《文史》第 11 辑,北京:中华书局,1981 年。
⑤ 杨讷:《元代农村社制研究》,载《历史研究》1965 年第 4 期。

定;而当社长实际上已演变为职役时,元朝政令已紊乱,无法将实际情况在官方文书中反映出来了。

中国历代的地方行政,一般来说,以县为最下级的行政单位。然而一个县所管辖的范围相当大,在这种情形下,政府想有效地统治地方上的人民,实不可能。所以历代统治者都在县以下设有类似地方自治的村社组织,以补县的不足。广土众民的乡村,自古以来便是立国之本,扮演着重要的角色,如政府的税收、劳役、兵员的补给;地方秩序之维持及提供其他各项服务等等,皆是维持国家命脉之重要因素。所以历代政府莫不想尽办法来组织广大的农村,以维系政权于不坠。① 这种农村基层组织就是"社"。

村社组织的结构,因各代之地理环境及政治形势不同,也发生过不少变化,但其基本的方面则是一脉相承的。在其功能方面,更是万变不离其宗。本文开头提到隋代曾于村社设立社仓,后来义仓(社仓)逐渐演变成正税的一部分,也不再由村社控制。但是到了宋元,设于村社的义仓重新出现。元政府立社令文中明确规定:

> 每社立义仓,社长主之。如遇丰年收成去处,各家验口数,每口留粟壹斗,若无粟抵斗,存留杂色物料,以备歉岁就给各人自行食用。官司并不得拘检借贷动支,经过军马亦不得强行取粟。②

由此可见村社固有的功能总要顽强地表现出来,封建政府固然可凭借政权力量在一段时期内改变它,但只要情况允许,它又会重新发挥作用。

封建政府既要利用村社组织,就要因应其特点。"从基层上看去,中国社会是乡土性的",而"乡土社会的生活是富于地方性的。地方性是指他们活动范围有地域上的限制,在区域间接触少,生活隔

---

① 参见张哲郎:《乡遂遗规——村社的结构》,《中国文化新论·社会篇》,台北:联经出版事业有限公司,1983年。
② 《通制条格》卷一六《田令·农桑》。

离,各自保持着孤立的社会圈子"。所以"这是一个'熟悉'的社会,没有陌生人的社会",它的"信用并不是对契约的重视,而是发生于对一种行为的规矩熟悉到不加思索时的可靠性"。① 封建政府利用村社组织作为征调赋役的基本单位,就是因应了村社组织是一个由熟人组成的社会这样一个特点。在这样的社会里,彼此的底细都很清楚,要逃避赋役是不容易的,除非乡族势力有意庇护逃税行为。就元代的情况而言,还有一点必须指出,那就是社长是"推举"出来的。尽管在许多情况下,所谓"推举"不外是依当地官吏和该社有势力人家的意志指派,但是,社长的权力基础毕竟不是完全来自上级官府,而是部分根植于乡土社会,这就很有利于他履行征调赋役的职责。

综合本文所论,总结如下:历代的村社都具有民间自治组织和政府基层设施的双重性质。随着治乱兴衰的交替演进,私社的兴起与政府将它们纳入其控制轨道这两个过程也交织在一起。元初,政府为了恢复发展农业,重新制定了社制,此时社的中心任务是从事农业生产。但由于元代的社在组织上远较金代的村社严密,所以社在客观上成为政府控制基层的工具。又由于赋税是国家存在的经济体现,所以社又必然成为元政府征调差科的基本单位。随着农业的恢复与元政府法禁的严密,社传统的自治与互助的特点逐渐削弱,与一般的地方基层行政机构的差别日益缩小。这一方面最显著的表现是社长职能的变迁。社长的职能从劝课农桑扩及征调赋役,以后又演变成为封建政府地方基层组织的职事人员。从社的变质过程中,可以看到社这一农村基层组织与国家赋役制度之间的关系日益清晰化。元政府因应了社具有的乡土社会的特点,使社长一职成为根植于乡土社会的政府代理人,从而在赋役征调上取得实效。

马克斯·韦伯认为,东方封建制度"产生了一种次生的、合理化的农业共产主义,它具有农民公社对包税人、官吏和军人负有连带责任、具有共耕及人身依附土地等特点。东方制度和西方制度的差异

---

① 费孝通:《乡土中国》,北京:三联书店,1985年,第1、4、6页。

清楚地反映在这样一个事实上,即东方没有领主保有地经济的出现,而以强制摊派占支配地位"。而在西方封建制度下,"实际王室收入的方法,就是把这种职能委托给酋长或地主。这样,王公就规避了行政组织的问题。他把征税,有时也把征兵的工作转移给一种早已存在的私人性质的机构"。① 以中国的情况而言,笔者的理解是,封建政府对赋役的征调是一竿子插到民间基层社会的,然而它又是以村社组织和封建政府的基层职事人员"负有连带责任"的方式进行的。这种理解正确与否,还有待于专家指正。

(原载《中国社会经济史研究》1995 年第 4 期)

---

① 马克斯·韦伯:《世界经济通史》,上海:上海译文出版社,1981 年,第 52～53 页。

后　记

　　在厦门大学国学研究院的资助下，本书终于得到出版，本人也实现了多年的夙愿。

　　1982年我有幸成为韩国磐先生的弟子，师从韩先生从事中国古代史专业的学习。1985年毕业留校任教后，又成为郑学檬老师带领下的中国经济史与隋唐史研究团队的一员。收入本书的系列论文，大部分即为韩先生和郑老师指导下从事相关研究的成果。

　　本书中的系列论文初始发表的时间为1983年至2000年。最早发表的《宋代福建矿冶业》一文，是由我的本科毕业论文改写而成。最后发表的《民国时期华侨在厦门经济生活中的作用》一文，是我将华侨史与中国社会经济史结合起来进行研究的成果，因当时我已涉足华侨史领域。

　　我的硕士论文题为《唐代盐酒茶专卖的研究》，本书中有关唐代专卖制度的论文，均为这一研究的延续和深化。毕业留校后若干年，因感到当时研究中国古代消费问题的成果不多，因此写了有关唐代消费经济的3篇论文，此次一并收入本书。区域经济史研究是厦大历史系的传统。20世纪80年代后期,郑学檬老师负责组织编写《福建经济发展简史》,作为写作成员之一,我在完成任务过程中又随兴趣所至写了几个单篇,因此有了此次收入本书的唐宋福建社会经济之系列论文。这一兴趣后来又发展成对宋以后福建及相邻的浙、粤等省社会经济文化的关注,因此选择了几个题目作了些粗浅的探索并有幸发表,此次亦将其收入本书。1995年,澳门基金会委托福建社科院进行的项目"澳门妈祖文化研究"邀请我参加,在赴澳门进行田野调查的基础上写成了有关妈祖信仰与当地经济社会的3篇论文,完成项目之外我又写作了有关澳门商贸与人口的两篇论文。此5篇亦收入本书。20世纪90年代初,郑学檬老师主编的《中国赋役制度史》开始写作,我负责辽金元部分。因以前没有这方面的基础,不得不重新学习并勉力为之。在此过程中,又产生了对少数民族政权所推行之经济社会政策的兴趣。在从事此项目之余,我写了有关辽、元两朝之经济制度与社会组织的2篇论文,成为本书28篇论文的最后两篇。

上述写于不同时期、分属不同专题的论文,是否存在某种贯穿其间的线索呢?为了回答这一问题,我写了本书的绪言,认为对中国社会经济史的探察,存在着多个视角,而从有选择的几个视角切入,再汇聚于几个提炼出来的焦点,这些焦点便构成本书诸篇论文的共同要素,亦可视之为贯穿其间的线索。由于诸论文的写作时间,最近的离现在也有十几年,而绪言则写于近日,这一关于贯穿诸论文线索的说法,是否就没有人为雕琢的痕迹呢?对此我并无绝对的把握,只能让读者来评判了。

郑学檬老师在为本书所写的《序》中说:"学术研究是无止境的,本集文稿大多写于20世纪的80—90年代,时至今日,许多问题已有了新资料、新观点,值得我们继续关心,以便随时弥补自己的不足,不断完善、思考,以求止于至善。"确实如此,本书诸篇写作于多年以前,尚未赶上当今时代的步伐。但为了保持诸篇的原貌,在本书出版时,除了对明显的错、漏、衍字加以订正,其余一概不动,以便让读者了解作者当年的水平。这样或许能为后来者提供一个参照,以便他们继续探索,哪怕这个参照有诸多不足之处,却有可能引出令人满意的东西。另外,初始发表的论文,因各期刊规范不同,难免有不统一之处,特别是在注释方面,如对方志版本与文集作者是否应标明等,要求不尽一致。此次结集出版,一般也不加更动。

本书得以出版,首先要感谢厦门大学国学研究院常务副院长陈支平教授的理解和支持。其次,我也想以此来告慰已故的韩国磐先生,是他引导我进入了中国古代史特别是唐史的学术殿堂。我从心底里怀念并感激韩先生。再次,我要特别感谢郑学檬老师为本书所写精彩的《序》,虽然我没有像他所说的那么出色。《序》中关于"小小的唐史研究集体"的寥寥数语勾起了我的许多记忆。郑学檬老师、杨际平老师、陈明光师兄等,作为这一集体的主要成员,不仅在学术上提携我、帮助我,而且为我树立了人格的榜样,使我受益终生。在人生道路上与他们相遇,实乃一大幸事,在此无法简单地以"感谢"二字来表达我的心情。最后,我想起了我的本科毕业论文指导老师傅宗文教授。如果没有他的严格要求和精心指导,就没有我的第一篇正式发表的论文,因为它正是从本科毕业论文中提炼出来的,从此开了一个好头。傅老师还是我在研究生期间教学实习的指导老师,他的言传身教,使我很快适应了大学课堂的讲授工作。同样地,说声"感谢"并不足以表达我对他的谢意。我想,如果我的工作还有一点价值的话,或许能以此作为我对上述诸位老师和学长的些许报答。

在书稿交给出版社后,我即远赴美国。厦大历史系的陈遥博士代我做了许多联络和沟通工作,特致谢忱。厦大历史系的刘永华教授则为本书的英文目录做了许多有益的订正，他在我的前几本书出版时也提供了同样的帮助，在此一并致谢。

其余要感谢的人还很多，在此不一一指出，我只能以本书的出版来作为对所有曾经帮助过我的人的一点小小谢意。

陈衍德
2013 年 3 月 28 日

图书在版编目(CIP)数据

民生·文化·区域·制度:多角度透视中国社会经济史/陈衍德著.
—厦门:厦门大学出版社,2013.9
(厦门大学国学研究院资助出版丛书)
ISBN 978-7-5615-4794-6

Ⅰ.①民… Ⅱ.①陈… Ⅲ.①社会发展史-研究-中国 ②中国经济史-研究 Ⅳ.①K207 ②F129

中国版本图书馆 CIP 数据核字(2013)第 229789 号

厦门大学出版社出版发行
(地址:厦门市软件园二期望海路 39 号 邮编:361008)
http://www.xmupress.com
xmup @ xmupress.com
沙县方圆印刷有限公司印刷
2013 年 9 月第 1 版 2013 年 9 月第 1 次印刷
开本:889×1240 1/32 印张:12 插页:2
字数:330 千字 印数:1~2 000 册
定价:34.00 元
本书如有印装质量问题请直接寄承印厂调换